JIDDISCHE ERZÄHLUNGEN

VON

MENDELE MOJCHER SFORIM
JIZCHAK LEJB PEREZ
SCHOLEM ALEJCHEM

Auswahl, Übersetzung aus dem
Jiddischen und Nachwort
von Leo Nadelmann

MANESSE VERLAG
ZÜRICH

CIP-Kurztitelaufnahme der Deutschen Bibliothek

Jiddische Erzählungen
von Mendele Mojcher Sforim; Jizchak Lejb Perez;
Scholem Alejchem.
Ausw., Übers. aus d. Jidd. u. Nachw. von Leo Nadelmann.
2. Aufl. – Zürich: Manesse Verlag 1985
(Manesse Bibliothek der Weltliteratur)
ISBN 3-7175-1678-7 Gewebe
ISBN 3-7175-1679-5 Ldr.

NE: Mendele ⟨Moicher Sforim⟩ [Mitverf.];
Peres, Jiṣḥāq Lēb [Mitverf.]; Scholem Alejchem [Mitverf.];
Nadelmann, Leo [Hrsg.]

Abramowitsch, Schalom Jakob [Wirkl. Name] →
Mendele ⟨Moicher Sforim⟩ Rabinovič, Sālōm [Wirkl. Name] →
Scholem Alejchem

INHALT

MENDELE MOJCHER SFORIM

Die Reisen Benjamin des Dritten 7

JIZCHAK LEJB PEREZ

Kabbalisten 122
Höre, Israel oder Der Baßgeiger....... 130
Bontsche Schweig 149
Das Opfer 161
Der verrückte Batlen 222
Der Baal Schem als Heiratsvermittler... 238

SCHOLEM ALEJCHEM

Heutige Kinder 267
Eine Hochzeit ohne Musikanten 299
Ein Pessach im Dorf 310
Methusalem 326
Mein erster Roman 343
Das künftige Seelenheil 374

Nachwort 409

MENDELE MOJCHER SFORIM

—

Die Reisen Benjamin des Dritten

Wer Benjamin ist, woher er stammt und wie ihn plötzlich das Reisefieber gepackt hat

«Alle meine Tage», so die eigenen Worte von Benjamin dem Dritten, «habe ich in Tunejadowka verbracht, mein ganzes Leben – bis zu meiner großen Reise natürlich. Dort wurde ich geboren und erzogen, und dort habe ich auch mein braves, gottesfürchtiges Weib Selde geehelicht.»

Tunejadowka ist ein kleines Städtchen, ein verschlafenes Nest abseits der Landstraße und versteckt vor der Welt. Wenn es einmal geschieht, daß ein Fremder angereist kommt, öffnen sich sogleich alle Türen und Fenster: «Nanu, wer mag das wohl sein? Wie hat der sich mit heiler Haut zu uns verirrt? Woher kommt er, und was sucht er hier? Das muß doch einen Grund haben? Man macht sich doch nicht auf – einfach so –, um zu uns zu kommen. Sicher gibt's da etwas, das man untersuchen muß.»

Jeder will seine Weisheit und seine Kenntnisse an den Mann bringen. Meinungen wirbeln durch die Luft wie Spreu durch die Tenne. Alte Leute erzählen lange Geschichten von Reisenden, die in dem und dem Jahr zu uns gekommen sind. Spaßvögel machen nicht eben feine Witzchen darüber, die Männer streichen lächelnd über ihre Bärte, die älteren Frauen weisen die Spötter scheinbar zurecht, indem sie gleichzeitig schelten und lachen, die jungen senden aus gesenkten Augen verstohlene Blicke in die Runde, halten die Hand vor den Mund und ersticken fast vor verhaltenem Lachen.

Das Gespräch über dieses Ereignis geht von Haus zu Haus und wälzt sich schließlich gleich einem Schneeball, der größer und größer wird, ins Bethaus und hin zum Ofen. An diesem Ort landen zuletzt alle Diskussionen über alle Dinge, seien es häusliche Geheimnisse, politische Probleme oder Geldgeschäfte, etwa Rothschilds Vermögen im Vergleich mit dem unserer Gutsherren oder anderer Magnaten – aber auch Gerüchte von bevorstehenden Pogromen oder von den sogenannten «roten Juden»[1].

Ein besonderes «Komitee», bestehend aus lauter ehrwürdigen, betagten Juden, waltet über das, was sich im Laufe der Zeit angehäuft hat. Man sitzt den ganzen Tag bis spät in die Nacht hinein, ohne sich um Weib und Kind zu kümmern, und befaßt sich gewissenhaft mit all diesen Geschäften – ganz selbstlos, nur um der Ehre willen. Jedenfalls springt dabei, ungeachtet all der Mühe und Plackerei, kein zerbrochener Heller heraus.

Von diesem Komitee werden die Traktanden an die Versammlung der Hausväter weitergeleitet, die auf der obersten Bank im städtischen Dampf-

---

[1] sagenhafter jüdischer Stamm

bad residiert und die Beschlüsse des Komitees endgültig zu bestätigen hat. Hinterher können sich alle Könige des Morgen- und des Abendlandes auf den Kopf stellen, es wird nichts mehr daran geändert.

So wurde der «Türke»[1] mehr als einmal für insolvent erklärt, und wer weiß, wie er sich da herausgezogen hätte, wären ihm nicht ein paar patriotische Hausväter beigestanden.

Der arme Rothschild hat dort ebenfalls schon zehn oder fünfzehn Millionen verloren, doch half ihm Gott einige Wochen später: Auf der obersten Bank war man bester Laune, schwang die Birkenruten und gewährte Rothschild, mir nichts, dir nichts, einen Kredit von einhundertfünfzig Millionen Rubel.

Die Tunejadowker sind zwar fast alle, nicht auf euch gesagt, große Hungerleider und arme Schlukker; aber, um die Wahrheit zu sagen, es sind heitere Hungerleider und fröhliche Schlucker, von Gottvertrauen durchdrungen, wie es sein soll.

Stellt man etwa einem von ihnen die Frage, wie und wovon er lebt, bleibt er verwirrt stehen und weiß keine Antwort darauf. Bald aber faßt er sich und erklärt in aller Unschuld: «Ich? Wie ich lebe, ich? Es gibt doch einen Gott, sag' ich Euch, der seine Geschöpfe nicht verläßt. Er schickt uns zu und wird uns auch weiter zuschicken, sag' ich Euch.»

«Aber was treibt Ihr? Habt Ihr ein Handwerk oder sonst einen Beruf?»

---

1 Aus Zensurgründen wurde das zaristische Regime oft mit «Türke» bezeichnet.

«Gelobt sei Gott! Ich erhielt von *Ihm,* gepriesen sei sein Name, ein Geschenk, so wie Ihr mich seht, ein Werkzeug, eine Stimme zum Singen und bete Mussaf[1] in meiner Gemeinde. Außerdem bin ich ein Beschneider, und mit dem Rädchen zerteile ich die Mazzot[2] wie kaum einer in der Welt. Hin und wieder vermittle ich auch eine Heirat. Ich habe einen Sitz im Bethaus und – das muß aber unter uns bleiben – einen kleinen Ausschank, der ein bißchen was abwirft. Auch besitze ich eine Ziege, die sich, unberufen, gut melken läßt. Ich habe sogar einen reichen Verwandten, den ich in schlechten Zeiten auch ein wenig ‹melken› kann.

Doch von all dem zu schweigen, sag' ich Euch: Gott ist unser Vater, und die Kinder Israels sind barmherzig, sag' ich Euch. Man soll sich bloß nicht versündigen ...!»

Lob gebührt den Tunejadowkern dafür, daß sie zufrieden sind mit dem, was Gott ihnen gibt, und auch in bezug auf Kleidung und Nahrung keinerlei Ansprüche stellen.

Ist zum Beispiel der Sabbatrock zerschlissen, abgewetzt oder gar zerfetzt und schmutzig – was schadet es? Hauptsache, er ist aus Atlas und glänzt. Und scheint an einzelnen Stellen auch die nackte Haut durch wie bei einem Sieb – wen kümmert es, wer sieht schon hin? Die Fersen zum Beispiel: Ist eine durchlöcherte Ferse wirklich schlimmer als eine nackte? Ist sie denn nicht ein Stück vom Leib und Fleisch des Menschen?

---

[1] Gebet für Sabbat und Neumond
[2] ungesäuerte Osterbrote

Eine Scheibe Brot mit Kartoffelsuppe, *wenn* es das gibt, ist ein sehr gutes Mittagsmahl. Eine Semmel mit Siedfleisch am Freitag, wem auch immer beschert, ist ein Essen für Könige. Etwas Besseres gibt es auf der ganzen Welt nicht, meinen sie.

Redet man einmal von anderen Gerichten als von Fischsuppe oder Gebratenem mit Möhren und Pastinake[1], kommt ihnen das so komisch vor, daß sie darüber Witze machen und in Lachen ausbrechen, als wäre man närrisch oder übergeschnappt und wolle ihnen ein Kind im Bauch einreden oder eine Kuh, die übers Dach geflogen ist und ein Ei gelegt hat.

Ein Stückchen Johannisbrot am fünfzehnten Sch'wat[2] ist eine Frucht, die die Seele erquickt. Du brauchst sie bloß zu sehen und denkst sogleich an das Heilige Land. Man starrt darauf, verdreht die Augen und seufzt: «Ach, herzliebster Vater, führe uns stolz und aufrecht in unser Land, wo die Ziegen Johannisbrot fressen ...!»

Einmal traf es sich, daß einer eine Dattel ins Städtchen brachte. Ihr hättet sehen sollen, wie die Menschen zusammenliefen, das Wunder zu bestaunen! Man schlug im Pentateuch[3] nach und bewies, daß die Dattel, «Tamar», drin vorkommt. Demnach stammte sie, die Dattel, aus dem Lande Israel!

Sie starrten die Dattel an, und das Heilige Land erschien vor ihren Augen ... Man überschritt den Jordan, sah die Ruhegruft der Erzväter, das Grab

---

1 Gemüsepflanze mit rübenartigen Wurzeln

2 Name eines Monats, etwa Februar

3 die fünf Bücher Mosis

der Stammutter Rachel, die Westwand des Tempels, die Klagemauer. Man badete in den Wassern bei Tiberias, bestieg den Ölberg und füllte die Taschen mit heiliger Erde.

«Sie seufzten, ach, und Tränen standen in ihren Augen», berichtet Benjamin. «Damals fühlte sich ganz Tunejadowka in das Heilige Land versetzt. Man rede nur noch vom Messias. Bald, bald kommt Gottes großer Freitagnachmittag ...!»

Der neue Polizeivorstand, seit kurzem erst im Amt, hielt das Städtchen in eiserner Zucht. Einigen Juden riß er die Jarmulke[1] vom Kopf und schnitt ihnen die Pajes[2] ab, andere nahm er fest, weil sie nachts ohne Paß auf der Straße waren. Er verhaftete sogar eine Ziege, die ein neues Strohdach angefressen hatte, ein triftiger Grund für das Komitee, sich wieder einmal heftig mit dem Türken auseinanderzusetzen. Wie lange wird der Sänger Ismaels noch seinen Kopf erheben?

Es gab die übliche Diskussion über die zehn Stämme, wie glücklich sie in jenen fernen Landen leben und wie mächtig sie dort sind, reich und geehrt. Auch die Söhne Mosis wurden aus ihrem Heldenschlaf geweckt und Fabelgeschichten über ihre kühnen Taten erzählt. Natürlich tanzte auch Eldad el Dani[3] mit in dieser illustren Runde.

«Diesem Abschnitt meines Lebens verdanke ich den eigentlichen Anstoß zu den Reisen, die ich später unternommen habe», schreibt der Autor.

---

[1] Samtkäppchen
[2] Schläfenlocken
[3] legendärer Weltumsegler und Reiseschriftsteller

Vor jener Zeit war Benjamin wie ein Küken im Ei oder wie ein Wurm im Meerrettich. Er glaubte fest, daß die Welt am Stadttor von Tunejadowka zu Ende sei. Ein besseres Leben anderswo – das konnte er sich unmöglich vorstellen.

«Ich meinte damals», erwähnt Benjamin in seiner Abhandlung, «niemand könne reicher sein als unser Gutspächter. Seht euch nur das Haus an – eine Kleinigkeit? – Und erst die Einrichtung! Acht Lüster aus Messing, ein sechsarmiger Hängeleuchter von einem Adler gekrönt, zwei Kupferkessel für das Garkochen im Dampf, fünf Kasserollen ebenfalls aus Kupfer, ein ganzes Regal mit Zinntelern, ein Dutzend Löffel, zwei Karaffen, eine Gewürzbüchse, alles aus Silber, eine Chanukkalampe, eine Zwiebeluhr mit zwei Deckeln, eine dicke Kette aus schwarzen Samtperlen und noch viel mehr solcher Kostbarkeiten.

Damals hielt ich Reb Aisik Dowid, den Sohn Reb Aaron Josseles, für den einzigen Weisen weit und breit. Sagt man doch von ihm, daß er schon als Kind bruchrechnen konnte! Mit ein bißchen Glück hätte er es bestimmt zum Minister gebracht.

Wo findet man noch eine solch vornehme Erscheinung, einen so ergötzlichen Unterhalter wie unseren Chaikel, genannt ‹der Stotterer›? Und wer nimmt es in der Kunst des Heilens mit unserem Wundarzt auf, der Tote ins Leben zurückbringt? Es heißt, es habe sein Handwerk bei einem Zigeuner gelernt, der wiederum die wohltätige Kunde von ägyptischen Magiern empfangen haben soll.»

Nach diesen Worten zu schließen, gefiel Benjamin das Leben im Städtchen, obwohl er sein eigenes in äußerster Armut verbrachte und mit Weib und Kind in Lumpen herumlief. Aber haben sich denn Adam der Erste und sein Weib Eva im Paradies geschämt, weil sie nackt waren?

Die wundersamen Geschichten von den roten Juden und den zehn Stämmen drangen ihm tief ins Herz hinein, und bald wurde es ihm eng im Städtchen. Ihn zog es unwiderstehlich in die Ferne, hinaus in die weite Welt. Sein Sinnen war voll Sehnsucht, wie etwa kleine Kinder ihre Händchen nach dem Mond ausstrecken.

Man könnte denken: Was hat wohl eine Dattel, ein Polizeihauptmann, ein Samtkäppchen, eine Schläfenlocke, ein Jude, der spät in der Nacht ohne Paß verhaftet wird, eine Ziege oder ein Strohdach mit all dem zu tun? Genau diese Dinge waren es, die Benjamin veränderten und ihn dazu brachten, die Welt mit seiner berühmten Reise zu beglücken.

Oft genug haben kleine Ursachen große Wirkungen hervorgerufen, sehr große sogar: Der Bauer sät Weizen und Korn, der Müller mahlt es, ein Teil davon geht in die Brennerei und wird zu Branntwein verarbeitet, ein anderer gelangt in die Hände von Gitel, der Schankwirtin, die ihn säuert, knetet, auswalzt und Pasteten daraus macht.

Bedenkt man zudem, daß die Phönizier vor etlichen tausend Jahren die Kunst des Glasmachens entdeckt haben, so daß es plötzlich Becher und Schnapsgläser auf der Welt gab, ist man versucht zu sagen: Genau diese Dinge sind schuld daran, daß wir heute in den Städten all diese üblen Gemeindebonzen und großkotzigen Angeber haben...

Es ist natürlich auch möglich, daß der Funke des

Weltreisenden schon immer in Benjamin glomm, aber das Feuer wäre erloschen, hätten es nicht die Erzählungen aus jener Zeit neu entfacht. Und wäre es trotz allem nicht ausgegangen, hätten Benjamins geringe Kräfte kaum ausgereicht, um aus ihm mehr als einen Wasserführer oder einen Fuhrmann zu machen.

Ich bin in meinem Leben vielen Fuhrleuten und Peitschenknallern begegnet, die, auf mein Wort, genau so gute Reisende geworden wären wie manch andere, die heute unter den Juden umherziehen ... das nur nebenbei.

Seit jener Zeit vertiefte sich Benjamin mit großem Eifer in die Reisen Rabbi Bar Bar Chanas über das Meer und durch die Wüste. Er entdeckte das Buch «Eldad el Dani» und las «Die Fahrten Benjamins», der siebenhundert Jahre zuvor bis ans Ende der Welt gelangt war. Er studierte «Das Lob Jerusalems» samt allen Fußnoten und plagte sich mit «Schatten der Welt», einer Schrift, die auf sieben engbedruckten Seiten alle sieben Weisheiten behandelt und Erstaunliches von der Beschaffenheit der Welt mit all ihren seltsamen Dingen und wilden Geschöpfen zu berichten weiß.

Diese Bücher öffneten Benjamin die Augen und machten ihn zu einem anderen Menschen.

«Ich war tief beeindruckt», schreibt er in seiner Abhandlung. «‹Mein Gott›, rief ich mehr als einmal in meiner grenzenlosen Sehnsucht, ‹gib, daß ich auch nur den hundertsten Teil von all dem mit eigenen Augen sehen darf!› Und meine Gedanken trugen mich in die entferntesten Gegenden, weit, weit weg.»

Seitdem wurde ihm Tunejadowka erst recht zu eng, und er faßte den Entschluß, sich von ihm loszureißen, koste es, was es wolle. So pickt wohl ein Küken seine Eierschale entzwei und kriecht in die helle Welt hinaus.

Wie Benjamin ein Märtyrer und Selde eine für immer Verlassene wird

Von Natur war unser Reisender Benjamin ein großer Hasenfuß. Er fürchtete sich, nachts auf die Straße zu gehen, und er würde niemals, auch wenn man ihn dafür vergoldete, allein in einem Zimmer schlafen. Die Stadtgrenze überschreiten hieß für ihn das Leben riskieren. Was könnte einem da, Gott behüte, geschehen! Vor einem harmlosen Hündchen zitterte er in Todesangst.

«Einmal», erzählt Benjamin, «an einem schrecklich heißen Julitag – ich erinnere mich, als wär' es heute – wollte unser Raw[1] mit einem seiner Helfer ein kühles Bad im Flüßchen am Stadtrand nehmen.

Ich ging mit ein paar gleichaltrigen Kameraden respektvoll hinterher, im festen Vertrauen, daß wir keine schlimme Begegnung haben und, mit Gottes Hilfe, in Frieden nach Hause zurückkehren würden. Denkt nur: der Raw, den die ganze Welt achtet, über dem kein Höherer ist! Seine Titel allein füllen ein ganzes Blatt Papier.

Er, der Raw, unser Beschützer, schritt uns breitbeinig und würdevoll voran. Schon begann er sich

---

[1] Rabbiner

zu entkleiden, als plötzlich ein Schejgez[1] auftauchte und seinen Hund auf ihn hetzte. Unser guter Hirte flüchtete mehr tot als lebendig, wobei er, mit Verlaub, die aufgeknöpfte Hose mit einer Hand und das runde Samtbarett mit der anderen festhielt. Wir waren bestürzt: Wenn der Leviathan schon an die Angel geht, was sollen die kleinen Fische im Schlamm tun? Wir gürteten unsere Lenden und rannten davon wie die Hirsche. Hilferufend und völlig außer Atem erreichten wir schließlich die Stadt, zusammen mit unserem Helden. Es entstand ein Getümmel, ein Menschenauflauf. Man schrie: ‹Hilfe, es brennt, man schlägt, man mordet!› Keiner wußte mehr aus noch ein.»

Als Benjamin den Entschluß zu seinen Reisen in die Ferne faßte, nahm er sich vor, stärker zu werden und seine Angst zu überwinden. Er zwang sich sogar dazu, spät in der Nacht auf die Straße zu gehen, allein in einem Zimmer zu schlafen und über die Stadtgrenze hinaus zu wandern. Dies alles geschah auf Kosten seiner Gesundheit, und der dabei ausgestandene Schreck zeichnete sich in seinem Gesicht deutlich ab.

Sein ungewohntes Benehmen, zu Hause und im Bethaus, sein schmales, blasses, versonnenes Gesicht und seine tagelange Abwesenheit von der Stadt – all das fiel allgemein auf. Man begann über ihn zu tuscheln, und bald kam er ins Gerede der Leute. Einige meinten: «Er ist verrückt, es kann gar nicht anders sein.» Erstens, sagten sie, sei Benjamin schon immer ein bißchen blöde gewesen, in seinem

---

[1] nichtjüdischer Bursche

Kopf sei eben eine Schraube los... und zweitens habe es in Tunejadowka seit Jahren keinen Verrückten mehr gegeben.

In dieser Beziehung haben wir nämlich eine Tradition. Wie sagt man: «Wo Weisheit ist, ist auch Narrheit.» Jede Stadt hat ihre Weisen und ihre Narren, besonders heute, bei der großen Hitze. Warum soll man also nicht annehmen, daß Benjamin meschugge[1] ist, ganz einfach verrückt?

Andere wiederum unter Führung von Reb Aisik Dowid, dem Sohn Reb Aaron Josseles, nickten bloß mit dem Kopf und winkten ab: «So, so...» und nochmals «so, so...» Zwar stimmt es, daß Benjamin ein bißchen blöde ist, ein bißchen sehr sogar, aber darf man daraus schließen, daß er tatsächlich verrückt ist? Wenn dem so wäre, stellte sich doch sogleich die Frage: Warum erst jetzt und nicht schon früher? Vor zwei Jahren etwa oder im vergangenen Sommer, als es noch viel heißer war?

Die Antwort darauf gibt uns unser Fluß. Wir wissen aus Erfahrung, daß er jedes Jahr einen Menschen zu sich nimmt, und trotzdem hat er es lange nicht mehr getan. Im Gegenteil: In der letzten Zeit ist er so zurückgegangen, daß man ihn stellenweise trockenen Fußes überschreiten kann.

Was war also mit Benjamin? Die meisten Leute, vor allem die Frauen, sagten: «Er muß mit *ihm* zu tun haben, ist mit dem Teufel im Bund! Was treibt er sich einsam in der Nacht herum? Warum verschwindet er halbe Tage aus der Stadt? Wozu schläft er allein in der Vorratskammer? Seine

---

[1] hebräisch: verrückt

eigene Frau Selde erzählt, daß sie nachts in seiner Kammer Klopfen und Schritte hört, als ob jemand umherginge.»

Der Stadtklatsch wälzte sich wie immer zum Ofen im Bethaus hin und von dort zur Versammlung der Hausväter auf der obersten Bank des Dampfbads, wo man sich indes über das Traktandum nicht einig werden konnte.

Allgemeines Einverständnis herrschte jedoch darüber, daß man einen Ausschuß von angesehenen Bürgern bilden solle, darunter der Thoraschreiber, deren Aufgabe es war, alle Häuser der Stadt dem Register nach aufzusuchen und die Mesusoth[1] zu revidieren. Und weil die Versammlung dies als Stadt- und Gemeindeangelegenheit betrachtete, wurde wieder einmal, als Unkostenbeitrag an die oben erwähnte Aktion, der Fleischpreis heraufgesetzt.

In Tunejadowka gibt es ein Sprichwort: «Man mag reden, wovon man will – am Ende steht der Tod.» Was auch immer die Hausväterversammlung beschließt – die Fleischsteuer wird erhöht! Das ist ganz einfach ein Gesetz der Natur und kann gar nicht anders sein.

Die Vernunft sagt uns: Das Ende des Menschen ist der Tod, und der Lebenszweck des Juden ist die Fleischsteuer. Tod und Steuerzahlen sind zwei Dinge, die man sein Leben lang nicht los wird. So hat der Herr die Welt erschaffen, und es ist gut so. Nur Ketzer stellen Fragen…

---

[1] Mesusa («Türpfosten»), Pergamentröllchen, das ein jüdisches Haus kennzeichnet

Kurz darauf begab sich mit Benjamin etwas, das ihm nicht geringen Ruhm einbrachte. Als er einmal an einem heißen Mittag im Tamus[1] – die Sonne stand eben am höchsten – jenseits der Stadt spazierenging, verirrte er sich etwa drei Techum[2] tief in den Wald. In der Tasche hatte er die Bücher, ohne die er keinen Schritt tat. Er setzte sich behaglich unter einen Baum und träumte vor sich hin. Zu träumen gab es viel... Bald trugen ihn seine Gedanken weit fort in jene Länder am Ende der Welt. Er durchwanderte Berge, Täler, Wüsten und alle die Orte, die in seinen Büchern standen, folgte den Spuren Alexander des Großen und Eldads el Dani, sah den schrecklichen Drachen, den Lindwurm, Schlangen, Echsen und alle Arten von kriechendem Gewürm. Er schlug sich mühsam durch bis zu den roten Juden, sprach mit den Söhnen Mosis, und nachdem er wohlbehalten zurückgekehrt war, fing er an zu überlegen, wie und wann er seine Reise in Wirklichkeit antreten solle.

Mittlerweile brach die Nacht herein. Benjamin erhob sich, streckte die Beine und machte sich auf den Heimweg.

Er geht und geht und findet nicht mehr zum Wald hinaus. Er läuft eine Stunde, zwei, drei, vier Stunden – es will und will kein Ende nehmen. Immer tiefer gerät er in den Wald, und dabei wird es so finster, daß er die eigene Hand nicht mehr sieht. Jetzt erhebt sich noch dazu ein Sturmwind,

---

[1] Juli

[2] Stadtgrenze, die am Sabbat nicht überschritten werden darf (2000 Ellen)

ein Platzregen geht nieder. Es blitzt und donnert, und die Bäume rauschen unheimlich. Benjamin bleibt stehen, vom Regen völlig durchnäßt. Die Zähne klappern ihm vor Kälte, Nässe und großer Furcht. «Ein Bär könnte mich anfallen, ein Löwe oder ein Leopard mich zerreißen!» denkt er angstvoll. «Geht da nicht der Matul?» Er kennt ihn aus «Schatten der Welt», wo er als riesiges Ungeheuer beschrieben wird, mit Armen, die so lang und stark sind, daß sie einen Elefanten fällen könnten.

Entsetzen packt Benjamin, der noch dazu halbtot vor Hunger ist. Außer einem Stück Fladen hat er den ganzen Tag nichts gegessen. In seiner Not beginnt er Maariw[1] zu verrichten. Er betet mit Inbrunst, aus ganzem Herzen.

Endlich, Gott hat geholfen, wird es Tag, und unser Benjamin macht sich, nach Gottes Ratschluß, wieder auf den Weg, geht und geht.

Schließlich stieß er auf einen schmalen Weg, dem er eine Stunde oder zwei folgte. Plötzlich vernahm er von weitem eine menschliche Stimme, doch statt sich darüber zu freuen, erschrak er, unseren Feinden gesagt, und glaubte nichts anderes, als daß er auf einen Räuber gestoßen sei! Atemlos vor Angst rannte er den Weg zurück. Bald jedoch besann er sich: «Pfui, Benjamin», sprach er zu sich selbst, «du willst über Meere und durch Wüsten wandern, wo es von gräßlichem Gewürm, wilden Tieren und Menschen wimmelt, und fürchtest dich schon vor dem Gedanken, du könntest einem Räuber begegnen? Pfui, schämen

[1] zu Abend beten

solltest du dich, Benjamin! Ist etwa Alexander aus Mazedonien davongelaufen wie du? War er vielleicht ein ebensolcher Feigling, als er, auf seinem Adler reitend, durch die Lüfte flog und das Fleisch auf seiner Speerspitze dahinschwand, das dem Adler die Kraft zum Höhersteigen verlieh? Nein, Alexander lief nicht davon, er schnitt sich ein Stück Fleisch aus dem eigenen Leib und steckte es an die Speerspitze. Sei stark, Benjamin, Gott will deinen Mut erproben, und wenn du die Prüfung bestehst, wird es dir dereinst wohl ergehen und deiner Sache ebenfalls. Dann, Benjamin, bist du erst ein Mensch und der göttlichen Gnade würdig, die Söhne Mosis von Angesicht zu sehen und dich mit ihnen zu unterhalten – über das Volk Israel und über unser Städtchen. Du wirst ihnen genau berichten von unseren kleinen Juden, ihren Sitten und Gebräuchen, und was sie so tun und treiben.

Wenn du diese Prüfung bestehst und der Stimme entgegengehst, dann hast du endlich Furcht und Schrecken überwunden und wirst ein Gefäß des Friedens sein, ein Segenspender und Wohltäter der Kinder Israels und eine Ehre für ganz Tunejadowka. Tunejadowka und Mazedonien – beide werden gleich berühmt sein in der ganzen Welt durch Alexander von Tunejadowka und Benjamin von Mazedonien ...!»

Und, siehe da! Unser Benjamin machte kehrt und schritt beherzt und sicher vorwärts wie ein Held, bis er den Räuber erblickte. Es war ein Bauer. Er saß auf einem mit Säcken vollbeladenen Wagen, der von zwei Ochsen gezogen wurde.

«Guten Morgen!» murmelte Benjamin mit einer

merkwürdigen, wie gebrochenen Stimme, in der alles zu hören war – Schreien, Weinen, Flehen –, als ob jemand sagte: «Da bin ich, mach mit mir, was du willst.» Oder er bittet: «Erbarmen! Hab Mitleid mit mir, mit meinem Weib, meinen Kindern!»

Nach diesem halb geflüsterten, halb geschluchzten «guten Morgen!» verharrte Benjamin starr, ohne Atem und Sprache. Der Kopf schien sich ihm zu drehen, es wurde ihm finster vor den Augen, die Beine versagten den Dienst, und er glitt, wo er stand, ohnmächtig zu Boden.

Als er zu sich kam und die Augen öffnete, lag er im Wagen auf einem großen Kartoffelsack und war mit einem groben Bauernkittel zugedeckt. Neben seinem Kopf hatte der Bauer einen Hahn angebunden, der Benjamin jetzt, von der Seite her, mit einem Auge musterte und seine Krallen an ihm wetzte. Zu Benjamins Füßen standen einige Körbe mit Knoblauch, Zwiebeln und anderem Gemüse. Es waren wohl auch Eier drin, denn der Häcksel, in dem sie lagen, flog ihm in die Augen. Der Bauer saß da und rauchte ruhig sein Pfeifchen, wobei er den Ochsen von Zeit zu Zeit «sopp, heita, sopp» zurief. Diese schienen sich kaum von der Stelle zu rühren, und die Wagenräder knarrten seltsam, jedes in einer anderen Tonart. Zusammen bildete es ein Kreischkonzert, das in den Ohren gellte. Auch dem Hahn schien dies unangenehm zu sein, denn jedesmal, wenn die Räder bei einer Umdrehung ihren schrillen Pfeifton von sich gaben, kratzte er Benjamin gereizt und stieß dabei ein so heftiges Kikeriki aus, daß das dumpfe Röcheln in seiner Kehle noch lange hörbar blieb. Benjamin fühlte sich am ganzen Leib zerschlagen und lag eine Weile wie betäubt da. Was er ausgestanden hatte, war ja auch kein Spaß gewesen: Schrecken, Hunger, Nässe und Kälte ... Ihm schien, als hätte ein Türke ihn in der Wüste gefangen und fahre jetzt zum Markt, um ihn dort als Sklaven feilzubieten. «Gebe Gott», dachte Benjamin, «daß er mich wenigstens einem Juden verkauft, dann könnte ich noch auf Besserung hoffen. Verkauft er mich aber an einen Fürsten oder, Gott behüte, an eine fremde Prinzessin, dann bin ich für immer verloren.» Dabei kam ihm die Geschichte von Joseph dem Gerechten und Suleika in den Sinn, und vor lauter Kummer tat er einen tiefen Seufzer. Als der Bauer das hörte, drehte er seinen Kopf gegen Benjamin und rückte näher.

«Na, Jüdlein, was ist, geht's besser?»

Benjamin fühlte sich schon etwas leichter, und nach und nach erinnerte er sich an alles, was ihm widerfahren war. Trotzdem fand er seine Lage eher bedenklich: Russisch kann er nicht – was soll er jetzt tun? Wie antwortet man dem Unbeschnittenen? Und wie bringt man heraus, wohin er fährt?

Vergeblich versuchte Benjamin sich aufzurichten, der Schmerz in den Beinen war zu stark.

«Ist dir jetzt etwas besser?» fragte der Bauer wieder, und im selben Atemzug schnaubte er sein «sopp, heita, sopp».

«Besser. Aber die Beine, oj, oj!» antwortete Benjamin und wies auf seine Füße.

«Woher kommst du, Jüdlein?»

«Woher kommst du, Jüdlein?» Benjamin wiederholt die Frage im Tonfall des Thoravorlesers. «Ich Niomka Binjomka aus Tunejadowka.»

«Du bist aus Tunejadowka? Dann sag mir doch, warum du mich angestarrt hast wie ein Verrückter? Vielleicht bist du auch verrückt, der Teufel fahre in deine Mutter, sopp, heita, sopp!»

«Ich bin wirklich, was ich ja schon gesagt habe, der Niomka selbst aus Tunejadowka!» sagte Benjamin mit kläglicher Miene und machte eine flehende Handbewegung: «In Tunejadowka Frau dir geben Schnaps und Sabbatbrot. Sie gut danken dir!»

Der Bauer hat erraten, was Benjamin meint.

«Gut, Jüdlein», sagt er, setzt sich auf dem Bock zurecht, das Gesicht gegen die Ochsen gewandt, und schnalzt mit der Zunge «sopp, heita».

Ein paar Stunden später hielt der Wagen mitten auf dem Marktplatz von Tunejadowka. Weiber und Mannsbilder stürzten sich gleich auf ihn, jeder mit einem anderen Anliegen. Da schreit einer: «Sag, was willst du für den Hahn und für die Zwiebeln?»

Ein anderer fragt: «Hast du Kartoffeln, Eier?»

In der Menge war auch einer, der fragte: «Hör zu, hast du unterwegs vielleicht einen Juden getroffen? Bei uns ist einer verlorengegangen – Binjomka ... wie ins Wasser gefallen.»

Und bevor der Bauer noch Zeit fand zu antworten, stürzten sich die Weiber wie die Heuschrecken auf den Wagen, rissen das Tuch herunter und schrien wie aus einer Kehle: «Benjamin! Er ist da! Zippe-Kreine, Batscheba, Braindel! Lauft schnell zu Selde mit der guten Botschaft, daß ihr Verlorener sich gefunden hat! Sie wird schon nicht mehr eine für immer Verlassene sein.»

Es gab ein Durcheinander, alles lief zusammen, ganz Tunejadowka geriet in Bewegung, jeder wollte Benjamin betrachten. Man überschüttete ihn mit Reden, Fragen, Witzen. Er erfuhr, daß man gestern Tag und Nacht nach ihm gesucht hatte. Man hielt ihn schon für einen Märtyrer und Selde, sein Weib, für eine Verlassene.

Mitten in diesem Auflauf kam sie selbst weinend dahergerannt. Beim Anblick ihres Angetrauten, der bewegungslos und bleich wie ein Toter dalag, rang sie die Hände und wußte nicht, was tun. Sollte sie ihn schelten, ihr bitteres Gemüt an ihm auslassen oder ihre Freude darüber kundtun, daß Gott die arme Verlassene wieder aufgerichtet hatte?

Wenige Minuten später wurde Benjamin, so wie er auf seinem Kartoffelsack lag, in einer großen Prozession über den Marktplatz nach Hause gefahren. Ganz Tunejadowka, groß und klein, gab ihm die Ehre und das Geleit. Alles schrie und brüllte: «Kadosch! Kadosch! Kadosch!»[1]

Seitdem ist Benjamin dieser Name für immer geblieben. Fortan hieß er nur «Benjamin Kadosch» und sein Weib «die für immer Verlassene».

Noch am selben Tag kam der Tunejadowker Wundarzt zu Benjamin, um ihn mit allen nur möglichen Mitteln zu heilen. Er setzte ihm Schröpfköpfe und Blutegel an und rasierte ihm den Kopf. Vor seinem Weggang versicherte er Benjamin, daß dieser dank seiner Behandlung genesen werde und morgen schon, wenn Gottes Wille und seine eigenen Kärfte es erlauben würden, ins Bethaus gehen könne, um dem Herrn für seine Errettung zu danken.

---

[1] Heiliger, auch Märtyrer

Wie Benjamin sich mit Senderl «der Jüdin» verbündet

Im ersten Augenblick könnte man meinen, daß dieses Abenteuer Benjamins, das seinem Weib so viel Kummer bereitet und bei den Menschen in der Stadt, hinter dem Ofen und auf der obersten Bank so viel Staub aufgewirbelt hatte, ihm den Gedanken an seine Reise für immer aus dem Kopf schlagen würde. Ganz im Gegenteil: Es trieb ihn noch tiefer hinein! Benjamin schaute jetzt mit Respekt auf sich als auf einen erfahrenen Mann, der in seinem Leben genug Schweres ausgestanden hatte. Die Beherztheit und Stärke, die er beim Bestehen der Prüfung gezeigt hatte, gaben ihm den zehnfachen Wert in seinen Augen. Schon hielt er sich für einen Helden, einen Gelehrten und für den Meister aller sieben Weisheiten, die in «Schatten der Welt» abgehandelt sind. Und wer von dem Geiste *solcher* Bücher erfüllt ist, der kennt diese Welt!

Benjamin fing an, sich zu bedauern: Ein Mensch wie er – in die Einsamkeit verschlagen wie eine Rose zwischen Dornen. Und wohin? Nach Tunejadowka, in ein kleines Nest, zu einfältigen Menschen, die nichts wissen und nicht einmal ihr eigenes Leben verstehen. Daß die Leute über ihn redeten und Witze machten, trieb Benjamin erst recht auf seinen Weg: Er wollte so schnell wie möglich fort, weg von Tunejadowka.

«Wann endlich, wann?» dachte er oft. «Ach, dorthin, in die Ferne, weit, weit weg! Und dann in Frieden zurückkehren, Trost und Hilfe für die Juden, geehrt und berühmt in der Welt! Und ganz

Tunejadowka, groß und klein, wird endlich wissen, wer ich, Benjamin, bin und was ich, Benjamin, bedeute.»

Es gab indessen noch einige kleine Hindernisse, die Benjamin von der Reise zurückhielten: Erstens, woher Reisegeld nehmen? In seiner Tasche war nie ein Groschen zu finden. Meistens saß er müßig im Bethaus, und sein Ehegespons war der starke Mann, die Ernährerin der Familie. Sie besaß einen kleinen Gewürzstand auf dem Markt, den sie sich bald nach der Kest[1] eingerichtet hatte, doch was konnte das schon abwerfen? Hätte sie daneben nicht Socken gestrickt, im Winter bis spät in die Nacht hinein Federn gerupft, Pessachschmalz ausgelassen und am Markttag billig eingekauft bei einem befreundeten Bauer, wären sie wohl beide Hungers gestorben.

Was tun? Hausrat verkaufen? Was gibt es da schon – ein Paar Messingleuchter, die Selde von ihren Eltern geerbt hat. Sie spricht den Lichtersegen über sie und putzt sie blank, was ihr stets Freude macht. Schmuck hat sie keinen außer einem kleinen Silberreif mit einer Perle, die noch aus dem Stirntuch ihrer Mutter stammt. Sie hält den Ring gut verschlossen und streift ihn nur über, wenn sie zu einem Fest geladen ist oder einen Gratulationsbesuch macht.

Seine Kleider verkaufen? Er hatte aber nur eine Sabbatkapote[2] noch von seiner Hochzeit her. Sie

---

[1] Verpflichtung der Brauteltern, dem jungen Paar eine gewisse Zeit «Kost» und Quartier zu geben

[2] Sabbatrock

war hinten und vorne zerfetzt und zerschlissen und ließ das gelbe Futter sehen. Zwar besaß er noch einen kleinen Schafspelz, obwohl von Pelz keine Rede und der Kragen kahl war. Bei Benjamins Hochzeit hatte nämlich sein seliger Vater angeordnet, nicht mit Fell zu sparen, einen langen, vollen Kragen zu machen und ihn von oben mit einem Stück Futter von der Kapote abzusteppen. Dabei versprach er hoch und heilig, er werde den Kragen mit Feh beziehen lassen, sobald er die Mitgift hinterlegt habe, was aber niemals geschah. Pelz und Kragen blieben so wie sie waren bis zum heutigen Tag...

Zweitens: Wie reißt man sich los von zu Hause? Benjamin wußte es nicht. Die Reise mit seinem Eheweib besprechen und ihr die ganze Sache kundtun? Gott bewahre! Was für ein Geschrei und Gejammer gäbe das! Sie würde ihn mit Tränen übergießen und für verrückt erklären. Wie soll ein Weib den Verstand haben, um solche Dinge zu begreifen? Eine Frau, und sei sie noch so eine Frau, bleibt eben doch eine Frau. Das dümmste Mannsbild hat mehr Grips im Fingernagel als das feinste und klügste Weib im Kopf.

Soll er sich heimlich und ohne Abschied davonstehlen? Solches Versteckspiel ist mehr nach litauischer Art. Also hinter dem Ofen sitzen und das Ganze abblasen? Unmöglich – da könnte man sich ebensogut umbringen. Der Reisetrieb war Benjamin längst zur zweiten Natur geworden. Wie ein Jude dreimal täglich betet, so mußte er dauernd an seine Reise denken. Sogar im Schlaf kam sie ihm nicht aus dem Sinn, er träumte ständig davon. So tief hatte sie sich in seinem Herzen eingewurzelt, daß seine Augen und Ohren das Nächstliegende kaum mehr wahrnahmen. Er sah und hörte nur noch, was sich *dort* in weiter Ferne abspielte. Mehr als einmal pflegte er im Gespräch Namen fallenzulassen wie Indien, Sambation, Antikuda, Vipernatter, Lindwurm, Esel, Maultier, Johannisbrot, Manna, Türke, Tatar, Räuber und dergleichen mehr. Die Reise mußte unternommen werden, doch wie sollte er all die Hindernisse überwinden? Er wußte sich keinen Rat und fühlte nur, daß er jemand brauchte, mit dem er sich darüber aussprechen konnte.

In Tunejadowka lebte ein Mann, der den Namen Senderl trug, nach seinem Urgroßvater Reb Senderl. Dieser Senderl war ein einfacher Mensch, schlicht und ohne besonderen Scharfsinn. Er hatte seinen Platz in der Mitte des Bethauses, woraus man schließen kann, daß er in Tunejadowka nicht zu den feinen Leuten, zur «goldenen Fahne»[1] gehörte. Den Gesprächen im Bethaus oder anderswo pflegt er meistens still zuzuhören wie jemand, der abseits steht. Wirft er aber gelegentlich ein Wort dazwischen, erregt es sofort großes Gelächter, nicht etwa weil es besonders klug oder witzig ist, nein – er reizt einfach jeden zum Lachen, obwohl er es gar nicht beabsichtigt mit seinem harmlosen Geschwätz. Dann schaut er die Leute aus großen Augen ganz verwundert an. Warum lachen sie? Er nimmt es ihnen jedoch nie übel, denn er ist von Natur aus gutmütig und sanft wie eine Kuh und

[1] etwa «Crème de la Crème»

weiß nicht einmal, daß es so etwas wie Übelnehmen gibt.

«Er lacht – soll er lachen. Wahrscheinlich hat er Freude dran...»

Hin und wieder steckte wirklich etwas Drolliges in seinen Worten, ein Einfall, den er weder überlegt noch gesucht hatte. Die Juden trieben gerne ihren Scherz mit ihm: In seinen Schläfenlocken hingen am Tischo b'Aw[1] stets die meisten Stachelbeeren, bei der Kissenschlacht in der Nacht vor Hoschana Raba[2] landeten die meisten Wurfgeschosse auf seinem Kopf, wogegen sein Anteil an Lebkuchen und Branntwein bei Festen und anderen Anlässen jeweils der geringste war. Mit einem Wort: Senderl war immer und überall das «Sündenhuhn»[3].

Rechthaberisch wie andere war er nicht. Sagte einer «so», hieß es auch bei ihm «so», und er fügte sich seinem Willen, nicht aus Berechnung, sondern einfach so.

«Was macht mir das schon aus?» pflegte er zu sagen. «Ist es mein Kummer? Du willst es ‹so›? Soll sein ‹so›...»

Unter den Jungen war auch Senderl jung. Mit den Kindern zu plaudern und zu spielen bereitete ihm großen Spaß. Er war tatsächlich so etwas wie eine sanfte Kuh, die die Kleinen auf sich reiten und sich die Schnauze tätscheln läßt. Die Lausejungen kletterten ihm auf den Kopf und zupf-

---

1 9. Aw (August), Trauertag über die Zerstörung Jerusalems
2 7. Tag des Laubhüttenfestes
3 Sühneopfer vor dem Versöhnungstag

ten ihn am Bart, was manchen Passanten ärgerte: «Freche Bengel! Habt ihr denn keinen Respekt vor dem Alter? Was zaust ihr den Mann am Bart!»

«Macht nichts, macht nichts», beschwichtigte sie Senderl, «was schadet's schon? Tut es etwa weh? Sollen sie mich ruhig ein bißchen zausen.»

Leider war das häusliche Leben für Senderl keineswegs ein Honigschlecken. Die Hosen trug sein Weib, und Senderl hatte ein bitteres Los neben ihr. Sie hielt ihn in strenger Zucht und versetzte ihm gelegentlich auch Hiebe, die er in Ergebenheit und Demut hinnahm. Vor dem Jontef[1] band sie ihm ein Tuch vor den Bart und befahl ihm, die Stube zu weißen. Er schälte Kartoffeln, walzte Nudeln aus, füllte den Fisch, schleppte Holz herbei, heizte den Ofen ein – genau wie eine Frau. Und darum hieß er auch Senderl «die Jüdin».

Genau diesen Senderl «die Jüdin» hat unser Benjamin auserwählt, um mit ihm zu ratschlagen, was er tun soll. Und warum gerade Senderl? Der Gründe gab es viele. Zunächst fühlte Benjamin eine große Zuneigung zu ihm. Senderl gefiel ihm in vielen Dingen, die sie gleich empfanden, und die Gespräche mit ihm behagten ihm sehr. Möglicherweise vertraute Benjamin auch darauf, daß Senderl keine Starrköpfigkeit kannte. Er würde seinen Plan billigen und zu allem ja sagen, und sollte er trotzdem zum einen oder anderen Punkt einen Vorbehalt machen, werde er, Benjamin, ihn mit Gottes Hilfe und einleuchtenden Argumenten zu überzeugen wissen...

---

[1] Feiertag

Als Benjamin zu Senderl kam, traf er ihn beim Kartoffelschälen auf der milchigen[1] Bank. Eine Backe war stark gerötet, und unter dem Auge hatte er eine blau angelaufene Kratzwunde, die offensichtlich von einem Fingernagel herrührte. Er saß apathisch da, betrübt und leblos wie eine junge Frau, deren Mann sich übers Meer verdrückt oder ihr soeben eine Tracht Prügel verabreicht hat. Senderls Weib war nicht zu Hause.

«Guten Morgen, Senderl, was bist du so traurig?» fragte Benjamin beim Eintreten und deutete mit dem Finger auf Senderls Backe. «Wieder sie? Wo ist es, dein Mädelchen?»

«Auf dem Markt.»

«Gut so!» schrie Benjamin hocherfreut. «Laß deine Kartoffeln liegen, mein Lieber, und komm mit mir in die Kammer. Oder ist dort jemand? Ich kann jetzt keinen Lauscher brauchen, ich will dir nämlich mein Herz aufschließen. Ich kann nicht länger warten, in mir kocht das Blut! Schneller, schneller, Freundchen! Sonst platzt sie uns noch herein, bevor wir fertig sind miteinander!»

«Auch gut ... schneller willst du? Soll sein schneller. Ist das meine Sorge?» antwortete Senderl und folgte Benjamin in die Kammer.

«Senderl», begann Benjamin das Gespräch, «weißt du eigentlich, was jenseits von Tunejadowka ist?»

«Ich weiß. Dort ist Pritschepe, wo man einen guten Branntwein kriegt.»

---

[1] Fleisch- und Milchgerichte sollen nach dem jüdischen Speisegesetz streng getrennt werden.

«Du bist ein Narr. Ich meine doch weiter, viel weiter...»

«Noch weiter als Pritschepe?» rief Senderl verwundert. «Nein, weiter weiß ich nicht. Und du, weißt du?»

«Ob ich weiß? Was für eine Frage. Dort fängt doch die Welt erst an!» rief Benjamin verzückt, wie Kolumbus, als er Amerika entdeckte.

«Und, was ist dort?»

«Dort, dort...!» Benjamin war wie entflammt: «Vipernatter... Lindwurm...!»

«Meinst du den Lindwurm, der König Salomo die Steinblöcke für den Tempel zugehauen hat?» rief Senderl in seiner Einfalt dazwischen.

«Ja, mein Teurer! Dort ist das Land Israel, dort sind jene Stätten... Möchtest du dorthin?»

«Und du, möchtest du?»

«Du fragst noch! Ich will, Senderl, und ich werde auch bald dort sein.»

«Ich beneide dich, Benjamin. Du wirst dich dort ganz schön vollessen mit Johannisbrot und Datteln... ha!»

«Und du, Senderl? Du könntest genauso essen wie ich. Hast du nicht ebenso teil an Israel?»

«Das stimmt allerdings, aber wie kommt man hin? Dort sitzt doch der Türke.»

«Es gibt ein Heilmittel dafür, Senderl. Sprich, Teurer, was weißt du von den roten Juden?»

«Ich hab' genug Geschichten über sie gehört hinter dem Ofen, aber genau wissen, wo sie sind und wie man zu ihnen kommt – nein, das weiß ich nicht. Wüßt' ich es, würd' ich's dir doch sagen, warum nicht, was kann's mir schaden?»

«Aber *ich,* ich weiß es!» rief Benjamin stolz. «Nun, was denkst du, Senderl, wenn die plötzlich *mich* erblicken, ihren Bruder Benjamin aus Tunejadowka, der zu ihnen kommt als Gast? Sag, was denkst du, was hältst du davon? Ich bitte dich, sag doch schon!»

«Sie werden außer sich sein vor Freude, sag' ich dir, Benjamin. Kunststück bei einem solchen Gast ... Jeder wird dich zum Essen einladen. Laß sie alle freundlich von mir grüßen. Auf mein Wort, wenn ich könnte, würde ich selbst mit dir hinziehen.»

«Ha!» schrie Benjamin plötzlich – ein neuer Gedanke war ihm aufgeblitzt: «Wie wäre es, liebster Senderl, wenn du die Reise wirklich mit mir zusammen machen würdest? Sei kein Narr, Senderl, jetzt hast du die beste Gelegenheit dazu. Ich gehe auf jeden Fall und nehme dich mit. Zu zweit ist es doch gemütlicher. Vielleicht, wer weiß, werde ich dort noch König! Dann mache ich dich zum Vizekönig, so wahr ich lebe! Hier meine Hand drauf. Was sollst du hier in der Verbannung sitzen und unter deinem Weib leiden, der Hexe? Sieh dir bloß deine Backe an, du Ärmster! Du hast doch ein wüstes, finsteres Los an ihrer Seite, bei meinem Leben! Komm mit mir, Senderl, du wirst es bestimmt nicht bereuen.»

«Tja», meinte Senderl, «wenn du's so willst, soll's auch so sein. Und sie? Was schert es mich? Ein Narr wär' ich, ihr zu sagen, wo ich hingehe.»

«Hier hast du einen Kuß, mein Herz!» rief Benjamin entzückt und umarmte Senderl «die Jüdin» voll Begeisterung. «Du hast mein Problem mit *einem*

Wort gelöst, und ein schweres Problem. Und ich sag' dasselbe wie du: ‹Und sie?› Ich denke an die meinige. Was mach' ich mir aus ihr? Es gibt aber noch eine Frage: Wo nimmt man das Reisegeld her?»

«Was für ein Reisegeld? Willst du dich denn neu ausstatten, deine Kapote wenden lassen? Wenn du auf mich hörst, braucht man keine neuen Sachen; im Gegenteil, unterwegs sind alte Kleider besser, und dort kriegen wir sowieso neue, schöne Kapoten.»

«Da hast du recht, Senderl, dort hab' ich schon keine Bedenken mehr. Aber *bis* wir dort sind, braucht es doch etwas Geld zum Essen.»

«Was heißt zum Essen, Benjamin? Willst du vielleicht eine Küche mitschleppen? Gibt es denn keine Wirtshäuser, wohnen keine Leute dort?»

«Ich versteh' nicht, was du meinst», sagte Benjamin verwundert.

«Ich meine», antwortete Senderl treuherzig, «die Hauptsache ist, es hat Häuser, die man unterwegs abklopfen kann. Was tun denn die übrigen Juden? Heute gehen die einen zu den anderen ins Haus und morgen die anderen wieder zu den einen. Eine jüdische Angelegenheit – ein zinsloses Darlehen.»

«Bei meinem Leben, du hast recht!» rief Benjamin freudig. «Mir ist soeben ein Licht aufgegangen! Dann bin ich doch, gottlob, schon reisefertig und mit allem versorgt. Morgen in aller Frühe, wenn die Menschen noch schlafen, können wir aufbrechen. Es wäre eine Sünde, Zeit zu verlieren, glaub mir. Einverstanden?»

«Du willst morgen? Soll sein morgen. Mir ist es egal.»

«Morgen ganz früh, hörst du, Senderl, geh' ich leise aus dem Haus. Neben der alten Windmühle werde ich auf dich warten. Denk daran, Senderl: Morgen, ganz früh, kommst du dorthin! Denk daran!» hämmerte ihm Benjamin ein und erhob sich zum Gehen.

«Wart noch, Benjamin, wart noch ein bißchen», sagte Senderl und holte aus der Brusttasche seines Untergewandes einen alten, verschwitzten Stoffbeutel hervor, der rundherum mit Bändern umwickelt und etwa zwanzigmal verknotet war.

«Schau, Benjamin, was hier drin ist, habe ich während meiner ganzen Ehe gespart – hinter dem Rücken meiner Frau. Das wird uns doch reichen für den Anfang, meinst du nicht?»

«Jetzt verdienst du, daß man dich von oben bis unten abküßt!» rief Benjamin laut und schloß Senderl «die Jüdin» innigst in die Arme.

«Daß dich der Teufel hol! Seht nur die große Liebe, wie man sich herzt und küßt! Und in der Küche steht eine Ziege und frißt die Kartoffeln. Ich wünsche dir Würmer in den Leib!» hörte man plötzlich schreien. Es war Senderls bessere Hälfte... Wutentbrannt stand sie da, mit einer Hand zeigte sie auf die Ziege, mit der anderen winkte sie Senderl zu sich. Dieser schlich langsam mit gesenktem Kopf zu ihr in die Stube, wie ein Kind, das etwas angestellt hat und seine Strafe erwartet.

«Sei stark, mein Herz, es ist ja das letzte Mal. Vergiß nicht, morgen...!» flüsterte Benjamin ihm ins Ohr und huschte hinaus wie eine Katze.

Früh am Morgen, bevor der Hirte das Vieh auf die Weide getrieben hatte, stand unser Benjamin, mit einem Bündel unter dem Arm, bereits neben der Windmühle. In dem Säckchen lag alles, was für die Reise nötig war: Gebetmantel und -riemen, der Band «Weg des Lebens», die Psalmen und all die Bücher, ohne die er, wie ein Handwerker ohne Werkzeug, keinen Schritt getan hätte. Auch sein Sabbatrock lag drin – man muß doch das Gesicht wahren vor der Welt! In der Tasche hatte er an die fünfzehn Groschen, die er kurz vor seinem Aufbruch unter dem Kopfkissen seiner Frau gefunden hatte. So war er, gelobt sei sein Name, mit allem versehen und durfte sich getrost auf den Weg machen.

Derweilen war die Sonne kräftig aufgegangen und blickte mit ihrem strahlenden Antlitz auf die Welt herab, ein Gesundbrunnen für jedermann. Bäume und Gräser lächelten, obwohl die Tautränen auf ihnen noch nicht einmal trocken waren. Vögel schwirrten im Spiel durch die Luft, sie sangen und zwitscherten rings um Benjamin, als wollten sie sagen: «Kommt, laßt uns singen und jubilieren für den wackeren Mann neben der Windmühle! Das ist Benjamin, Benjamin aus Tunejadowka, der Alexander seiner Zeit, der sein Vaterland, sein Weib und seine Kinder verläßt und als Botschafter Gottes seines Weges zieht, wohin die Augen ihn führen. Er ist stark wie ein Leopard und leicht wie ein Adler, stets trachtend, nach dem Willen unseres himmlischen Vaters zu tun! Singt und spielt! Tirili, tirili! Jubiliert und erfreut sein Herz!»

Benjamin fühlte sich wirklich leicht ums Herz, und er dachte bei sich: «Bin ich nicht der glücklichste Mensch auf der Welt? Was fehlt mir denn, Gott behüte? Mein Weib hab' ich, gelobt sei sein Name, versorgt. Sie hat ihr bißchen Auskommen, und ich bin frei wie die Vögel rings um mich. Die ganze Welt steht mir offen. Ein Mann von meiner Erfahrung, meiner Beherztheit und meiner Einsicht in alle sieben Weisheiten wird niemals zugrunde gehen.»

So wohlig war es Benjamin, daß er seine Lippen öffnete und mit Fistelstimme den Marsch aus «König Elion» vor sich hin trällerte. Sein Liedchen vermengte sich mit dem Zwitschern der Vögel, dem Summen der Fliegen, dem Zirpen der Grillen und ward zu einem Konzert für den Allerhöchsten, das bis zum Himmel emporstieg.

Inzwischen verging ein hübsches Stück Zeit, und noch war Senderl nicht erschienen. Benjamin wurde unruhig, und seine Freude schwand dahin. Er sah sich nach allen Seiten um, die Augen fielen ihm fast aus dem Kopf – vergeblich, von Senderl war nichts zu sehen und zu hören! Hat ihm etwa sein Hausdrachen irgendeine Arbeit aufgeladen? Aber es ist doch viel zu früh dazu, ganz Tunejadowka liegt ja noch in den Federn.

Unser Benjamin wußte nicht, was tun. Sein Mut sank mehr und mehr. Sollte er umkehren? Pfui, das wäre feige! Alexander von Mazedonien hat die Brücke, die ihn nach Indien führte, abgerissen, um sich selbst den Rückzug zu verunmöglichen. Ohne Senderl aufbrechen? Nein, das wäre gemein, sehr gemein sogar. Und er brauchte Senderl unbedingt. Seit er sich mit ihm verbündet hatte, schien die Welt heller zu sein. Ohne Senderl wäre das Ganze sinnlos wie ein Schiff ohne Ruder oder ein Königreich ohne Minister.

Plötzlich sah man von weitem eine menschliche Gestalt, die Senderl sein konnte, und doch wieder nicht – sie sah mehr nach einer Frau aus, in einem linnenen Kleid und mit einem Kopftuch. Benjamin stieß einen Schrei aus, das Herz stand ihm still, er wurde weiß wie die Wand. Ihn dünkt, da geht sein Weib – nein, sie geht nicht, sie läuft, jagt, kommt schnurstracks auf ihn zu! Gleich wird sie ihn pakken, sich wütend auf ihn stürzen, ihr ganzes bitteres Gemüt an ihm auslassen und ihn mit Jammer und Klage nach Haus schleppen.

«Gott allein weiß», erzählt Benjamin selbst, «was ich damals ausgestanden habe. Hundert Vipernattern wären mir lieber gewesen als mein Weib: So ein Untier verbeißt sich nur in den Leib, eine wütende Frau aber in die Seele. Der Ewige, sein Name sei gepriesen, hat mich gestärkt. Ich ergriff mutig die Flucht und versteckte mich hinter der Windmühle. Von dort guckte ich aus wie ein Löwe, der auf Beute lauert.»

Ein paar Minuten später stürzte Benjamin wie ein Verrückter mit einem gewaltigen Satz und einem Freudenschrei aus seinem Versteck hervor: «Ha, Senderl!»

Senderl war in einen linnenen Schlafrock gehüllt und hatte beide Backen mit einem schmutzigen Tuch umwunden. Die Augen waren blau unterlaufen und zerkratzt, in der Hand trug er einen Stekken und auf der Schulter ein dickes Bündel, doch für Benjamin war er liebreizend wie eine schön geschmückte Braut in den Augen ihres Bräutigams.

«Was ist passiert, Senderl? Warum hast du mich so lang warten lassen?»

«Was heißt lang? Ich bin doch zuerst zu dir gegangen», sagte Senderl in aller Einfalt. «Bis ich hinkam und deine Selde geweckt hatte, dauerte es eben eine Weile.»

«Du hast Selde geweckt!» schrie Benjamin mit einer Stimme, die gar nicht wie sonst klang. «Du bist verrückt, Senderl, warum hast du das getan?»

«Was heißt warum?» entgegnete Senderl ganz verwundert. «Ich hab' doch zuerst an deinen Fensterladen geklopft, aber da kam keine Antwort. Dann pochte ich eben an die Haustür, so – tak, tak –, und da ist Selde halbtot herausgekommen, und ich hab' sie nach dir gefragt.»

«Wir sind verloren, Senderl! Das war mir ein Fragen ... Jetzt wird sie uns nachsetzen, sie wird –»

«Schreck dich nicht, Benjamin! Sie hat mich zu allen Teufeln gewünscht, als hätt' ich ihr den Rock zerrissen, so wütend war sie. ‹Pack dich mitsamt dem Meinigen! Möge euch die Erde verschlingen!› hat sie geschrien und mir die Tür vor der Nase zugeschlagen. Danach stand ich eine Weile draußen – ich war ganz verwirrt. Plötzlich kam mir die Windmühle in den Sinn und daß du vielleicht schon dort wärst. Deswegen hat sie das auch gesagt von dem ‹pack dich› und ‹Erde verschlingen›. Sie hat dich gesehen, wie du weggingst, bin ganz sicher.»

«Was sagst du da, Senderl? Sie hat mich gesehen? Dann kommt sie, sie kommt!»

«I wo, Benjamin, sie hat sogar die Türkette

vorgelegt. Ich klopfte nochmals und fragte: ‹Selde, was sag' ich jetzt deinem Mann von dir? Möchtest du ihm etwas bestellen, ihm vielleicht etwas mitgeben, Selde?› Aber da gab sie schon keine Antwort mehr. Sie hat nämlich einen festen Schlaf – er sei ihr unbenommen. Ich sage noch: ‹Schläfst du, Selde? Gut, dann schlaf eben. Schlaf gesund, Selde!› hab' ich gesagt und bin weggegangen.»

Senderls letzte Worte waren Balsam für Benjamins Gemüt. Er fing an freier zu atmen und seufzte tief, als wäre ihm ein Stein vom Herzen gefallen. Sein Gesicht erhellte sich, und seine Augen leuchteten vor Freude.

«Jetzt, Senderl», jauchzte er übermütig, «rechtsumkehrt und vorwärts marsch!»

Was unseren Hauptpersonen bald nach dem ersten Schritt passiert

Unsere Helden zogen mächtig los und tippelten hurtig, als hätten sie sich von einer Kette losgerissen oder als wäre jemand mit der Peitsche hinter ihnen her. Mit ihren breiten, im Winde flatternden Rockschößen glichen sie einem Schiff, das mit vollen Segeln über das Wasser schießt. Keine Feder wäre imstande zu beschreiben, wie glücklich, wie überglücklich sie sich fühlten! Überaus zufrieden mit sich und der Welt war vor allem Senderl, der endlich der Drangsalierung und Tyrannei seines Weibes entronnen war. Sein gestriges Los war schwer und bitter gewesen, ein Tag voller Qualen und Leiden, der blaue Flecken auf seinem Leib hinterlassen, ganze Haarbüschel seines Bartes entwurzelt und ihn vor der Welt mit braunblauen Schrammen unter beiden Augen gezeichnet hatte. Möge euch, ihr Pantoffelhelden, ein solch wüstes, finsteres Siegel erspart bleiben, wie es Senderl von seinem Eheweib gestern früh aufgedrückt erhielt!

Eine ganze Weile marschierten unsere Helden so, atemlos und ohne ein Wort miteinander zu reden. Es wurde ihnen sehr warm, auf ihren Gesichtern standen große Schweißtropfen. Senderl hielt inne und keuchte wie eine kranke Gans.

«Schneller, schneller, Senderl!» trieb Benjamin ihn an und lief im Sturmschritt voraus wie ein Krieger, der mit gegürteten Lenden, Pfeil und Bogen umgeschnallt, in die Schlacht zieht.

«Gewalt[1], Benjamin, hab Mitleid mit meiner Seele!» flehte Senderl. «Ich habe nicht mehr die Kraft, dir nachzulaufen. Du rennst ja, Gott behüte dich, wie ein Hirsch in den Bergen, wie der Bock vor der Herde!»

«Vorwärts, Senderl, mach schon!» schrie Benjamin und stürmte, stolz auf seine Rüstigkeit, voran. «Siehst du, Senderl, so möchte ich immer laufen, laufen – bis ans Ende der Welt.»

«Aber wozu, Benjamin?» fragte Senderl. «Wir werden bestimmt nichts versäumen. Wenn wir einen Tag oder meinetwegen ein paar Tage später ankommen, ist das auch kein Unglück. So schnell geht die Welt nicht unter. Bis zum Jahr siebentausend wird sie noch einige hundert Jahre bestehen, hat man mir gesagt.»

---

1 Ausdruck des Schreckens, der Bestürzung

«Schneller, Senderl, wird's bald! Es ist schade um die Zeit. Je schneller wir von hier wegkommen, um so besser. Streng dich ein bißchen an, Senderl! Bald sind wir dort, dann kannst du die Glieder strecken und atmen und leben wie ein vornehmer Herr.»

«Da hast du recht, Benjamin. Sagst du schneller, soll sein schneller. Hab' ich denn eine andere Wahl? Bei mir hast du gewonnen, aber was tu' ich mit meinen Beinen?»

Und Benjamin mußte sich bequemen, Senderl zuliebe den Schritt zu verlangsamen. Inzwischen hatte die Sonne ihr Butterfaß verlassen und brannte unbarmherzig auf unsere Wanderer nieder, die sich keuchend und schweißgebadet neben einem Wäldchen dicht am Weg zu Boden warfen. Jetzt spürte Senderl seine Wunden erst richtig, die in der Hitze wie Nadelstiche schmerzten.

Nachdem sie eine Weile geruht hatten, holten sie zuerst ihre Gebetmäntel und -riemen hervor und verrichteten das Morgengebet. Benjamin betete mit Inbrunst und wiegte sich dabei so heftig, daß er dafür ein Gläschen Branntwein verdient hätte, doch woher nehmen? Schon ein Stückchen Brot wäre eine Wohltat gewesen, sein Herz lechzte danach. Nach der Anstrengung war sein Appetit so groß, daß er, wie der Teufel, Fliegen essen könnte, von trockenem Brot ganz zu schweigen. Er drehte die Augen nach allen Seiten, knackte mit den Fingern, gähnte, kratzte sich, spielte mit seinen Schläfenlocken, zupfte sich am Bart, summte vor sich hin – ta-ta-ta – und alles wieder von vorn. Schließlich besann er sich und zog ein kleines Buch aus seinem Bündel, in das er sich sogleich vertiefte. Dazu summte er die Melodie des «Akdamot»[1].

«Senderl!» unterbrach er sich plötzlich, «weißt du eigentlich, was ich da sage und warum ich dazu singe?»

«Du wirst wohl hungrig sein», antwortete Senderl treuherzig.

«Papperlapapp!» entgegnete Benjamin. «Und wenn ich hungrig wäre, was dann?»

«Was dann? Dann singst du eben. Das Sprichwort sagt schon: ‹Wann singt der Jude? Wenn er Hunger hat.› Sing nur, Benjamin, sing – ich tu' derweil etwas anderes.»

Mit diesen Worten steckte Senderl eine Hand in sein Bündel und zog ein kleines verschnürtes Paket hervor.

«Du verstehst immer noch nicht, warum ich singe», sagte Benjamin. «Ich will es dir erklären, mein lieber, dummer Senderl.»

Doch dieser ließ sich nicht beirren und knüpfte in aller Ruhe sein Paket auf. Benjamin warf einen Blick hinein und fühlte sich plötzlich wohlig leicht in jedem seiner zweihundertachtundvierzig Glieder. Da gab es von allem Guten: Brot, Reste vom Sabbatkuchen, Gurken, Radieschen, Zwiebeln, Knoblauch! Senderl hatte an alles gedacht wie eine gute Hausfrau, und er stieg dadurch noch höher in Benjamins Achtung. Mit Freude im Herzen dankte Benjamin seinem Schöpfer, der ihm einen so lieben und treuen Freund für die Reise beschert hatte.

«Gott hat mir den Senderl geschickt wie den

---

[1] Festgesang zu Schewuot (Wochenfest)

Kindern Israels das Manna in der Wüste», dachte er bei sich.

Als sie nach Herzenslust gegessen hatten, wikkelte Senderl die Überreste wieder ein und versorgte sein Paket.

«Die restlichen Sachen», meinte er, «werden uns noch einmal zustatten kommen, der Sack aber noch tausendmal, unser ganzes Leben lang. Damit werden wir mit Gottes Hilfe in den Häusern umhergehen. So schlecht ist das nicht, wenn Gott, gelobt sei er, uns dabei hilft.»

Das wundersame «Tischlein, deck dich!» im Kindermärchen, dem man nur zu sagen braucht: «Tischlein, Tischlein, gib mir zu essen! Gib mir das, gib mir jenes» – und es gibt. Dieses Wundertischlein ist bei uns Juden der Bettelsack. Viele, sehr viele ernähren sich ihr Leben lang und leicht wie im Märchen aus diesem Bettelsack und vermachen ihn sogar ihren Kindern und Kindeskindern. Im Grunde genommen ist es überall der gleiche Bettelsack, auch wenn er, je nach der Klasse und den Menschen, verschieden aussieht oder anders genannt wird. Beim einfachen Volk ist er ein gewöhnlicher Sack aus Leinwand, beim höheren Stand nimmt er mannigfache Gestalt an wie zum Beispiel ein Kästchen, eine Schachtel, ein «heiliges Gerät», ein kleiner Verein, ein Gemeindebeutel, eine Bank für zinslose Darlehen, ein Vortragskäßchen für Dichter – in Wirklichkeit sind das alles Bettelsäcke, echte jüdische Bettelsäcke.

«Senderl», nahm Benjamin, durch dessen Worte gestärkt, das Gespräch wieder auf, «wir zwei sind wie ein vom Himmel vorbestimmtes Paar, wie

Körper und Seele. Du sorgst auf unserer Reise für das Leibliche, für Essen und Trinken, und ich für das Geistige.»

«In diesen Dingen verlass' ich mich ganz auf dich», sagte Senderl ergeben. «Du bist ein gelehrter Mensch und schaust in deine Bücher. Sicher weißt du, was du tust und wohin du gehst. Hab' ich dich etwa gefragt, ob unser Weg richtig ist? Du gehst, was macht mir das aus? Geh nur, ich folg' dir nach wie das Kälbchen der Kuh.»

Dieser Vertrauensbeweis von Senderl freute Benjamin ganz besonders. Er kam sich vor wie ein Schiffskapitän, der sein Fahrzeug ganz allein über das Meer steuert. Trotzdem stiegen Zweifel in ihm auf, ob er sich wohl auf dem rechten Kurs befinde. Hatte er sich vielleicht verirrt und den Weg verpaßt? Während er sich noch besann, fuhr eben, durch Gottes Fügung, ein Bauer auf einem hochgetürmten Heuwagen an ihnen vorbei.

«Senderl», sagte Benjamin, «es könnte gar nichts schaden, den Unbeschnittenen nach dem Weg zu fragen. Geh hin und erkundige dich. Wir sind doch in der Fremde, und du verstehst es besser als ich, dich mit den Bauern in ihrer derben Sprache zu unterhalten. Deine Alte hat dich doch öfters auf den Markt mitgenommen.»

Senderl stand auf, näherte sich dem Bauer respektvoll und sprach wie folgt: «Guten Morgen. Sag doch, Mensch, wo geht der Weg nach Erez Israel[1]?»

«Was?» macht der Bauer verwundert und reißt

[1] das Land Israel

die Augen auf. «Was für ein Sruel? Nie gesehen. Sruel?»

«Nicht, nicht!» rief Benjamin von weitem dazwischen. «Es klingt zwar wie ‹Sruel›, aber wohl unterschieden sei es von Erez Israel! Sag's ihm frei heraus, dem Bauernschädel. Schärfer, Senderl, schärfer!»

«Wohin der Weg nach Erez Israel?» fragte Senderl scharf.

«Der Teufel soll euch Juden...! Was hackt ihr mir den Kopf voll? Das hier ist der Weg nach Pliewka. Ihr mit eurem ‹Elessloel›!» Der Bauer zog eine Grimasse, spuckte aus und fuhr davon.

Unsere Helden machten sich wieder auf den Weg. Benjamin spürte Schmerzen in den Waden, die Füße schienen ihm wie abgeschnitten, doch ließ er es sich nicht anmerken. Beherzt sprach er sich Mut zu, es fiel ihm aber, keinem Juden gesagt, sehr schwer, den anfänglichen Sturmschritt beizubehalten, und so verlegte er sich aufs Hüpfen. Mit dem Geschwindmarsch war es freilich vorbei. Benjamin quälte sich ab, doch was sollte er tun, sich auf die Straße legen? Tut das ein Jude? Also gingen sie, gingen und gingen den ganzen Tag, bis Gott sie glücklich in ein Nachtlager nach Pliewka führte.

Das erste, was Benjamin tat, als er in die Dorfschenke trat, war, sich der Länge nach in einer Ecke auf den Boden zu werfen, die Füße hochzulagern und Atem zu schöpfen.

Senderl machte sich wie eine erfahrene Ehefrau an die Hauswirtschaft und feilschte mit dem Schankwirt wegen des Nachtessens. Dieser musterte ihn von oben bis unten und fand bald heraus, daß Senderl nicht zu der üblichen Sorte von Reisenden gehörte, die hier jeden Tag vorbeikam. Er streckte ihm die Hand zum «scholem alechem»[1] entgegen und fragte nach Namen und Herkunft. Senderl nannte arglos seinen Namen und bezeichnete sich als «eine Art Israel-Jude» im Dienst bei Reb Benjamin, der die Ehre hat, dort drüben in der Ecke zu liegen. Der Pächter setzte eine gläubige Miene auf, besann sich ein Weilchen und bat Senderl, sich zu setzen. Doch stören wir die Königstochter, will heißen Senderl, nicht in seinem Gespräch mit dem Gastwirt und wenden wir uns Prinz Benjamin zu.

Als er sich zu Boden geworfen hatte, blieb Benjamin wie ein lebloser Stein liegen. In den Adern seiner geschwollenen Füße tobte das Blut, als schwämmen scharenweise Ameisen drin herum, die ihn stachen und bissen. Die Schläfen hämmerten, in den Ohren rauschte es dumpf lange nachhallend wie das große Tekia[2] zu Rosch Haschana[3].

Während er so ohne Bewußtsein dalag, hörte Benjamin von weither ein Schellengeläute, das näher und näher kam, bis plötzlich Räder kreischten und ein Wagen vor dem Tor hielt. Ein Gewirr von Stimmen ließ sich vernehmen wie bei einer wichtigen Gemeindeversammlung, hohe, tiefe, Frauenstimmen und Bässe, heisere, röchelnde, unterdrückte Laute drangen an sein Ohr, doch einen Sinn konnte er nicht erkennen. Bei einem Katzentreffen auf den Dächern weiß man wenigstens, was es

---

[1] Friede mit Euch

[2] Schofar-Blasen, Schofar = Widderhorn

[3] jüdisches Neujahrsfest

bedeutet, auch wenn man die Katzensprache nicht versteht.

Jetzt öffnet sich die Tür, und eine Schar von Menschen drängt sich hastig in die Stube. Benjamin verkriecht sich noch tiefer in seine Ecke und rollt sich ängstlich ein. Im Zimmer wird es mit einem Mal sehr hell: Unzählige Kerzen brennen in Sabbatleuchtern aus Messing. Am Ende des langen Eichentisches sitzt die Musikkapelle und stimmt ihre Instrumente. Der Fiedler kitzelt die Geige mit einem Finger, und die Saite lacht «sim-sim-sim», als wollte sie sagen: «Ja, ich bin bereit, doch wie steht es mit deinem Fiedelbogen?»

Der Klesmer[1] packt ihn, bestreicht ihn mit Harz und setzt ihn an. Der Flötenspieler unterhält sich mit seinem Pfeifchen, der Zimbalist läßt seine Hämmerchen über die Saiten tanzen. Nur der blinde Pauker sitzt da und döst, die Pelzmütze über den Augen, vor sich hin.

Auf einem Bänkchen neben den Musikanten steht ein Mann, der kaum den Mund aufmachen muß, um die Leute zum Lachen zu bringen[2]. Sogar die Kinder, die dichtgedrängt durch die Fenster hineingucken, krümmen sich vor Lachen. Jetzt schreit er: «Hurra! Für die Brauteltern und zu Ehren des Hausherrn und aller versammelten Gäste – spielt auf, etwas Fröhliches, Lebendiges!»

Die Musiker werfen sich auf ihre Instrumente, fröhlich und lebendig, Weiblein und Männlein fassen sich an den Händen und tanzen einen Reigen.

---

[1] Musikant

[2] der Marschallik, Spaßmacher bei Hochzeiten

Alles wirbelt durcheinander, sogar die Wanzen und Kakerlaken kommen aus ihren Ritzen gekrochen und laufen aufgeregt über die Wände.

Während des Tanzes stolpert einer der Gäste über Benjamin, schaut ihm ins Gesicht und verkündet laut: «Ha, Benjamin! Hab' ich dich ertappt, du seltenes Stück! Er ist da, er ist da!»

Jetzt kommen noch mehr Menschen dazu. Benjamin erkennt einige feine Leute aus Tunejadowka, darunter auch den Rabbiner. Alle schreien: «Benjamin, komm tanzen! Tanz mit uns, Benjamin!»

«Ich kann doch nicht», stöhnt Benjamin. «Ich kann mich nicht von der Stelle rühren.»

«Macht nichts, macht nichts», antwortet man ihm. «Komm nur, wirst es schon können. Was braucht's da überhaupt? Mit dem Sterz wackeln kann sogar eine Ente, und du bist ein Mensch. Marsch, rühr dich, dummer Kerl, oder wir erzählen's weiter!»

«Wem, Selde?» schreit Benjamin atemlos. «Ich fleh' euch an, sagt ihr nichts!»

«Na, kommt's endlich? Los, beweg dich, du Rindvieh, stell dich auf die Beine!»

«Habt Erbarmen mit mir, Juden!» bettelt Benjamin. «Ich kann mich nicht bewegen – aus einem ganz bestimmten Grund, es ist ein Geheimnis, das ich nur dem Rebben anvertrauen kann.»

Er umarmt den Rabbi mit beiden Händen, um ihm sein Geheimnis ins Ohr zu flüstern. In diesem Augenblick spürt er einen heftigen Stoß in die Rippen, er zuckt zusammen, reibt sich die Augen und sieht, daß es dunkel ist im Zimmer. Nur der Mond scheint durch das Fenster. Benjamin liegt neben einem Kälbchen, das er mit beiden Händen umarmt und fest an sich drückt.

Was war geschehen, wo kam da plötzlich ein Kalb her? Hat er vielleicht selbst gekalbt? Was für eine Idee! Hat man je eine zweibeinige Kuh gesehen, die ein Kalb geworfen hat? Nun, ihr braucht euch über das Kälbchen gar nicht so zu wundern, die Sache ist ganz einfach: Als Benjamin sich halbtot vor Müdigkeit zu Boden warf, hatte er nicht bemerkt, daß in der Ecke schon ein Kälbchen lag. Er schlief ein, und die ganze Hochzeit samt Brauteltern und Musikanten erschien ihm im Traum. In seiner Unruhe rückte er immer mehr in die Ecke, und als er im Traum den Rabbi von Tunejadowka umarmte, drückte er in Wirklichkeit das Kälbchen des Gastwirts von Pliewka an sich, um ihm das Geheimnis seiner Reise ins Ohr zu flüstern. Dem Tier gefiel es indes gar nicht, daß man es so drückte und würgte. Es versetzte Benjamin einen Tritt, von dem er erwachte. In seiner Verwirrung preßte er das Kälbchen noch immer mit beiden Armen an sich, und es dauerte eine ganze Weile, bis er es merkte und den Vierbeiner von sich stieß. Erschrocken sprang er auf, und das Kalb, von seinen Fesseln befreit, ebenfalls. Schnell ergriff es die Flucht und stieß dabei gegen Benjamin. Im Fallen stürzten beide über einen Zuber mit Wasser, den sie mit großem Getöse umwarfen.

Von dem Lärm erschraken Senderl und der Pächter. Mit brennenden Kerzen in den Händen kamen sie schnell ins Zimmer gerannt und blieben verwundert stehen. Wäre in diesem Augenblick ein Liedermacher zur Stelle gewesen, hätte er vielleicht gesungen: «In süßer Liebe verbunden, konnten sie sich weder im Winkel noch in der Pfütze voneinander trennen.»

Doch Senderl und der Pächter waren einfache Menschen und keine Poeten. So wurde das liebende Paar geschieden. Das Kälbchen wurde wegen schlechten Benehmens gerügt und zu seiner Mutter gebracht, während Benjamin ins Tauchbad und von dort in eine besondere Kammer geführt ward. Dort bereitete man ihm ein Lager aus Stroh, und er erhielt ein Kissen für sein Haupt.

Wie Benjamin zu einer Ohrfeige kommt

Nach dem Tauchbad in einem Zuber kalten Wassers erholten sich Benjamins Glieder, und als er am Morgen aufstand, fühlte er sich frisch gestärkt. Der Vorfall mit dem Kälbchen erschien ihm jetzt geradezu als ein Fingerzeig des Schicksals, hatte er ihm doch die Befreiung von seinen Schmerzen gebracht. Benjamin erklärte Senderl, wie ahnungslos und ungerecht der sündige Mensch ist, welcher sich über ein scheinbares Unglück beklagt und dabei vergißt, daß gerade dieses Unglück zum Glück führen und der Fluch sich in Segen verwandeln kann, wenn der Allerhöchste dies so bestimmt. Benjamin betrachtete das Kälbchen fast als einen Arzt, der ihm von der Vorsehung geschickt wurde. Das gestrige Abenteuer war für ihn ein günstiges Omen für das Gelingen seiner Reise, die, in einer guten und glückhaften Stunde begonnen, ihn mit Gottes Hilfe zum gewünschten Ziel führen werde.

«Ein Wasserträger mit gefüllten Eimern ist von jeher ein gutes Vorzeichen gewesen, ganz zu schweigen von einem großen, vollen Zuber», stimmte Senderl zu.

Da Benjamin noch immer Schmerzen in den Beinen verspürte und er zudem auf seinem Strohlager angenehm weich gebettet war, beschloß er, noch einen Tag in Pliewka zu bleiben. Am nächsten Morgen erhob er sich ganz früh von seiner Ruhestatt, und unsere beiden Gesellen machten sich wieder auf den Weg. Benjamin schien etwas niedergeschlagen, wie er so dahinmarschierte. Er war in sich selbst versunken und sprach kein Wort. Plötzlich schlug er sich vor die Stirn und blieb regungslos stehen. Nach einer Weile öffnete er den Mund zu einem tiefen Seufzer: «Ach, Senderl, ich hab' etwas vergessen», sagte er leise.

«Was vergessen? Wo?» fragte Senderl und griff unwillkürlich nach seinem Bündel.

«Zu Hause, Senderl, ich hab's daheim vergessen.»

«Unsinn, Benjamin. Was fällt dir da ein?» beruhigte ihn Senderl. «Wir haben doch alles mitgenommen, was man auf der Reise braucht, scheint mir. Hier mein Bündel, unberufen, Tales und Tfilin[1], unsere Gebetbücher und Sabbatkleider, alles ist gottlob da. Was fehlt uns denn? Was können wir nur vergessen haben?»

«Was ich vergessen habe, ist sehr wichtig, Senderl, es ist lebensnotwendig. Wenn nur alles gut geht unterwegs – Gott möge uns beschützen und

---

[1] Gebetmantel und Gebetriemen

vor Übel bewahren! Wenn aber der Böse – ich wage es kaum auszusprechen – uns auf den Fersen ist, dann erst werden wir ermessen können, wie wichtig die Sache ist, die ich vergessen habe. Beim Weggang habe ich in der Eile unterlassen, einen Spruch zu sagen, der aus einer uralten Handschrift stammt. Dieser Spruch muß vor jeder Reise beim Verlassen der Stadt an der Grenzmauer gesagt werden. Nur dann kann man gewiß sein, daß man auf dem Weg vor Gefahr und schlechten Begegnungen geschützt ist. Und genau das habe ich vergessen.»

«Willst du etwa umkehren?» fragte Senderl geradeheraus.

«Bist du verrückt?» schrie Benjamin, und das Blut schoß ihm ins Gesicht. «Was für eine Idee, umkehren! Und was ist mit der Welt, was wird *sie* dazu sagen?»

«Wozu auf die Welt hören, Benjamin?» fragte Senderl. «Hat sie dich denn gebeten, diese Reise zu unternehmen? Hat sie vielleicht einen Vertrag mit dir geschlossen, dir Reisegeld bezahlt, damit du auf Wanderschaft gehst?»

«Was für ein Verstand!» spöttelte Benjamin und verzog sein Gesicht. «Und Alexander von Mazedonien, hat *ihn* die Welt gebeten, nach Indien zu ziehen und dort Krieg zu führen? Und was ist mit all unseren Juden, die ewig unstet von Stadt zu Stadt wandern? Hat man sie vielleicht darum ersucht?»

«Weiß ich es?» sagte Senderl mit einem Lächeln. «Von mir aus hätten sie alle zu Hause bleiben können. Das wäre wohl für manchen besser und auch gescheiter gewesen. Alexander von Mazedonien... was bist du doch für ein Narr! Hast zu Hause von allem Guten, warum bleibst du nicht sitzen, lebst in Frieden und streichst dir über den Bauch? Was brauchst du Indien? ‹Sitz zu Hause und rühr dich nicht!› sagt ein Sprichwort im Volk, und – man soll Weltliches und Heiliges nicht vermischen – für die Leute ist ein Sprichwort ebensogut wie eine Stelle im Talmud. Über unsere Juden wundere ich mich noch mehr. Sie sollten sich wirklich an die Schrift halten, zu Hause bleiben und ihrer Beschäftigung nachgehen, jeder der seinen. Was soll das endlose Umherziehen? Wozu sich den Kopf vollhacken lassen? Gar nicht zu reden von der Gesundheit und all den zerrissenen Stiefeln. So wahr ich lebe, Benjamin, sollte ich jemals einem solchen Juden begegnen, ich würde ihm gleich jenes Sprichwort, äh – jene Talmudstelle unter die Nase reiben!»

So diskutierten unsere Freunde eine ganze Weile. Senderl stellte immer neue Fragen, und Benjamin bewies ihm, daß er nichts von alldem verstehe. Senderl erinnerte ihn an ein Pferd, das seinem Herrn stets treu gedient und ihn durch Feuer und Wasser getragen hat, bis es eines Tages aus heiterem Himmel von Schwermut befallen wird, bockt, sich gegen ihn aufbäumt und nicht von der Stelle zu bewegen ist – soll er sich umbringen! Benjamin ließ den widerspenstigen Senderl zwar nicht die Peitsche spüren, doch bearbeitete er ihn mit scharfer Zunge und wohlgesetzter Rede so lange, bis dieser butterweich und wieder ein braves, folgsames Pferdchen wurde. Wenn Benjamin sprach, spitzte Senderl aufmerksam die Ohren, nur um den üblichen Schluß zu ziehen: «Du willst es so? Soll sein so. Hab' ich denn was dagegen?» So fiel es Benjamin leicht, Senderl zu überzeugen. Indessen setzten sie ihre Wanderung fort und erreichten schließlich – nach mancherlei Irrwegen – mehr tot als lebendig die Stadt Teterewka.

Teterewka war die erste große Stadt, die unsere zwei Weltreisenden in ihrem Leben zu Gesicht bekamen. Kein Wunder, daß sie die schnurgeraden, sorgfältig gepflasterten Straßen und die hohen Mauern der Stadt gebannt anstarrten und sich an ihnen nicht sattsehen konnten. Über die Bürgersteige gingen sie auf Zehenspitzen und hoben umständlich die Füße, um ja nicht zu stark aufzutreten und so, Gott behüte, die glatten Steine zu beschädigen! Unsere beiden Provinzler bummelten verschüchtert in den Straßen umher und machten jedem Entgegenkommenden ehrerbietig Platz, wobei Senderl seinen Kameraden am Rockschoß packte und auf die Seite zog. Einmal geschah es, daß sie ein regelrechtes Tänzchen mit einem Passanten aufführten, das mit einem Zusammenstoß und einigen unwirschen Bemerkungen des ungeduldigen Fremden endete. Die Leute auf der Straße schienen mit dem Finger auf sie zu deuten, und der Lärm der Kutschen und Vierspänner betäubte sie. Die hohen Fassaden standen stolz da und blickten mit ihren Glasfenstern verächtlich auf sie herab. Alles schrie ihnen zu: «Respekt, ihr Hungerleider vom Dorf! Respekt, Respekt!»

«Weißt du was, Benjamin?» sagte Senderl, der sich schier den Hals verrenkte, um den Giebel eines sehr hohen Hauses zu erspähen, «ich glaube, das ist wie Stambul.»

«Geh, Närrchen, wie kommst du auf Stambul?» sagte Benjamin mit einer Miene, als wäre er dort geboren. «Stambul, mein Lieber, hat fünfhundert mal fünfhundert fünfzehn-, zwanzig- oder sogar dreißigstöckige Häuser, und in jedem Haus wohnen fünfhundert mal fünfhundert Menschen! Meinst du vielleicht, das sei alles? Nein, mein Guter! Da gibt es noch kleine Gassen, Vororte, Winkel, Grünanlagen, Karawansereien wie Sand am Meer.»

«Ei, ei, ei!» staunte Senderl, «so eine große Stadt kann einem schon Angst machen. Aber sag mir, Benjamin, ich bitte dich: Woher kommen denn all diese großen Städte? Warum drängen sich die Menschen so zusammen, an einem Ort und einer über dem anderen gar, als ob die Erde zu klein wäre und keinen Platz mehr böte? Es muß doch einen Grund geben, der sie von der Erde weg in die Höhe treibt, himmelwärts. Was sagen denn deine Weisen dazu, Benjamin?»

«Ich will es dir durch unsere Thora erklären, Chumesch[1] hast du ja wohl gelernt, Senderl. Dort steht, daß unsere Vorfahren lange Zeit in Zelten wohnten, und erst nach der Sintflut begannen sie, sich an einem Ort zusammenzudrängen, Ziegel zu brennen und eine Stadt zu bauen, deren Mauern bis in den Himmel reichten. Mittendrin aber brach Streit und Verwirrung unter ihnen aus, einer verstand des anderen Sprache nicht mehr, und es gab

---

1 Pentateuch

keine Führung unter ihnen. Gott tat ein Wunder und trieb die Menschen wieder auseinander, so daß sie wie früher leben und atmen konnten. Doch die Sünde des Sintflutgeschlechts blieb bestehen. Eine böse Lust trieb die Menschen dazu, ihren Wohnsitz mehr und mehr in der Höhe zu suchen, einer über dem anderen, nahe dem Himmel, und sich so einen Namen zu machen.

‹Was hängst du dich an mich wie eine Klette?› sprach Abraham zu Loth. ‹Warum streiten deine Leute sich mit meinen um eine Spanne Boden? Die ganze Welt steht dir doch offen. Geh, wohin du willst, und laß mich in Frieden!›»

Benjamin hatte kaum geendet, als ein Kutscher unsere beiden Kumpane von hinten anfuhr und sie mit der Deichsel fast zu Fall brachte. «Trottel!» brüllte der Kutscher und drohte ihnen mit der Peitsche. «Was, zum Kuckuck, kriecht ihr herum wie die Krebse und verstellt mir den Weg? Heda, ihr verfluchten Kerle!»

Die zwei hoben flugs ihre Füße und stoben vor Schreck auseinander wie vergiftete Mäuse. In der Eile prallte Senderl mit einem Fußgänger zusammen, stolperte und fiel der Länge nach hin, während Benjamin einen Korb mit Eiern umstieß, den eine Marktfrau eben vorbeitrug. Die Eier zerbrachen, und gegen ihn ging eine wahre Hölle los in Gestalt eines feuerspeienden Mundwerks. Die Frau mit den zerbrochenen Eiern überschüttete ihn mit einem Schwall von Flüchen und kündigte ihm gleichzeitig eine Ohrfeige an, was sie auch alsbald in die Tat umsetzte, und Benjamin konnte von Glück reden, daß sie ihm nicht noch ein Büschel

Haare ausriß ... Kurz, Benjamin wurde von ihren Händen gut bedient, ehe er sich in ein Hintergäßchen flüchten konnte, wo sich bald darauf auch Senderl einfand.

«Da hast du deine große Stadt», sagte er und wischte sich mit dem Rockschoß den Schweiß vom Gesicht. «‹Da geh nicht und dort steh nicht› – hol sie alle der Teufel!»

«Das kommt alles vom Geschlecht der Sintflut», meinte Benjamin, der schnaubte und fauchte wie eine Gans. «Alles, was du hier siehst, stammt noch von ihm: die böse Lust, das Gewirr, Streit, Diebstahl, Raub und Mord!»

«Soll die Erde sie verschlingen!» sagte Senderl. «Laß uns ein bißchen verschnaufen, Benjamin. Du siehst ja schrecklich aus, deine Backe glüht – ein böser Geist fahre in das Weib! Wisch dir das Gesicht ab, die Hexe hat es dir mit Eigelb vollgeschmiert.»

Wie Benjamin in die Politik eingreift

In einer der Betstuben von Teterewka erhitzten sich die Gemüter wegen des damaligen Krimkrieges, wobei die Ofenbank in verschiedene Parteien gespalten war, jede mit ihrem Präsidenten und ihrer besonderen politischen Tendenz.

Chaikel der Denker und sein Anhang hielten es mit Tante Vite[1] und boten sie bei jeder Gelegenheit an wie auf einem Servierbrett, obwohl sie natürlich all ihre Kniffe und Spitzfindigkeiten durchschauten. Chaikel war ursprünglich so etwas wie ein

---

[1] Queen Victoria

Uhrmacher gewesen. Er besaß eine leichte Hand mit dem Mazzoträdchen[1] und konnte eine Sukko[2] errichten wie kein anderer, und zwar mit allem, was dazu gehört, wie Nudelbrett, Spaten, milchige Bank, Schaletplatte[3] und Hühnerleiter. Er galt als Sachverständiger in allen technischen Belangen, und die Leute redeten mit Respekt von ihm.

«Das ist Chaikels Sache, das weiß nur er», hieß es stets. Er pflegte solche Wunderdinge von merkwürdigen englischen Maschinen zu erzählen, daß den Zuhörern sich fast die Haare sträubten, und wenn ihn jemand mit einer fachlichen Frage unterbrach, beantwortete er sie unweigerlich mit «einer Art Sprungfeder». Dabei lächelte er und setzte eine wichtige Miene auf, als hätte er soeben ein zentrales Problem gelöst und dem Frager für immer die Augen geöffnet. Mit dieser Sprungfeder konnte er alles erklären, die Uhr, den Telegraphen, eine Spieldose und was es überhaupt an Erfindungen gibt auf der Welt.

Itzig der Deuter aber gab sich mit Chaikels Sprungfeder keineswegs zufrieden. Er betrachtete sie als ein Symbol der Freidenkerei und spottete: «Bald wird Chaikel sogar den Golem und andere Weltwunder mit seiner Sprungfeder erklären. Seine ganzen Fachsimpeleien sind, mit Verlaub gesagt, keinen Heller wert, lauter Hirngespinste.»

---

1 Instrument zum Zerteilen der ungesäuerten Osterbrote (Mazzot)

2 Laubhütte

3 Schalet, eine Sabbatspeise

Weil Chaikel ein Anhänger von Tante Vite war, schwärmte Itzig der Deuter, Chaikels geschworener Widersacher, für Tante Rossija[1] und setzte sich vehement für sie ein. Jeder der Gegner bemühte sich, die anderen Parteien auf seine Seite zu ziehen. Während Chaikel sich schon fast mit Schmulik Boksor, dem Präsidenten der türkischen Fraktion, geeinigt hatte und bereits mit Berel Franzos, einem glühenden Verehrer von Napoleon, verhandelte, machte Itzig einen Ausfall und vermochte Tobias Mak, den Vertreter Österreichs, für seine Sache zu gewinnen. Diplomatische Noten flogen hin und her, jeder machte Vernunftgründe geltend, die Welt wankte in ihren Grundfesten und das kleine Bethaus mit ihr.

Senderl, gewohnt, jedem nachzugeben, war auch in Sachen Politik nicht eigensinnig. Bei ihm hatte jeder recht: «Du willst es so? Soll sein so. Ist das meine Sorge?» sagte er wie immer. Das gefiel allgemein und machte ihn natürlich beliebt. Schon nach der ersten Begegnung hieß es überall, er besitze zwar weder Galle noch besondere Geistesgaben, doch sei er wenigstens nicht starrköpfig.

Im Gegensatz zu Senderl, der mit allen gleich gut auskam, war Benjamin eher wählerisch bei neuen Bekanntschaften. Am besten verstand er sich mit Schmulik Boksor, dem er sich immer mehr anschloß, bis er schließlich ganz vertraut mit ihm wurde. Benjamin weihte ihn sogar in das Geheimnis seiner Reise ein. Schmulik schien stark beeindruckt von dem Plan und besprach ihn mit

[1] Rußland

Chaikel dem Denker, der ihn, nach einigen anfänglichen Bedenken, ebenfalls guthieß und ihn weitertrug zu Tobias Mak, dem Österreicher. In einer Sitzung, an der auch Berel Franzos teilnahm, wurde das Für und Wider des Vorhabens diskutiert.

Benjamin, fanden sie, sehe wirklich nicht wie ein gewöhnlicher Mensch aus. Er sei stets zerstreut und abwesend, als befände er sich in einer anderen Welt. Der Sinn seiner Worte sei oft schwer zu verstehen, mitten im Satz versinke er in Gedanken, starre mit gläsernen Augen vor sich hin und lächle dazu. Sein ganzes Benehmen sei sonderbar, doch beweise dies nur, daß Benjamin auf einer anderen Stufe, fern von ihnen lebe und kein Mensch wie alle anderen sei. In ihm stecke bestimmt etwas Besonderes, so einfach sei das alles nicht – wer weiß, vielleicht *ist* Benjamin gar nicht Benjamin, wer kann das wissen?

Als Benjamin und Senderl sich nach dem Vorfall mit der Eierfrau keuchend und nach Atem ringend in das kleine Bethaus retteten, herrschte dort gerade ein schrecklicher Lärm: Die Sitzung der Politiker wurde von Itzig dem Deuter dominiert, der sich fast den Hals ausschrie, um die übrigen Teilnehmer zu übertönen.

«Seht doch, was hier im ‹Josefus› steht!» trompetete er und zeigte mit dem Finger auf ein Büchlein. «Als Alexander von Mazedonien auf seinem Zug zu den Kindern Jondab ben Rechabs die Berge der Finsternis erreicht hatte, konnte er mit seinen Helden nicht mehr weiter, weil sie bis zu den Knien im Morast standen. Da dort nämlich die Sonne nie scheint, ist der Boden stark versumpft. Versteht ihr jetzt, was ich sagen will? Wenn Alexander, der große Alexander von Mazedonien, der auf einem Adler geflogen ist und vor der Pforte des Paradieses gestanden hat, wenn selbst er die Berge der Finsternis nicht überschreiten konnte, wie soll es der da, euer kleiner Mann, schaffen? Da werden ihm auch Chaikels Sprungfedern nicht helfen.»

«Grober Kopf!» brüllte Chaikel und stieß Itzig den Daumen in die Seite, «wo hast du deine Augen? Lies erst mal, was hier weiter steht! Es heißt da, daß Alexander dort Vögel hörte, die griechisch sangen, und einer von ihnen sprach zu ihm wie folgt: ‹Du bemühst dich vergeblich, weil du in das Haus Gottes willst und in das Haus seiner Knechte, der Kinder Abrahams, Isaaks und Jakobs.› Verstehst du jetzt, du Dickschädel, warum Alexander von Mazedonien dort steckenblieb?»

«Und was ist, wenn die zehn Stämme, die roten Juden *und* die Söhne Mosis überhaupt nicht dort leben, sondern ganz woanders, wie es heißt, nämlich unweit des Wohnsitzes von Priester John? Kannst du mir dieses Land zeigen, großer Denker? Vielleicht morgen nach dem Mittagessen?»

«Dummes Zeug, Itzig, du redest nichts als Unsinn.»

«Wart nur, wart! Es gibt nämlich auch noch den Fluß Sambation[1], der die ganze Woche Steine schleudert. Angenommen, es gelingt dem da, die Berge der Finsternis zu übersteigen, und er findet tatsächlich das Land des Priesters John, hat er

---

[1] sagenhafter Strom im Land der verschollenen zehn Stämme, der nur an den Werktagen fließt und am Sabbat ruht

immer noch den Sambation vor sich, und da heißt es ‹halt›! Es regnet Steine, keinen Fußbreit kommt er voran, da hilft auch deine Tante Vite nicht, und wenn sie sich auf den Kopf stellt, die Füße in der Luft!»

«Haha, jetzt hängst du dich gar an Tante Vite – so weit ist es mit dir schon gekommen.»

«Was erlaubst du dir überhaupt, Itzig? Dich über die Königin lustig zu machen, ohne jeden Anlaß!» mischte sich Berel Franzos ärgerlich ein. «Wir reden von Benjamin, den kannst du dir meinetwegen vorknöpfen, aber die Königin laß gefälligst aus dem Spiel!»

«Warum Benjamin vorknöpfen?» ließ sich Tobias Mak vernehmen. «Mir scheint, Benjamin geht einen Weg, der uns Juden zum Heil gereichen kann.»

«Ach, Mak, Mak!» seufzte Itzig und schüttelte den Kopf. «Von dir habe ich wirklich nicht erwartet, mein Lieber, daß du, wie die da, ein solches Wesen um Benjamin machst. Was siehst du bloß in ihm?»

«Hört nur, ich bitte euch! Wie kann ein Mensch so reden? Was siehst du bloß in ihm?» äffte Schmulik ihn nach. «Hast du denn keine Augen im Kopf? Seine Zerstreutheit, sein verträumtes Wesen, sein Blick, sein Reden, sein ganzes Benehmen – all das beweist doch zur Genüge, wer er ist. Das Gesicht ist der beste Spiegel des Menschen. Und wenn das alles kein Zeugnis ist für dich, weiß ich nicht, was du einen Menschen nennst. Da kommt er selbst, sieh ihn dir an, Itzig, und gib zu, daß du verrückt bist! Seht nur, die Flammen auf seiner Wange und die drei gelben Streifen, die sich wie ein Schin[1] quer über sein Antlitz ziehen! Nun, Itzig, was sagst du jetzt?»

Itzig trat näher an Benjamin heran und musterte ihn vom Kopf bis zu den Füßen. Dann spie er ihm mitten ins Gesicht und wandte sich zornig ab.

Seit dieser Diskussion erhielt die lokale Politik völlig neue Züge. Schmulik Boksor und Berel Franzos schlossen ein Bündnis mit Chaikel, Tante Vite schickte tausend große Kriegsschiffe übers Meer, die Angst und Schrecken verbreiteten, die türkische Armee überschritt den Pruth, und Napoleon bombardierte Sewastopol. Tobias Mak war das Zünglein an der Waage – einmal oben, einmal unten, aber nie im Stillstand. Nur Itzig der Denker blieb einsam wie ein Schiffbrüchiger im Sturm; zwar kämpfte er einen verzweifelten Kampf, in dem ihm jedes Mittel recht war, doch es blieb umsonst, die Übermacht der anderen war einfach zu stark. Dafür rächte er sich an Benjamin, den er seit jener Sitzung mit unversöhnlicher Feindschaft verfolgte.

«Gott allein ist mein Zeuge», erzählt Benjamin in seinem Bericht, «daß ich mich nie in die Politik eingemischt habe. Was nützt das schon uns Juden? Spielt es denn eine Rolle, ob sie so oder so ist? Und mein Freund Senderl kümmert sich sowieso nicht um solche Sachen. Trotzdem ließ mich Itzig keinen Moment in Ruh' und plagte mich Tag und Nacht: Er besteckte mich mit Federn, schleuderte Kissen nach mir und versteckte mir einen Schuh, so daß

---

[1] «Zahn», 21. Buchstabe des hebräischen Alphabets

ich vor Suchen fast närrisch wurde. Kaum war ich eingeschlafen, kitzelte er meine Fußsohlen, bis ich aus dem Bett sprang. Einmal hielt er mir im Schlaf eine Rauchbombe unter die Nase, ich erwachte keuchend und hustend und hatte den Rauch stundenlang im Zimmer. Ist es denn meine Schuld, daß seine drei Gegenparteien sich verbündet haben?»

Wie unsere Freunde die Häuser aufsuchten

Den größten Teil des Tages verbrachten unsere beiden Kumpane mit der Nahrungsbeschaffung. Sie machten ihre «Visiten» in den Häusern von Teterewka und erlangten in kurzer Zeit einen solchen Ruf, daß die Leute ihnen von weitem zuwinkten und sie mit einem Scherzwort und einem Lächeln begrüßten. Ein anderer als Benjamin hätte sich einiges darauf eingebildet, wie ehrenvoll er von der Welt empfangen wurde, wie aller Augen bei seinem Anblick feucht schimmerten, wie man ihm jedes Wort von den Lippen las und mit welch freudiger Miene er in den Häusern empfangen und hinausgeleitet wurde. Doch unsere beiden Freunde waren einfache, schlichte Menschen und machten sich wenig aus all diesen Ehrungen. Benjamin war mit seinen Plänen beschäftigt, und Senderl dachte darüber nach, wie er sein Bündel mit Nahrung und die Tasche mit ein paar Groschen für das Nötigste füllen könne.

Ob einem mit einem Lächeln oder mit einem sauren Gesicht gegeben wird, was macht das einem Juden aus? Hauptsache, man gibt.

«Heute ist Purim[1], morgen ist's aus,
gebt mir 'nen Groschen und werft mich hinaus.»

So geht ein bekanntes jüdisches Liedchen, das sehr wohl die demütige Einfalt unserer beiden Helden widerspiegelt. Senderl summte es unterwegs oftmals leise vor sich hin.

«Gott schenke Euch einen guten Morgen!» pflegte er beim Betreten eines Hauses zu sagen, wobei er Benjamin am Rockschoß hinterherzog; dann versetzte er ihm einen kleinen Rippenstoß, schubste ihn vorwärts und flüsterte ihm Mut ins Ohr: Er brauche sich nicht zu schämen und solle sich nur respektvoll neben ihn stellen.

Bei einem solchen Besuch trafen sie einmal einen jungen Mann, der sich eifrig mit dem Hausherrn unterhielt. Nach seinen Worten und seinem Auftreten zu schließen, war er eben dabei, diesen von der Wichtigkeit seines Anliegens zu überzeugen, das in der Welt nicht seinesgleichen habe. Er redete wie ein Wasserfall, zeigte allerlei Dokumente vor – der Hausherr verzog nur das Gesicht und wand sich unbehaglich hin und her. Im Bestreben, den zudringlichen jungen Mann loszuwerden, klammerte er sich jetzt verzweifelt an unsere zwei Freunde wie ein Ertrinkender an einen Strohhalm. Dabei erhoffte sich der Hausherr – neben der Hilfe aus seiner augenblicklichen Not – auch noch ein kleines, aber einträgliches Geschäft von den beiden. Bald aber wurde ihm klar, wes Geistes Kind sie waren und was sie von ihm wollten.

---

[1] «Fest der Lose», Freudentag zur Erinnerung an die Errettung Israels durch Esther

«Hier habt Ihr etwas zur Stärkung», sagte er zu dem jungen Mann, nachdem er sich etwas vom Schrecken erholt hatte. «Unsere Juden brauchen Stärkung... eine große Neuigkeit für Euch...»

Die drei Besucher musterten sich gegenseitig verblüfft.

«Paß auf!» raunte Senderl Benjamin ins Ohr: «Ich glaube, der Bursche da ist ebenfalls auf Wanderschaft. Der kann uns, Gott behüte, noch das Geschäft kaputt machen.»

«Gehört ihr etwa zusammen?» fragte der Hausherr.

«Gott bewahre!» riefen Benjamin und Senderl wie aus einem Mund. «Wir gehen unseren Weg allein.»

«Dann geht ihn und bleibt mir gesund! Was mich betrifft, gehört ihr zusammen», sagte der Hausherr und kramte ein paar Münzen aus der Tasche hervor.

«Gebt uns, uns zuerst!» bettelte Senderl und streckte seine Hand aus. «Der junge Mann kriegt schon seinen Anteil von uns, habt keine Sorge. Recht so, mein Herr?»

Plötzlich wurde die Küchentür aufgerissen, man hörte eine Frauenstimme, die, gellend vor Wut, schrie: «Das ist er, der neben dem Kleinen, Mageren! Und die zwei waren auch dabei. Ich hab' ihn wiedererkannt, den traurigen Kerl. An seinem Gesicht und dem roten Bart, ausgerissen soll er ihm werden! Das Herz soll ihm stillstehen, die Erde ihn verschlingen, o Gott! Möge ihm das Mark aus den verfaulten Knochen rinnen!»

«Gehen wir!» sagte Senderl und schleppte Benjamin am Rockschoß hinaus. «Ein böser Geist fahre in die Vettel! Das kommt alles noch von den zerbrochenen Eiern...»

Wie die Verdienste der Väter sich an unseren Helden erweisen

Das Seufzen und Ächzen könnte einen überkommen, wenn man in den Lebensgeschichten großer, berühmter Kopfmenschen von ihren endlosen Leiden liest, in einer Welt, für die sie ihre ganzen Tage und Jahre geopfert und ihre Geistestaten vollbracht haben. Die Welt ist ihrem Wesen nach wie ein kleines Kind, das sich an den Rock der Mutter klammert und sie keinen Augenblick losläßt. Das Kind liebt die alten, närrischen Geschichten, die ihm die Njanja[1] oder eine alte Amme hundertmal am Tag vorkäuen. Es glaubt fest daran, daß sein Spielzeug das Beste und Gescheiteste ist, was es auf der Welt gibt. Kommt der Gehilfe des Lehrers, um es zum ersten Mal in die Schule zu führen, schreit es wie am Spieß, als bringe man es zur Schlachtbank.

Die Welt lebt gerne so, wie sie es gewohnt ist, findet alles Neue verrückt und zieht es samt seinem Erfinder durch den Kot. Erst wenn das Neue sich bewährt und seinen Nutzen offenbart hat, wird es von der Welt gebilligt und sofort ausgebeutet, wobei der Mann, der es im Schweiße seines Angesichts geschaffen hat, meistens vergessen wird. Man muß es der Welt schon hoch anrechnen, wenn sie ihm nach seinem Tode einen Grabstein oder gar

---

[1] russisch: Kindermädchen

ein Denkmal errichtet. Millionen Menschen leben heute frei und glücklich in Amerika, während man Kolumbus für verrückt hielt und sich über ihn lustig machte, als er sich anschickte, es zu entdecken.

Dasselbe widerfuhr unserem Benjamin aus Tunejadowka. Wenn man ihn nur ansah, hielt man ihn schon für verrückt, und fing er gar an, von seiner großen Reise zu erzählen, hörte das Lachen nicht mehr auf. Die Leute trieben ihren Schabernack mit ihm, jeder durfte ihn ungestraft zum Narren halten. Ein Glück, daß Benjamin das alles kaum wahrnahm, es hätte ihn tief verletzt, vielleicht gar krank gemacht und ihm, Gott bewahre, die ganze Reise verleidet.

Wir wollen uns aber nicht lange mit den schlimmen Streichen aufhalten, die man Benjamin spielte, damit wir für spätere Generationen nicht zum Schandfleck der Weltgeschichte werden. Schwamm drüber!

Wenden wir uns lieber unserer Geschichte zu.

«In Teterewka», erzählte Benjamin, «gibt es eine große jüdische Gemeinde, möge sie fruchtbar sein und sich mehren! Wer sie sind, was für Menschen, woher sie kommen, können sie selbst nicht sagen, nicht einmal in einem hochnotpeinlichen Verhör... Sie wissen nur durch ihre Väter, Großväter und Urgroßväter, daß sie von Juden abstammen, und wie man aus ihren Sitten und Gebräuchen, ihrer Kleidung, ihrer Sprache und ihrem Handel ersehen kann, scheinen sie wirklich Juden zu sein, allerdings zusammengelaufene, von verschiedenen Stämmen losgerissene. Und das erklärt auch, warum keiner sich um den Nächsten kümmert. Fällt zum Beispiel einer hin, wird der andere ihm nicht aufhelfen, selbst wenn dieser an Ort und Stelle und vor seinen Augen den Geist aufgeben sollte...! Ein Teil der Bevölkerung spricht ‹manifargisch›, so heißt die Sprache der Zigeuner. Manche von ihnen beherrschen die Handlesekunst und ziehen daraus ihr Einkommen, aber auch als Handwerker zeichnen sie sich aus: Die Teterewker Lampenmacher und Drechsler sind die besten der Welt. Man staunt nur so, wie sie einem ein Licht aufstecken oder ein Ding drehen können...

Alles in allem sind es aber ehrliche und gute Menschen, die mich stets mit einem Lächeln aufnahmen. Man konnte deutlich sehen, daß meine Gesellschaft ihnen angenehm war. Ich wünsche ihnen von ganzem Herzen, daß sie Gott und den Menschen ebenso viel Freude bereiten mögen wie mir. Amen.»

«Neu für mich war», erzählt Benjamin weiter, «daß es in der Gegend von Teterewka Menschen gibt, die fast wie Schweine aussehen. Man erkennt sie auf den ersten Blick. Über ihre Entwicklung sind die Meinungen geteilt. Man hält sie entweder für eine Laune der Natur oder für ein Produkt der Umgebung.»

Benjamin selbst enthielt sich des Urteils. Es sei die Aufgabe der Gelehrten, dieser Sache nachzugehen und sie logisch zu erklären, meinte er.

«Wie es sich auch verhält», schreibt Benjamin, «die Existenz solcher Abnormitäten ist keineswegs neu auf der Welt. Schon der alte Matisjahu Delekarti[1] erwähnt in seinem Buch ‹Schatten der Welt› das Folgende: ‹In Britannia gibt es ein Volk, das hinten Schwänze hat wie die Kühe und hochgewachsene, riesenhafte Frauen, die mit Borsten bewachsen sind wie die Schweine. In Frankreich gab es Menschen mit Hörnern, und in den Bergen liefen verkrümmte Weiber herum, je verkrümmter desto schöner, sagte man. Solchen Wesen kann man auch bei uns begegnen, es gibt viele krumme Frauen mit langen Schwänzen, die ihnen, mit Verlaub, am Hintern baumeln und am Boden nachgeschleppt werden.›»

«Was gewesen ist», sagt die Schrift, «wird auch in Zukunft sein. Es gibt nichts Neues unter der Sonne.»

Teterewka ist groß, hat schöne Häuser und enge Gassen. Sieht man die Stadt zum ersten Mal, hat man den Eindruck, sie brause nur so vor Leben; doch ist man einmal an sie gewöhnt, stellt sich heraus, daß sie nichts anderes als ein vergrößertes Tunejadowka ist. Ihre Einwohner essen, legen sich schlafen und stehen jeden Tag zur selben Stunde auf. Die Zeit wird dort nach den Mahlzeiten gemessen: vom Frühstück bis zum Mittagessen, vom Mittagessen bis zum Abendbrot. Frühstück, Mittagessen und Abendbrot sind die drei Gasthäuser ihres Lebens, in die sie einkehren, um das Nichtstun in der öden Steppe des Alltags zu vergessen.

Man sagt, die Luft von Teterewka mache träge, kraftlos und schläfrig. Wird einmal ein Mensch mit Schwung und Tatkraft dorthin verschlagen, einer,

---

1 Anspielung auf Descartes

der Lust hat, etwas zu tun, kommen ihm Schwung und Tatkraft in kurzer Zeit abhanden. Übrig bleibt nur noch die Lust zum Essen und zum Schlafen. Essen, schlafen, aufstehen und weiter essen ...

Ganz Teterewka ist eine einzige Schlafstätte, alles schläft hier, die Gelehrsamkeit, der Handel, die Bank, das Gericht, die Geschäfte. Sogar bei einer Abendgesellschaft, wo viele Leute zusammenkommen, hört das Gespräch bald auf, man sitzt, gähnt und betrachtet sich gegenseitig wie Menschen aus Lehm, bis der Schlaf sich breitmacht. Erst wenn das Abendbrot gereicht wird, rollt das Blut wieder in den Adern. Die Mienen beleben sich, man erwacht und ißt mit gutem Appetit, doch dann – gute Nacht! Man geht nach Hause und legt sich schlafen.

Auch unser Benjamin machte diese Erfahrung. Bald tat er nichts anderes mehr als essen und schlafen. Sogar die Reiselust war ihm in Teterewka vergangen. Er war wie ein Schiff, das in den Stillen Ozean abgetrieben wird und die Zeit bis zum Jüngsten Gericht dort verschläft.

Zum Glück für Benjamin ereignete sich bald eine Sache, die ihn mit Sturmesgewalt aus Teterewka hinaus und wieder auf die Wanderschaft trieb!

Der Haß Itzig des Deuters auf Benjamin wuchs von Tag zu Tag. Wie eine Zecke bohrte er sich in sein Opfer. Er wälzte ihm ganze Felsbrocken aufs Herz und vermieste ihm die Reise mit Sprüchen wie: «Auf dieser Handfläche werden mir Haare wachsen, wenn du den Sambation je erblicken wirst!» Oder: «Die roten Juden wirst du genauso sehen wie dein eigenes Ohr!»

Doch Benjamin ließ sich nicht in die Grütze

spucken. Er stand seinen Mann und vertraute auf den Herrn, der seine Geschöpfe nicht verläßt. Mit seiner Hilfe und seiner Kraft wird Benjamin ans Ziel kommen, allen Feinden zum Trotz! Wenn sein Blut in Wallung geriet, rief er oft mitten im Satz: «Vipernatter, Lindwurm, Esel, Maulesel! Bellt nur, soviel ihr wollt! Ich bin schon weit fort und wandere durch die Wüste, wandere, wandere ...!»

Itzig aber spuckte dreimal aus und sagte: «Er ist außer sich, von Sinnen, man muß ihn zum Tataren[1] bringen.»

Schließlich trieb er es so weit, daß Benjamin sich kaum mehr auf der Straße zeigen konnte. Die Lausejungen liefen ihm nach wie einem Verrückten, bewarfen ihn mit Steinen und brüllten dabei: «Vipernatter, Lindwurm!»

Als Benjamin eines Abends mit Senderl spazierenging, wurden sie plötzlich von einer Bande Jugendlicher überfallen, die sich wie die Heuschrecken auf sie stürzten und ihnen so zusetzten, daß sie sich in eine Hintergasse flüchten mußten. Bergab laufend, gerieten sie auf einen langen, schmalen Steg, der über einen Bach führte. Just in der Mitte begegnete ihnen ein Mann, dem sie nicht ausweichen konnten, ohne hinunterzuspringen, sich den Kopf anzuschlagen oder den Fuß zu verstauchen, Dinge, die sie nicht unbedingt zum Leben brauchten ... Wie soll man ohne Kopf und Fuß auf die Reise gehen? Benjamin und Senderl machten ein langes Gesicht und blieben stehen.

«Aha! Friede mit Euch, Benjamin!» sagte der

---

1 tatarischer Naturarzt

Entgegenkommende, und in seiner Stimme klang gleichzeitig Verdruß und Schadenfreude. «Eine gute Begegnung, wahrhaftig, wie gewünscht.»

«Friede mit Euch, Reb Aisik Dowid!» stammelte Benjamin verwirrt und mit einer fremden Stimme. Der Mann war niemand anderes als Reb Aisik Dowid, der Sohn Reb Aaron Josseles, der Weise von Tunejadowka.

«Feine Menschen seid ihr», sagte er spöttisch; «man rückt einfach aus, glatt so, warum, wozu? Was weiß ich! Es muß doch alles seinen Zweck haben und den natürlichen Weg gehen. Sich einfach auf und davon machen und die armen Frauen als einsame Witwen zurücklassen – was soll das heißen? Wo bleibt da der Sinn? Gut, lassen wir die Umstände vorerst beiseite, aber ich frage euch noch einmal: Wo bleibt der Sinn? Oder anders gesagt: Was tut ihr hier? Auch dich meine ich, Senderl, ich seh' dich doch, auch wenn du dich hinter ihm versteckst. Dein Weib wird es dir schon zeigen, Senderl, sie wird dich vor Wut in Stücke reißen wie einen Hering! Im Herzen hat sie geahnt, daß du hier bist, ja, das Herz hat es ihr gesagt, deinem Weib. Nur hierher wollte sie, dein Weib, nur hierher, und nur mit mir!»

«Ha, er ist da!» schrie eine Frau, die jählings hinter Reb Aisik Dowid auftauchte.

Senderl, der seine Angetraute sofort an der Stimme erkannte, wurde blaß wie die Wand und blieb, halbtot vor Schrecken, wie versteinert stehen. Der Kopf drehte sich ihm, und er mußte sich an Benjamins Rocksaum festhalten, um nicht vom Steg zu fallen. Schon fühlte er die Hiebe seines

Weibes auf sich niederprasseln wie das Beil auf den Holzpflock.

«Schaut sie euch an, die zwei Klappergestelle, krepieren sollen sie! Wo ist er, mein Herr und Gemahl, ausgelöscht sei sein Name! Laßt mich nur ein bißchen zu ihm, und ich werde ihm zeigen, was für einen Gott wir haben!» schrie Senderls Weib außer sich vor Wut und stieß Reb Aisik Dowid beiseite.

«Aber ohne Geschrei, ohne Lärm», bat Reb Aisik Dowid; «habt Ihr so lange gewartet, wartet noch ein bißchen länger. Eine für immer Verlassene werdet Ihr, mit Gottes Hilfe, schon nicht mehr sein. Und jetzt? Wie heißt es: ‹Eine Frau bleibt eine Frau, auch wenn sie noch so klug ist.› Doch reden wir einmal von der eigenen Sache. Wozu das Geschrei? Natürlich ist es verdrießlich – einfach weglaufen, warum, wozu? Es muß doch alles seinen Zweck haben, versteht ihr mich? Aber wenn es schon einmal so ist, ist es eben so, heut' und morgen, was wiederum nach der Frage ruft: Wozu das Geschrei? Seid mir nicht böse, ich spreche zu Euch wie Eure eigene Mutter. Die Erklärung ist: Eine Frau bleibt immer eine Frau.»

Reb Aisik Dowid wiegte sich wie im Gebet und machte sich daran, wie er es immer tat, seine tiefsinnigen Betrachtungen von vorne und hinten neu zu überdenken und mit Pfeffer und Zwiebeln zu würzen. Inzwischen aber hatten sich auf beiden Seiten des Stegs viele Menschen angesammelt, die hinüber wollten und sich darüber aufregten, daß man hier, statt den Weg freizugeben, lange Gespräche führte, als sei man allein auf der Welt. Da es keine andere Ausweichmöglichkeit gab, mußten Reb Aisik Dowid und Senderls Weib umkehren, dasselbe taten Benjamin und Senderl, erst dann konnten die ungeduldig Wartenden das Brückchen überschreiten.

«Ich bitt' dich, Senderl, was stehn wir da rum und warten?» rief Benjamin, der als erster wieder zur Besinnung kam. «Höchste Zeit, sich aus dem Staub zu machen.»

«Recht hast du, so wahr ich lebe!» lachte Senderl, der mit Erleichterung einen Ausweg aus der Klemme sah. «Schnell, schnell, Benjamin! Du willst doch nicht, daß ich in ihre Hände falle...! Das war mehr als nur eine Brücke – es ist das Verdienst unserer Väter, wenn wir hier heil herauskommen.»

Unsere Helden machten sich Hals über Kopf davon und retteten sich in ein anderes Quartier der Stadt. Sie verloren keine Zeit, packten ihre Siebensachen und verabschiedeten sich von Teterewka.

Hurra, rote Juden!

«Hoj-wjo-wjo!» schrie mit heiserer Stimme ein Fuhrmann auf dem Bock seines Wagens und rannte dabei mit der Deichsel fast zwei Frauen um, die, ihre Einkaufstaschen voll Fleisch, Radieschen, Zwiebeln und Knoblauch, mitten auf einer der belebtesten Straßen von Glupsk Maulaffen feilhielten und ihr Herz ausschütteten, daß man sie meilenweit hören konnte. Hurtig stoben sie auseinander und setzten ihre Unterhaltung quer über die Fahrbahn fort, in der sich eine ununterbrochene

Reihe von Planwagen, Droschken, Handkarren und Holzfuhren bewegte, so daß es eine ganze Weile unmöglich war, die Straße zu überqueren. Die Frauen schrien mit lauter Stimme und versuchten, den Lärm zu übertönen.

«Chasje-Beile, kommst du heut' abend zu der Kartenlegerin? Ich werde mit meinem Mann dort sein. Kommt deiner auch? Ich soll dir übrigens von ihm bestellen, daß es dort sehr lustig wird. Komm doch, Närrchen, wirst sicher Spaß haben. Nun, kommst du?»

«Meine Wirtin, brennen soll sie, will, daß ich ihr beim Backen helfe, aber ich werde mich drücken. Ich komme bestimmt, aber du darfst es niemandem sagen, hörst du?»

«Der Teufel wird sich noch gedulden mit deiner Wirtin, bis das Brot gebacken ist. Fressen will sie? Soll sie sich Würmer braten. Ach, fast hätte ich es vergessen: Du sollst das Mehl nicht so fein sieben. Im Geschäft sind sie unzufrieden mit deiner Kleie. Wieviel Geld hast du noch übrig vom Einkauf?»

«Weg da, du Strolch! Was willst du mit meiner Tasche? Halt! Haltet den Dieb!»

«Was ist denn, Chasje-Beile, warum schreist du so?»

«Ein Taschendieb. Er wollte mir das Marktnetz unterm Arm wegreißen. Ein Glück, daß ich es rechtzeitig bemerkt habe.»

«Sieh doch, Chasje-Beile! Was ist das für ein Menschenauflauf? Es muß schon wieder irgendwo brennen, das ist heute schon das zweite Mal. Wer weiß, vielleicht brennt's noch mehr bis heut' nacht.»

«Man hört aber keine Glocken, die würden doch sicher läuten.»

«Da kommt gerade die Frau des Maklers, fragen wir sie: Was ist das für ein Menschenauflauf, Sime Dwosje?»

«Keine Ahnung. Vielleicht weiß es Nechomo-Gise. Die Enten schnattern so laut, daß man sein eigenes Wort nicht versteht. Ach, was ich sagen wollte – Hodel ist krank, sie kommt morgen wegen der Enten. Habt ihr auch Hühner? Aber fette, die Ware von heute kann man ja nicht kaufen. Nun, sag schon, Nechomo-Gise, was für ein Getümmel ist das dort?»

«Woher soll ich das wissen? Ich hab' etwas gehört von roten Juden...»

«Wie, was, rote Juden! Gehn wir, die müssen wir uns angucken!» riefen die drei wie aus einem Mund und stürzten sich Hals über Kopf in die Menschenmenge.

«Hurra, Vipernatter, Lindwurm! Hurra, rote Juden!» schrie eine Horde von Gassenjungen mitten im Gewühl.

Die roten Juden waren niemand anderes als unsere beiden Helden Benjamin und Senderl, die kurz nach dem Vorfall auf dem Steg in Glupsk eingetroffen und dort binnen weniger Wochen als besondere Originale bekannt geworden waren. Es gab nicht wenige einfache Juden in der Stadt, die von ihnen ebenso entzückt waren wie von dem wundertätigen Schuster, der damals in Glupsk als Heiliger verehrt wurde.

Tolze und Traine, zwei fromme alte Weiblein, pflegten jeden Abend in ihren besten Sabbatgewändern und Stirntüchlein vor die Stadt zu pilgern, um ja die Ankunft des Messias nicht zu verpassen. Diesmal waren sie vom Glück begünstigt: Sie begegneten unseren beiden Wanderern, die eben von Teterewka kamen, und geleiteten sie in einer glückhaften Stunde nach Glupsk.

Schon bei der ersten Begegnung merkten die beiden Alten, was ihnen Gott da beschert hatte. Tolze und Traine schauten sich mit leuchtenden Augen an und gaben sich heimliche Rippenstöße: «Nun, Traine? Nun, Tolze?» flüsterten sie sich zu, «hat uns das Herz nicht gleich gesagt, daß das keine gewöhnlichen Menschen sind?»

Tolze und Traine schmolzen vor Bewunderung, sie waren wie verjüngt, und das Herz hüpfte ihnen vor Freude, als sie von der geplanten Reise hörten. Sie betrachteten die ihnen so plötzlich Bescherten mit Wohlgefallen, stießen sich immer wieder heimlich an und lächelten sich zu: «Nun, Traine? Nun, Tolze?»

Tolze stopfte ihnen die Socken, Traine flickte ihnen die Hemden, nähte und strickte für sie; kurz, die beiden waren überglücklich wie zu ihrer Brautzeit in jungen Jahren, und unsere beiden Glückspilze fanden in Glupsk eine Aufnahme wie nie zuvor. Es braucht aber auch ein Glupsk, um Menschen wie sie nach ihrem richtigen Wert einzuschätzen ...[1]

Unser Benjamin schildert diese Stadt wie folgt: «Wenn ihr durch die Teterewker Straße nach

[1] Glupsk ist ein Phantasiename, aus russisch: «glupij» (dumm, blöd) gebildet, etwa «Dummdorf» oder «Dummikon».

Glupsk kommt, müßt ihr, mit Verlaub, zuerst eine Pfütze überspringen, etwas weiter dann eine zweite und gleich noch eine dritte, die größte von allen, in die, man möge mir verzeihen, das gesamte Spülwasser der Stadt mündet. Dieses hat, je nach dem Wochentag, immer eine andere Beschaffenheit und schwemmt Abfall vor sich her, der sich in Farbe und Geruch deutlich unterscheidet. Dadurch läßt sich der Wochentag mit Leichtigkeit feststellen. Führt das Bächlein zum Beispiel gelblichen Sand, den man zum Bodenwaschen braucht, Krallen und Köpfe von Hühnern, Fischschuppen und verbrannte Hufstücke mit sich, ist das ein untrügliches Zeichen für euch: Heute ist Freitag! Nehmt Birkenrute und Kübel und eilt ins Dampfbad! Seht ihr aber die Schalen von Eiern, Zwiebeln und Rettichen, Lebersehnen, Heringschwänze und ausgehöhlte Markknochen, dann: Gut Schabbes euch, jüdische Kinder! Wohl bekomm euch die Sabbatspeise! Sind aber die Rinnsale seicht geworden, und schwimmt kaum noch etwas drin herum, wie zum Beispiel Reste von angebrannter Kascha[1], vertrocknete Teigstücke oder ein zerrissener Wischlappen, dann wißt ihr, daß heute Sonntag ist. Es gibt noch kein frisches Wasser, mit Müh und Not fand sich noch etwas im Vorratsfaß, um die Tscholenttöpfe[2] und Tonschüsseln auszuwaschen. So hat jeder Wochentag seine eigene Pfütze und jede Pfütze ihre besondere Beschaffenheit, ihre besondere Farbe und ihren besonderen Geruch.

---

[1] russisch: Grütze
[2] Sabbatspeise

Habt ihr auch diese Pfütze glücklich überquert, kommt ihr an einem großen Misthaufen vorbei, dem einzigen Überbleibsel eines abgebrannten Hauses. Obendrauf steht meistens eine Kuh, die beim Wiederkäuen langsam ihre Lefzen hin und her schiebt wie ein vierbeiniger Prediger. Einfältig glotzt sie auf das Gewimmel der Juden herab, die wie die Verrückten, mit allerlei Stöcken und Schirmen bewaffnet, unter ihr vorbeihasten. Manchmal schnaubt und muht sie leise, als seufze sie über das ganze sinnlose Treiben und über das Schicksal, das sie in die Hände der Juden fallen ließ...

Wenn ihr den Misthaufen hinter euch gebracht habt, dann geht geradeaus, immer geradeaus, und solltet ihr euch dabei an den spitzigen Steinen stoßen, die überall herumliegen, steht ruhig wieder auf, sofern ihr euch, Gott behüte, kein Bein gebrochen habt, und setzt euren Weg fort, immer geradeaus, bis ihr zu einer Art Platz kommt.

Vergleicht man die Teterewker Straße mit dem Magen von Glupsk, so gilt dieser Platz mit Recht als das Herz der Stadt, das Tag und Nacht schlägt und der Sitz ihres Lebens ist. Dort stehen Läden, Buden, Verkaufstische, dazwischen die bekannten Hehlerstände, wo Handwerker heimlich ihre Schwarzwaren absetzen, wie Stoffreste, Borten, Bänder, Sammet und Pelzstücke. Es herrscht stets große Geschäftigkeit, der Ort wimmelt von Menschen, die sich gegenseitig bedrängen und dabei selbst von Deichselstößen getroffen werden. Es heißt sogar, daß die Glupsker Ärzte bei der Obduktion eines Juden fast immer ein Deichselstück in seinem Körper finden... Doch kann man sich auf die Glupsker Ärzte nicht unbedingt verlassen, die Bader spielen dort eine viel größere Rolle.

Plötzlich hört man ein Geschrei: ‹Hierher, Juden! Heiße Bohnen, warme Fladen, Knoblauch, Zwiebeln, ihr Kinder Israels!› Es sind zerlumpte Halbwüchsige, die so ihre Ware mit einem eigenartigen Singsang anpreisen.

Dort drängt man die Männer zur Feier des Neumonds in die Betstube, und jeder Vorübergehende kriegt sein ‹Friede mit Euch, Onkelchen!› in die Ohren geschrien.

Träger stehen herum, die Lenden mit dicken Stricken gegürtet, ausgediente Soldaten mit alten Stiefeln und fadenscheinigen Mänteln, Trödler mit gebrauchten Unterkleidern, Kapoten, Leibchen und anderen zerlumpten Sachen. Mitten unter ihnen verzehrt der russische Marktaufseher mit Genuß ein Stück Sabbatweißbrot, das er als Lohn für das Lichterlöschen erhalten hat. Jetzt wacht er eifersüchtig darüber, daß ihm beim Abbeißen, Gott behüte, keine Krume zu Boden fällt!

Taschendiebe schleichen umher und erproben ihre Kunstfertigkeit. Ein ungewaschenes Mädchen mit wirrem, zerzaustem Haar stürzt sich in die Menge und fleht mit tränenerstickter Stimme um ein Almosen. Sie packt die Anwesenden beim Rockschoß, röchelt, schluchzt und schreit, als wollte man sie vergewaltigen und ausrauben.

Eine Bande von Gassenjungen läuft mit Hurragebrüll einem harmlosen Verrückten nach, der einen zerknautschten Hut auf dem Kopf hat und, halb jiddisch, halb polnisch, traurige Lieder vor sich hin singt.

Ein junger Mann schleppt einen Kasten mit sich und läßt seine Kunden durch ein Guckloch blicken, wobei er seinen gewohnten Wortschwall herunterleiert: ‹Das hier ist London. Der Papst reitet mit roten Hosen durch die Stadt, und alle entblößen den Kopf vor ihm. Hier sieht man, wie Napoleon und seine Franzosen sich mit den Preußen schlagen, und hier nehmen die Preußen Reißaus wie die Küchenschaben. Auf den folgenden Bildern ist dargestellt, wie eine Haremsfrau mit dem Sultan in einer Equipage fährt. Der Großwesir schwingt die Peitsche und treibt die Pferde an; diese scheuen, werfen das Gefährt um, der Sultan stürzt, tut sich weh dabei, und die Gefangene versucht eilig zu entkommen. Schluß jetzt, genug gesehen für einen harten Groschen!›

Dort sitzen ganze Reihen von Marktweibern mit Tragkörben voll Knoblauchbündeln, Gurken, Kirschen, Stachelbeeren, Johannisbeeren, Erez-Israel-Äpfeln, Kolnidre-Birnen und anderm Grünzeug.

Auf der anderen Seite des Platzes steht, wie auf Hühnerfüßen, ein altes, windschiefes Schilderhäuschen ohne Tür und Fenster. Die ältesten Einwohner von Glupsk wissen noch zu erzählen, daß dort einstmals eine Wache stand und daß die ganze Stadt zusammenlief, um den Soldaten in seinem Häuschen zu begaffen, das für die Glupsker schon fast zu einer Festung geworden war.

Unmittelbar nebenan, unter einem Dach von verschimmelten Brettern, verfaultem Stroh und Bastmatten, wohnt Großmütterchen Dwossje. Das Dach wird von vier krummen, zerbogenen

Balken gestützt, und Dwossje sitzt, rings umhüllt von wattierten Decken, neben ihrem großen Feuertopf. Im Winter hockt sie den ganzen Tag darauf wie die Henne auf den Eiern und verläßt ihn höchstens, um das Kohlenfeuer anzufachen oder um ein paar gebratene Kartoffeln aus der heißen Asche zu nehmen.

Von jenen Juden – so berichtet eine uralte Sage –, die König Salomo auf Schiffen nach Ophir[1] schickte, um Gold und andere ausländische Kostbarkeiten heimzubringen, sind viele gleich dort geblieben, wofür sie mancherlei Gründe hatten. Im Laufe der Zeit eröffneten sie in Indien teure Geschäfte und große Bankhäuser. Sie trieben einen blühenden Handel mit den dortigen Deutschen, und das Glück war ihnen lange Zeit hold. Dann aber drehte sich das Rad, unsere Kaufleute machten Bankrott und mußten das Land verlassen. Ein Teil von ihnen ging in der Wüste zugrunde, andere gelangten glücklich über die Grenze, bestiegen die Flußbarken und segelten gegen die Strömung der Pjatignilowka, die damals noch ins Meer mündete. So segelten sie eine Zeitlang, bis sich plötzlich ein schrecklicher Sturm erhob, der haushohe Wellen aufwühlte. Die Schiffe wurden zertrümmert und die Reisenden ans Ufer geworfen. Dort bauten sie eine Stadt und nannten sie Glupsk.

Die Altertumsforscher, die mit ihrer Weisheit aus nichts eine Mottenkugel zu drehen verstehen, haben ihr ganzes Wissen und, wie es ihre Art ist, all ihre Spitzfindigkeiten aufgeboten, um zu bewei-

---

[1] das sagenhafte Goldland des Alten Testaments

sen, daß etwas Wahres an dieser Geschichte ist. Die Gründe, die sie dafür anführen, sind: Erstens die sonderbare Bauart der Häuser, die auf alte Formen hinweise, wie sie vor Tausenden von Jahren üblich waren, als die Menschen noch in Zelten und Höhlen hausten. (In Glupsk gibt es tatsächlich viele Häuser, die wie Höhlen oder Tatarenzelte aussehen.) Zweitens die Gewohnheiten der Einwohner, die stark an die Bräuche der Heiden erinnern, mit denen sie früher zusammengelebt haben. Die Kunst des Schreibens und des Rechnens ist dort so gut wie unbekannt; somit werden die Gemeindeangelegenheiten und die Geschäftsberichte der Vereine ohne Bücher geführt, und ihre Leiter brauchen keine Rechenschaft abzulegen. Drittens die Kasten. Die Menschen zerfallen hier nämlich in verschiedene Kasten wie vormals in Indien, zum Beispiel die Kaste der ‹Raubfinger›, einer Oberschicht, die mit starker Hand regiert, die Kaste der ‹Blatthalter›, unentwegte Verteidiger der Raubfinger, für die sie durchs Feuer gehen würden. Sie schlagen sich mit deren Gegnern herum und erhalten dafür gewisse Privilegien und eine Portion Extrafleisch. Dann die Kaste der ‹Schlittschuhläufer›, die andere aufs Glatteis führen, ohne selbst zu straucheln. Diese wiederum zerfallen in zwei Gruppen, eine weltliche und eine religiöse, welche das große Wort im Geschäft führen oder den Glauben predigen. Schließlich gibt es noch die Kaste der ‹Dumm-feig-sprachlos-Schlucker›, das arme, einfache Volk, das allen anderen Kasten unterworfen ist und vor ihnen zittert wie im Schüttelfrost. Als vierter Beweis gilt eine Münze, die man einst beim

Graben eines Kanals gefunden hatte. Auf einer Seite war sie stark abgegriffen; ganz undeutlich sah man einen Fetzen von einer Schürze, der an einem Stecken befestigt war, und darunter, kaum erkennbar, eine Art Backtrog, aus dem einige Köpfe hervorragten. Die andere Seite der Münze war fast glattgescheuert, doch wenn man genauer hinsah, konnte man dort eine Reihe von verblaßten Buchstaben in einer altertümlichen Schrift erkennen. Die Gelehrten zerbrachen sich den Kopf über die Inschrift, und jeder fand eine andere Deutung. Einige meinten, die Schriftzeichen am Anfang und Ende der Zeile seien gar keine Buchstaben, sondern Blumenmuster, die vorzeitig abgewetzt wurden, etwa ein Baum oder ein Zweig, und daher der Stock mit dem Stoffetzen. Andere wieder erregten die Gemüter mit einer völlig entgegengesetzten Erklärung, bis endlich einer kam, der die Augen offen hatte: Er sah bei der Inschrift ausschließlich Initialen, aus denen hervorging, daß es sich um Juden aus Ophir oder aus Indien handelte, die damals nach Glupsk gekommen waren und sich am Fluß Pjatignilowka niederließen. Der Stecken mit der Schürze und der Backtrog mit den Köpfen seien nichts anderes als ein Segelschiff mit Menschen. Dieser Gelehrte schrieb auch ein dickes Buch, in dem er sich an die Einwohner der Stadt wandte mit der Bitte, man möge den Fluß reinigen. Dann werde man sicherlich viele antike Reste finden, die den Glupsker Juden die Augen über ihre Vergangenheit öffnen würden. Diese scheuten sich aber davor, den Dreck wegzuschaffen, mit der Begründung: Was seit ewigen Zeiten besteht, muß bleiben, kein menschliches Auge dringe in die Verborgenheit ein ...!

In der Stadt gibt es zwischen dreißig und vierzig Abwasserkanäle, die unterirdisch in die Pjatignilowka fließen und die Straßen, vor allem im Frühling, mit einem solchen Morast überschwemmen, daß sogar hochgewachsene Menschen beim Gehen ihre Hüte vollspritzen und beschmutzen.

In der Dunkelheit wird Glupsk von einer einzigen Laterne erleuchtet, auch ein paar Nachtwächter gibt es dort. Trotzdem ereignen sich Stürze, und man kann sich leicht den Hals brechen. Auch Diebstähle kommen vor, trotz der Bewachung. Daraus ist zu ersehen, daß sich nichts verhüten läßt. Beschert oder beschwert – was dir bestimmt ist, wird dir zuteil.»

«Darum», sagt Benjamin, «müssen wir die Augen schließen und uns Gott anvertrauen. Uns bleibt die Hoffnung, Gott werde seinen Engeln gebieten, uns zu behüten und auf Händen zu tragen. Es fällt kein Sperling vom Dach ohne seinen Willen. Gibt es denn einen sichereren Ort als das Bethaus? Ich habe mein Säckchen mit Gebetmantel und -riemen dort auf das Wandbrett gelegt. Und trotzdem – Gott wollte es nicht verhüten – ist es mir samt den übrigen Sachen gestohlen worden.»

Wunder über Wunder auf der Pjatignilowka

Als unsere Helden zum ersten Mal vor der Pjatignilowka standen, verschlug es ihnen den Atem. Noch nie hatten sie einen so breiten Strom gesehen. Senderl meinte, das müsse der größte Fluß der Welt sein, etwas anderes konnte er sich gar nicht vorstellen angesichts eines Gewässers, das vielleicht hundertmal größer war als ihr Tümpel in Tunejadowka. Doch Senderl war ein einfacher Mensch, und außer seinem Tunejadowka kannte er nichts. Da er die kleinen Buchstaben[1] nicht entziffern konnte, war alles, was über Tunejadowka hinausging, für ihn ein Wunder, das die Grenzen der Welt überschritt. Benjamin aber, der viel gebildeter war als er, der Bücher las und, wie man sagt, an den sieben Weisheiten geleckt hatte, der den unteren Paradiesgarten beschreiben konnte und die merkwürdigsten wilden Tiere Indiens kannte – auch er pflegte heimlich in Erstaunen zu geraten, wenn er zum ersten Mal etwas Neues sah. Nach außen setzte er jedoch eine besondere Miene auf und lächelte dazu, als wollte er sagen: «Dummheit! Was ist *das* schon gegen *jenes*? Da gibt's doch noch ganz anderes ...» Er bewies Senderl, daß die Pjatignilowka verglichen mit dem Jordan nichts als ein Abwasser sei, eine Pfütze, die vom wilden Ochsen[2] im Nu aufgeleckt würde. Allein schon der Name «Jordan» sagt alles, bedeutet er doch «unermeßbare Größe», eben Jordan!

«Weißt du, Senderl, was mir da eben eingefallen ist?» grübelte Benjamin, nachdem er eine Weile gedankenvoll in den Fluß gestarrt hatte. «Warum sollten wir nicht zu Wasser weiterreisen?»

«Gott sei mit dir!» schrie Senderl schreckerfüllt. «Denk nur daran, daß unser Fluß jedes Jahr einen

---

[1] charakteristische kleine Type des Talmud

[2] Tier des Jüngsten Gerichts

Menschen zu sich nimmt, und wie viele muß *dieser* erst verschlingen in einem Jahr! Hab Mitleid mit unserem Leben, mit deinem Weib, deinen Kindern, Benjamin!»

«Hab Vertrauen, Senderl. Senderl! Gottvertrauen ist eine jüdische Sache. Auf Gott vertrauend, hat unser Vater Jakob den Jordan mit einem Stecken überschritten, mit Gottvertrauen machen Juden hier große Geschäfte, wie du siehst. Alles, was dein Auge erblickt, ist auf Gottvertrauen gegründet, sogar Treppen und Tragbalken vertrauen auf Gott und bleiben stehen.»

«Aber warum unbedingt auf dem Wasser, wenn es auch auf dem Trockenen geht?» fragte Senderl.

«Dafür hab' ich verschiedene Gründe», erwiderte Benjamin: «Vor allem wird, denke ich, die Fahrt zu Wasser näher und kürzer sein, und wir *müssen* so schnell als möglich hinkommen, je schneller, desto besser. Warum? Ich weiß es, und das ist die Hauptsache. Mich bedrückt es, Senderl, es bedrückt mich sehr stark, es bohrt mir im Kopf herum – ich möchte schon jetzt dort sein mit Leib und Leben! Wenn ich könnte, würde ich hinfliegen wie ein Vogel in der Luft... Und zweitens: Als Benjamin von Tudela sich damals auf seine Reise begab, fuhr er zuerst den Fluß Ebro hinunter, so steht es ausdrücklich in seinem Buch. Und wenn er schon zu jener Zeit auf dem Wasser gefahren ist und nicht zu Lande, mußte es so und nicht anders sein. Er wußte doch wohl, was er tat, und so klug wie wir war er auch, bei meinem Leben. Reb Benjamin war unser Vorfahr von alten Zeiten, wir müssen auf ihn hören, ohne zu fragen.»

«Wenn es so ist», nickte Senderl, «soll es mir auch recht sein, bei meinen jüdischen Ahnen, Benjamin! Und nicht nur auf dem Fluß. Wenn Reb Benjamin auf einem Schüreisen geritten wäre, sollten wir uns nicht lange besinnen und ebenfalls auf einem Schüreisen reiten.»

«Zum dritten», unterbrach ihn Benjamin, «kann es uns gar nichts schaden, wenn wir uns beizeiten an das Reisen auf dem Wasser gewöhnen, bevor wir noch das große Meer Okeanos befahren. Ich glaube sogar, daß es nicht schlecht wäre, eine kleine Probefahrt auf dem Fluß zu machen, ehe wir Glupsk verlassen. Dort ist doch einer mit einem Boot, siehst du? Komm, wir gehen zu ihm, geben ihm etwas, und er wird uns ein bißchen herumfahren.»

Wenige Minuten später kletterten unsere Reisenden beherzt in das Schiffchen und fuhren über die Pjatignilowka. Zuerst hatten sie schrecklich Angst, und Senderl drehte sich der Kopf, er zappelte mit Händen und Füßen herum – gleich kippt das Boot um, und er stürzt ins abgrundtiefe Wasser! Es sei auf der Stelle aus mit ihm, meinte er, und sein Weib bleibe eine für immer Verlassene, doch bald fühlte er sich besser.

«Macht nichts, Senderl», tröstete ihn Benjamin, als sie wieder am Ufer waren. «Laß dich nicht unterkriegen, wenn dein Kopf sich dreht und dir schlecht wird. Das ist die Seekrankheit, die jeder kriegt, wenn er zum ersten Mal auf dem Wasser ist. Du wirst sehen, beim zweiten Mal geht es schon viel besser, und du wirst nichts mehr spüren.»

Seitdem pflegten unsere beiden Forscher oft auf dem Fluß zu fahren, was ihnen mehr und mehr Spaß machte. Allmählich wurden sie so mutig, daß ihnen das Überqueren des Weltmeers als ein Kinderspiel erschien.

Manchmal ließ sich Benjamin durch Senderl in Gespräche mit dem Bootsmann ein und überschüttete ihn mit Worten wie: «Senderl, frag doch mal den Kapitän, wie viele Meilen wir noch bis zum Meer haben? Frag ihn, ob es Inseln gibt und was für Menschen dort wohnen? Sind Juden unter ihnen? Wem zahlen sie Steuern, und was wissen sie vom Galut[1]?»

Manchmal klang es auch so: «Senderl, frag ihn doch einfach nach dem Berg Nisbon und dem Kufer-al-Turch. Weiß er etwas von den zehn Stämmen? Fragen schadet doch nichts, vielleicht hat er etwas gehört?» Solche und ähnliche Fragen stellte Benjamin durch Senderls Mund, doch das bißchen Russisch, das dieser beim Markteinkauf mit seinem Weib aufgeschnappt hatte, genügte bei weitem nicht für so hochgeistige Fragen. Über den Preis von Eiern, Zwiebeln oder Kartoffeln feilschen, das konnte er allenfalls noch, aber mit einem Kapitän über gelehrte Dinge sprechen, das überstieg seine Fähigkeiten. Man konnte ihn nur von Herzen bedauern, wenn er sich bei einem solchen Gespräch abmühte, mit Händen und Füßen redete und mit dem ganzen Körper zappelte, bis ihm der Schweiß herunterlief. Gott selbst hätte Mitleid mit ihm gehabt. Der Kapitän spuckte aus, wand sich

[1] Zerstreuung der Juden über die ganze Welt

unbehaglich und blickte Senderl von der Seite bös an, während Benjamin ihn von der anderen Seite her pufftte und knuffte, ohne den Blick von seinem Mund abzuwenden.

«Von roten Juden wissen?» begann Senderl etwa seine Befragung und schielte dabei auf Benjamin.

«Von roten Jüdchen kenne ich den Leibka, den Schmulka, beide reich.» So ungefähr lautete die Antwort des Bootsmanns.

«Nein, nicht Leibka! Rote Juden dort, nicht hier. Wie sagt man? Neben dem Berg Nisbon.»

«Nisbon, ein Jüdchen?»

«Sag ihm, Senderl», schreit Benjamin dazwischen, «daß das ein Berg ist! Zeig's ihm mit der Hand, wenn du kannst.»

Senderl hob die Hand hoch empor, malte einen Berg in die Luft und rief: «Hü hoch, ganz hü hoch!»

«Tfu!»[1] Der Russe spuckte vor Senderl aus, beschimpfte ihn grob und schickte ihn zu allen Teufeln.

Von seinen Fahrten auf der Pjatignilowka erzählt Benjamin wahre Wunderdinge, die Aufsehen in der Welt erregt haben. Leider können wir darüber nur auszugsweise berichten.

Bei einer seiner Bootsfahrten auf der Pjatignilowka bemerkte Benjamin mitten im Fluß eine große Fläche, die ganz mit Grün bewachsen war, einem Grün, das unmittelbar in die Augen stach. Er hielt es für eine mit Gras und duftenden Kräutern bedeckte Insel und schickte sich an, den Fuß daraufzustellen und hinüberzuspringen, als der

---

[1] russisch: pfui!

Schiffskapitän ihn laut schreiend von hinten packte und mit solcher Kraft ins Boot zurückschleuderte, daß er eine ganze Weile wie besinnungslos liegen blieb. Er hörte nur noch ein Kochen und Rauschen rings um das Schiff, das sich mühsam einen Weg zu bahnen schien, als ob es gegen ein Hindernis ankämpfte. Erst später, als er wieder bei Bewußtsein war, vernahm Benjamin vom Kapitän, in welche Gefahr er sich begeben hatte und daß er beinahe in dem trügerischen Grün ertrunken wäre. Dieses Grün sei nämlich keine Insel, sondern ein Blütenmeer, das die Pjatignilowka jedes Jahr hervorbringe.

«Ich aber», schreibt Benjamin, «ließ mir das nicht einreden. Es duftete zwar nach Blumen, doch habe ich nie im Leben gehört, daß Wasser blühen soll, und gelesen habe ich es auch nirgends. Wenn es blüht, müßte es doch auch irgendeine Art Frucht tragen, über die man den Segensspruch ‹der die Frucht geschaffen hat› sagen kann. Ich bin fest überzeugt, daß es der Fisch Klejna war, das Seeungeheuer, von dem es eine sehr schöne Beschreibung im Buch ‹Schatten der Welt› gibt: ‹Dieser gewaltige Fisch bedeckt sich mit Gras und Erde, bis er einer großen Insel gleicht, und manchmal halten ihn die Seefahrer auch für einen Berg, besteigen ihn und kochen ihre Mahlzeit auf seinem Rükken. Sobald aber der Fisch die Wärme des Feuers spürt, taucht er in die Tiefe, und alle, die auf ihm gelagert haben, müssen ertrinken.› Das ist auch ein unwiderlegbarer Beweis dafür, daß die Einwohner von Glupsk ursprünglich aus Indien stammen. Als sie damals nämlich die Pjatignilowka hinaufsegelten, verschleppten sie den Klejna, ohne es zu wissen. Er hält sich meistens in Indien auf, doch hat er die Gewohnheit, den Schiffen nachzuschwimmen.»

Als Benjamin wieder einmal den Fluß beobachtete, erblickte er tief unten im Wasser Gestalten, die wie Mädchen aussahen.

«Lange zuvor», sagt Benjamin, «habe ich in meinen Büchern gelesen, daß es im Wasser Meerjungfern gibt. In ‹Schatten der Welt› steht darüber wörtlich: ‹Kopf, Körper, Gesicht und Brüste sehen aus wie bei einer Frau. Sie singen sehr schön und werden ‚Schrejna' genannt.›»

«Von zuverlässigen älteren Menschen, denen man aufs Wort glauben darf, habe ich gehört, daß sie solche Meerweiber bei Komödianten gesehen haben, die sie nach ihrem Auftritt jeweils für ein paar Groschen zur Schau stellten, doch heute war es mir vergönnt, sie mit meinen eigenen Augen zu erblicken. Stumm vor Staunen zeigte ich sie dem Schiffer; doch er wies auf ein paar Weiber, die am Ufer des Flusses standen und ihre Wäsche wuschen, und weil wir uns gegenseitig nicht verstanden, begriff er nicht, was ich ihm zeigte, und ich nicht, was er mir beweisen wollte. So konnte ich leider nichts aus ihm herausbringen.»

Einmal, es war ein schöner Nachmittag, spazierten unsere Gesellen lustig und vergnügt über die Wiesen vor der Stadt. Sie lachten und scherzten, sahen einander in die Augen und waren sichtlich bester Laune. Man konnte sie für ein verliebtes Hochzeitspärchen halten, das selig im grünen Gras lustwandelt und sich an jedem Wort, an jedem

Blick erfreut. Was war es denn, das sie so glücklich stimmte, sie vor lauter Freude wie die Verrückten herumtanzen und singen ließ? Hier die Erklärung, lieber Leser: Unsere beiden Weltreisenden hatten beschlossen, Glupsk am nächsten Morgen zu verlassen und sich in einer glückhaften Stunde, ihrem Ziel entgegen, einzuschiffen.

Während sie heiteren Sinnes dahinschlendern, kommt ihnen plötzlich ein Gefährt mit zwei Juden entgegen. Einer hält die Zügel in der Hand, und der andere kauert neben ihm. Letzterer hat den Hut in den Nacken geschoben und kaut an einem Strohhalm, sichere Zeichen dafür, daß in seinem jüdischen Köpfchen allerhand wichtige Überlegungen vor sich gehen. Kaum hatten die beiden Fremden unsere Spaziergänger erblickt, musterten sie sie von oben bis unten und begannen ein Gespräch mit ihnen. Die erste Frage lautete wie immer: «Woher kommt ihr, Juden?» Und die zweite: «Wie heißt ihr?» Dann folgte der ganze Fragebogen, der bei einer ersten Begegnung üblich ist. Mehr brauchte es nicht bei unseren Spaziergängern. Sie öffneten den Mund und schütteten ihr ganzes Herz aus – wie es heißt: «Ist's in der Lunge, kommt's auf die Zunge.» Die beiden Juden sahen sich mit einem vielsagenden Lächeln an und tuschelten miteinander, dann sagte der mit dem Hut im Nacken und dem Strohhalm im Mund grinsend: «Gar nicht schlecht – das sollte klappen. Schlimmstenfalls kann es noch etwas mehr kosten.»

«Wißt ihr was?» ließen sich die zwei Fremden vernehmen. «Auch unsere Stadt möchte sich die Ehre geben, zwei so feine Menschen, wie ihr es seid, bei sich zu beherbergen. Wir bitten euch von Herzen, tut uns den Gefallen und steigt ein ohne Umstände. Ihr braucht euch nicht zu besinnen, wir bürgen euch dafür, daß ihr bei uns gut untergebracht seid mit Essen, Trinken und allem, was dazugehört.»

«Wir würden das gerne annehmen, euch zuliebe», erwiderte Benjamin; «wir beabsichtigen aber, morgen von hier aufzubrechen. Zu Wasser», fügte er hinzu.

«Seid mir nicht böse», sagte der eine, «aber das ist doch Quatsch. Auch ein Wasser, die Pjatignilowka ... Eine Kloake, mit Verlaub, ein Dreck, ein stinkender Morast, eine verschimmelte Pfütze. Bei uns habt ihr den Dnjepr, der geradewegs ins Meer mündet. Von uns aus werdet ihr mit Gottes Hilfe schnell und mühelos zu eurem Ziel kommen. Macht keine Geschichten und steigt auf, ich bitte euch!»

«Was meinst du, Senderl?» fragte Benjamin, «wollen wir das freundliche Angebot annehmen und mitfahren?»

«Ist es meine Sorge?» antwortete Senderl. «Wenn du fahren willst, fahren wir eben.»

Kurz darauf saßen die zwei im Wagen, hochbefriedigt über die ehrenvolle Einladung und in Erwartung der Dinge, die da kommen sollten. Die Fahrt ging heiter vonstatten, ihre Gastgeber waren sehr aufmerksam und hüteten förmlich ihre Schritte. Sie traktierten sie ununterbrochen mit Essen und Trinken grad wie eine Kindbetterin, unsere beiden Reisenden hätten sich so etwas im Leben nicht träumen lassen.

Am Abend des zweiten Tages kamen sie glücklich in Dnjeprowitz an. Die Juden brachten sie in einem Gasthof unter und bewirteten sie reichlich.

«Jetzt seid ihr müde und abgespannt von der Reise», sagten sie, «so ist es wohl besser, ihr legt euch gleich zur Ruhe. Morgen früh, wenn ihr, so Gott will, gesund, frisch und stark aufgestanden seid, werden wir euch zu einigen wichtigen Männern geleiten, ein gutes Wort für euch einlegen, und wenn sie euch aufnehmen, seid ihr versorgt mit allem und könnt gleich eure weite Reise antreten. Gute Nacht!»

«Gute Nacht und ein gutes Jahr!» erwiderten unsere Helden. Sie verrichteten ihr Gebet «vor dem Schlafengehen», strichen sich wohlig über das Bäuchlein, gähnten, kraulten sich und sanken schließlich in unbeschwerten Schlummer.

Wie man unsere müden Helden ins Bad führt

«Hilfe, das Sündenbekenntnis! Laßt mich wenigstens das Sündenbekenntnis sprechen!» stöhnte Senderl im Schlaf mit erstickter Stimme, so daß Benjamin erwachte.

Zu Tode erschrocken sprang er von seinem Lager, goß Wasser über seine Fingernägel[1] und stürzte zu Senderl. Was war mit ihm? Draußen graute schon der Morgen, es war still ringsum, nur das Schnarchen der schlafenden Menschen im Haus war zu hören.

«Was schreist du so, Senderl?» erkundigte sich

[1] rituelles Händewaschen nach dem Erwachen

Benjamin, indem er auf sein Lager zuging. «Sicher hat dich eine Wanze gebissen, es gibt furchtbar viele hier. Ich konnte die ganze Nacht kein Auge zutun. Erst jetzt bin ich ein bißchen eingeschlummert.»

«Schneller! Ach, laß uns fliehen!» schrie Senderl schlaftrunken.

«Gott sei mit dir, Senderl! Was redest du da? Wunderst du dich, daß Wanzen beißen? Dafür sind sie eben Wanzen, und du bist ein Mensch.»

Senderl starrte Benjamin ganz verstört an, rieb sich die Augen und sagte mit einem tiefen Seufzer: «Ach, ich hab' einen schrecklichen Traum geträumt – wenn nur nichts Schlimmes daraus entsteht.»

«Nun ja», beruhigte ihn Benjamin, «was ein Mensch nicht alles träumen kann ... mir hat eben auch geträumt: Eine Vipernatter geht auf mich los, schaut mir tief in die Augen und fragt mich: ‹Seid Ihr Reb Benjamin aus Tunejadowka? Kommt, ich bitt' Euch, mit mir! Dort drüben steht Alexander von Mazedonien mit seinem ganzen Gefolge und brennt darauf, Euch kennenzulernen.› Ich gebe mir einen Ruck, die Vipernatter läuft voraus, ich hinterher.

‹Ihr fliegt ja dahin wie ein Pfeil vom Bogen, ich kann Euch kaum folgen!› hör' ich hinter mir rufen. Ich dreh' mich um und sehe – Alexander von Mazedonien! ‹Mein Herr und König!› stammle ich, ergreife seine Hand und drücke sie in Verehrung.

Plötzlich steigt mir ein schrecklicher Gestank in die Nase, daß ich fast ohnmächtig werde. Ich wache auf und halte eine zerquetschte Wanze in der Hand... Tfu, soll es sein! Spuck dreimal aus, Senderl, und vergiß deinen Traum! Was hast du überhaupt geträumt?»

«Tfu, tfu, tfu!» Senderl spuckte folgsam aus und erzählte seinen Traum: «Ich gehe eine Straße entlang, einfach so, und verlaufe mich ein bißchen. Plötzlich packt mich jemand von hinten, stülpt einen Sack über mich und trägt mich fort, weit fort, bis man mich irgendwo absetzt. Ich spüre, wie jemand den Sack aufbindet, und – kriege eine Ohrfeige, die sich gewaschen hat! Ich hab' gleich zwei Zähne ausgespuckt.

‹Das ist erst mal eine Anzahlung›, hör' ich jemanden sagen, ‹den Restbetrag erhältst du später.›

Ich sehe hin: Vor mir steht wutentbrannt mein Weib mit einer hohen Pelzmütze auf dem Kopf. In ihren Augen brennt ein höllisches Feuer, und der Schaum steht ihr vor dem Mund.

‹Wart nur ein bißchen, warte, mein Zuckerjunge!› zischt sie böse lachend, ‹ich hol' mir gleich den Schürhaken, damit du weißt, was für einen Gott wir haben!›

Wie sie sich gegen den Ofen wendet, nehme ich die Beine unter den Arm und mache mich aus dem Staub, nur weg, weg, weg! Ich renne, renne und renne! Schließlich komme ich in eine Art Wirtshaus. Es ist finster drin und glitschig, keine Menschenseele zeigt sich. Ich leg' mich in eine Ecke, mach' die Augen zu und schlafe. Wie ich so daliege, kommt der selige Großvater, er ruhe in Frieden, auf mich zu. Er scheint traurig, und seine Augen sind verweint.

‹Senderl, mein Kind›, sagt er, ‹schlaf nicht! Wenn Gott dir lieb ist, Senderl, steh auf! Steh auf, Senderl, und lauf! Fort von hier, Senderl! Lauf, wohin die Augen dich führen! Lauf, du bist in großer Gefahr!›

Ich will aufstehen und kann mich nicht rühren, als ob mich jemand festhielte. Im Dunkeln greife ich mir an den Kopf und spüre, daß ich eine Haube aufhabe. Hu! Ich bin gar nicht Senderl – ich bin, Gott sei vor, ein Weib ohne eine Spur von Bart, aber mit einem Rock, und mein Bauch, oh, mein Bauch! Er tut mir, keinem Juden gesagt, schrecklich weh! ‹Macht nichts›, ruft da einer, ‹bei einer Erstgeburt geht es manchmal noch schwer.›

‹Ach, Onkel, Onkelchen›, schrei' ich, ‹das ist es doch gar nicht! Jetzt, jetzt fall' ich in Ohnmacht!›

‹Ein guter Faustschlag ins Kreuz ist das Beste›, sagt der Onkel, ‹das wird dir helfen.› Damit versetzt er mir gleich ein paar saftige Hiebe. ‹Hier hast du für früher, für jetzt und für später›, erklärt er mir, dreht sich um und ist verschwunden. Ich liege eine Zeitlang da und winde mich in Schmerzen, bis ich mich mit Gottes Hilfe aufraffe und zur Tür renne. Sie ist verschlossen. Ich klopfe und klopfe, vergeblich. Plötzlich springt die Tür von allein auf, ich will den Fuß dazwischensetzen, da packen mich Räuber und verschleppen mich in eine Höhle, wo sie mich töten wollen. Ich spüre schon das Messer am Hals und schreie: ‹Hilfe! Laßt mich wenigstens das Sündenbekenntnis sprechen!›

Da hast du meinen Traum, Benjamin, wenn er nur nichts Schlechtes bedeutet.»

«Spuck aus, Senderl, noch dreimal», riet ihm Benjamin, «und schlag dir den Traum aus dem

Kopf. Im übrigen kannst du aufstehen, wenn es dir recht ist. Es ist schon Tag, und du solltest einige Kapitel Tillim[1] beten.»

Senderl stieg seufzend von seinem Lager herab, goß sich Wasser über die Fingernägel, schlüpfte in seinen Schlafrock und zog sein deutsch-jüdisches Psalmenbüchlein hervor.

Er schlug das zehnte Kapitel auf, wo er zuletzt stehengeblieben war, und las in einem traurigen Singsang:

«Was stehst du, Gott, von weitem,
verbirgst dich in schlechten Zeiten?»

Sein Gesang wurde noch wehmütiger und rührender bei den nächsten Versen:

«Er sitzt an einem geheimen Ort
und tötet den Gerechten dort,
die Augen rollt er hin und zurück,
den Bettler trifft sein harter Blick.
Er lauert wie ein Leu in der Höhle,
zu schlagen ihn an Leib und Seele.
Schon packt er den Armen am Genick
und reißt ihn auf der Stell' in Stück'...»

Es war heller Tag, als Senderl sein Gebet beendet hatte, die Bewohner des Hauses waren alle schon aufgestanden. Ein gewaltiger Samowar dampfte auf dem Tisch, und die Leute tranken Tee. Auch Benjamin und Senderl erhielten ihre

---

[1] Davids Psalmen

Gläser und erfrischten sich, wodurch sie etwas heiterer gestimmt wurden. Was vorher ein Schlafsaal und eine Teestube war, verwandelte sich jetzt in ein kleines Bethaus. Die Ärmel wurden hochgekrempelt, nackte jüdische Arme kamen zum Vorschein, behaarte, glatte, magere, dicke, schwarze, weiße, helle und dunkle in jeder Form und Gestalt. Man zog sich Mantel und Riemen über und betete mit Inbrunst.

Unsere beiden Gastgeber taten desgleichen und noch mehr: Sie klagten, jammerten, krümmten sich, ruderten mit den Händen, verzogen das Gesicht wie Juden, die an Leib und Seele gebrochen waren. Unseren Herrgott redeten sie nur mit «Tatenju» oder «Väterchen» an und ergaben sich der Andacht länger als alle anderen. Nach dem Beten gossen sie sich ein Gläschen Branntwein ein, nahmen zuerst einen kleinen Schluck zum Probieren, wobei ihre Nasen sich leicht zu röten begannen, und prosteten schließlich den Anwesenden zu: «Lechajim, lechajim![1] Möge der Allerhöchste sich ganz Israels und seiner Not erbarmen!» fügten sie noch an, verdrehten die Augen, seufzten leise und gossen sich den Rest hinter die Binde, ein Zeichen dafür, daß sie keine einfachen Menschen, sondern fromme, gottesfürchtige und feine Juden waren.

Einer von ihnen begab sich bald darauf in die Stadt und kam erst nach einigen Stunden zurück. Als sein Kollege ihn fragend anschaute, nickte er mit einem strahlenden Lächeln, und beide schienen

[1] Prost! (hebräisch: zum Leben!)

sehr zufrieden. Auf ihr Geheiß wurde der Tisch gedeckt, und sie wuschen sich die Hände, nicht ohne vorher das Waschbecken zu prüfen, wie es bei frommen Juden üblich war. Benjamin und Senderl wurden ebenfalls zum Händewaschen aufgefordert und anschließend zu Tisch gebeten, auf dem ein kleiner Imbiß stand. Beim Frühstück ging es lustig her, man lobte die gute Küche der Hausfrau und ließ es sich schmecken. Im nachfolgenden Gespräch war es den Gastgebern vor allem um das Wohl des Volkes Israel zu tun, das endlich aufgerichtet werden sollte. Warum muß ein so begabtes Volk soviel leiden? Dann fiel man über die Freigeister her, über die neumodischen Gelehrten und ihre Schulen, in denen man unbedeckten Hauptes aus profanen Büchern lerne.

Man redete und redete, bis endlich das Gespräch auf die bevorstehende Reise unserer Wanderer kam.

«Wir wünschen euch», sagten die Gastgeber, «daß Gott selbst euch gnädig gesinnt sei und euch alles erfüllen möge, was ihr euch allein wünscht und was auch unser Begehr ist.»

Benjamin fühlte sich im siebten Himmel ob dieses Segensspruchs, und ein bißchen beschwipst war er auch schon. Er öffnete den Mund und redete voll Feuer und Begeisterung.

«Wißt ihr was, Reb Benjamin und Reb Senderl?» sagten die beiden Juden so nebenbei, als man vom Tisch aufstand. «Wir wollen den schlichten jüdischen Brauch befolgen, wie es schon unsere Ahnen taten. Nach einer solchen Reise sollten wir alle ins Dampfbad gehen. Ihr könnt euch dort auch die Haare scheren oder euch rasieren lassen, wie ihr wollt. Ihr werdet euch wie neugeboren fühlen, das versichere ich euch. Und nach dem Dampfbad gehen wir an unsere Geschäfte, das wird wohl das Einfachste und Beste sein. Das Bad ist vielleicht nicht mehr so in Mode, und bei den Freigeistern findet es wenig Gnade, aber wir gehören ja nicht zu den ‹Gebildeten› und tun, was unsere Großväter getan haben.»

Den Gang ins Dampfbad kann kein Jude ausschlagen. Was dem Bauern die Schenke und der Bach den Gänsen und Enten, das ist in doppeltem Maß das Dampfbad für den Juden. Den Genuß, den ein Jude im Bad hat, kann kein anderes Volk nachempfinden. Die Institution des Dampfbades ist zutiefst mit seinem Glauben, seinen innersten Gefühlen und seinem Familienleben verbunden. Keine jüdische Seele würde freiwillig den Himmel mit dem Leib einer Mutter vertauschen, kein Bitten und Beten könnte sie dazu bewegen, höchstens ein Dampfbad. Das Bad ist der Hauptsitz, die Zentrale zwischen Himmel und Erde. Bevor das Kind noch geboren wird und seine Glieder rührt, weiß man dort schon, vom Badewärter bis zur Aufseherin, wer er ist und was er tun wird. Am Sabbat und an den hohen Feiertagen vereint sich der Jude erst dann mit seiner Seele, wenn er gebadet hat. Ohne das Bad kommt er sich vor wie altbackenes, hartes Brot. Schaut euch doch einen Juden an, der freitags aus dem Bad kommt! Er blüht, ist um Jahre verjüngt, der jüdische Funke glüht in ihm und strahlt ihm aus den Augen, seine Sinne sind schärfer, wacher, der Duft von gefülltem Fisch und geschmortem Gemüse steigt ihm wie Räucherwerk in die Nase, die ihn begierig aufnimmt. In seinem Herzen singt und klingt es wie bei einem Konzert. Eine Nachtigall flötet das hohe Lied, und er freut sich daran wie ein Kind, entflammt sich, leuchtet und fühlt sich in einer höheren Welt...

Ein Jude kommt ins Bad wie in seine Heimat. Das Bad ist für ihn ein Land der Freiheit und der Gleichberechtigung, wo es jedem vergönnt ist, die höchste Stufe zu erklimmen – er braucht nur auf die oberste Bank zu klettern. Hier findet sein bekümmertes Gemüt Erleichterung, er kann die müden Knochen ausstrecken und sein Sorgenbündel für einmal abwerfen. Jetzt wißt ihr, was das Bad für einen Juden bedeutet!

Kein Wunder, daß der Vorschlag mit dem Bad bei unseren Helden Anklang fand. Sie machten keine großen Umstände und folgten den beiden feinen Herren ohne Zögern. Sie hatten sich das Bad ungefähr so vorgestellt, wie es im jüdischen Städtchen auszusehen pflegt: eine baufällige, verschmierte Baracke irgendwo auf einem Hügel am Stadtrand, die man nur über einen schmalen, zerbrochenen Steg erreichen konnte. Als aber die zwei Juden auf ein stattliches dreistöckiges Gebäude mitten in einer Straße zusteuerten, rissen unsere beiden Kleinstädter die Augen in ungläubigem Staunen auf.

«Da habt ihr das Bad», sagten die Juden. «Ihr benehmt euch ja wie richtige Edelleute», scherzten sie noch. «Kommt nur, begebt euch hinein, ihr werdet noch viel Schöneres zu sehen bekommen.»

Schon im Vorzimmer bewunderten sie den bemalten Fußboden mit den ausgelegten Läufern. Sie kamen sich vor wie im verzauberten Schloß aus einem Kindermärchen oder aus Tausendundeiner Nacht – gleich werden Prinzessinnen, schöne Königstöchter sie willkommen heißen, sie werden sich hier wohl fühlen und leben wie die Fürsten. Aber anstelle der Königstöchter kam ein betreßter Soldat auf sie zu und forderte sie höflich auf, sich zu entkleiden.

«Tut ruhig, was er sagt», lächelten die zwei Juden, «und zieht euch aus. Wir gehen inzwischen hinein und bezahlen das Badegeld. Ihr werdet bestimmt ein schönes Schwitzbad erleben ...»

Sie zogen ihre Siebensachen aus und wickelten sie zu einem Bündel, das sie, ihrer Gewohnheit gemäß, im Bad reinigen wollten. Ihre Garderobe war klein, sie besaßen jeder nur ein Hemd, das sie natürlich wochenlang tragen mußten. Man wird verstehen, daß es sie dauernd juckte und daß die Reinigungsprozedur ihnen nötig und wichtig erschien. Doch der Soldat nahm ihnen das Bündel weg und führte sie in ein Zimmer mit vielen kleinen Bänken. Rund um einen großen Tisch saßen einige gutgekleidete Herren ...

Unsere Badegäste schauten sich verwundert nach allen Seiten um und fragten sich, ob man das Wasser wohl auf den Steinboden gießen würde und wie sie dabei schwitzen sollten.

«Hier jüdisches Bad?» fragte Senderl, nachdem Benjamin ihm dies mit einem leichten Klaps befohlen hatte.

Einer der Herren erhob sich vom Tisch, näherte sich den beiden nackten Helden und beschaute sie von oben bis unten. Sie schienen ausgehungert und bemitleidenswert mager, nur Haut und Knochen, und er begann sie zu verhören, auf moskowitisch natürlich.

«Was sagt er da, Senderl?» fragte Benjamin.

«Wenn ich nur ein Wort verstehen könnte!» antwortete Senderl achselzuckend. «Auch eine Sprache, den Steinen sei's geklagt... Er sagt immer dasselbe: ‹Billett, Billett.›»

«Narr, und das verstehst du nicht?» rief Benjamin. «Er ist doch der Bademeister und fordert die Eintrittskarten von uns. In einem solchen Bad muß man eben bezahlen. Sag ihm, daß die beiden Juden unsere Billette gekauft haben.»

«Also, Herr, Juden hier, draußen schon...», begann Senderl seine Rede und verstummte plötzlich, als ob man ihn erwürgte.

«Billette, Herr, Juden bezahlt, Herr!» erklärte Benjamin in seiner eigenen Sprache, kurz, scharf und klar.

Der Beamte machte ein Zeichen mit der Hand, worauf man die beiden in ein anderes Zimmer brachte, in dem sich das Schwitzbad wohl befinden mußte.

Als Benjamin und Senderl einige Zeit später auf die Straße hinausgeführt wurden, waren sie kaum mehr zu erkennen, so verändert schienen die Ärmsten: glattrasiert, ohne Bärte, ohne Schläfenlocken, die Augen verdreht, glasig, auf der Stirne kalte, schwere Schweißtropfen, eine dunkle Wolke über den Gesichtern; verkrümmt und zusammengesunken, am ganzen Leibe zitternd, wankten sie, von Soldaten umringt, daher.

Der Himmel verfinsterte sich plötzlich, ein Blitz durchzuckte die Schwärze, beleuchtete die Szene gespenstisch, und alles erzitterte bei dem Donnerschlag. Es erhob sich ein Sturmwind, der Staubwolken, Stroh, Papierfetzen und Blätter in der Luft herumwirbelte. Alles drehte sich wie in einem verrückten Tanz. Das Rindvieh auf dem Feld wurde unruhig und lief laut brüllend zusammen, wie wenn eine Meute hungriger Wölfe hinter ihm her wäre. Es stürmte, blitzte, donnerte, als hätte der Allerhöchste seine zornentbrannten Blicke auf unsere sündige Erde geworfen. «Ach, ach!» seufzte er mit Donnerstimme, und vom Himmel fielen schwere Regentropfen, die sich mit dem Schweiß und den blutigen Tränen unserer armen, unglücklichen Helden vermischten.

Benjamin und Senderl ahnten nicht, daß sie nicht nur in der Wüste den Gefahren von wilden Tieren, Drachen und Vipernattern ausgesetzt waren, sondern auch in der Heimat, wo ihr Leben noch mehr bedroht war. Die Zeit, die sie für ihre Reise gewählt hatten, war schwer und bitter. Damals lauerte ein Jude dem anderen auf, um ihn als Ersatz für den eigenen Sohn unter die Soldaten zu stecken[1].

Die Armen wußten nicht, daß sie sich bereits in der Wüste befanden inmitten von wilden, grausamen Geschöpfen und reißenden Tieren und daß die zwei frommen, feinen Juden nichts anderes waren als ihre Vipernattern.

---

[1] Im zaristischen Rußland dauerte der Militärdienst mindestens zehn Jahre.

Jeder kann sich wohl die schlimme Lage unserer beiden Helden ausmalen und wie furchtbar ihnen zumute war. Wir ersparen uns somit die Schilderung.

Zuerst waren sie so verwirrt, daß sie überhaupt nicht begriffen, was mit ihnen geschehen war. Alles schien ihnen fremd, die Kaserne, die Soldaten, die Sprache und die Befehle, die man ihnen erteilte. Der Mantel hing an ihnen herab wie ein Sack, er erinnerte stets an einen Weiberrock, und die Mütze sah eher aus wie eine Haube. Wenn man sie so sah, hatte man den Eindruck, das Ganze sei nur ein Spaß, als ob da zwei Juden sich verkleidet hätten, um Söldner zu spielen und sich dabei über das ganze närrische Soldatentum lustig zu machen. Auch die Büchse, die man ihnen in die Hand gedrückt hatte, sah bei ihnen nicht wie ein Gewehr aus, sondern eher wie ein Schürhaken, mit dem irgendein Mannsbild den Ofen in der Küche einheizte. Beim Exerzieren fuchtelten sie mit Armen und Beinen so wild herum, daß es die reinste Komödie war. Natürlich fehlte es ihnen auch nicht an Schlägen, aber gibt es in der Welt ein Leid, an das der Mensch sich nicht gewöhnt? Und nicht nur der Mensch, auch für andere Geschöpfe gilt dasselbe. Wer lebt freier als ein Vogel, und trotzdem: Wenn man ihn fängt und in einen Käfig sperrt, gewöhnt auch er sich daran, pickt seine Körner mit Appetit, hüpft und singt sein fröhliches Liedchen, als hätte man die ganze Natur mit ihren Feldern und Wäldern in seinen engen Bauer gezaubert.

So gewöhnte sich auch unser Senderl allmählich an seine Lage. Er beobachtete die anderen Söldner beim Exerzieren und versuchte ihre Bewegungen nachzuahmen. Es machte richtig Spaß mitanzusehen, wie Senderl für sich allein übte, sich spannte wie eine Saite, den Kopf emporriß, die Backen aufblies, im Taktschritt marschierte wie ein aufgeplusterter Truthahn, rechts und links schwenkte, bis er über seine eigenen Füße stolperte und hinfiel. Wie anders Benjamin, der sich nie an diesen Zustand gewöhnen konnte! Er war seinem ganzen Wesen nach ein Wandervogel, der Ende Sommer wegfliegt, um den kalten, unwirtlichen Winter in einem warmen, südlichen Land zu verbringen. Der Wandertrieb ist in diesem Vogel so übermächtig, daß ihn das Leben im Käfig krank macht. Er frißt nicht, trinkt nicht und klettert nur am Gitter hoch auf der Suche nach einem Spalt zum Entrinnen. Auch in Benjamin hatte sich die Sehnsucht nach den fernen Ländern tief eingefressen, ja sie war ihm zur zweiten Natur geworden. Ihr zuliebe hatte er Weib und Kind aufgegeben, und sie ließ ihm auch jetzt keinen Augenblick Ruhe, bohrte unaufhörlich in seinem Kopf, tobte und schrie: «Benjamin, geh weiter! Geh weiter, weiter!»

Der Winter zog vorbei, und Benjamin mußte sich schrecklich abquälen. Ein paar Tage nach Ostern trat er auf Senderl zu, der wieder einmal exerzierte, und sprach: «Du bist wirklich kindisch, Senderl, mit deinem Soldatenspiel – wie ein Bub auf der Gasse. Was für einen Zweck soll das haben, frag' ich dich. Denkst du denn nie daran, daß du ein verheirateter Mann bist und dazu noch ein Jude?

Wozu die ganzen Verrenkungen, die du da machst, und mit so viel Fleiß und Eifer. Ist doch egal, ob du mit dem linken oder mit dem rechten Fuß schwenkst, wie das hier heißt.»

«Was weiß ich?» rechtfertigte sich Senderl. «Die sagen ‹schwenkt!›, also schwenk' ich, hab' ich denn eine andere Wahl?»

«Und unsere Reise, hast du die ganz vergessen? Denk doch, unsere Reise! Lindwurm, Maulesel, Vipernatter...!» Benjamin geriet fast in Verzükkung. «Dorthin, in die Ferne!»

«Achtung, steht», sagte Senderl und hob den Fuß, «vorwärts marsch!»

«Weh über dich und deinen Marsch! Pfui! Du solltest dich schämen, Senderl. Sag mir lieber, was jetzt mit unserer Reise ist, du Kindskopf!»

«Meinetwegen gleich jetzt», meinte Senderl, «wenn sie uns lassen.»

«Was brauchen wir sie, und was brauchen sie uns?» regte sich Benjamin auf. «Sag doch selbst, Senderl – stell dir vor, der Feind greift an, bums! Werden wir zwei ihn denn aufhalten können? Und wenn du ihm tausendmal sagst: ‹Mach, daß du wegkommst, sonst schiess' ich, piff, paff!› Glaubst du, er wird auf dich hören? Im Gegenteil, er wird sich erst recht an dich heranmachen, und du kannst von Glück reden, wenn du lebend davonkommst. Glaub mir, Senderl, wie ich die Sache sehe, sind wir hier völlig überflüssig, und sie würden uns auch gerne loswerden. Ich hab' doch mit eigenen Ohren gehört, was der Hauptmann über uns gesagt hat: Wir seien ‹ein wahrer Schicksalsschlag›, und wenn es in seiner Macht stünde, hätte er uns längst zu allen Teufeln gejagt. Wirklich, wozu haben die uns nötig? Ich sag' dir, Senderl, die Geschichte lief von Anfang an schief, sie war alles andere als eine gute Partie und taugte weder für uns noch für sie. Die Juden, diese Verräter, müssen ihnen erzählt haben, wir seien große Helden und beherrschten das Kriegshandwerk wie nur irgendeiner. Ist es vielleicht unsere Schuld, daß sie ihnen einen blauen Dunst vorgemacht haben? Und uns haben sie auch betrogen. Wir sind doch nur hierhergekommen, um unsre Taschen ein bißchen zu füllen und gleich weiterzufahren. Von Militärdienst war überhaupt keine Rede, das schwöre ich in Gebetmantel und Sterbehemd! Jemanden einfach packen und den Soldaten ausliefern, gibt es denn so etwas? Ist das gerecht? Da hört doch alles auf! Wir sind alle getäuscht worden, sie und wir, und schuldig sind einzig und allein die zwei Juden, die Lügner, die Verbrecher, die beide Seiten hereingelegt haben. Sie sind an allem schuld, die Juden! Keinem sonst kann man etwas vorwerfen, nur ihnen, den zwei Juden!»

«Gut, aber was sollen wir tun, Benjamin?» fragte Senderl.

«Ich will nur», erwiderte Bejamin, «daß wir unsere Reise fortsetzen. Wir blasen die Hochzeit ab. Mir scheint, keiner kann uns das verwehren, nach Recht und Sitte darf uns hier niemand zurückhalten, und wenn du fürchtest, daß man uns nicht fortläßt, gibt es darauf eine einfache Antwort: Wir machen uns heimlich auf und davon. Wer braucht das schon zu wissen? Wir müssen uns von niemandem verabschieden.»

«Das finde ich auch», stimmte Senderl zu, «auf Abschiednehmen können wir verzichten. Oder haben wir etwa damals, als wir Haus und Hof hinter uns ließen, unseren Frauen und Kindern gesagt: ‹Seht her, da habt ihr's!›?»

Seit diesem Gespräch begannen unsere Helden sich wieder mit ihrer Reise zu beschäftigen und Fluchtpläne zu schmieden. Benjamin ereiferte sich mehr und mehr und wurde von einer schrecklichen Unruhe erfaßt wie eine Henne vor dem Ausbrüten ihrer Eier im Frühling. So verbohrt war er in seine Gedanken, daß er nicht bemerkte, was unmittelbar vor seinen Augen und Ohren geschah. Hatte er, aus lauter Zerstreutheit, vergessen, einen vorbeigehenden Offizier militärisch zu grüßen, und dafür eine saftige Ohrfeige oder einen Faustschlag eingefangen, verzog er kaum das Gesicht, als ob er gar nicht gemeint sei. Exerzierkommandos, die ihm galten, drangen nicht einmal durch seine linke Schläfenlocke, er schenkte ihnen noch weniger Beachtung als die Einwohner von Cernowitz einer Vorlesung aus dem Buche Esther. Für ihn gab es nur noch einen einzigen Gedanken: Seine Reise, und sein Geist weilte längst in weiter Ferne.

Einmal, spät in der Nacht, als die ganze Kaserne schon schlief, schlich sich Benjamin auf Zehenspitzen zu Senderls Pritsche und flüsterte: «Bist du bereit, Senderl?»

Senderl nickte bloß, faßte Benjamin am Rock, und leise, leise – pschscht! – stahlen sie sich in den Hof hinaus.

Draußen blies ein warmer Wind, und schwarzbraune Wolkenfetzen jagten in nächtlicher Höhe hintereinander her, als ob tausend Schifferknechte miteinander wetteiferten, wer seinen schwerbeladenen Kahn als erster zum himmlischen Jahrmarkt rudern könne. Der Mond folgte dem sonderbaren Zug wie einer jener Aufseher, die den Kopf von Zeit zu Zeit herausstecken, um zu sehen, was sich draußen tut... Doch gleich verbirgt er sich wieder für eine Weile unter einer schwarzgestreiften Wolkendecke.

Unsere Helden krochen im Dunkel leise über den Hof gegen die Palisade, erkletterten einen Holzstoß und waren fast schon auf der Höhe der Schanzpfähle, als Senderl plötzlich zusammenfuhr: «Benjamin!» flüsterte er ihm erregt ins Ohr, «ich hab' unseren Sack vergessen. Soll ich umkehren?»

«Um Gottes willen!» entsetzte sich Benjamin. «Umkehren wäre ganz schlimm. Wenn Gott dem Menschen schon helfen will, verhilft er ihm auch zu einem Sack.»

«Jetzt fällt mir eben ein», sagte Senderl, «wie der Großvater, Reb Senderl, er ruhe in Frieden, mich im Traum gewarnt hat: ‹Steh auf, Senderl›, sagte er, ‹und lauf! Fort von hier, wohin die Augen dich führen!› Mögen uns seine Verdienste beistehen, in diesem Augenblick! Er war wirklich ein Jude, wie ein Jude sein soll, einfach, ohne Falsch, die Großmutter hat es uns oft erzählt, Friede mit ihr...»

Doch bevor Senderl sagen konnte, was seine Großmutter über den Großvater erzählt hatte, ließ sich von der Seite die Stimme einer Schildwache vernehmen.

Unsere Ausreißer preßten sich gegen die Palisade, hielten den Atem an und lagen bewegungslos und stumm da wie zwei alte, weggeworfene Kleiderfetzen. Kaum war es wieder still geworden, schienen die beiden «Fetzen» sich zu beleben. Langsam, auf Händen und Füßen, krochen sie vom Zaun weg und um die Wache herum. Schon hatten sie, mit Gottes Hilfe, einen kleinen Seitenweg erreicht; sie standen auf, schöpften tief Atem und schauten sich freudestrahlend an.

«Die Großmutter, möge sie in Frieden ruhen», begann Senderl endlich, «hat uns oft erzählt, daß mein seliger Großvater zeitlebens den Wunsch geäußert hat, nach Erez Israel zu fahren. Kurz vor seinem Tod richtete er sich noch einmal auf und sagte: ‹Obwohl mir von Gott nicht vergönnt war, nach Erez Israel zu gelangen, vertraue ich darauf, daß eines meiner Kinder dorthin kommen wird.› Mein Herz sagt mir, daß ich es bin, den er gemeint hat. Möge dies von meinem Mund bis an Gottes Ohr dringen!»

Leider drang es aber an andere Ohren: Senderl hatte kaum seinen Wunsch geäußert, als eine Stimme auf russisch fragte: «Wer da?» Natürlich kam keine Antwort, die Schildwache trat näher und fragte abermals: «Wer da?»

Zu allem Unglück steckte gerade in diesem Augenblick der Mond wieder einmal seinen Kopf durch die schwarze Wolkendecke und beleuchtete unsere armen Ausreißer, die sprachlos und weiß wie die Wand dastanden.

Der diensthabende Feldwebel war schrecklich wütend und bedachte sie mit unflätigen Flüchen.

Wenige Minuten später saßen sie als Arrestanten in der Hauptwache.

Uns fehlen die Worte, um die furchtbaren Leiden zu beschreiben, die unsere Unglücklichen im Gefängnis auszustehen hatten. Mit ihren eingefallenen Gesichtern und ausgemergelten Leibern waren sie kaum mehr als Menschen zu erkennen. Senderl konnte wenigstens noch schlafen und seine Not für ein paar Stunden vergessen. Im Traum erschien ihm manchmal der Großvater, Reb Senderl, der großen Spaß an seinem Enkelkind zu haben schien. Er kam nie mit leeren Händen und brachte dem Kleinen stets ein Geschenk oder irgendein Spielzeug mit. Dann betrachtete er ihn lächelnd, kniff ihn in die Backe und sagte: «Da hast du etwas, Lausejunge.»

Es ist gut für den Menschen, daß er träumt. Ist denn die ganze Welt nicht bloß ein Traum?

Benjamin hingegen träumte nie, er konnte im Gefängnis keinen Schlaf finden. In ihm war eine merkwürdige Unruhe, und oft kochte ihm das Blut vor Empörung, wenn er durch die Gitterstäbe seiner Zelle blickte: Die Sonne schien erquickend, das grüne Gras sproß üppig auf der Wiese, Bäume blühten, Menschen liefen hin und her, Vögel flatterten frei am Himmel – jetzt war die Zeit zum Wandern da, doch er war eingesperrt, an einen Ort gefesselt, gelähmt! Er wurde fast verrückt vor Sehnsucht, faßte sich an den Kopf, lief von einer Wand zur andern und schrie: «Gewalt![1] Was hab' ich ihnen getan? Gewalt! Was wollen sie von mir?»

---

[1] Ausdruck des Schreckens, der Bestürzung

In der Kanzlei des Oberkommandos saßen wenige Tage später eine Anzahl Offiziere in voller Uniform, darunter der General und ein Oberst. Neben einer Seitentür standen mit gesenkten Köpfen zwei Söldner, die aussahen wie Mäuse, die man soeben aus einer Schale mit Sauermilch gezogen hatte. Die Offiziere betrachteten die beiden Soldaten, musterten sie von Kopf bis Fuß und tuschelten miteinander, nicht ohne insgeheim zu lächeln.

«Hör zu, Senderl», flüsterte eine der Jammergestalten, während die Offiziere sich unterhielten, «und wenn es meinen Tod bedeutet, muß ich ihnen die ganze Wahrheit sagen, so geladen bin ich!»

«Meinetwegen, Benjamin, sag ihnen nur die ganze Wahrheit», stimmte der andere Söldner ein, «wenn du es so willst, soll es so sein, was kümmert's mich?»

«Seid ihr die beiden, die sich in der Nacht aus der Kaserne geschlichen haben?» fragte streng der General. «Wißt ihr auch, was darauf steht?»

«Pah!» sagte Benjamin mit seltenem Gottvertrauen und ließ, halb jiddisch, halb russisch, eine Ansprache vom Stapel, bei der Chaikel der Denker, der größte Redner von Teterewka, sich in ein Erdloch verkriechen müßte...

Der General wandte prustend vor Lachen den Kopf zur Seite und machte dem Obersten ein Zeichen, worauf dieser fortfuhr: «Ihr habt eine schwere Schuld begangen und verdient strenge Bestrafung.»

«Euer Hochwohlgeboren», schoß Benjamin zurück, «Menschen am hellichten Tag entführen und sie wie Hühner auf dem Markt verkaufen, nennt Ihr das Schuld? Wenn es so ist, gibt es kein Recht mehr auf der Welt, und ich verstehe nicht, was ‹man darf› und ‹man darf nicht› überhaupt noch bedeuten soll. Würde man Euch zum Beispiel auf offener Straße ergreifen und in einen Sack stecken, wäret Ihr da etwa schuldig? Und wenn Ihr Euch wehrt, um aus dem Sack herauszukommen, wäre das dann vielleicht Eure Schuld? Ich will Euch offen sagen, daß man uns Gewalt angetan und uns betrogen hat! Schuldig sind einzig und allein die zwei Juden, die Euch Gott weiß was eingeredet haben. Wir erklären Euch – und du auch, Senderl! Steh nicht da wie ein Götze aus Lehm und komm endlich heraus mit der Wahrheit! Sag ihnen, zugleich mit mir, daß wir vom Kriegshandwerk keinen Dunst haben. Wir wissen nichts davon, und wir wollen auch nichts wissen. Wir sind, Gott sei gelobt, verheiratete Männer, haben anderes im Sinn und können uns nicht mit Dingen abgeben, die uns nichts bedeuten. Was nützen wir Euch? Mich dünkt, Ihr hättet Euch längst besinnen sollen, wie Ihr uns loswerden könnt...»

Benjamin hatte recht, es bestand tatsächlich die Absicht, sich ihrer zu entledigen. Den Vorgesetzten war natürlich schon lange aufgegangen, mit welch komischen Gesellen sie es da zu tun hatten, und oft hielten sie sich die Seiten vor Lachen. Die Sitzung war nur einberufen worden, um die beiden zu verhören und auf ihre Ehrlichkeit zu prüfen. Benjamin und Senderl bestanden das Abschlußexamen mit Glanz und Gloria, Gottes Name sei gepriesen. Sie hätten es sich gar nicht besser wünschen können, und die lachenden Offiziere hatten ihren hellen Spaß daran.

«Nun, Doktor?» fragte der General einen Offizier, der mit unseren Helden gesprochen und sich lange mit ihnen abgegeben hatte. Der Doktor legte einen Finger an die Stirn und schüttelte den Kopf, als wollte er sagen: «Da sind wohl ein paar Schrauben locker...»

Nachdem die Offiziere sich umgehend beraten hatten, wurde ein Schriftstück aufgesetzt, laut welchem unsere tapferen Krieger vom Militärdienst befreit und augenblicklich zu entlassen seien.

«Ihr könnt gehen», sagte man ihnen, «rührt euch und bleibt gesund.»

Benjamin verabschiedete sich artig mit einer Verbeugung, während Senderl salutierte, rechtsumkehrt machte und hinter ihm her marschierte.

Kabbalisten

In schlechten Zeiten fällt auch die beste Ware im Wert, sogar das Thoralernen.

Von der Laschtschower Jeschiwa[1] ist nicht mehr geblieben als der Rosch-Jeschiwa[2] Reb Jekel und ein einziger Schüler.

Der Rosch-Jeschiwa ist ein greiser, dürrer Jude mit einem langen, zerzausten Bart und alten, erloschenen Augen. Lemech, sein geliebter Schüler, ist ein lang aufgeschossener Jüngling, hager und blaß auch er, mit schwarzen, gekräuselten Pajes, dunkel brennenden, gesenkten Augen, fiebrigen Lippen und einer zittrigen, spitzen Gurgel. Beide mit nackter Brust, ohne Hemd, beide in Lumpen. Der Rosch-Jeschiwa schleppt mühsam ein Paar Bauernstiefel nach, und dem Schüler rutschen die Schusterschuhe von den unbekleideten Füßen.

Das ist alles, was von der berühmten Jeschiwa noch übrigblieb.

Das verarmte Städtchen schickte immer weniger Essen, man lud die Schüler kaum mehr zu Tisch, und so verliefen sie sich schließlich. Reb

[1] Schule für das Talmudstudium
[2] Leiter der Schule

Jekel aber möchte hier sterben, und sein Schüler soll ihm die Scherben auf die Augen legen[1].

Nicht selten leiden sie Hunger. Vom wenig Essen kommt wenig Schlafen, und Nächte ohne Schlaf machen Lust auf die Kabbala[2]!

Entweder – oder! Ist man schon ganze Nächte auf und hungert tagelang, soll man wenigstens Nutzen daraus ziehen, denn Fasten und Sichkasteien öffnen bekanntlich alle Türen zu der geheimen Welt mit ihren Geistern und Engeln!

Und so lernen sie schon eine ganze Weile Kabbala.

Jetzt sitzen sie ganz allein am langen Tisch. Bei den anderen Juden ist es schon nach dem Mittagbrot, bei ihnen noch vor dem Frühstück, doch sie sind es gewöhnt. Der Rosch-Jeschiwa redet mit halbgeschlossenen Augen, der Schüler stützt lauschend den Kopf in beide Hände.

«...darin gibt es eine Menge Stufen», sagt der Lehrer, «einer kennt vielleicht ein Stückchen Melodie, ein anderer schon die halbe, noch einer gar den ganzen Nigen[3]. Der Rabbi, gepriesen sei sein Andenken, hat eine vollständige Weise gekannt, sogar mit Nachspiel! Und ich?» fährt er traurig fort, «ich war kaum eines Zipfelchens würdig, vielleicht so groß...»

Er maß an seinem mageren Finger ein kleines Endchen ab und fuhr fort: «Es gibt Melodien, die müssen Worte haben. Das ist, verstehst du, eine ganz niedrige Stufe; da gibt es eine viel höhere: die

---

1 chassidischer Totenbrauch
2 mystische Geheimlehre
3 Melodie, Weise

Melodie, die sich selber singt, ganz ohne Worte, die *reine* Melodie. Aber auch sie braucht noch eine Stimme und Lippen, durch welche sie hinausdringt! Und Lippen, weißt du, sind doch etwas Körperliches. Und auch die Stimme – sie ist zwar von edlerem Stoff, aber körperlich bleibt sie doch – nun gut, sagen wir, die Stimme steht auf der Grenze zwischen Geist und Körper. Wie dem auch sei – wenn die Melodie der Stimme bedarf, wenn sie von den Lippen abhängt, ist sie noch nicht rein, nicht *ganz* rein, nicht wahrhaft geistig.

Die wahre Weise aber singt sich ganz ohne Stimme, im Innern, im Herzen, in den Eingeweiden. Und das ist das Geheimnis in den Worten König Davids: ‹Alle meine Gebeine preisen den Herrn.› Im Mark der Knochen muß es singen, dort muß die Weise leben zum Ruhm des Allerhöchsten, gelobt sei er! Nicht von einem Wesen aus Fleisch und Blut ist sie, keiner hat sie ersonnen. Das ist schon Teil jener Melodie, mit der Gott die Welt erschuf, ein Teil der Seele, die er ihr eingehaucht hat.

So singt die Schar der Himmlischen, und genau so hat auch der Rabbi gesungen, Ehre seinem Andenken.»

Die Erläuterung wurde von einem Träger unterbrochen, einem zerlumpten Burschen mit einem Strick um die Lenden. Er trat in die Betstube, stellte neben dem Rebben eine Schüssel mit Grütze und ein Stück Brot auf den Tisch und sagte mit grober Stimme: «Reb Tewel schickt dem Rosch-Jeschiwa Essen.»

Im Hinausgehen drehte er sich noch einmal um: «Die Schüssel hol' ich später.»

Durch die rohe Trägerstimme aus der göttlichen Harmonie gerissen, erhob sich der Rebbe mühsam und ging, die schweren Stiefel nachschleppend, zum Becken, um sich zu waschen. Im Gehen sprach er weiter, doch mit weniger Inbrunst als zuvor, und der Schüler starrte ihm von seinem Platz aus mit gespitzten Ohren und brennenden, traumversunkenen Augen nach.

«Ach!» seufzt der Rebbe traurig, «ich bin nicht einmal wert zu wissen, welche Stufe, welche Himmelstüre die richtige ist. Siehst du», fügt er mit einem Lächeln hinzu, «die nötigen Läuterungen und Kasteiungen kenne ich wohl – und ich werde sie dir auch beibringen, vielleicht sogar noch heute!»

Dem Schüler kriechen fast die Augen aus dem Kopf. Er sperrt den Mund auf, um jedes Wort aufzunehmen. Doch der Meister bricht plötzlich ab, wäscht sich die Hände, trocknet sie und murmelt die Gebetsformel dazu. Dann geht er zum Tisch zurück und spricht mit bebenden Lippen den Segensspruch über das Brot.

Mit zittrigen, hageren Händen hebt er die Schüssel empor. Der warme Dampf verdeckt sein ausgemergeltes Gesicht. Jetzt stellt er das Gefäß wieder zurück, nimmt den Löffel in die rechte Hand und wärmt die Linke am Bauch der Schüssel. Zwischen der Zunge und dem zahnlosen Kiefer zerquetscht er den Bissen gesalzenen Brotes, über welches er den Segen gesprochen hat.

Nachdem Gesicht und Hände so gewärmt sind, legt der Rebbe die Stirn in tiefe Furchen, spitzt die schmalen, blauen Lippen und beginnt zu blasen.

Der Schüler hat die ganze Zeit kein Auge von ihm gelassen, doch als sich des Rebben Mund dem ersten Löffel Grütze nähert, fühlt er einen jähen Stich im Herzen. Er vergräbt das Gesicht in beide Hände und krümmt sich zusammen.

Kurze Zeit später brachte ein anderer Bursche eine zweite Schüssel mit Grütze und Brot herein.

«Reb Jossef schickt dem Schüler Anbeißen[1].»

Doch der Schüler nahm die Hände nicht vom Gesicht.

Der Rosch-Jeschiwa legte den Löffel ab und trat zu Lemech. Eine ganze Weile betrachtete er ihn mit Liebe und Stolz, dann wickelte er seine Hand in den Rockschoß und berührte seine Schulter.

«Man hat dir Essen gebracht», ermahnt er ihn mit freundlicher Stimme.

Langsam und traurig zieht Lemech die Hände von seinem Antlitz. Sein Gesicht ist noch blasser geworden, die zu Boden gerichteten Augen brennen noch wilder.

«Ich weiß, Rabbi», antwortet er, «aber ich werde heute nicht essen.»

«Der vierte Fasttag?» fragt der Rabbi erstaunt. «Und ohne mich?» fügt er vorwurfsvoll hinzu.

«Es ist ein besonderes Fasten», erwidert der Schüler, «ein Fasten zur Buße.»

«Was redest du da, du und Buße?»

«Ja, Rebbe, ein Fasten zur Buße. Vorhin, als Ihr zu essen anfingt, habe ich gesündigt, gesündigt wider das Gebot: ‹Es soll dich nicht gelüsten!›»

---

[1] Imbiß nach längerem Fasten, auch Frühstück

In derselben Nacht weckte der Schüler den Meister. Die beiden hatten, einander gegenüber, auf den Bänken in der Lehrstube geschlafen.

«Rabbi – Rabbi!» rief er mit einer schwachen Stimme.

«Was ist?» fuhr der Rebbe erschrocken auf.

«Soeben war ich auf der höchsten Stufe!»

«Wieso?» fragt der Rosch-Jeschiwa noch etwas verschlafen.

«Es hat in mir gesungen!»

«Wie gesungen, wie?»

«Ich weiß selbst nicht, Rebbe», antwortet der Schüler mit noch schwächerer Stimme, «ich konnte nicht schlafen, da habe ich mich in Eure Worte vertieft ... ich wollte durchaus jene Melodie kennen ... und vor Kummer, daß ich sie nicht fand, fing ich an zu weinen. Alles weinte in mir, alle meine Glieder weinten vor dem Herrn der Welt ... Dazu machte ich die Übungen, die Ihr mich gelehrt habt; aber, seltsam, nicht mit den Lippen, sondern ganz innen, wie aus sich allein! Plötzlich wurde mir hell, so hell – ganz hell!»

«Eii!» beugte sich der Rebbe vor.

«Mir wurde wohl von dem Licht, so gut, so leicht. Mir war, als ob ich nichts mehr wöge, als hätte mein Körper sein Gewicht verloren, als ob ich fliegen könnte ...»

«Eiii!»

«Dann wurde mir heiter, ich lachte, lebte. Nichts bewegte sich in meinem Gesicht, nicht einmal die Lippen, und doch lachte ich, so gut, so herzlich, so voll Freude lachte ich!»

«Ja, ja – gut, voll Freude!»

«Plötzlich summte es in mir. Wie der Anfang eines Nigens summte es...»

Der Rosch-Jeschiwa sprang auf und war im Nu beim Schüler.

«Weiter, weiter!»

«Ich hörte, wie es anfing zu singen in mir –»

«Was hast du gespürt? Sag, was, was?»

«Ich spürte, wie alle meine Sinne verstopft und verschlossen waren, aber inwendig sang es in mir ... so wie es sein soll... ohne Worte... ganz so...»

«Wie denn, wie?»

«Nein, ich kann nicht. Eben wußte ich es noch. Aus dem Singen wurde – wurde –»

«Was wurde? Was?»

«– eine Art Spielen ... als hätte ich eine Fiedel in mir, als säße Joine der Fiedler in mir und spielte Psalmen wie am Tisch des Rabbi. Aber es spielte noch besser, noch edler, mit noch mehr Geistigem! Und alles ohne Stimme, ohne einen Hauch von Stimme – das Geistige selbst.»

«Wohl dir, wohl dir, wohl dir!»

«Jetzt ist alles fort», sagt traurig der Schüler. «Die Sinne haben sich mir wieder geöffnet, und ich bin müde, so müde ... Rebbe!» schreit er plötzlich auf und greift sich ans Herz, «Rebbe! Sprecht mit mir das Sterbegebet! Man schickt nach mir! Im Chor oben fehlt noch ein kleiner Sänger. Ein Engel mit weißen Flügeln ist gekommen. Rebbe! Rebbe! Schma Jisrael[1] – Schma Jis –»

---

[1] «Höre, Israel», heiligstes Bekenntnis und Sterbegebet der Juden

Das ganze Städtchen, wie *ein* Mensch, wünschte sich einen solchen Tod, nur dem Rosch-Jeschiwa war es noch zu wenig.

«Noch ein paar Fasttage», seufzte er, «und er wäre dahingegangen durch einen Kuß von Gottes eigenem Mund...!»

JIZCHAK LEJB PEREZ

—

Höre, Israel
oder
Der Baßgeiger

In Tomaschow, einem kleinen polnischen Städtchen an der galizischen Grenze, erschien eines schönen, heiteren Tages ein armer Bocher[1]. Keiner wußte, woher er gekommen war und wo er seine Tage und Nächte verbrachte. Hin und wieder tauchte er auf und bat um Essen.

Wer die Hand ausstreckt, dem gibt man. Auch wenn der Bursche, außer einem Stückchen trockenen Brots, weder Geld noch sonstige Speisen annimmt, fragt man nicht nach wer und was – auf Essen hat jede lebende Seele Anspruch. Man merkt, daß er ein absonderlicher Mensch ist. Augen hat er, denkt man, die weit hinaus blicken, aber was dicht vor ihnen geschieht, sehen sie nicht. Er bewegt ständig die Ohrläppchen wie andere die Augenbrauen, grad als ob er Stimmen aus der Luft vernähme, obwohl es so still ist wie vor dem Schofarblasen[2]. Und weil er so weit sieht und hört, ist er immer in Gedanken verloren. Wenn man ihn anspricht, fängt er an zu zittern, als hätte man ihn

[1] Bursche, junger Mann

[2] Schofar = Widderhorn, wird an den höchsten Feiertagen geblasen

aus dem Jenseits geweckt, und wenn er antwortet, dann höchstens mit «ja» und «nein» – ansonsten verstrickt er sich in seiner eigenen Rede wie in einem Netz, der Schweiß tritt ihm auf die Stirn, und er kann sich nicht mehr herausarbeiten...

Will mal ein Hausherr oder eine Hausherrin den Jungen auf einen Botengang schicken, bleibt er stets einige Tage verschollen, um schließlich mit einem völlig verkehrten Bescheid zurückzukommen – und, Gott bewahre, nicht aus Faulheit, sondern aus lauter Zerstreutheit.

«Hast du den und den getroffen?» (zu dem man ihn geschickt hat...)

«Erst heute.»

«Und *bis* heute?»

Es stellt sich heraus, daß er unterwegs einem Mäuschen begegnet ist, das piepste, weil es vielleicht nicht heimfand... Dann wieder hörte er einen Vogelruf aus der Höhe und lief ihm nach oder sonst etwas. Jedenfalls ist er erst heute dort angelangt, wo er hin sollte, und was man ihm bestellte, hat er vergessen oder nicht verstanden. So macht er alles verkehrt, aber er lächelt bloß und streckt die magere Hand nach einem Stückchen Brot aus – er hat die ganze Zeit nichts im Mund gehabt.

In einem armen Städtchen, wo in den langen, müßigen Sommertagen keine Geschäfte zu machen sind, sitzen die Leute gähnend am Fenster, blicken auf den Markt hinaus und warten, daß etwas passiert. Steht so ein Mitbürger beim Fenster, sieht den armen, fremden Bocher und ruft ihn zu sich heran. Zu tun hat er nichts, die Fliegen sind schon gefangen, nimmt er sich den Burschen vor: «Komm doch herein, mein Junge, in die Stube.»

Der wackelt bloß mit dem Kopf hin und her, er will nicht.

«Warum nicht?»

«So!» sagt er.

Der Mann lacht und nimmt es nicht übel. Er geht zur Tür, tritt zum Bocher hinaus, setzt sich auf die Schwelle und beginnt: «Wie heißt du, mein Junge?»

«Wie ich heiße?» wiederholt dieser. «Awrohom[1]! Ich glaube Awrohom – ja, Awrohom.»

«Du weißt es nicht sicher?»

Er ist nie sicher. Wie kann man sicher sein? Kommt einem doch vieles nur so vor.

Der Bürger schnappt nach Luft. «Und mit deinem Zunamen?»

Davon weiß der Bursche nichts. Ob man denn einen Zunamen brauche, fragt er unschuldig.

Sagt der Bürger: «Natürlich. Es gibt viele Awrohoms, und man könnte sie verwechseln.»

«Und was ist dabei?»

«Wem gehörst du?»

«Dem Vater.»

«Und wie heißt dein Vater?»

«Vater heißt er.»

«Und wo wohnt dein Vater?»

«Da, wo dein Vater wohnt.» Er hebt seinen Finger und deutet zum Himmel hinauf.

«Ein nettes Früchtchen», denkt sich der Mann

---

[1] Abraham (wird oft unterschiedlich abgewandelt)

schmunzelnd und fragt weiter: «Einen anderen Vater hast du nicht?»

«Nein.»

«Und eine Mutter?»

«Muß man eine haben?»

Der Bürger kugelt sich vor Lachen.

Fragt Awrohom: «Darf ich schon gehen?»

«Gleich, gleich», antwortet der Hausherr, der vor Vergnügen schmilzt.

«Und woher kommst du, du dreimal Kluger?»

«Vom Dorf.»

«Wie heißt das Dorf? Wo liegt es?»

Das weiß der Junge nicht.

«Weit von hier?»

Er ist gegangen und gegangen und gegangen ... Er wiederholt das Wort so oft, bis ihm die Lippen müde werden, und er endet: «Und noch gegangen!»

«Wie viele Tage, wie viele Nächte?»

Er hat sie nicht gezählt.

Fällt dem Bürger ein zu fragen: «Kannst du beten?»

«Beten?»

Muß ihm der Bürger erst erklären, was mit Beten gemeint ist.

Endlich, nach neun Maß Reden, kommt der Bursche auf den Sinn des Wortes: mit dem Vater sprechen!

«Ja, ja!» sagt der Bürger, und vor Lachen verdrehen sich ihm fast die Eingeweide.

Er kann «Schma Jisrael»[1].

---

[1] «Höre, Israel», heiligstes Bekenntnis und Sterbegebet der Juden

«Wer hat dich gelehrt?»

Erzählt der Junge, daß ihm auf dem Weg durch den Wald, vom Dorf in die Stadt, ein sehr alter Mann begegnet ist. Der hat ihm gesagt, wer sein Vater ist, hat ihn gelehrt, mit ihm zu reden, und hat ihm auch das «Schma Jisrael» beigebracht. Er weiß zwar nicht, was es bedeutet, aber der alte Mann hat ihm gesagt, daß der Vater ihn trotzdem versteht und sich daran freut.

«Und wann redest du mit dem Vater?»

«Zweimal am Tag.»

Und dazu spielt er.

«Du spielst? Was denn?»

Was er gerade hat. Im Dorf spielte er auf Grashalmen oder Schilf, später lehrte man ihn, Pfeifchen aus Holz zu schnitzen, und er hat auch auf so einem Pfeifchen gespielt... In der Stadt hat man ihm ein Lehmpfeifchen geschenkt, darauf hat er geblasen...

«Und wenn man dir zum Beispiel eine Fiedel schenken würde?»

Die Augen des Jungen leuchten. Ach, wie gern er eine Fiedel hätte! Eine Fiedel, wie sie die Musikanten aus der Stadt haben... so ein großes, großes Ding, das man an einem Riemen trägt... Ach, wie würde er spielen darauf...!

Der Hausherr treibt das Fragespiel weiter: «Nun, vielleicht kauft man dir so ein Ding, wenn man zuvor weiß, was du kannst.»

Holt der Junge sein Lehmpfeifchen aus dem Busen und bläst. Und wie er spielt, beginnt es am Himmel zu schwirren: Scharen von Vögeln fliegen herbei und flattern in der Höhe. Der Junge blickt zu ihnen hinauf, lächelt und steckt das Pfeifchen wieder ein.

Der Bürger hat aber den Kopf gar nicht erhoben und nichts bemerkt. Der Klang des Pfeifchens lockt seine Frau aus der Stube und hinter ihr die Dienstmagd. Zwei Ehepaare treten ans Fenster und schauen herüber.

Will der Mann seinen Verstand zeigen und forscht den Jungen weiter aus: «Und wovon hast du gelebt im Walde?»

Von Pilzen hat er gelebt.

Aha, dann kennt er sich wenigstens in Pilzen aus.

«Und vorher im Dorf?»

Von dem, was man ihm gegeben hat.

«*Wer* hat dir gegeben?»

Der Bauer, die Bäuerin, sogar der Priester und der Schankwirt.

«Und *was* gab man dir?»

Der Hausherr hält den Atem an – jetzt muß die Katze aus dem Sack!

Und arglos antwortet der Bursche: Man hat ihm Kraut und Kohlsuppe, Fleisch und Brot gegeben – aber er hat nur das Brot genommen und das andere den Vögeln ausgestreut.

«Warum denn nur Brot?»

Er mag nur Brot, alles andere widersteht ihm. Auch der Alte im Wald habe ihn gefragt, was er esse. Er habe ihm das vom Brot erzählt, und der Alte sagte, daß er ihn dafür liebe. Und deswegen hat er ihn auch gelehrt, mit dem Vater zu sprechen. Den alten Mann hat er so lieb, so lieb... und «Schma Jisrael» sagt er so ernst, wie ihn der Alte geheißen hat.

Der Hausherr läßt nicht ab von ihm und fragt: «Und wenn er dir befohlen hätte zu stehlen?»

Dann hätte er gestohlen.

«Und zu rauben?»

Würde er rauben; aber er wird es nie befehlen. Er ist so gut, der Alte!

«Doch gesetzt, er heißt dich einen Menschen umbringen?»

Würde er töten.

«Und hättest keine Furcht vor dem Vater?»

Warum soll er sich fürchten?

«Vor seiner Strafe.»

Erstmals erscheint ein Lächeln im Gesicht des Jungen: «Ihr treibt Spaß: Ein Vater straft nicht!»

Hier wurde zum Gottesdienst gerufen, und der Bürger lief eilends ins Bethaus, um dort zwischen Mincha[1] und Maariw[2] zu erzählen, wie klug er den Jungen ausgefragt hat...

Für das Städtchen wäre das allein schon Spaß genug gewesen, es geschah aber noch eine ganz andere Geschichte.

Die Gemeinde unterhielt eine Musikkapelle: zwei Fiedeln, eine Flöte, eine Klarinette, ein Bekken oder «Klopfteller», wie es andernorts genannt wird, und dazu noch wie immer eine Baßgeige. Eine arme Kapelle, die bei Lustbarkeiten und jüdischen Hochzeiten aufspielte, an Purim[3] und Cha-

---

[1] Nachmittagsgebet

[2] Abendgebet

[3] «Fest der Lose», Freudentag zur Erinnerung an die Errettung Israels durch Esther

nukka[1] ein paar Groschen verdiente; und manchmal, wenn keine andere verfügbar war, holte man sie sogar zu einem Ball bei irgendwelchen kleineren Edelleuten. Große Kunstfertigkeit besaß die Kapelle nicht.

Und hier die Geschichte: Es ist Winter, die Kapelle kehrt im Morgengrauen von einem Ball bei kleinen Edelleuten zurück. Man hat etliche Becher getrunken, essen durfte man ja nicht, höchstens ein Stückchen Brot. Die Musikanten ziehen ihres Wegs, jeder für sich, bald singend oder summend, bald fluchend, und der Baßgeiger, der das schwerste Instrument trägt, schleppt sich ganz hinten nach. Er vermag kaum die Füße aus dem Schnee zu ziehen. Ein alter, schwacher Mann – er ruft, schreit, bittet, daß man ihm nicht davonläuft, doch man hört auf ihn wie auf den Row[2]. Jeder geht für sich allein. Inzwischen fängt man an zu streiten und zu schelten: Um Anteil und Abrechnung geht es, mitten auf dem Weg. Und wie gesagt, nüchtern sind sie auch nicht mehr...

Jetzt schlägt auch noch das Wetter um, ein scharfer Wind weht, und es beginnt zu schneien. Das ernüchtert die Musikanten, und sie fangen an zu laufen. Wie sie ins Städtchen kommen, eilt jeder zu seinem Haus und wirft sich wie erschlagen in sein Bett – aber lange läßt man sie nicht schlafen: Der Baßgeiger ist nicht heimgekommen, und sein Eheweib läuft mit großem Geschrei von einem Kles-

---

[1] Lichterfest

[2] Rabbi, Schriftgelehrter

mer[1] zum andern und reißt sie aus den Betten: «Wo ist mein Mann? Wo ist mein Mann?»

Noch trunken von Branntwein und Schlaf kommen sie endlich zu sich und beginnen zu verstehen. Ein Schauder packt sie. Man macht sich auf und rennt hinaus, den Baßgeiger zu suchen. Kein Weg, kein Steg, nur glatte, weiße Sterbetücher, frischgefallener, unschuldiger Schnee. Geh, such, wo der Baßgeiger liegt!

Sie kommen mit leeren Händen zurück. Eine Hoffnung gibt es noch: Vielleicht hat er soviel Verstand gehabt, sich in ein anderes Dörfchen zu retten?

Ein Tag vergeht und noch einer. Der Frost hat nachgelassen, der Schnee ist schon halb vergangen. Es ist Freitag. Man bereitet sich zum Sabbat, geht ins Bad, fragt wohl auch nach dem Baßgeiger, aber keiner weiß etwas Neues.

Plötzlich fährt ein Bauernwagen daher und hält mitten auf dem Markt – oben drauf die Leiche des erfrorenen Baßgeigers... Schnell zerrt man sie vom Wagen und begräbt sie noch vor dem Lichterbenschen...[2] Man fürchtet sich vor der Leichenöffnung... Knapp vor Sabbatanfang wird man fertig... Am nächsten Morgen verhindert die Witwe das Ausheben der Thora – fünf kleine Kinder hat der Baßgeiger zurückgelassen. Bei Sabbatausgang versammelt sich die Gemeinde, auch die Klesmer werden bestellt: Die Gemeinde hat kein Geld, und man will, daß die Kapelle ohne Baßgeiger

---

[1] Musikant

[2] Segnen des Sabbatlichts

spielt und der Witwe seinen Anteil weiterbezahlt. «Unmöglich», sagen die Klesmer. Eine Kapelle ohne Kontrabaß *ist* keine Kapelle. Bei jüdischen Anlässen würde es mit Zustimmung der Gemeinde vielleicht noch hingehen, aber ein Edelmann wird keinen Fuß zum Tanze rühren, wenn der Baß fehlt. Sagt der Rabbi, die Erhaltung einer jüdischen Seele sei wichtiger als die Kapelle samt dem Tanz der Edelleute. Erwidern die Klesmer, der Rabbi verstehe, mit Verlaub, nichts von Musik. Schreit man: «Freche Kerle!»

Da haut unser alter Bekannter, der Awrohom so klug ausgefragt hat, plötzlich mit der Hand auf den Tisch: «Ruhe, meine Herren!»

Er hat eine Idee: Er kennt einen jungen Mann, der ums Leben gern Kontrabaß spielen möchte und wohl auch zu spielen versteht. Man soll ihn mit der Witwe verheiraten... So bleibt der Wolf satt und die Ziege heil, und die Gemeinde wird es keinen Dreier kosten...

Vielleicht meinte er das nur im Scherz, aber Gemeinde und Rabbi ihrerseits und die Musikanten andererseits klammerten sich an diesen Rat wie ein Ertrinkender an eine Planke. Auch die Witwe war einverstanden, Awrohom ebenfalls, und man stellte die Chupe[1] noch im selben Monat...

So kam Awromele aus heiterem Himmel zu einem Weib mit fünf Kindern und zu einer Baßgeige mit Bogen.

Mit der Frau lebt er in Frieden. Er betritt die Stube nicht, nächtigt vor der Tür und treibt sich

---

[1] Traubaldachin

ganze Tage irgendwo herum, wenn er nicht gerade bei einem jüdischen Fest im Städtchen oder auf einem vornehmen Ball zu spielen hat. Ist er hungrig, klopft er ans Fenster, und die Frau reicht ihm ein Stück Brot hinaus. Er verzieht sich damit, bis er wieder Hunger verspürt. Die Nachbarinnen erkundigen sich bei der Baßgeigerin nach ihrem Eheglück – lacht sie: Ihr ist wohl wie irgendwem. Was braucht denn so eine alte Jüdin? Er ißt nichts, trinkt nichts, sagt nie ein böses Wort, und sie erhält von der Kapelle die Abrechnung und seinen Anteil in die Hand ... was fehlt ihr?

Auch Awromele scheint zufrieden. Anfangs gab es Unstimmigkeiten mit den Musikanten, weil Awromele den Nigen[1] gar nicht wahrnahm und immer nur für sich spielte. Die Klesmer hören auf, und er geigt in aller Ruhe weiter, wie wenn er mit einer anderen Kapelle spielte, weit, weit weg, und niemand hört sie außer ihm.

Doch mit der Zeit gewöhnte man sich an ihn. Beim Ball wußte man schon, was zu tun war: Wenn das Stück zu Ende war, ergriff einer der Musikanten seinen Bogen und hielt ihn fest, und bei jüdischen Hochzeiten ließ man ihn absichtlich weiterspielen, bis die Leute sich vor Lachen krümmten. So konnte man die Gäste belustigen, besonders bei einer großen Festtafel.

Die Gemeinde ist mit Awromele erst recht zufrieden. Still und züchtig sitzt er da, das Gesicht zur Wand gekehrt und den Rücken immer gegen die Zuhörer, um ja kein Frauenzimmer zu sehen. Von

---

[1] Melodie, Weise

der Hochzeitstafel nimmt er nie etwas, er hat ja sein eigenes Stück Brot bei sich, aber man sieht ihn kaum je essen. Das ganze Jahr hindurch dient er sogar als «Schulklopper»[1].

Awromele hatte nämlich die Gewohnheit, dreimal täglich das «Schma Jisrael» auf dem Kontrabaß zu beten, am Morgen, wenn die Sonne aufging, am Abend, wenn sie unterging, und um Mitternacht... morgens und abends vor der Stadt, auf einer Wiese beim Fluß, um Mitternacht aber mitten auf dem Markt, und der Klang seiner Baßgeige floß durch die stille Nacht und drang durch die Türen und Fenster in die Stuben und Herzen... So viel Andacht, Ernst und Frömmigkeit war in seinen Tönen, daß sie jeden wachrufen mußten, den der Schulhammer nicht längst geweckt hatte: «Buh, buh, buuh, buuh!»

Ob man wollte oder nicht, es riß einen aus dem Bett und hin zum Gotteshaus. Man machte Licht und lief zum Mitternachtsgebet in die Synagoge.

Einmal ließ ein Edelmann seine Dame mitten im Tanze stehen, lief zu Awromele und riß ihm fast die Pajes[2] aus, weil er falsch eingesetzt habe... Bei Festlichkeiten lachte man über ihn, und mancher, der im Laufe des Jahres vom Kontrabaß zum Mitternachtsgebet geweckt wurde, seufzte wohl: «Der arme Narr, nebbich![3] Aber in seinem Spiel steckt etwas, es muß etwas drinstecken!»

---

[1] Gemeindediener, der mit einem Hammer an die Türen klopft und damit zum Morgengebet ruft

[2] Schläfenlocken

[3] Ausdruck des Bedauerns

Wieder andere sagten: «Eine stumme Seele, die mit ihrem Schöpfer reden will und keine andere Sprache kennt.»

Einmal gab es in Tomaschow eine große Hochzeit, wie sie nur alle Jubeljahre einmal vorkommt.

Man staune! Da verschwägerte sich der Parnes[1] von Lublin mit dem Rabbi von Krakau, und Tomaschow liegt genau in der Mitte...

Mit der Chassene[2] will der Lubliner Parnes dem Krakauer Rabbi Achtung einflößen, damit dieser weiß, mit wem er es zu tun hat!

Um die Hochzeit zu bezahlen, läßt er ein Fäßchen Golddukaten vom Keller heraufrollen. Er schickt seine Diener nach Tomaschow; alles soll königlich vorbereitet werden, wie es sich für den reichen Gemeindevorsteher von Lublin ziemt, wenn er geruht, sich mit dem Rabbi von Krakau zu verschwägern.

Die Lubliner Aufwärter kamen nach Tomaschow, um ein geeignetes Lokal für die Hochzeit zu suchen. Es kommen doch Gäste aus Lublin und Krakau sowie Einheimische aus Tomaschow, lauter reiche und angesehene Leute, Schriftgelehrte, Rabbiner und Richter.

Drei Kapellen werden spielen: die Lubliner und die Krakauer, aber auch die Klesmer aus Tomaschow wollen nicht zurückstehen.

Am äußersten Stadtrand steht seit langem ein großer Schuppen, in dem man während des Win-

---

1 Gemeindevorsteher

2 Hochzeit

ters Holz trocknet, um es auf der Weichsel nach Danzig zu flößen. Die Bedienten mieten nun den Schuppen, der groß ist wie eine Arche, und lassen ihn von außen mit allerlei Bildern bemalen, dieweil das Innere, wie eine Sukko[1], mit teuren Stoffen und bestickten Vorhängen behängt wird. Man stellt Tische auf von einer Seite zur anderen, für Männer und Frauen gesondert, und schmückt die Wände mit Kerzenleuchtern und Papierlaternen – vierzig Minjonim[2] finden im Schuppen Platz! Es gibt besondere Eingänge für die Frauen, für die Aufwärter und für die Musikanten, aber das große Tor in der Mitte mit der darüber gemalten Thorakrone ist für den Krakauer Rabbi und die anderen hohen Gäste bestimmt.

Gekommen ist der Hochzeitstag! Gäste über Gäste treffen ein, die in den Häusern der Bürger untergebracht werden. Jeder macht sich die größte Ehre daraus, sein schönstes Zimmer abzutreten.

Man setzte sich an die Tafeln zum großen Festmahl, und als die Kerzen auf den Tischen brannten, als die Ampeln und Papierlaternen an den Wänden erstrahlten und die Ohrringe, Stirntücher und Miederbänder der Frauen zu funkeln begannen, da füllte sich der Schuppen mit dem Licht der Thora: Krakauer und Lubliner Gelehrte, in der Mitte die von Tomaschow und obenan der Rabbi von Krakau.

Aufwärter in Reihen tragen große Fischplatten herum, und das Klirren von silbernen Messern und Gabeln vermengt sich mit dem fröhlichen Schnat-

---

[1] Laubhütte

[2] Minjan = religiöse Zehnschaft

tern der Frauen; aber alles wird übertönt von einem Thoradisput am Tisch des Rabbi von Krakau. Mitten hinein fällt die Musik mit einem «Frejlachs»[1]! Drei Kapellen spielen zugleich, es hallt und schallt, das Kerzenlicht auf dem Tisch und an den Wänden zittert vor Freude. Der Krakauer Rabbi lehnt sich zurück und lauscht mit Vergnügen – er ist doch ein großer Kenner der Musik...

Von dem «Frejlachs» gehen die Kapellen in einen «Wojlachs»[2] über, so geschickt, daß man es kaum merkt. Der «Wojlachs» schwebt und fließt dahin, eine Krakauer Fiedel spielt, redet wie mit Worten, öffnet die Herzen, gießt sich hinein... und die drei Kapellen begleiten sie leise und sittsam... wie das Wasser der glitzernden Weichsel rauscht es dahin und wiegt sich still zu Ehren von Chosen[3] und Kale[4], zu Ehren des Krakauer Rabbis und der lieben Gäste... Doch siehe: Über dem Wasser fliegt ein Vogel und singt so innig und freudig – ein leises Klagelied, noch eines, dazwischen laute, lustige, ausgelassene Weisen, dann wieder ein Klagelied.

Denn man soll auch bei einer Hochzeit, Gott verhüte, nie vergessen, daß wir im Galut[5] sind... und dies ist eine besondere Hochzeit, ein Treffen von Gelehrten, allen voran der Rabbi von Krakau. (Der Chasen[6] von Lublin hat die Musik ausgedacht.)

---

[1] «Fröhlicher», ein marschartiger Tanz
[2] schwermütiges walachisches Musikstück
[3] Bräutigam
[4] Braut
[5] Exil, Verbannung
[6] Vorbeter

Die Klesmer lassen sich mitreißen, jeder spielt, immer höher geht es hinauf, klettert voll Freude von Stufe zu Stufe. Es rauscht, tanzt, blitzt...

Mit einem Male reißt alles ab, als ob sämtliche Saiten gesprungen, alle Instrumente geborsten wären. Doch in der Stille vernimmt man: «Buh, buh, buuh!»

Awromel spielt allein weiter... Alle Augen richten sich auf seinen Rücken. Stumm ist man, keiner zuckt auch nur mit der Wimper, nur Awrohoms Hand bewegt den Bogen hin und her: «Buh, buh, buuh, buuh!»

Die Musikanten hatten es mit Absicht getan, um die Menge auf Kosten Awrohoms zu belustigen.

Doch diesmal sollte es nicht gelingen.

Die Klesmer schauen umher und erwarten, daß die Leute in Gelächter ausbrechen. Aber die Menschen blicken auf Awromele und von ihm auf den Rabbi von Krakau – in seiner Gegenwart wird man doch nicht lachen! Man runzelt das Gesicht, verzieht die Lippen, in die Augen stiehlt sich ein Schmunzeln, aber man starrt auf den Rabbi von Krakau und wartet... Der sitzt, das Strejmel[1] auf dem Kopf, mit gesenkten Lidern in seinem Lehnstuhl – ist er etwa eingenickt, der Krakauer Rabbi?

Und der Baß spielt noch immer: «Buh, buh, buuh, buuh!»

Den Menschen wird es unheimlich.

Doch jetzt wenden sich aller Augen weg vom Krakauer Rabbi und auf das mittlere Eingangstor.

---

[1] Pelzmütze

Man hört das Geräusch von Schritten, die Bedienten eilen hin, öffnen und rufen erschrocken hinaus: «Nein, nein, für euch gibt es später keine Armenmahlzeit ...!»

Man versteht, daß Bettler hinein wollen. Der Krakauer Rabbi schlägt die Augen auf und will etwas sagen – daß man sie einlassen soll oder sonst etwas.

Doch im selben Augenblick steht in der Tür ein alter Mann in einem zerfetzten Gewand, mit grauem, zerzaustem Bart und Schläfenlocken, ein Bettler wie alle Bettler, aber seine Augen und seine Haltung sind von königlicher Größe. Die Diener weichen erschrocken und ehrfurchtsvoll zurück vor seinem Blick. Er winkt mit der Hand, und sie machen ihm bereitwillig Platz. Der Alte in den Kleidern des niedrigsten Bettlers und mit den Augen und der Haltung eines Königs tritt ein, gefolgt von einer Schar Bettler. Alles schweigt bestürzt, auch der Rabbi von Krakau. Nur Awremele spielt weiter. Man sieht, wie sein gekrümmter Rücken zittert, wie seine Hand mit dem Bogen hin und her fährt, und der Baß ächzt innig und ernst: «Buh, buh, buuh, buuh!»

Nach einer Weile öffnet der alte König im Bettlergewand den Mund. Die Gäste beugen sich über die vorderen Tische, hinten springt man geräuschlos auf und reckt sich auf die Zehenspitzen. Vom Munde des Alten wie von einem Magnet angezogen, hängen alle Augen an seinen Lippen.

Und der Alte sagt *ein* Wort: «Mitternacht!»

«Rabbi von Krakau», fährt er fort, «Awremel

spielt zum Mitternachtsgebet. Und wenn Ihr es nicht glaubt, werdet Ihr es hören. Euch ist beschert zu hören, wie Awremel zum Mitternachtsgebet spielt, und nur deswegen habt Ihr Euch mit dem Lubliner Parnes verschwägert ... und Tomaschow liegt doch in der Mitte ...

Und Euch zuliebe werden es alle hören, nicht alle so wie Ihr, denn Ihr seid doch ein Kenner von Musik ...»

«Buh, buh, buuh, buuh!» spielt Awremel für sich, und die Leute lauschen stumm, wie verwunschen. Der alte Bettler hebt die Rechte und winkt zur Decke hinauf. Da spaltet sich das Gebälk, die eine Hälfte nach rechts, die andere nach links, wie die Flügel einer Laubhütte. Man sieht den funkelnden Sternenhimmel. Hoch über dem offenen Schuppen zieht leise der Mond vorbei. Wieder winkt der Alte, und auch der Himmel teilt sich. In der Höhe wiegt sich das zitternde Urlicht in seiner Unendlichkeit, und aus dem Leuchten singt und spielt es: Die himmlischen Heerscharen sprechen das Mitternachtsgebet, der Chor der Engel singt, die göttliche Kapelle spielt, alles stimmt in *eine* Weise ein, und Awremels Kontrabaß fügt sich dazu, schwebt mit im Psalme des Lichts, das sich wiegt und bebt in der Höhe.

Ein Zittern befällt die Leute.

Wieder winkt der Alte, und der Himmel schließt sich, die Musik verstummt ... Am Firmament glitzern die Sterne in stummer, wehmütiger Freude ...

Noch ein Wink des Alten, und die beiden Hälften des Daches fallen zurück und schließen sich wieder fest. Die Menge sitzt wie versteinert und wagt kaum zu atmen; nur Awremels Baß ist vernehmbar: «Buh, buh, buuh, buuh!»

Plötzlich entgleiten Bogen und Baßgeige seinen Händen, er wankt seitwärts, dreht sich gegen die Leute – und: «Schma Jisra...!» Es ist dieselbe Weise, die er im Himmel gespielt hat. Er spricht es zu Ende und sinkt bewußtlos hin.

Der Alte fängt ihn im Fallen auf.

«Bringt ihn ins Hospital!» befiehlt er den Dienern.

Man ergreift ihn und trägt ihn hinaus.

«Rabbi von Krakau», sagt der Alte, nachdem sie Awrohom hinausgetragen haben, «nicht zu einer Hochzeit seid Ihr gekommen, sondern zu einem Begräbnis. Awremel ist zu den Himmlischen berufen worden, es fehlte dort ein Baßgeiger...»

Und der Alte verschwand mit all seinen Bettlern.

Awrohom der Baßgeiger starb nach zwei Tagen im Krankenhaus, und der Krakauer Rabbi und alle Gäste gaben ihm die letzte Ehre.

Der Alte, sagt man, soll Reb Lejb Ssores[1] gewesen sein...

So heißt es wenigstens...

---

[1] berühmter Thoragelehrter

JIZCHAK LEJB PEREZ

Bontsche Schweig

Hier auf *dieser* Welt machte Bontsche Schweigs Tod gar keinen Eindruck. Fragt, wen ihr wollt, wer Bontsche war, wie er lebte, woran er starb, ob an Herzschlag, an Entkräftung, oder hat ihm eine schwere Last das Rückgrat gebrochen ... wer weiß es? Vielleicht ist er gar verhungert?

Wenn ein Straßenbahnpferd stürzt, nimmt man mehr Anteil. Zeitungen berichten darüber, Hunderte von Menschen strömen aus allen Gassen herbei, um den Kadaver zu betrachten oder den Unfallort zu besichtigen.

Sicher würde man um den Gaul nicht soviel Wesens machen, wenn es ebensoviel Pferde wie Menschen auf der Erde gäbe – Tausende von Millionen!

Bontsche lebte still und starb still, wie ein Schatten glitt er durch unsere Welt.

Bei Bontsches Beschneidungsfest wurde kein Wein getrunken, es klirrten keine Pokale, niemand hielt eine wohltönende Predigt, er war einfach da, wie ein kleines, graues Sandkorn am Meer unter Millionen von anderen, und als der Wind ihn wegwehte, bemerkte es niemand.

Nicht einmal einen Fußabdruck im klebrigen

Straßenkot hinterließ Bontsche im Leben, und nach seinem Tod blies der Wind das Brett über seinem Grabe um. Die Totengräberfrau fand es unweit der Grabstätte und kochte darauf ihre Kartoffeln. Drei Tage nach Bontsches Beerdigung wußte der Totengräber nicht mehr, wo er ihn hingelegt hatte.

Hätte Bontsche einen Grabstein gehabt, wären nach hundert Jahren vielleicht Altertumsforscher darauf gestoßen, und der Klang seines Namens – «Bontsche Schweig» – hätte noch einmal die Luft durchdrungen.

Ein Schatten. In keinem menschlichen Hirn, in keinem Herzen blieb sein Abbild zurück, auch nicht die kleinste Spur erinnerte an ihn.

«Kein Kind, kein Rind» – elend gelebt, elend gestorben.

Ohne den Lärm und das ständige Menschengewimmel hätte vielleicht jemand gehört, wie Bontsches Rückgrat unter der Last zerbrach, und gäbe es weniger Hast auf der Welt, hätte er vielleicht seine erloschenen Augen, seine schrecklich eingefallenen Wangen bemerkt und sich gefragt, warum Bontsche immer den Kopf zu Boden senkte, auch wenn er keine schwere Last schleppte. Suchte er im Leben schon sein Grab? Wären die Menschen so selten wie die Straßenbahnpferde, wer weiß, ob sich jemand nicht sogar gewundert hätte, wo Bontsche wohl hingekommen sei?

Als Bontsche ins Krankenhaus eingeliefert wurde, blieb sein Winkel im Keller nicht lange leer – zehn seinesgleichen warteten schon darauf, ja sie versteigerten das elende Loch untereinander wie auf einer Gant, und als man ihn vom Spitalbett zur Leichenkammer brachte, stritten sich schon zwanzig arme Kranke um die Pritsche ... und kaum hatte man ihn aus dem Leichenhaus getragen, wurden zwanzig Tote eingeliefert, die man unter einem eingestürzten Haus gefunden hatte ... Wer weiß, wie lange er noch im Grabe bleiben darf, wie viele schon auf das Fleckchen unter der Erde warten?

Ganz anders war es auf *jener* Welt! Dort machte Bontsche Schweigs Tod einen gewaltigen Eindruck. Das große Schofar[1], das dereinst den Messias ankündigen soll, erklang in allen sieben Himmeln: Bontsche Schweig ist in die Ewigkeit eingegangen! Die Erzengel mit den breiten Schwingen flatterten umher und riefen einander zu: «Bontsche ist zu den himmlischen Heerscharen gerufen worden!»

Im Paradies ist *ein* Rauschen und Wirbeln, es herrscht eitel Freude: «Bontsche Schweig, Bontsche Schweig, welches Glück!»

Kleine Engel mit Augen wie Diamanten, goldgeschmiedeten Flügelchen und silbernen Pantöffelchen liefen und flogen Bontsche freudig entgegen. Das Rauschen der Flügel, das Klappern der Pantoffeln und das fröhliche Lachen der jungen, frischen, rosigen Engel erfüllte das Himmelszelt und drang bis zu Gottes Thron. Und Gott selbst wußte auch schon, daß Bontsche Schweig gekommen war...

---

[1] Widderhorn, das an den höchsten Feiertagen geblasen wird

Unser Stammvater Abraham stand vor der Himmelstür und streckte die rechte Hand zu einem breiten «Scholem alechem»[1] aus. Ein mildes Lächeln verklärte sein greises Antlitz.

Was für ein Rollen hört man da im Himmel?

Zwei Engel schieben einen vergoldeten Großvaterstuhl auf Rädern herein. Er ist für Bontsche bestimmt.

Was hat da eben aufgeblitzt?

Eine goldene Krone, mit den kostbarsten Steinen besetzt, wird gerade vorbeigetragen – alles für Bontsche!

«Noch vor dem Urteil des himmlischen Gerichts?» fragen die Zadikim[2] verwundert und nicht ohne Neid.

«Ach was», antworten die Engel, «das ist doch eine reine Formsache. Gegen Bontsche Schweig wird auch der öffentliche Ankläger kein Wort vorzubringen wissen. Die ganze Sache wird keine fünf Minuten dauern. Was krittelt ihr da an Bontsche herum?»

Als die jungen Engel ihm mit einem Psalm entgegenflogen, als Vater Abraham ihm wie einem alten Kameraden die Hand schüttelte, als er hörte, daß im Paradies ein vergoldeter Stuhl und eine Krone auf ihn warteten und daß bei der Gerichtsverhandlung im Himmel kein Wort über ihn gesagt werden soll, blieb Bontsche stumm vor Schrecken, genau wie auf der anderen Welt. Das Herz stand

---

[1] Friede mit Euch

[2] hebräisch: die Frommen, Gerechten, Gottesfürchtigen

ihm still. Er war sicher, daß alles nur ein Traum war oder ganz einfach eine Verwechslung.

Er war ja an beides gewöhnt: Im Leben hatte er mehr als einmal geträumt, daß er Geld auf der Straße fand, ganze Berge lagen herum; und beim Erwachen war er noch ärmer als zuvor. Mehr als einmal lächelte ihm jemand aus Versehen zu, sprach ein gutes Wort zu ihm, und im nächsten Augenblick drehte er sich um und spie aus.

«So ein Glück hab' ich ...», denkt er.

Er getraut sich nicht die Augen aufzumachen, damit der Traum ihm nicht entschwinde – er könnte ja in irgendeiner Höhle aufwachen inmitten von Schlangen und Skorpionen! Kein Ton kommt aus seinem Mund, er fürchtet sich, ein Glied zu rühren, aus Angst, man könnte ihn erkennen und mit Schimpf und Schande davonjagen.

Er zittert und nimmt die Artigkeiten der Engel nicht wahr, sieht nicht, wie sie ihn umtanzen, antwortet nicht auf das herzliche «Scholem alechem» Vater Abrahams, und als man ihn zum himmlischen Gerichtshof führt, sagt er nicht einmal guten Morgen.

Er ist völlig außer sich vor Schreck!

Und sein Schrecken wird noch größer, als er, ohne es zu wollen, den Fußboden des Gerichtssaals erblickt: nichts als Alabaster und Diamanten!

«Auf einem solchen Fußboden stehen meine Füße!» denkt er bestürzt. «Wer weiß, mit welchem mächtigen Herrn, mit welchem Raw oder heiligen Mann sie mich verwechseln? Und wenn er kommt, ist es aus mit mir.»

Vor Schreck hört er nicht einmal, wie der Vorsitzende mit lauter Stimme verkündete: «Der Fall Bontsche Schweig!» und dem Verteidiger die Akten übergab mit den Worten: «Lies, aber mach's kurz!»

Vor Bontsches Augen dreht sich der ganze Saal, es rauscht ihm in den Ohren und übertönt alles; doch langsam beginnt er die Stimme des Verteidigers zu vernehmen. Sie klingt so süß wie eine Fiedel: «Sein Name paßte auf ihn», hört er, «wie das Kleid eines Meisterschneiders auf den schlanken Leib eines Menschen.»

«Was faselt er da?» fragt sich Bontsche, und eine ungeduldige Stimme unterbricht den Verteidiger: «Bitte keine Allegorien.»

«Nie klagte er», fährt der Verteidiger fort, «weder gegen Gott noch gegen die Menschen, kein Funken Haß glomm in seinen Augen, und niemals erhob er sie zum Himmel mit einem Blick des Vorwurfs.»

Bontsche versteht immer weniger, und man hört wieder die harte Stimme: «Ohne Rhetorik, bitte!»

«Hiob konnte es nicht ertragen, doch *er* war unglücklicher als Hiob –»

«– bitte nackte, schlichte Tatsachen!» ruft der Vorsitzende ungeduldig dazwischen.

«Mit acht Tagen wurde er beschnitten –»

«– kein Realismus!»

«Der Pfuscher von einem Beschneider konnte das Blut nicht stillen –»

«– weiter!»

«Doch er schwieg. Er schwieg, als seine Mutter starb, als er mit dreizehn Jahren eine Stiefmutter bekam, eine Stiefmutter, böse wie eine Schlange...»

Bontsche überlegt: «Am Ende meint er mich doch?»

«Keine Anspielungen auf dritte Personen!» ärgert sich der Vorsitzende.

«Sie mißgönnte ihm jeden Bissen, gab ihm faule Eier, verschimmeltes Brot, zähe Haut statt Fleisch, und sie selbst trank den ganzen Tag Kaffee mit Sahne.»

«Zur Sache!» ruft der Vorsitzende.

«Um so öfter traktierte sie ihn mit ihren Fingernägeln, deren braune und blaue Spuren durch alle Löcher seiner schäbigen, abgerissenen Kleider lugten. Im Winter mußte er im Hof, bei der größten Kälte, Holz hacken, und seine Hände waren klein und schwach, die Klötze groß und das Beil stumpf. Mehr als einmal verrenkte er die Hand oder fror sich die Füße ab, doch er schwieg immer. Sogar vor dem Vater –»

«Vor dem Trunkenbold!» ruft der Staatsanwalt lachend dazwischen, und Bontsche überläuft es kalt an allen Gliedern.

«– klagte er niemals», beendete der Fürsprech den Satz. «Immer nur Elend... kein Freund... kein Lernen, keine Schule... kein ganzes Kleid... keine freie Minute...»

«Fakten!» verlangt der Vorsitzende.

«Er schwieg auch, als der Vater ihn in einer kalten Winternacht, mitten in einem Schneesturm, aus dem Hause warf. Still erhob er sich und stapfte durch den Schnee, wohin die Augen ihn führten.

Er schwieg auf dem ganzen Weg ... beim größten Hunger bettelte er nur mit den Augen.

Erst in einer sturmgepeitschten, nassen Frühlingsnacht erreichte er die Stadt, von der er sofort verschluckt wurde wie ein Wassertropfen vom Meer; trotzdem verbrachte er gleich die erste Nacht im Arrestlokal. Er schwieg, fragte nicht warum und wofür, und als er herauskam, suchte er sich die schwerste Arbeit – und schwieg. Schwerer noch als die Arbeit selbst war es, sie zu finden, doch er schwieg.

In kalten Schweiß gebadet, unter den schwersten Lasten zusammenbrechend, mit Krämpfen im leeren Magen schwieg er.

Von fremdem Kot bespritzt, von fremden Mündern bespien, vom Bürgersteig verjagt, mit den schwersten Lasten auf die Straße gestoßen, vor Droschken, Schubkarren, Trambahnen, jede Sekunde den Tod vor Augen, schwieg er!

Nie rechnete er nach, wie viele Pud[1] er für einen Groschen schleppen mußte, wie oft er stürzte bei einem schäbigen Dreier oder sich fast die Seele ausspie, wenn er um seinen Lohn bat. Er rechnete niemals, weder für sich noch für andere – er schwieg einfach.

Nie forderte er seinen Verdienst mit lauter Stimme. Er stellte sich wie ein Bettler neben die Tür, mit einem hündischen Flehen in den Augen. ‹Komm später!› hieß es, und er verschwand still wie ein Schatten, um später noch stiller um seinen Lohn zu betteln.

---

[1] früheres russisches Gewicht (16,38 kg)

Er schwieg sogar, wenn man ihn betrog oder mit falschen Münzen beschwindelte ... er schwieg immer.»

«Er meint wirklich mich!» tröstet sich Bontsche.

Der Verteidiger nimmt einen Schluck Wasser und fährt fort: «Einmal gab es eine Änderung in seinem Leben: Eine Kutsche raste auf Gummirädern durch die Stadt – die Pferde waren durchgegangen, und der Fuhrknecht lag, weithin sichtbar, mit zerschmettertem Schädel auf dem Pflaster. Aus den Mäulern der verängstigten Pferde spritzt Schaum, unter ihren Hufen stieben Funken, ihre Augen blitzen in der Nacht wie brennende Kohlen – und im Wagen sitzt, mehr tot als lebendig, ein Mensch!

Und Bontsche hielt die Pferde auf!

Der Gerettete war ein Jude, der als Wohltäter bekannt war, und er vergaß Bontsche nicht und seine Heldentat ...

Er übergab ihm die Peitsche des Verunfallten, und Bontsche wurde Kutscher. Er tat sogar noch mehr: Er verheiratete Bontsche und versorgte ihn gleich noch mit einem seiner eigenen Kinder.

Doch Bontsche schwieg zu allem.»

«Mich meint man, mich!» Bontsche hat schon keinen Zweifel mehr, und doch getraut er sich nicht, einen Blick auf den himmlischen Gerichtshof zu werfen.

Und er hört, wie der Verteidiger weiterfährt: «Er schwieg auch, als sein Wohltäter kurz darauf Bankrott machte und plötzlich alle Zahlungen einstellte. Er schwieg, als seine Frau ihm weglief und ihn mit einem Säugling zurückließ.

Fünfzehn Jahre später schwieg er ebenfalls, als sein Sohn, der inzwischen groß und stark geworden war, ihn aus dem Haus jagte.»

«Er meint mich, mich!» freut sich Bontsche.

Die Stimme des Verteidigers klang weicher und trauriger, als er fortfuhr: «Er schwieg sogar, als derselbe Wohltäter mit allen Gläubigern Vergleiche abschloß und nur ihm keinen Groschen seines ausstehenden Lohnes bezahlte, und auch dann, als er Bontsche mit einer neuen Kutsche, neuen Gummirädern und frischen löwenstarken Pferden überfuhr.

Er schwieg auch der Polizei gegenüber, als man ihn fragte, wer ihn so zugerichtet habe.

Er schwieg im Spital, wo man doch schreien darf, er schwieg, als der Doktor nur gegen ein Honorar von fünfzehn Kopeken an sein Bett gehen wollte und der Krankenwärter sich weigerte, seine Wäsche ohne Bezahlung zu wechseln.

Er schwieg im Todeskampf, er schwieg im Sterben.

Kein Wort gegen Gott, kein Wort gegen die Menschen.

Ich habe gesprochen. Dixi!»

Bontsche zittert wieder am ganzen Leib. Er denkt daran, daß nach dem Verteidiger der Ankläger das Wort hat. Wer weiß, was *der* sagen wird! Bontsche selbst hat keine Erinnerung an sein früheres Leben, schon auf der *anderen* Seite hat er jede Minute im nächsten Augenblick bereits vergessen. Der Verteidiger hat ihm alles wieder ins Gedächtnis gerufen, wer weiß, woran der Ankläger ihn jetzt gemahnen wird?

«Meine Herren!» hört man eine stechend scharfe, schneidende Stimme – jetzt stockt sie plötzlich.

«Meine Herren», beginnt sie noch einmal, diesmal viel weicher, und bricht abermals ab.

Doch jetzt kommen neue, fast mild tönende Worte aus demselben Mund: «Meine Herren, er hat geschwiegen, also werde auch ich schweigen.»

Es wird plötzlich still. Wie aus der Ferne erklingt eine andere, unendlich weiche Stimme: «Bontsche, mein Kind Bontsche», schwingt sie wie eine Harfe, «mein Herzenskind Bontsche!»

In Bontsches Herz weint und schluchzt es. Er möchte die Augen öffnen, doch sie sind von Tränen verklebt. Noch nie war ihm so süß und traurig zumute. «Mein Kind, mein Bontsche!» Seit dem Tod seiner Mutter hat er eine solche Stimme und solche Worte nicht mehr gehört.

«Mein Kind!» vernahm man wieder die Stimme des barmherzigen Vaters im Gerichtssaal. «Du hast nur gelitten und geschwiegen. In deinem Leib gibt es kein einziges Glied, keinen einzigen Knochen, der nicht wundgeschlagen wäre, und keine noch so verborgene Stelle in deiner Seele, die nicht blutete. Und du schwiegst immer.

Dort drüben wußte es niemand, und du hast wohl selbst nicht geahnt, daß du schreien kannst und daß vor deinem Schreien die Mauern Jerichos erzittern und einstürzen würden? Du wußtest nichts von der Kraft, die in dir schlummert.

Auf der anderen Welt wurde dein Schweigen nicht belohnt; doch die andere Welt ist die Welt der

Lüge. Hier, in der Welt der Wahrheit, wirst du deinen Lohn erhalten!

Die himmlische Gerechtigkeit wird über dich nicht richten und keinen Urteilsspruch fällen.

Nichts soll dir zugeteilt und abgemessen werden.

Alles ist dein!»

Zum ersten Mal hebt Bontsche die Augen. Er ist wie geblendet von dem Licht, das von allen Seiten auf ihn eindringt. Alles glänzt, alles funkelt und blitzt, Strahlen schießen von überall her, von den Wänden, von den Gefäßen, von den Engeln, von den Richtern! Am meisten von den Engeln...

Er läßt die müden Augen wieder sinken.

«Ist es wirklich wahr?» fragt er schüchtern und ungläubig.

«Gewiß!» lautet die Antwort des Vorsitzenden. «Ich sage dir ja, alles ist dein. Alles im Himmel ist dein Eigentum. Wähl dir aus und nimm, was du willst, du nimmst ja nur, was dir gehört.»

«Wirklich?» fragt Bontsche wieder, und seine Stimme klingt schon fester.

«Wirklich! Wirklich! Wirklich!» tönt ein bejahendes Echo von allen Seiten.

«Nun, wenn es wirklich so ist», lächelt Bontsche, «will ich jeden Morgen ein warmes Brötchen mit frischer Butter.»

Richter und Engel blicken verlegen zu Boden, der Staatsanwalt schüttet sich aus vor Lachen.

JIZCHAK LEJB PEREZ

—

Das Opfer

Vor vielen Jahren lebte in Safed[1] ein reicher Jude, der mit Schmuck, Edelsteinen und Perlen handelte. Das Glück war ihm gewogen, und sein Geschäft blühte; trotzdem blieb er ehrlich und bescheiden und benahm sich nicht so aufgeblasen, wie heutzutage unsere Vornehmen tun.

Er besaß einen eigenen Palast, dessen Fenster wie helle Augen auf den See Genezaret hinausblickten. Rund um das Haus war ein großer Garten angelegt, in welchem seltene Bäume blühten und allerlei Früchte trugen. Singvögel nisteten in ihren Kronen, und im Garten wuchsen wohlriechende Kräuter und heilkräftige Pflanzen.

Breite Wege aus goldbraunem Sand durchzogen den Park, die Baumkronen über ihnen berührten und durchdrangen sich gegenseitig und spendeten schattige Kühle.

Überall im Garten standen Lauben, die zur Ruhe einluden, und die kostbarsten weißen Gänse schwammen auf den Bächlein, die wie Spiegel glänzten. Fürwahr, ein Paradies auf Erden!

---

[1] Stadt in Obergaliläa, Zentrum jüdischer Gelehrsamkeit und Mystik im 15. Jahrhundert

Der Mann hatte viele Esel und Kamele, um durch die Wüste zu reiten, und ein eigenes Schiff mit Matrosen und einem richtigen Kapitän, um das Meer zu befahren.

Mit einem Wort: auf ganz Israel gesagt...

Und der Reiche kargte nicht mit seinem Geld, verschwägerte sich mit Rabbinern, Lehrern und Gelehrten von Babylon und Erez Israel und schickte seine Söhne an die Hochschulen der Thora. Und wenn er einen Sohn entließ, zahlte er ihm sogleich seinen Anteil an der Erbschaft in barem Geld aus, die Mitgift ungeachtet, wie es einem wohlhabenden Mann geziemt.

So blieb ihm mit der Zeit nur die jüngste Tochter zurück. Man nannte sie Sore[1], und sie war sein Lieblingskind, das er wie seinen Augapfel hütete.

Sore war schön anzusehen, hatte ein gutes Herz und eine fromme Gesinnung ohne jede Arglist.

Als die Zeit kam, sie zu verheiraten, schickte er nach Babylon und ließ sich aus der Jeschiwa[2] des Exilfürsten den gelehrtesten Studenten kommen, einen Jüngling namens Chio.

Der Rosch-Jeschiwa[3] von Babylon schrieb dem Rabbi von Safed über seinen Schüler genau so viel oder so wenig: «Er ist die Krone meines Hauptes und der ganzen Jeschiwa.» Und er verneigte sich vor der Kette seiner Ahnen.

Es ging nämlich ein Gerücht durch die Welt, daß eben dieser Chio «dem Samen der Könige» ent-

---

[1] Sara

[2] Hochschule für das Talmudstudium

[3] Oberhaupt der Jeschiwa

stamme. Bei der Eroberung von Babylon seien seine Eltern und Geschwister getötet worden, und er sei als einziger wie durch ein Wunder am Leben geblieben, wobei jedoch sein Adelsbrief verlorenging. Genaueres darüber weiß man nicht, weil Chio, der von größter Bescheidenheit war, niemals davon sprach. Sicher ist jedoch, daß die Menschen auf der Straße stehenblieben, um Chios Schönheit zu bewundern. Manch einer sprach sogar den Segen «beim Anblick von Schönheit», denn Chio hatte das Antlitz eines Prinzen, und die göttliche Majestät ruhte auf ihm.

Chio ließ sich beim Schwiegervater in Safed nieder und widmete sein Leben der Thora und dem Dienst an Gott.

Doch diese Ruhe dauerte nicht lange, denn der Schwäher, der Witwer war, starb bald nach Chios Hochzeit, und der junge Mann mußte nun seine Geschäfte übernehmen und weite Reisen in viele Länder machen. Mit einem Wort, er wurde ein großer Kaufmann, einer der größten der Welt.

Das hielt ihn jedoch nicht ab, weiterhin der Thora zu dienen. Das Kamel, auf dem Reb Chio durch die Wüste ritt, wurde von einem Treiber der Karawane am Zügel geführt, während Chio selbst keinen Blick von dem Buch ließ, das er stets in der Hand trug.

Im Schiff hatte man ihm eine kleine Kajüte als Lernstube eingerichtet, in der er allein zu sitzen pflegte, um die Thora – die schriftlich überlieferte wie die geheime – zu studieren.

Er fand sogar Zeit, sich mit den Araberscheichen, die er unterwegs traf, in die sieben Weisheiten zu versenken, namentlich in die Heilkunde, die Sprache der Tiere und Vögel, auch ein bißchen Astrologie trieb er mit ihnen.

Seine Wohltätigkeit war sprichwörtlich. Jede Gemeinde, in die er kam, erhielt von ihm den zehnten Teil von seinem Gewinn, außerdem stiftete er reichlich Geld für die Auslösung von Gefangenen und war ein großer Gönner Israels.

Der Handel mit Edelsteinen und Perlen brachte ihn naturgemäß mit den Mächtigen des Staates zusammen, die von seiner Schönheit und Aufrichtigkeit, und vielleicht noch mehr von seiner Weisheit, so beeindruckt waren, daß sie ihm und seinen Worten völliges Vertrauen schenkten und ihm jeden Dienst erwiesen.

Traf, Gott behüte, ein Unglück das jüdische Volk, war er sein beredter Fürsprech. Oft vermochte er durch sein Dazwischentreten das Schlimmste abzuwenden, Menschen aus dem Kerker zu befreien und vor Ketten und Geißelung zu bewahren. Mehr als einmal rettete er unschuldig Verurteilte im letzten Augenblick aus den Händen des Scharfrichters oder erlöste junge jüdische Seelen aus den Moscheen, wo man sie gewaltsam bekehren wollte.

Wenn Reb Chio abwesend oder verreist war, waltete Sore, sein Weib, in allen Dingen der Wohltätigkeit mit der Umsicht, die einer jüdischen Frau zukommt. Reb Chio verließ sich auf sie mit ganzem Herzen und völligem Vertrauen, denn er konnte sicher sein, daß kein Hungriger sein Haus ungespeist verlassen würde und kein Durst ungestillt blieb. Auch wußte er, daß Sore seiner einzigen

Tochter Miriam dieselbe Frömmigkeit und Nächstenliebe zuteil werden ließ und sie den Pfad der Tugend leitete.

Der Palast war immer voll von Durchreisenden und armen Leuten. Aber auch Talmudgelehrte, Rabbiner und Hochschulleiter, die vom Heiligen Land kamen, um milde Gaben zu sammeln, pflegten stets «bei Reb Chios Weib» – wie sie schon sagten – einzukehren und wurden von ihr mit allen Ehren und mit den besten Speisen und Getränken empfangen. Das einzige, was sie von ihnen verlangte, war, daß sie ihre Hände auf Miriams Köpfchen legten und sie segneten.

Und diese Segnungen begannen in Erfüllung zu gehen: Miriam wuchs zu einem außergewöhnlichen Kind heran, ein Segen für Seinen Lieben Namen[1]. Ihr Lob erklang in ganz Safed. Die Leute sagten: «Chios Tochter leuchtet wie die Sonne», «sie strahlt wie der helle Tag» oder «Königin Esthers Anmut und Gnade ruhen auf ihr», und sie war in der Tat von großer Schönheit, der Mutter wie aus dem Gesicht geschnitten.

Doch Gottes Wege sind unerforschlich. Wie König Salomo sagt: «Wen Gott liebt, den straft er.» Manchmal bringt der Herr der Welt den Gerechten in Versuchung und auferlegt ihm Leiden, um zu erfahren, wie stark und tief sein Gottvertrauen ist. Sei es wie es sei, die fromme Sore wird plötzlich von einer heftigen Krankheit befallen. Reb Chio erhält die schlimme Nachricht auf einer seiner weiten Reisen und spürt mit großem Kummer im

---

[1] poetische Umschreibung für Gott

Herzen, daß es schlecht um sie steht. Er läßt alles liegen und eilt nach Hause, über Berge und Täler, Wüsten und Meere, wobei ihm unterwegs allerlei Mißgeschick zustößt: Esel und Kamele verdursten ihm in der Wüste, ein Sturm bringt sein Schiff fast zum Kentern. Doch seine Verdienste um die Thora standen ihm bei – er überwand alle Hindernisse und gelangte heil nach Hause, nur um die fromme Sore im Sterben vorzufinden...

Von seinem Anblick gestärkt, richtete sie sich noch einmal im Bett auf und dankte ihrem Schöpfer für diese letzte Gnade. Dann wandte sie sich an Reb Chio mit der tröstlichen Versicherung, daß sie ihren frühen Tod in Liebe hinnehme. Sie sprach von ihrem Töchterchen, das man eben ohnmächtig aus dem Zimmer getragen hatte, und Reb Chio mußte ihr versprechen, daß er bei Miriam Vater- und Mutterstelle einnehmen werde. Das zarte Bäumchen soll von keiner fremden Hand berührt, gekrümmt oder, Gott behüte, gar geknickt werden! Sore gab ihrem Gemahl das Wort, daß sie in der Welt der Wahrheit stets ihrer gedenken werde, auch will sie den Schöpfer um einen geeigneten Ehegenossen für ihre Tochter bitten, der ihrem Stand und ihren Vorzügen entspricht. Im Falle von unerwarteten Schwierigkeiten wird Sore versuchen, Reb Chio im Traum zu erscheinen, um ihm mit Rat beizustehen.

So nahm sie Abschied von ihm und sprach zum letzten Mal das «Schma Jisrael»[1] – den «Widuj»[2]

---

[1] jüdisches Glaubensbekenntnis und Sterbegebet
[2] Sündenbekenntnis vor dem Tod, eine Art Beichte

hatte sie schon gebetet. Noch einmal schlug sie die Augen auf und blickte liebevoll auf ihren Gemahl. Sie bat ihn, den Ratschluß des Herrn in Demut anzunehmen, dann ließ sie sich mit einem letzten Gruß an die Tochter in die Kissen sinken, streckte die Glieder aus und drehte sich zur Wand...

Ihre reine Seele verließ den Leib.

Nach den dreißig Trauertagen gab Reb Chio ohne zu zögern alle seine Geschäfte auf, verkaufte seine Perlen, Diamanten und den anderen Schmuck fast umsonst und widmete sich nur noch der Thora und dem Dienst an Gott. Aus seinem Palast machte er eine Jeschiwa, versammelte alle lernbeflissenen Jünglinge von Safed um sich und trug ihnen jeden Tag den von Gott bestimmten Talmudabschnitt vor, den sie begierig, ja mit wahrem Durst zu «trinken» pflegten. Die Bedürftigsten unter seinen Schülern nahm er großzügig bei sich auf, indem er sie zu zweit oder dritt in einem Zimmer seines Hauses unterbrachte, sie mit Speise und Trank, Kleidung und Schuhwerk versorgte und ihnen sogar – wie ein Vater seinen Söhnen – etwas Taschengeld zusteckte, damit sie sich auch etwas leisten konnten und nicht hinter ihren wohlhabenden Mitschülern zurückstanden. Hatte einer von ihnen das achtzehnte Lebensjahr erreicht, schickte Reb Chio Heiratsvermittler aus, um für ihn eine passende und standesgemäße Partie mit freier Kost und Quartier zu suchen. Er stattete den Jüngling freigebig aus, versah ihn mit Mitgift und Geschenken und übernahm jeweils die Hälfte der Hochzeitskosten. Bei der Zeremonie pflegte er das

Brautpaar selbst unter den Traubaldachin zu führen, und beim anschließenden Fest hielt er Brautleute und Gäste frei und feierte mit ihnen, wie es sich gehört. Auch für seine eigene Tochter Miriam hoffte er dereinst einen vortrefflichen jungen Mann als Gemahl zu finden, Gott und den Menschen zum Wohlgefallen.

Wegen dieser Sache machte er einmal eine Andeutung in einem Schreiben an seinen entfernten Verwandten, den Fürsten von Babylon, mit dem er einen Briefwechsel in Dingen der Thora, aber auch in Familiensachen führte. Reb Chio verfaßte seine Botschaft in der heiligen Sprache[1], doch wir übertragen sie hier ins Jüdisch-Deutsche, wodurch sie leider viel von ihrer Schönheit verliert. Und so lautet sie:

«Mit Gottes Hilfe habe ich einen sehr schönen Garten angelegt (damit ist die Jeschiwa gemeint), in dem mancherlei Bäume wachsen. Und die Bäume treiben mancherlei Früchte (das heißt hier Schüler), doch wenn eine Frucht saftig und reif ist (reif für die Ehe), suche ich einen würdigen Menschen (einen guten Schwäher) und bitte ihn, den Segen über die Frucht zu sprechen (die Verbindung zu segnen). Und wenn mit Gottes Hilfe ein Paradiesapfel ohne Fehl und Tadel heranreift, wird meine einzige Tochter Miriam, leben soll sie, von dieser Frucht kosten.»

So schrieb er, und der Fürst von Babylon antwortete ihm kurz und bündig: «Gibt es denn nicht genug junge Gelehrte in deiner Jeschiwa?»

---

[1] Hebräisch

Reb Chio erwidert ihm, daß Gelehrsamkeit nicht alles sei.

«Und die Thora», schreibt er ihm in wohlgesetzten Worten, «gleicht dem Wasser. Aber nicht alle Quellen entfließen dem Garten Eden (will heißen, nicht jeder lernt zu Ehren des Himmels). Einer wird vom Ehrgeiz getrieben, er möchte seine Kameraden überholen und hinter sich lassen. Ein anderer benutzt die Thora lediglich als Deckmantel. Anstatt ihr selbstlos zu dienen, soll sie ihm zu höherem Ansehen verhelfen. Ein dritter scheint gar vom bösen Trieb beherrscht, er liebt das haarspalterische Deuteln, er freut sich nicht über Gottes Thora, sondern über seine eigene, die er scharfsinnig ausdeutet und glossiert, mit Witzchen und Kniffen versieht. Und solchen Künsten zuliebe ist er sogar bereit, den Geist der Thora zu verfälschen und mit der Tradition zu brechen; ja es gibt Rohlinge, die aus der Thora eine Hacke machen und ihren eigenen Mist umgraben, nur um einen reichen Schwiegervater zu finden, der ihnen ein Leben lang Kost und Quartier gibt und den sie dereinst beerben können... Und wenn es auch vorkommen mag, daß man eine eigennützige Sache schließlich um ihrer selbst willen tut, bleibt doch immer ein Fleck auf der Seele zurück. Es gibt manchen schönen Paradiesapfel, aber für Reb Chio ist äußere Schönheit nicht genug. Ihm geht es um das Innere, und das ist beim Menschen nicht leicht zu erkennen. Ohne Fehler muß es sein!»

Und der Rosch-Jeschiwa antwortet ihm wie üblich mit einem Spruch: «Wer sucht, der findet.»

Wie aber sucht man? «Das Innere des Menschen läßt sich an den Augen erkennen», sagt Reb Chio. Die Seele sitzt im Körper wie in einem Käfig, doch der Schöpfer der Erde hat ihr in seiner großen Barmherzigkeit zwei Fensterchen gemacht – nämlich Augen, durch welche sie die Welt betrachten und gleichzeitig von ihr gesehen werden kann. So ließe sich die Seele leicht an den Augen erkennen, hätte der Mensch keine Vorhänge, um die Fensterchen zu bedecken – die Lider. Und wenn sie mit Fehlern behaftet ist, versucht man sie zu verbergen, wie etwa eine Braut mit einem körperlichen Makel bis zur Trauung versteckt gehalten wird. Und will sie sich trotz allem zeigen, läßt man in aller Bescheidenheit den Vorhang herab...

Es wäre fast leichter, sagt Reb Chio, den Menschen an der Stimme zu erkennen. Darüber hat er seine eigene Theorie: Der einfache Mensch ist nichts als ein irdener Scherben; der vollkommene Mensch dagegen gleicht einem Gefäß aus Ton, das die ganze Thora in sich aufnehmen kann, ohne einen Tropfen zu vergießen. Wie ist das möglich? Das Gefäß muß unversehrt sein, heißt es. Gut, aber wie soll man mit bloßem Auge feststellen, ob es keinen unsichtbaren Sprung hat? Man muß das Gefäß beklopfen und seinem Klang lauschen. Wenn es voll und rein tönt, ist es gut! Wenn nicht, ist es nur ein irdener Scherben, und so auch der Mensch.

Ein unvollkommener Mensch kann eine Überstimme, eine Unterstimme, eine Nebenstimme, eine gebrochene Stimme, eine zitternde Stimme haben, aber keinen reinen, klaren Klang, keine wirkliche Sprache! Und der Mensch ist auch kein

Topf – wenn man klopft, und er keine eigene Stimme hat, antwortet er mit einer fremden wie ein Papagei. Von ferne hörst du einen Singvogel, doch kommst du näher, ist es nur eine Nachahmung, eben die Stimme eines Papageis.

Reb Chio hielt sich sein Leben lang an folgende Regel: Er dozierte jeweils vor dem Mittagsmahl und ließ seine Schüler am Nachmittag in den Garten hinaus. Sie sollen sich im Schatten der Bäume ergehen, von ihren Früchten kosten und den Segen über sie sprechen, den Duft der Blumen und Kräuter einatmen und dabei seinen Vortrag kommentieren oder sich in die Thora versenken. Auch alltägliche Gespräche, wie sie unter Freunden üblich sind, waren erlaubt. Er selbst zog sich dann in sein Studierzimmer zurück und versuchte in die Geheimnisse der Heiligen Schrift einzudringen. Nun hatte aber sein Gemach ein Fenster zum Garten, das mit einem schweren seidenen Vorhang bedeckt war... Reb Chio nahm von Zeit zu Zeit die Brille von der Nase, legte sie auf ein Buch, stellte die Schnupftabakdose daneben und bedeckte alles mit seinem Baumwolltaschentuch. Manchmal ging er auch zum Fenster und stellte sich hinter den Vorhang. So bekam er die Stimmen seiner Schüler zu hören, die paarweise oder in kleinen Gruppen auf den Spazierwegen lustwandelten und miteinander sprachen. Sie waren Freunde und hatten keinen Grund, sich voreinander in acht zu nehmen oder ihre Stimmen zu verstellen.

Was sie redeten, konnte und wollte Reb Chio nicht verstehen, in sein Zimmer drang nur der Klang ihrer Stimmen. Reb Chio lauschte eine

Weile, doch er vernahm keine einzige vollkommene Stimme, und Schwermut überkam ihn.

Einmal klagte er vor Gott: «Herr im Himmel!» seufzte er, «die Vöglein im Garten, die nur den Lebenstrieb haben, singen dein Lob, und meine Schüler, die mit Seele und Vernunft begabt sind, lernen deine Thora... Warum sind die Stimmen deiner Vöglein so rein, so vollkommen, so voll Seele, während meine Schüler –»

Er sprach den Satz nicht zu Ende, wollte seinen Schülern keinen Vorwurf machen, aber die Trauer wich nicht von ihm.

Von Zeit zu Zeit kamen neue Schüler mit neuen Stimmen, doch die sehnsüchtig erwartete vollkommene Stimme war nicht unter ihnen.

Einmal kam er zu seiner Tochter Miriam, betrachtete sie liebevoll und mitleidig zugleich und fragte: «Gehst du auch manchmal, Töchterchen, zum Grab deiner Mutter?»

«Ja, mein Vater», antwortet sie und küßt ihm die Hände in großer Liebe.

Küßt er sie auf die Stirn, streicht ihr zärtlich übers Haar, segnet sie und fragt weiter: «Und worum bittest du sie, Tochter mein?»

Blickt sie ihn mit ihren treuen Augen an und sagt: «Um deine Gesundheit, Vater... Du bist manchmal so traurig, und ich weiß nicht, wie ich dich aufheitern soll. Die Mutter wußte es, Gott hab' sie selig, und ich bitte sie darum, daß sie mir ihr Geheimnis ins Herz pflanzen oder im Traum offenbaren möge.»

Streichelt er ihre sammetweichen Wangen und spricht: «Ich bin, Gott sei Dank, bei guter Gesundheit. Du mußt die Mutter um etwas anderes bitten.»

«Was, Vater?»

«Wenn du das nächste Mal zum Grab der Mutter gehst, Töchterchen, bitte sie um ihren Beistand, um ihre Hilfe, auf daß in Erfüllung gehe, was ich für dich ersehne.»

Sagt sie in ihrer Herzensunschuld: «Gut, Vater.»

Einmal, kurz vor Mincha[1], saß Reb Chio in seiner Lernstube und mußte sich einen Streit anhören, bei dem er zwei Stimmen unterscheiden konnte, die zornige seines Hausverwalters und eine andere, junge, die er nicht kannte. Es war wohl die Stimme eines fremden Burschen, und sie machte einen großen Eindruck auf Reb Chio. Auf eine solche Stimme hatte er stets gehofft und um sie gebetet! Sie schien flehentlich um etwas zu bitten, und Reb Chio klappte sein Buch zu, um sie besser zu hören – da brach sie plötzlich ab, und er vernahm nur noch das aufgeregte Schelten des Hausverwalters.

Reb Chio schlägt mit der flachen Hand auf den Tisch, das Rufzeichen für seine Dienerschaft. Die Tür öffnet sich, und herein tritt der Hausverwalter. Verwirrt und erschrocken steht er vor Reb Chio, sein altes Gesicht ist blaß, die Augen sprühen Funken, die Nasenflügel beben – er war schon immer jähzornig.

Reb Chio ermahnt ihn: «Jähzorn ist des Teufels!»

«Nein, Rabbi!» keucht der Mann, «das ist ja wie

---

[1] Nachmittagsgebet

am Jüngsten Tag – so eine Frechheit! So eine Frechheit von dem Burschen!»

«Na, na, was will er denn?»

«Nur eine Kleinigkeit: zu Euch in die Jeschiwa will er...»

«Na und?»

«Ich frage ihn: ‹Kennst du dich aus im Talmud und in der Schrift?› Sagt er: ‹Nein.› Frage ich weiter: ‹Dann wenigstens in der Mischna[1]?› – ‹Nein.› Mach' ich mir einen Spaß und frage: ‹Kannst du beten?› – Fängt er an zu weinen. – ‹Was ist?› – Das Gebetbuch kann er lesen, aber den Sinn der Worte hat er vergessen. – ‹Also, was willst du hier, Dummkopf?› – Zu Reb Chio will er. – ‹Wozu?› – Ihr sollt ihm gestatten, sagt er, in der Jeschiwa zu sitzen und Eurem Unterricht beizuwohnen. Vielleicht wird ihm Gott helfen, daß er sich wieder erinnert.»

«Gewußt und vergessen – wie es in der Schrift heißt», seufzt Reb Chio. «Eine Krankheit, nebbich[2]. Warum bist du denn so wütend?»

«Ich soll wütend sein? Im Gegenteil – ich sag' ihm, daß ich ihn zu Euch hereinlassen will. Trägt der Bursche aber einen Überrock aus Leinwand, hat einen Hanfstrick um die Lenden gebunden, und dazu hält er noch einen Stecken in der Hand wie ein Räuber – ein Ast von einem Mandelbaum, den er sich zugeschnitzt hat. Ich sag' ihm also, daß er zu Reb Chio darf, doch soll er sich vorher umziehen. ‹Hast du andere Kleider, mein Junge?› Er hat keine,

---

1 die mündlich überlieferten Lehren des Judentums
2 Ausdruck des Bedauerns

und er will sich auch nicht umziehen; er darf nicht, sagt er. ‹Dann tu' wenigstens den Stecken weg!› Nein, das nicht: Er darf den Stecken nicht aus der Hand lassen, nicht bei Tag und nicht bei Nacht. Er schläft mit dem Stecken!»

Jetzt versteht Reb Chio, daß es sich um einen Büßer handelt, und er befiehlt: «Laß den Burschen hereinkommen.»

Er tritt ein, blaß, abgemagert und gekleidet, wie ihn der Hausverwalter beschrieben hat. In der Tür bleibt er stehen.

Reb Chio heißt ihn nähertreten und reicht ihm die Hand zum Gruß, doch er erlaubt ihm nicht, sie zu küssen und vor ihm niederzuknien. Er bemerkt, daß der Junge nicht wagt, ihm in die Augen zu sehen, und fragt ihn: «Mein Kind, warum senkst du den Blick vor mir? Willst du mir deine Seele verbergen?»

«Ja, Rabbi», antwortet er, «meine Seele ist sündig, ich muß mich ihrer schämen.»

Sagt Reb Chio: «Niemand soll sich schlechter machen, als er ist. Ich befehle dir, deine Augen zu mir zu heben.»

Der Jüngling tut es.

Reb Chio schaut ihm in die Augen und beginnt zu zittern: Er hat eine verdammte Seele gesehen!

«Mein Kind», fragt der Rabbi, «in deinen Augen steckt ein Fluch. Wer hat dies getan?»

«Der Rosch-Jeschiwa von Jerusalem.»

Reb Chio weiß, daß der Rosch-Jeschiwa von Jerusalem erst vor kurzem gestorben ist. Fragt er: «Wann?»

«Vor zwei Monaten», antwortet der Bursche.

«Es stimmt», denkt Reb Chio, «da lebte er noch.» Und er fragt weiter: «Warum?»

«Das soll ich Euch anvertrauen, hat man mir befohlen.»

«Gut. Und wie heißt du, Junge?»

«Chananjo.»

«Chananjo», sagt Reb Chio und steht auf, «geh jetzt zum Nachmittagsgebet und dann zum Abendgottesdienst. Nachher wird dir der Hausverwalter deinen Platz am Tisch zeigen. Nach dem Essen gehst du in den Garten, und ich werde dich dort aufsuchen und hören, was du mir zu sagen hast.»

Er ergreift seine Hand und führt ihn in die Betklause neben der Jeschiwa. Unterwegs grübelt er: «So jung und eine solche Stimme... ein Büßer... ein Fluch in seinen Augen... die Wege des Schöpfers sind unerforschlich.»

Es war schon Nacht, als Reb Chio mit Chananjo durch den Garten spazierte...

Von Zeit zu Zeit wirft Reb Chio einen Blick zum Himmel, als ob er von ihm ein Zeichen des Rates erwarte, doch ein stummer, grauer Nebel verhüllt Mond und Sterne. Nur durch die Fenster des Palastes dringt noch Licht, in dessen Schein Reb Chio den jungen Chananjo zu einer Laube führt. Sie setzen sich, und Reb Chio beginnt das Gespräch mit Worten, die «den Mund mit Weisheit öffnen» sollen: «In der Schrift steht: Deago belew isch – jaschichenu.»

«Was heißt das, Rabbi?» fragt Chananjo flehentlich.

Reb Chio übersetzt es ihm Wort für Wort: «Deago» – die Sorge – (Chananjo spricht ihm jedes Wort nach) – «belew» – im Herzen – «isch» – eines Menschen – «jaschichenu» – bedrückt ihn. Und deshalb soll er sein Herz vor einem Menschen erleichtern.

Schon beim Nachsprechen rötet sich Chananjos blasses Gesicht wie bei einem Bewußtlosen, dessen Seele in den Körper zurückkehrt.

Reb Chio fühlt tiefes Mitleid mit ihm und ermuntert ihn mit biblischen Worten: «Öffne deinen Mund, mein Sohn, laß die Worte leuchten und gieße dein Herz vor mir aus!»

Und Chananjo erzählte ihm eine schreckliche Geschichte.

Seine Familie stammt aus Jerusalem, die Mutter ist eine reiche Witwe und handelt mit Spezereien.

Sie hat nur zwei Kinder: Esther, seine ältere Schwester, und ihn, Chananjo.

Natürlich wurde Chananjo von der Mutter bevorzugt, weil er ihr Kadisch[1] war und frühzeitig hohe Geistesgaben verriet.

Obwohl Esther schon ins sechzehnte Jahr ging, machte sich die Mutter keine Sorgen um sie und sann mit keinem Gedanken auf eine passende Partie. Wenn die Nachbarinnen sie daran erinnerten, hatte sie stets dieselbe Antwort: «Es wachsen ihr, Gott behüte, noch lange keine grauen Zöpfe.»

Ihr Herz gehörte nur Chananjo. Sie verpflichtete die besten Lehrer für ihn, und weil sie eine ent-

---

[1] hier: Stammhalter

fernte Verwandte des Rosch-Jeschiwa war und sein Haus jederzeit betreten durfte, brachte sie ihren Sohn regelmäßig am Samstag zu der Rebbezen[1]. Diese führte Chananjo sodann in die Jeschiwa und zu ihrem Mann, der seine Fortschritte in der Lehre überwachte.

Der Knabe stand beim Rosch-Jeschiwa bald in hoher Gunst. Die Mutter versteckt sich hinter der Tür und hört, wie der Rosch-Jeschiwa ihren Sohn lobt. Einmal sieht sie sogar durch eine geöffnete Spalte, wie er ihn liebevoll in die Backe kneift und ihm den schönsten Apfel vom Sabbattisch schenkt. Sie ist glücklich.

Als sie von der Rebbezen vernimmt, daß ihr Mann Chananjo zu sich in die Jeschiwa nehmen möchte, freut sie sich fast noch mehr, doch weiß sie es zu verhindern, weil sie sich von ihrem Liebling nicht trennen will. Sie möchte ihn für sich behalten, er soll bei ihr im Haus bleiben! Sie hat sich schon ausgerechnet, wie sie ihr Geschäft einer Nachbarin übergibt und heim eilt, um ihren Sohn nach Herzenslust abzuküssen ...

Und sie holt sich einen berühmten Gelehrten ins Haus, damit er Chananjo unterrichte, doch eben dieser Gelehrte sollte ihr zum Verhängnis werden ...

Es war einer jener falschen Propheten, die die Thora nicht um ihrer selbst willen lernen, sondern nur, um durch sie zu höherem Ansehen und größerer Macht zu gelangen.

---

[1] Frau des Rebben oder des Lehrers

Und er führte Chananjo auf denselben Weg.

Er brachte ihm nichts als Spitzfindigkeiten und Taschenspielereien bei, vor allem die Kunst des Verdrehens und Widerlegens von allem und jedem. Er pflanzte die bitteren Kräuter der Überheblichkeit und des Hochmuts in Chananjos Herz, und die Saat ging auf: Chananjo lernte die Lektion rasch und gründlich, denn es ist ja nur eine Fertigkeit und keine wahre Lehre, keine *Thora,* wie sie auf dem Berg Sinai verkündet wurde. Aber seine Mutter und die Menschen um ihn begriffen dies nicht und lobten Chananjo nur noch mehr; ja die Mutter – was weiß schon eine einfältige Frau? – geriet fast außer sich vor Freude.

Mit der Zeit meisterte Chananjo die ganze Kunst seines Lehrers und erklärte seiner Mutter, daß er ihn in Zukunft nicht mehr brauche, worüber die Verblendete so entzückt war, als wären ihr alle sieben Himmel aufgegangen...

Von jetzt an ging Chananjo den falschen Weg allein. Er disputierte ununterbrochen mit den Schülern der Jeschiwa, ja sogar mit den Lehrern. Er siegte in allen Wortgefechten und ließ jeden seine Überlegenheit spüren. Das ging so lange, bis es dem Rosch-Jeschiwa zu Ohren kam. Er sagte bloß: «Eine Kinderei. Aus ihm wird einmal ein ganz großer Gelehrter!»

Die Mutter soll ihm ein Kläpschen zur Ermahnung geben, war sein Rat.

«Eine Mutter darf das», schmunzelte er.

Natürlich gibt ihm die Mutter einen Kuß und macht ihm noch ein schönes Geschenk für seine Weisheit...

Chananjo fühlt sich bestätigt und wird noch frecher. Jetzt traut er sich schon in Schulen und Lehrhäuser, um seine Künste vorzuführen. Sieht er jemand sitzen und lernen, fragt er ihn, was er studiert, verwickelt ihn in ein Gespräch und widerlegt alles, was jener vorzubringen hat. Das dauert so lange, bis der andere konfus wird und Chananjo ihn vor den Leuten als Nichtswisser entlarvt hat.

Trifft es sich, daß jemand aus der Schule einen Vortrag hält oder ein Gelehrter predigt, springt Chananjo noch vor dem letzten Wort auf die Estrade, wetzt seine Zunge an dem Redner und zerschnitzelt seine These wie mit einer Schere. Nackt und unwissend steht der Sprecher plötzlich da, als hätte Chananjo ein Spinngewebe um ihn herum zerrissen.

Wieder beklagt man sich beim Rosch-Jeschiwa, der diesmal ein härteres Urteil fällt: Die Mutter soll ihrem Sohn eine Tracht Prügel verabreichen.

Chananjo bekommt noch mehr Geschenke und Süßigkeiten von seiner Mutter, und er benimmt sich immer schlimmer.

Der Rosch-Jeschiwa, dem natürlich alles zugetragen wird, schüttelt seufzend den Kopf und sagt, daß er einen so gebildeten Jüngling nicht beschämen dürfe, das sei Aufgabe der Mutter. Erzählt man ihm, wie diese ihren Sohn verhätschelt, und der Rosch-Jeschiwa bestellt Chananjo zu einer Aussprache unter vier Augen.

Keck tritt Chananjo ein, und sobald der Rosch-Jeschiwa die Rede auf die Thora bringt, unterbricht er ihn höchst unehrerbietig mit allerlei spitzfindigen Fragen, spielt sich als großer Kenner auf und mischt Talmud und Heilige Schrift bedenkenlos durcheinander. Der Rosch-Jeschiwa, ein bescheidener Mensch, regt sich nicht auf und sagt gelassen: «Hör zu, Chananjo! Deine ganze Weisheit besteht nur in der Verneinung. Deine ganzen Fragen, deine Beweisgründe – alles ist ‹nein› und abermals ‹nein›. Folglich besitzest du nicht die ganze Thora. In der Thora steht Tun neben Nichtstun, ja neben nein, zwei gleiche Hälften, und bei dir gibt es nur nein und nochmals nein. So wirst du nie mehr als die Hälfte der Thora besitzen. Ein Jammer. Laß endlich dein Ich sprechen, dein Innerstes, und sag ja!»

Chananjo schweigt. Seine Stärke ist Zerstörung, nicht Aufbau.

Rechtfertigt er sich: «Das hat mir mein Lehrer nicht gezeigt.»

Und der Rosch-Jeschiwa: «Dein Lehrer, Chananjo, ist gestorben. Er brennt im höllischen Feuer, und auch seine Verdienste um die Thora können ihn nicht retten. Und er wird so lange brennen, bis du, Chananjo, alles Schlechte, das er in dein Herz gesät hat, aus deinem Innern reißt. Du mußt Mitleid haben, Chananjo, mit dir selbst und mit jenem Gelehrten. Du mußt Buße tun und Thora lernen um der Thora willen!»

Chananjo läuft auf den Friedhof und will wissen, ob sein Lehrer wirklich gestorben ist. Und wann? Er hat nichts davon gehört.

Man sagt ihm: «Es stimmt, und er wurde erst gestern begraben.»

Man zeigt ihm den Weg zu seinem Grab, und

Chananjo sieht, daß über Nacht Stechdisteln und Dornbüsche darauf gewachsen sind ... Endlich begreift er die Mahnzeichen und beschließt, Buße zu tun und sich zu bessern.

Doch der Teufel läßt ihn nicht aus den Krallen, und es geschieht folgendes: Damals lebte in Jerusalem ein ehemaliger Metzger, der vom geistlichen Gericht unter Aufsicht gestellt worden war, weil er trejfenes[1] Fleisch verkauft hatte. Da der Mann, der das Geschäft zu überwachen hatte, sein Amt sehr genau nahm, ergriff der Metzger eines Tages ein Beil, warf es ihm an den Kopf und stieß den Schwerverwundeten auf die Straße. Zum Glück kam er mit dem Leben davon. Die Sache erregte Aufsehen, und das geistliche Gericht ließ bekanntmachen, daß das Fleisch des Metzgers unrein und verboten sei, ärger als Schweinefleisch. Nun hatte aber der Metzger schon längst ein Vermögen gescheffelt mit seinem trejfenen Fleisch. Er schloß seinen Laden, begann Geld zu verleihen und verklagte das geistliche Gericht bei der Regierung. Die Richter wurden festgenommen, zu Stockschlägen verurteilt und verbannt. Was konnte man dem Mann schon antun, da er ohnehin kein Geschäft mehr hatte? Man muß Gott danken, daß er sein Mütchen an ihnen gekühlt hat. Jetzt wird er wohl Ruhe geben.

Doch der Reiche hatte ein schlechtes Herz und war dem Geld verfallen. Er aß und trank nicht, trug zerrissene Kleider, und wenn ihm ein Rock vom Leibe fiel, schenkte er ihn nicht etwa einem Armen,

[1] nach dem jüdischen Speisegesetz nicht erlaubt

sondern verkaufte die Fetzen für ein paar Groschen. Auch hielt er sich Hunde, um die Bettler abzuwehren.

Söhne hatte er keine, nur eine einzige Tochter, Chana. Sein Weib, eine tugendsame und fromme Frau, durchschaute das Böse im Leben ihres Mannes und betete zu Gott, daß er sie unfruchtbar machen möge. Sie wollte keinen Sohn zur Welt bringen, weil er dem Vater gleichen und denselben sündhaften Weg wandeln würde. So blieb es bei der einen Tochter. Es gelang ihr nicht, den Mann zu bekehren, und sie ertrug alle seine Peinigungen in Gleichmut und Geduld. Doch die durchgemachten Qualen überstiegen ihre Kräfte, und sie erflehte sich den Tod von Gott. Vor dem Hinschied beschwor sie ihre Verwandten, ihre Grabstätte geheimzuhalten und auch ihrem Mann nicht zu verraten.

So wurde er Witwer und blieb es, weil niemand ihm seine Tochter zur Frau geben wollte. Und er lebte allein mit seiner Tochter Chana, die er seltsamerweise wie seinen Augapfel liebte und behütete, und obwohl ihm das Geld lieber war als sein Leben, war er bereit, sie mit allen Schätzen dieser Welt zu überhäufen.

Doch die Tochter nimmt nichts von ihm an. Sie hat vor der Mutter gelobt, im Hause ihres Vaters nichts als Brot und Wasser zu sich zu nehmen. Sie will und braucht keine teuren Kleider, weil sie niemals aus dem Hause geht, um nicht zu hören, wie die Leute auf der Straße über ihren Vater sprechen ...

Doch je weniger die Tochter von ihm will, desto

mehr drängt es ihn, sie mit Wohltaten zu überhäufen.

Als er einsah, daß ihm kein Zureden helfen würde, kam er auf den Gedanken, sie mit einem jungen Talmudgelehrten zu verheiraten. Und *diese* Wohltat wird sie nicht zurückweisen. Er wird ihr einen Bräutigam suchen, das Beste vom Besten, *den* Gelehrten unter den Gelehrten!

Als sie das Alter erreicht hatte, sandte er Heiratsvermittler mit langen Listen durch das Land, drang selbst in alle Jeschiwas von Jerusalem und Umgebung ein und bot Unsummen für einen geeigneten Ehegespons. Alles umsonst, keiner will sich mit ihm verschwägern, und von dem Mädchen weiß man ja nichts.

Jetzt wird der reiche Mann zornig, besonders als man ihm rät, seinen Stolz abzulegen und zu nehmen, was sich unter den Umständen anbietet. Ein Schadchen[1] erzählt ihm von einem Tischlermeister, einem anständigen Menschen, der von seiner Hände Arbeit lebt und seine Tochter unbedingt heiraten will. Er ist sogar bereit, sie ohne einen Groschen Mitgift zu nehmen – der Vater schäumt vor Wut!

Was tut er wohl?

Man schlägt ihm zwei arme Gelehrte als Vermittler vor, und er gibt ihnen Wegzehrung für zwei Jahre und genug Geld, um ihre Familien in Jerusalem zu unterhalten. Sie sollen ganz Israel durchwandern bis in die entferntesten Städte, wo man seinen schlechten Leumund nicht kennt, und

---

[1] Heiratsvermittler

ihm eine Leuchte des Talmud als Schwiegersohn bringen.

Die beiden armen Gelehrten sind einverstanden und machen sich auf den Weg. Sie reisen kreuz und quer durch ganz Israel – alles vergeblich.

Das Merkwürdige war, daß die beiden Werber immer nur von der Mitgift, von Kost, Quartier und Hochzeitsgeschenken redeten und den Brautvater mit keinem Wort erwähnten, und fragte man sie nach ihm, überhörten sie es geflissentlich, denn sie wollten nicht lügen.

Die Leute verstehen, daß der Sache ein Makel anhaftet, und wollen von ihr nichts wissen.

Inzwischen ist die Zeit verstrichen, die der Reiche den zwei Gelehrten gesetzt hat, und sie kehren nach Jerusalem zurück – mit leeren Händen. Am Stadttor bleiben sie stehen, Verzagtheit und Furcht im Herzen. Hätten sie nicht Weib und Kind zurückgelassen, wären sie am liebsten geflohen und gar nicht erst heimgekehrt. Denn sie wissen, daß der reiche Metzger ihnen keinen Glauben schenken und behaupten wird, sie hätten ihren Auftrag nicht gewissenhaft ausgeführt. Er wird sie mit seinem Zorn verfolgen und vielleicht sogar den Christen übergeben.

Und wie sie vor dem Tor Jerusalems sitzen, traurig und niedergeschlagen, nähert sich ihnen ein armer Bursche in einem weißen, linnenen Gewand, die Lenden mit einem Hanfstrick gegürtet, und in der Hand trägt er einen einfachen Stecken aus Mandelholz. Er begrüßt sie mit Schalom[1] und

[1] hebräisch: Friede

fragt sie, ob sie etwas trinken möchten und warum sie so trübselig dasitzen. Er erzählt ihnen, daß er in der Wüste lebt und nicht weit von hier eine Quelle kennt. Wenn sie wollen, führe er sie dorthin, weil er kein Gefäß hat, um ihnen das Wasser zu bringen. Sie danken: Durstig seien sie nicht, aber ein schwerer Kummer plage sie. Es entwickelt sich ein Gespräch, und sie fragen ihn nach seiner Herkunft. Er ist ein Waisenkind, sagt er, hat weder Vater noch Mutter, kennt keine Behausung und ernährt sich von Kräutern.

«Und möchtest du nicht Thora lernen?»

Er lernt Thora, antwortet er. Jeden Abend, wenn es dunkel wird in der Wüste, kommt ein alter Mann zu ihm und unterweist ihn in der mündlichen Überlieferung. Er sieht ihn schon von ferne – seine Augen leuchten im Dunkel wie die Sterne, und sein weißer Bart schimmert wie Schnee. Der alte Mann kommt Nacht für Nacht zu ihm und studiert mit ihm die Heilige Schrift und den Talmud mit allen Kommentaren.

Die beiden Gelehrten prüfen ihn, um zu sehen, ob er die Wahrheit spricht, und es stellt sich heraus, daß der Junge ein wahrer Gaon[1] ist. Perlen ergießen sich aus seinem Munde.

Sie fragen ihn, warum er die Wüste verlassen habe und zu den Toren Jerusalems gekommen sei.

In seiner Herzenseinfalt erzählt er ihnen, daß der Alte gestern zum letzten Mal zu ihm gekommen sei und sich von ihm verabschiedet habe. Er zeigte ihm den Weg nach Jerusalem und be-

[1] Leuchte, Genie

fahl ihm, sich in die Heilige Stadt zu begeben. Dort werde er seine ihm vorbestimmte Gattin und sein Glück finden und ein Leben führen, das zur Gänze der Thora und dem Dienst an Gott gewidmet sei.

«Und ich muß dem alten Mann gehorchen», sagt er.

Die beiden Gelehrten sind hocherfreut.

«Komm mit uns, Bursche», riefen sie, «wir haben genau den richtigen Schidech[1] für dich!»

Und er ging mit ihnen.

Sie bringen ihn sogleich zu dem reichen Mann.

«Schau nicht auf sein Äußeres», sagen sie, «er ist eine Leuchte der Wissenschaft in der ganzen Welt. Der Prophet Elia selbst hat ihn in der Thora unterwiesen.»

Der Reiche glaubt ihnen und freut sich. Er gibt ein Verlobungsmahl, läßt den Ehepakt schreiben und bestimmt, daß die Hochzeit in spätestens zwei Wochen gefeiert werden soll. Er fürchtet sich vor dem bösen Blick... Zuerst nimmt er dem Bräutigam das Leinengewand und den Stecken ab und kleidet ihn von Kopf bis Fuß neu ein, wie es sich für einen reichen Schwiegervater geziemt. Die alten Kleider hebt er auf, um sie nach der Hochzeit als Lumpen an den ersten besten zu verkaufen.

Die Sache spricht sich in der Stadt herum. Einige sagen: «Der schlimmste Hund kriegt den besten Knochen.» Andere schreiben es den frommen Verdiensten der Brautmutter zu, die sich im Himmel für ihre Tochter verwendet hat. Und wieder

---

[1] Partie

andere meinen, daß Gottes Wege unerforschlich sind …

Die zwei Wochen sind glücklich vorbei, und schon naht der Hochzeitstag. Für die einzige Tochter schließt der Vater sein Herz und seine Truhen auf und spendiert ein Festmahl, wie es die Welt noch nicht gesehen hat. Und dem Eidam zuliebe kamen die Vornehmen von Jerusalem zur Hochzeit und zur Tafel des Bräutigams alle Jeschiwaschüler.

Vor der Trauung, erzählt Chananjo weiter, hält der Chosen[1] vor uns Jeschiwaschülern, den Gelehrten, Richtern und dem Rosch-Jeschiwa einen scharfsinnigen Vortrag. Im Nebenzimmer ist alles für die Trauung vorbereitet. Die Musikanten stimmen eine ernste Weise an, die Traufführer, der Rabbi und der Rosch-Jeschiwa halten schon Kerzen in den Händen, und noch immer ergießt sich die Thora[2] wie Öl von den Lippen des Bräutigams und duftet wie eine Himmelsblume. Seine Augen leuchten wie die Sterne. Alles starrt auf ihn und hört ihm gebannt zu, auch Chananjo. Er hält sein Versprechen und denkt überhaupt nicht daran, ihn zu widerlegen. Im Gegenteil, er hat Freude an seinem Vortrag, und der Gedanke, daß er von nun an einen Freund haben wird, mit dem er lernen und vom Lernen reden kann, bereitet ihm große Befriedigung. Schon spürt er eine starke Zuneigung, ja Liebe zum Bräutigam. Am liebsten würde er aufstehen, zu ihm gehen und ihn abküssen. Gedacht,

---

[1] Bräutigam

[2] Thora kann auch ein Vortrag über religiöse Themen sein.

getan. Er erhebt sich und gleitet dabei aus. Im Vorbeigehen hört er, wie ein Jeschiwaschüler zum anderen sagt: «Der Bräutigam ist viel gelehrter als Chananjo.»

Und der andere: «Im Vergleich mit ihm ist Chananjo ein Golem[1].»

Das war eine allzu große Herausforderung für Chananjo. Es riß ihm jäh eine Wunde im Herzen auf, als ob eine Schlange ihn gebissen hätte, die Schlange der Versuchung ... Er bleibt stehen, stellt sich auf die Zehenspitzen und fängt plötzlich an zu reden. Er widerlegt jedes Wort, Pech und Schwefel ergießen sich aus seinem Mund. Mit einem Mal spürt er, daß er in der Seele sündigt, daß er die Thora des Propheten Elia beleidigt, ihr Herz mit Spieß und Schwert durchbohrt und die wahre Lehre tötet. Erschreckt will er aufhören, doch er kann nicht. Wie unter einem geheimen Zwang muß er reden, gegen seinen Willen. Aus ihm spricht der Verneiner, der Satan! Und er sieht, wie der Bräutigam vor Schreck erblaßt, schwankt und bewußtlos in einen Sessel sinkt.

Jetzt bricht eine wahre Hölle los. Der Metzger rast vor Wut und brüllt wie ein Löwe: «Das Ganze ist ein Irrtum, man hat mich getäuscht!» Er läuft wie verrückt im Haus umher, dann stürzt er sich auf die zwei armen Gelehrten, seine Sendboten und Werber, verprügelt sie und rupft ihnen die Bärte aus. Den Spielleuten reißt er die Instrumente aus den Händen und zerbricht sie, und der eigenen Tochter zerrt er mitten im Saal den Brautschleier

[1] künstlicher Mensch aus Lehm

vom Kopf. Dann rast er in irgendeinen Abstellraum und kehrt mit den alten Kleidern des Bräutigams zurück, mit Leinengewand, Hanfstrick und Mandelstecken. Er reißt dem immer noch Ohnmächtigen die Hochzeitskleider vom Leib, setzt ihn nackt und bloß vor die Tür und wirft ihm seine armseligen Lumpen nach.

Die Vornehmen von Jerusalem und alle Hochzeitsgäste verlassen schreckerfüllt das Haus, nur Chananjo bleibt zurück. Er steht wie erstarrt am selben Fleck und hört den Reichen schreien: «Schade um das gute Essen! Der Tischler soll kommen und die Chupa[1] vorbereiten!»

Chananjo hebt mit Mühe die Füße vom Boden und torkelt hinaus.

Auf der Straße kommt ihm der Rosch-Jeschiwa entgegen, mustert ihn lange und aufmerksam und sagt schließlich: «Chananjo, so kannst du die ganze Welt krank machen. Am besten ist, du vergißt, was du gelernt hast.»

Und im selben Augenblick knackte etwas in meinem Hirn, erzählt Chananjo, als ob es platzte, und ich blieb zurück wie ein leerer Käfig, dem die Tauben entflogen sind. Keines einzigen Thorawortes konnte ich mich mehr entsinnen! Ich fiel dem Rosch-Jeschiwa zu Füßen und erflehte eine Buße von ihm. Er schaut mich mitleidig an und seufzt: «Wer weiß, ob dir eine Buße noch helfen kann?»

Ich weinte bitterlich, doch er wies mit der Hand auf den Bräutigam, der unweit von mir in einem

---

[1] Traubaldachin

Winkel hinter dem Haus stand und in der fremden Stadt weder ein noch aus wußte.

«Zuerst», sagt der Rosch-Jeschiwa, «mußt du vor ihn hintreten und ihn um Verzeihung bitten.»

Ich habe Angst davor, doch der Rosch-Jeschiwa gibt mir einen Stoß und schiebt mich zu ihm hin.

«Geh und führe ihn zu deiner Mutter. Ich werde mich ebenfalls dort einfinden.»

Ich wende mich gegen ihn, er erblickt mich, läuft auf mich zu und läßt mich gar nicht erst zu Wort kommen.

«Ich verzeihe dir von ganzem Herzen», ruft er mir zu, «die Braut war mir vom Himmel nicht beschieden.»

Mir wäre lieber gewesen, er hätte mich zertreten! Doch er legt mir den Arm um die Schulter und nennt mich seinen Freund!

Sage ich: «Was für ein Freund kann der Unwissende einem Gelehrten sein?» Er schaut mich erstaunt an, und ich erzähle ihm von dem Fluch des Rosch-Jeschiwa.

Meint er: «Wenn der alte Rabbi wieder vor mir erscheint – der Prophet Elia natürlich –, werde ich für dich beten bei ihm.»

Ich bringe ihn zu meiner Mutter und leide Qualen der Hölle unterwegs. Er spricht zu mir in der Sprache der Thora, aber ich verstehe kein Wort. Mein Herz blutet vor Sehnsucht nach der Heiligen Schrift, und in meiner Seele ist es wüst und finster wie in einer verlassenen Ruine.

Wir kommen zu der Mutter, und ich falle ihr weinend um den Hals.

«Ach, Mütterchen, Gott hat mich gestraft und

dich auch: Jetzt hast du einen Unwissenden zum Sohn!»

Es wird ihr bang ums Herz, und ihre Stimme zittert.

«Wieso? Was ist geschehen? Ein böser Blick? Hat dich jemand behext?»

Ich erzähle ihr die ganze Geschichte und zeige ihr den Bräutigam, an dem ich mich so schwer vergangen habe. Die Muter ringt die Hände und weint mit gebrochener Stimme, und auch Esther, meine Schwester, stellt sich in eine Zimmerecke mit dem Gesicht zur Wand und vergießt bittere Tränen.

In diesem Augenblick kommt der Rosch-Jeschiwa herein und wendet sich sofort an meine Schwester: «Geh in die Küche, Braut, und bereite einen Imbiß für den Gelehrten da!» – er weist mit der Hand auf den fremden Jüngling. «Denn wenn es das Glück will, ist er dir zum Gatten beschieden.»

Esther wirft einen ängstlichen Blick auf den Burschen, doch sie gehorcht dem Rosch-Jeschiwa und geht hinaus.

Jetzt wendet sich der Rosch-Jeschiwa an meine Mutter.

«Das ist nicht die Zeit zum Weinen», sagt er. «Auch du hast dich versündigt, indem du für Esther nicht gesorgt und Chananjo nicht bestraft hast. Das war nicht gut, nicht gut!»

Die Mutter bricht erst recht in Weinen aus.

«Nicht weinen!» befiehlt der Rosch-Jeschiwa, «man muß etwas tun.»

«Was, was?» klagt die Mutter.

«Wirst du mir gehorchen?» fragt er.

«Ich werd' gehorchen, gehorchen!» schluchzt sie.

Und der Rosch-Jeschiwa ordnet an: «Zunächst mußt du Esther verheiraten. Der da ist ihr vom Himmel zugedacht.»

Ein Aufschrei aus tiefstem Herzen: «Was, der Bursche mit dem linnenen Rock und dem Strick?»

«Mit diesem Burschen hat der Prophet Elia Thora gelernt. Also folgst du mir jetzt, Tante?»

«Verzeiht mir, Rabbi, ich werde Euch folgen.»

«Und dein Sohn», fährt der Rosch-Jeschiwa fort, «muß sich auf die Wanderschaft begeben, bis der Allbarmherzige sich seiner erbarmen wird. Und du wirst auch noch Freude an ihm erleben, aber später – Esther ist älter.»

Wieder zu mir: «Und dir hätte wohl weder Reue noch Buße geholfen bei der schweren Sünde, die du begangen; aber du hast Glück, daß diese Ehe dem Himmel nicht genehm war und daß die Sache noch gut ausging, sowohl für den Bräutigam wie für die Braut.»

«Auch für die Braut?» wundert sich die Mutter.

Und der Rosch-Jeschiwa erklärt: «Ihr sollt wissen, daß Chana, die Tochter des Bösewichts, eine heimliche Heilige ist. Ihre fromme Mutter hat sich im Himmel für sie verwandt und mit ihrem Gebet erreicht, daß ihr einer der sechsunddreißig Gerechten zum Gatten bestimmt wurde[1], eben jener Tischlermeister, der damals um sie geworben hatte. Der Metzger schleppte ihn auf der Stelle zum

---

[1] Die sechsunddreißig Gerechten leben unerkannt, meist als einfache Handwerker unter den Menschen und haben die Welt durch ihre moralischen Verdienste vor dem Untergang gerettet.

Traubaldachin, um das Hochzeitsessen einzusparen. Doch das muß zwischen uns bleiben, bis er es selbst an die große Glocke hängt.»

«Gottes Wunder!» seufzt die Mutter schon etwas erleichtert.

«Und jetzt, meine lieben Kinder», mahnt der Rosch-Jeschiwa, «tauscht ihr zwei eure Kleider. Du, Chananjo, trittst unverzüglich deine Verbannung an. Nimm den Stecken und hüte ihn wie deinen Augapfel. Sogar nachts, wenn du schläfst, soll er dir zu Häupten liegen. Ich werde für deine Erlösung beten, und eines Tages wird der Zweig frisch ergrünen ... Auch deine Seele wird neu erblühen, und du wirst dich wieder an alles erinnern. Doch denk daran: Erst wenn dies alles eingetroffen ist, darfst du wieder neue Kleider anziehen. Geh jetzt und nimmt von keinem Abschied!»

Ich tauschte sogleich die Kleider mit dem Bräutigam. In diesem Augenblick kam meine Schwester mit einem großen Pfannkuchen herein, sah uns und ließ vor Schreck den Teller fallen, der klirrend zerbrach.

«Masel-tow, masel-tow!»[1] rief der Rosch-Jeschiwa.

Das war das letzte, was ich hörte. Ich verließ das Haus auf der Stelle.

Als er Jerusalem hinter sich gelassen hatte, erzählt Chananjo, verirrte er sich sogleich in der Wüste. Er hatte weder Brot noch Wasser, doch Essen und

---

[1] Das Zerbrechen oder Zerschlagen von Geschirr gilt als glückbringendes Omen.

Trinken waren ihm gleichgültig. Für die Bedürfnisse des Körpers genügten ihm die spärlichen Kräuter, die er in der Wüste fand. Dabei mußte er ständig auf der Hut vor wilden Tieren sein, vor Schlangen und Skorpionen, doch sie taten ihm nichts. Sie zischten nur und gingen ihm aus dem Weg. Chananjo begriff, daß sie keine Macht über ihn hatten, denn sein Urteilsspruch lautete: «Unstet sollst du wandern.»

Einmal hörte er ganz deutlich eine Stimme: «Dieser gehört...» Doch wem er gehörte, konnte er nicht verstehen.

So irrte er Tag und Nacht ziellos durch die Einöde und beklagte seine jungen Jahre, die ihm dahinschwanden ohne Thora und ohne ein Licht im Dunkel seiner Seele. Ach, könnte er nur ein einziges Thorawort vernehmen! Hätte er wenigstens ein Andachtsbuch! Er erinnert sich nicht mehr an den Wortlaut der Gebete.

Einmal streute er sich zur Sühne Wüstensand über den Kopf und schleuderte, stundenlang auf einem Bein stehend, unaufhörlich das Wort «Thora» gegen den Himmel, immer nur dies eine Wort, in völliger Entäußerung der Seele. So schrie er bis zum Sonnenuntergang. Schließlich fiel er erschöpft zu Boden und schlief sofort ein. Doch auch im Schlaf hörte er sich weinen und immerfort weiter schreien: «Thora, Thora, Thora!» Da erschien ihm im Traum der Rosch-Jeschiwa. Er trug ein Totenhemd und eine goldene Krone auf dem Haupt.

«Erhebe dich, Chananjo», sagte er, «deine Genesung hat begonnen. Gott hat dein Gebet erhört, und der Prophet Elia war dein Fürsprech bei ihm. Steh auf und gehe, wohin das Auge dich führt, bis du nach Safed kommst. Dort findest du Reb Chio, den Mildherzigen, und wirst ihm dein Herz aufschließen. Bitte ihn, daß er dich in seine Jeschiwa aufnimmt, er wird es dir nicht abschlagen. Und wenn du achtzehn Jahre geworden bist, wird er dir die Braut zuführen, die dir vom Himmel bestimmt ist. Sie wird für dich beten, und ihre Fürbitte wird Gehör finden beim göttlichen Thron, denn die heilige Ehe sühnt jegliche Schuld mit ihren sieben Segenssprüchen. So wird dir geholfen werden. Und am achten Tag nach der Hochzeit wirst du beim Erwachen den Stecken zu deinen Häupten voll von frischem Grün und sprießenden Mandelknospen finden. So wird auch deine Seele wieder blühen und sprießen. Und du wirst dich an alles erinnern, nur nicht an das Böse.

Sogar eine Predigt wirst du für Reb Chio halten, eine aufbauende, keine zerstörende, über die er sich freuen wird. Doch ob du noch lange leben wirst, das weiß ich nicht...», sagt der Rosch-Jeschiwa.

Dann war er verschwunden. Beim Morgengrauen machte ich mich auf und wanderte, bis ich zu Euch kam, Rabbi.

Das war Chananjos Erzählung.

Reb Chio sah ihn mitleidig an und fragte: «Wie alt bist du jetzt, Chananjo?»

«Siebzehn Jahre und zehn Monate.»

Überlegt Reb Chio: «Der Arme... nur wenige Wochen bleiben ihm.»

Chananjo richtet seine großen Augen demütig auf Reb Chio und fleht mit leiser, zitternder

Stimme: «Rabbi, werdet Ihr mich in Eure Jeschiwa aufnehmen?»

«Eine leere Seele», grübelt Reb Chio, «ohne ein Wort der Thora. Doch aus seiner Kehle klingt es wie die Geige König Davids!»

Laut aber sagte er: «Geh jetzt schlafen, mein Kind, und sag dem Hausverwalter, er soll dich zur Ruhestatt führen. Komm morgen früh nach deiner Bußübung zu mir. Geh jetzt, mein Kind!»

Chananjo verläßt die Laube, und Reb Chio bleibt noch eine Weile allein zurück. Er schaut durch das Fenster zum Himmel hinauf und seufzt: «Sollte *er* es sein?»

Doch der Himmel ist grau von Wolken und schweigt. Warum es Reb Chio so schwerfiel, Chananjo die Antwort ohne Aufschub zu geben, werden wir aus dem Gespräch erfahren, das Reb Chio am nächsten Morgen mit ihm führte.

«Chananjo, mein Sohn», begann er, nachdem sie sich in ein besonderes Gemach zurückgezogen hatten, «du sollst wissen, daß ich gegen deinen Eintritt in meine Jeschiwa, den du dir so sehr wünschst, nichts einzuwenden habe.»

Chananjo beginnt am ganzen Leib zu zittern.

«Rabbi», sagt er, «laßt mich nur irgendwo sitzen, in der letzten Bank, in einer dunklen Ecke. Ich will ja nur hören, was Ihr Euren Schülern sagt, nur *hören* will ich.»

«Ich habe dir versprochen, daß ich dich aufnehmen werde», tröstet ihn Reb Chio, «aber ich habe Angst, daß sich die jungen Leute, Gott behüte, über dich lustig machen könnten in ihrem knabenhaften Übermut. Und außerdem dürfen wir nicht vergessen, Chananjo, daß es angehende Gelehrte sind, und du ... du wirst viel von ihnen erleiden müssen, fürchte ich.»

Ruft Chananjo freudig aus: «Im Gegenteil, Rebbe, ich *muß* leiden und Spott und Erniedrigung auf mich nehmen, damit der Fluch schneller von mir weiche!»

«Das mag sein», sinniert der Rabbi, «doch kann es ihnen selbst Schaden zufügen: Wer seinen Nächsten vor den Menschen beschämt, verliert seinen Anteil am ewigen Leben.»

Chananjos Augen leuchten.

«Das heißt, Rabbi», überlegt er sich, «wenn ich davonkomme und der Fluch von meiner Seele genommen ist, werde ich noch immer keinen Anteil am ewigen Leben haben. Ich werde also Thora um der Thora willen lernen ohne jede Aussicht auf Belohnung. Gott gebe es, Rabbi, Gott gebe es!»

Reb Chio saugt seine Worte ein wie duftendes Harz. Noch hat er aber Bedenken: «Und die Schüler? Wenn sie an dir straucheln und das ewige Leben verlieren?»

Chananjo schweigt betroffen, dann kommt ihm ein Gedanke: «Und wenn ich ihnen im voraus verzeihe, Rabbi?»

«Das heißt das Pferd von hinten aufzäumen», schmunzelt der Rabbi, nimmt Chananjo bei der Hand und führt ihn in die Jeschiwa. Dort setzt er ihn auf eine eigene Bank abseits von seinen Mitschülern, wie Chananjo es sich gewünscht hatte.

Während Reb Chio die tägliche Lektion vorträgt, wirft er von Zeit zu Zeit einen Blick auf Chananjo, der unbeweglich dasitzt und seinen Worten mit geschlossenen Augen lauscht. Sein Gesicht belebt sich zusehends, wenn er eine Textstelle ihn ihrem Zusammenhang erfaßt, und wird blaß vor Schreck, wenn ihm etwas verlorengeht. Manchmal ist er von schwerem Kummer gezeichnet, wenn er den Sinn des Satzes, auch in der Übersetzung, nicht begreifen kann. Reb Chio denkt unwillkürlich an ein verschmachtendes Kamel, das durstig in der Wüste umherirrt und sich freut, wenn es in der Ferne das Rieseln einer Quelle vernimmt.

Einmal überhört Reb Chio ein Gespräch zwischen den Talmudim[1]. Zwar flüstern sie, aber er merkt, daß es um Chananjo geht, und sie zeigen auch verstohlen mit dem Finger auf ihn. Reb Chio vernimmt Worte wie «Bauer», «Unwissender», was ihn sehr betrübt, doch macht er den Studenten keine Vorhaltungen, weil Chananjo sie mit so viel Liebe und Zuneigung anblickt, als hätten sie ihm die größte Wohltat erwiesen. Reb Chio fährt im Unterricht fort, die Schüler stellen Fragen, er beantwortet sie, es wird heftig diskutiert – nur Chananjo schweigt, um nichts Dummes zu sagen. Er spricht mit keinem, doch in seinem Gesicht spiegelt sich die Hingabe, mit der er jedes Wort aufnimmt. Wenn die Lektion zu Ende ist, verläßt er als letzter den Raum. Die wenigen Stunden vor dem Nachmittagsgebet verbringt er im Garten. Er spaziert ganz allein auf abgelegenen und verwach-

[1] Talmudschüler

senen Pfaden, bis er zu einer Laube kommt, die fast versteckt zwischen dichten Oleanderbäumen steht. Dort bleibt er bis zum Abendgebet.

Einmal kommt der Hausverwalter zu Reb Chio und fragt ihn um Rat. Soll er sich bei Chananjo entschuldigen?

«Wofür?» wundert sich Reb Chio. «Hast du dich wieder einmal aufgeregt?»

«Gott behüte!» verwahrt sich der Hausverwalter, aber er höre jeden Nachmittag aus der Laube zwischen den Oleanderbäumen die Stimme Chananjos, der die morgendliche Lektion des Rabbi in der Volkssprache mühsam nachspreche oder inbrünstig, ja verzweifelt zum Himmel bete und um «Thora, Thora, Thora!» flehe, wie ein Hungriger um Brot schreit.

«Ich weiß jetzt», sagt der Hausverwalter, «daß er wirklich ein Bußfertiger ist, und ich fürchte, daß ich ihm Unrecht getan habe und sicher dafür bestraft werde.»

Reb Chio beruhigt ihn: Chananjo sei noch nicht am Ende seiner Leidenszeit angelangt, und man müsse froh sein, daß die Schüler ihn zu verstehen begännen. Reb Chio bemerkt sogar mit Genugtuung, daß sie ihm unwillkürlich Achtung zeigen.

Und unablässig geht es ihm im Kopf herum: «Ist er Miriam zum Gemahl bestimmt oder nicht? Ein Unwissender, ach ...!» seufzt er bekümmert.

Eines Nachmittags begibt sich Reb Chio zu Chananjo in die Laube, um den Stand seines Lernens zu prüfen.

«Begreifst du schon etwas?» fragt er ihn.

«Bis jetzt wurde mir die Gnade nicht zuteil, Rabbi, aber ich verstehe mehr und mehr Worte von Eurem Vortrag und kann mir Eure Erklärungen immer besser merken ...»

Reb Chio schüttelt seufzend den Kopf, doch Chananjo bittet ihn inständig um Gehör: «Rabbi, Ihr habt doch gesagt, daß man sein Herz vor einem Menschen erleichtern soll. Diese Worte sind mir im Gedächtnis geblieben, sie leuchten in meiner Seele wie Diamanten. Laßt mich zu Euch reden, Rabbi!»

«Rede nur, rede!»

«Mit mir geschieht etwas Seltsames, Rabbi: Als ich zum ersten Mal vor Euch stand, hielt ich die Augen geschlossen und lauschte Euch gierig mit weit offenen Ohren, um ja keines Eurer Worte zu verlieren. Aber hinter den Augen, in meinem Innern sah ich die Wüste vor mir. Noch immer irrte ich umher und war dem Verschmachten nahe. Die Zunge klebte mir am Gaumen – da hörte ich von weitem eine Quelle rieseln, reines, süßes Wasser. Es klang so lieblich, eine frohe Botschaft, ein Labsal für meine Seele ... Ich fühlte, daß Gott sich meiner erbarmte und mich geraden Wegs zum lebenden Wasser führte, doch siehe! Die Quelle setzte sich selbst in Bewegung und kam mir entgegen! Und sie schien mir bekannt, hatte ich doch schon früher aus ihr getrunken ... Aber ein böser Mensch betörte mich und zeigte mir eine andere Quelle mit schlechtem, vergiftetem Wasser, das ich in meiner Verblendung für Himmelstau hielt.

Doch jetzt hat Gott mir geholfen. Ich kehre zur wahren Quelle zurück, und wieder kommt sie mir entgegen! Nur sie kann mich heilen. In mir wächst die Kraft, die Zuversicht, ich schreite vorwärts über Stock und Stein, über Disteln und Dornen, und je mehr ich mich ihr nähere, desto schneller fließt sie mir entgegen!»

«Amen. Möge Gott dir helfen», betet Reb Chio. «Wenn ich in der Laube sitze, denke ich oft, daß ich einst ein Käfig mit Vögeln war, die Gottes Lob sangen. Doch dann kam ein böser Zauberer und verhexte die Vögel, und plötzlich sangen sie andere Weisen, freche, ausgelassene ... Das Volk verstand nichts davon, fand den Käfig schön und bewunderte die Vögel, bis eines Tages ein frommer Mann vorbeikam und vor dem Käfig stehenblieb. Er wollte wissen, was für Lieder da gesungen wurden, doch brauchte er nicht lange zu lauschen, um die Natur des Gesanges zu erkennen: Er hörte in ihm die Stimmen des Hochmuts und der Lästerung! Jetzt trat er dicht an den Käfig heran und sprach: ‹Besser ist es, ganz zu schweigen, als so zu singen!›

Und er blies einen bösen, kalten Hauch in den Käfig; die Vögel verstummten augenblicklich, erstarrten zu Stein und fielen wie tot auf den Boden des Käfigs. Dort liegen sie noch immer in einem Knäuel – mit ausgedrehten Flügeln, verklebten Schnäbeln und geschlossenen Augen.

Doch wenn ich Eurem Vortrag lausche, und ein Wort um das andere in mich eindringt, erwachen die Vöglein, eines nach dem anderen. Sie öffnen die Äugelein und die Schnäbelchen und fangen an zu singen, leise und mit schwachen Stimmlein – gute Weisen, fromme Weisen! Schon bewegt eines die Flügelchen – bald wird es fliegen!»

«Siehst du, Chananjo? Gott erbarmt sich deiner», versucht Reb Chio ihn aufzumuntern.

Aber Chananjo läßt sich nicht trösten. «Das alles gilt nur für den Tag», sagt er traurig; «sobald die Sonne niedersinkt, legen sich die Schatten der Nacht wieder auf meine Seele. Die Vöglein im Käfig verstummen und erstarren von neuem. Kaum hat eines mit den Flügeln gezuckt, macht es die Augen zu und fällt wieder wie tot zu Boden ...»

Reb Chio fühlt großes Mitleid mit ihm und sagt: «Geh jetzt zum Nachmittagsgottesdienst, mein Kind! Ich bleibe noch eine Weile hier und will für dich beten.»

Chananjo sieht ihn dankbar und liebevoll an und verläßt die Laube.

Reb Chio bleibt allein. Nachdem er Mincha[1] und Maariw[2] verrichtet hat, will er sich in den Garten begeben, um dort unter freiem Himmel für Chananjo zu beten. Wie er auf die Schwelle der Laube tritt, erblickt er, nur einige Schritte vor sich, zwei Schlangen, die sich um zwei benachbarte Oleanderstämme geringelt haben, so daß ihre Köpfe sich fast mit den Giftzähnen berühren.

Reb Chio kennt alle Tiere und auch die Vögel seines Gartens, ob sie hoch unter dem Himmel fliegen oder zwischen den Zweigen der Bäume nisten. Er kennt sogar die Würmer und die Raupen, die über niedrige Pflanzen und Kräuter kriechen oder sich im Gras verstecken.

Eine der beiden Schlangen ist ihm seit langem

---

[1] Mittagsgebet

[2] Abendgebet

bekannt, doch die andere mit Namen «Echnaj» scheint ihm fremd zu sein, jedenfalls hat er sie noch nie gesehen. Er fragt sich, wozu sie hergekommen ist, und zieht sich leise in das Dunkel der Laube zurück. Er hört, wie die heimische Schlange dieselbe Frage an ihre fremde Schwester stellt.

«Ich bin gekommen, um jemanden zu töten», antwortet sie.

Lächelt die zahme Schlange: «Deine Mühe ist umsonst. Schau, ich bin schon lange hier, doch als ich herkam, war ich eine böse, giftige Viper und liebte es, die Jeschiwaschüler zu beißen. Allmählich aber hörte ich auf damit, und weißt du warum? Ich will es dir erzählen: Reb Chio, das Oberhaupt der Jeschiwa, war früher Kaufmann und unternahm weite Reisen, die ihn in die ganze Welt führten. Unterwegs traf er die alten Scheichs der Morgenländer, die alle sieben Weisheiten kennen, und lernte viel von ihnen, zum Beispiel die Heilkunst und die Arzneiwissenschaft. Die Scheichs zeigten ihm das Kraut, das gegen unseren Biß hilft, und Reb Chio brachte es mit von den fernen Inseln. Ich beiße, und er heilt... Was soll das? Ich muß einsehen, daß meine Arbeit vergeblich ist – also höre ich lieber ganz auf mit Stechen...»

«Unsinn!» zischt Echnaj. «Kräuter nützen nur, wenn die Schlange aus eigenem Ermessen beißt, aus Haß auf den Fluch, den Gott wegen des Sündenfalls im Garten Eden auf Menschen und Schlangen geladen hat. Es stimmt, daß der Herr der Welt die Arznei *vor* der Krankheit erschaffen hat, und als er der Schlange ihr Gift gab, wuchs auf den fernen Inseln schon sein Heilkraut. Ich aber fürchte mich nicht, denn ich komme nicht aus eigenem Ermessen, nicht aus Bosheit werde ich beißen. Mich schickt der Todesengel, um einen Verurteilten hinzurichten.»

«Wo gibt es da einen Verurteilten?» wundert sich die zahme Schlange. «Hier leben doch nur gelehrte, weise und fromme Menschen...»

«Der junge Chananjo, der in dieser Laube jeden Nachmittag der Ruhe pflegt, hat den Tod verdient.»

«Wie ist das möglich?»

«Da siehst du es... Er hat einen Gelehrten öffentlich beschämt, einen Schüler des Propheten Elia, und dazu noch am Tage seiner Hochzeit! Einen Teil der Strafe hat ihm der Rosch-Jeschiwa von Jerusalem, der Zeuge seiner Tat war, sogleich auferlegt: Chananjo vergaß alles, was er gelernt hatte, und mußte unstet und flüchtig durch die Welt ziehen, ein linnenes Gewand tragen und seine Lenden mit einem Hanfstrick umgürten. In die Hand gab er ihm einen geschälten Mandelstecken, und Chananjo wird sein Gedächtnis nicht eher zurückerlangen, bis der Zweig frisch ergrünt...»

«Das heißt bis zum Ende der Welt...», nickte die andere Schlange.

«Wer kann das schon wissen?» sagte Echnaj. «Doch im Himmel war man mit dem Urteilsspruch nicht einverstanden. Es sei zu wenig, meinte man dort, man müsse ihm auch seinen Anteil am ewigen Leben kürzen. Der Fürst der Thora[1] war jedoch dagegen. Nein! Schließlich einigte man sich

[1] Beim himmlischen Gerichtshof hat die Thora ihren eigenen Fürsten.

darauf, daß Chananjo noch eine Möglichkeit erhalten sollte, seine Schuld zu sühnen: Er wird eine reine, fromme und tugendsame Jungfrau heiraten, doch am achten Tag nach der Chupa[1] muß er sterben. Seine Sünde wird je zur Hälfte durch die sieben Segenssprüche der heiligen Ehe und durch seinen Tod getilgt werden. Und weil dadurch eine Tochter Israels ohne eigene Schuld früh verwitwen muß, soll sie mit einem Sohn gesegnet werden, der zu einem Gaon, einer Leuchte der Wahrheit und der Welt heranwachsen wird.»

Und Echnaj, müde und durstig vom vielen Reden – sie hatte wohl in ihrem ganzen Leben nicht so lang gesprochen –, ließ sich von ihrer neuen Freundin den Weg zum Wasser zeigen. Die beiden wanden sich von den Bäumen herab und krochen davon.

Reb Chio blieb voll Schreck zurück.

Zwiespältige Gefühle bewegen ihn: Wenn er Chananjo *nicht* verheiratet, handelt er gegen die Vorsehung und raubt ihm die einzige Möglichkeit, sich jemals wieder zu erinnern. Tut er es aber, tötet er ihn mit eigenen Händen – und wie kann man eine Tochter Israels opfern und sie acht Tage nach der Hochzeit zur Witwe machen?

Lange blickt Reb Chio zum Himmel hinauf. Der Himmel schweigt ... Doch Reb Chios Herz klopft und pocht, stärker und stärker, und er vernimmt eine Stimme in seinem Innern: «Chio! Opfere deine Tochter, deine einzige Tochter Miriam! Unser Vater Abraham würde sich keinen Moment besinnen ...»

---

[1] Traubaldachin, im übertragenen Sinn Hochzeit

Es ist aber nicht leicht, die einzige Tochter zu opfern. Reb Chio erinnert sich, daß die fromme Sore, seine verstorbene Frau, versprochen hat, ihm im Traume zu erscheinen und Rat zu geben. Er hebt seine Augen zum Himmel und betet. Und noch während er betet, entwölkt sich der Himmel. Millionen von Sternen glitzern am Horizonte und blicken auf ihn herab, voll Gnade, Hoffnung und Zuversicht.

Reb Chios Gebet wurde erhört. Als er eines Abends nach dem Fasten in seinem Sessel saß, überkam ihn plötzlich der Schlaf. Er schloß die Augen und nickte ein. Im selben Augenblick erschien ihm Sore, unverändert, wie vor ihrem Tod. Sie blickte ihn an, und ihre Augen strahlten Liebe aus. Dann legte sie ihm die rechte Hand auf die Schulter und sprach: «Sei unbesorgt, Chio, das Glück unserer Tochter leuchtet wie die Sonne. Vertraue auf sie!»

Er will sie noch etwas fragen, doch sie ist schon entschwunden, und er spürt, wie ihn jemand aufweckt. Er schlägt die Augen auf und sieht Miriam vor sich. Auch sie legt ihre Rechte auf seine Schulter, wo soeben die Hand ihrer Mutter geruht hat.

«Verzeih, Vater, daß ich dich geweckt habe», sagt sie, «die Sonne ist längst untergegangen, der Mond steht am Himmel, und die Sterne leuchten. Es ist Zeit für das Abendbrot, Vater.»

Reb Chio merkt, daß dies eine Fortsetzung des Traumes ist, ergreift ihre Hand und drückt sie an sein Herz.

«Ich werde nichts zu mir nehmen, meine Tochter», sagt er, «ehe ich dich nicht etwas gefragt habe und du mir die Wahrheit offenbart hast.»

Er sieht, daß sie errötet, und fährt fort: «Es ist in der ganzen Welt so, Töchterchen, daß eine Jungfrau in gewissen Dingen ihr Herz nur der Mutter öffnet. Nun bist du aber eine Waise, und ich bin dir Vater und Mutter zugleich, wie ich es *ihr* versprochen habe, die dich geboren hat. Also mußt du mir die ganze Wahrheit sagen und nichts zurückbehalten in deinem Herzen.»

Miriam verbirgt ihr Gesicht an seiner Brust und flüstert: «Frage, Vater.»

Und er: «Schau, Tochter, die Jahre ziehen dahin, und ich bin nicht mehr jung. Mein Bart ist weiß wie der Schnee auf dem Berge Hermon. Was wird sein, wenn man mich vor den himmlischen Gerichtshof und zu deiner Mutter ruft? In wessen Obhut soll ich dich dann zurücklassen?»

«Sprich nicht davon, Vater! Ich werde mich immer deinem Willen fügen.»

Nach einer Weile fragt er sie: «Miriam, möchtest du frömmer sein als Rebekka?»

«Nein», lächelt sie.

«Als Elieser, der Knecht Abrahams, im Namen Isaaks um Rebekka warb, fragte man das Mädchen, ob es mit Elieser fortziehen wolle. Und Rebekka schämte sich nicht – so heißt es – und antwortete: ‹Ja, ich will.›»

«Frag doch, Vater! Wenn du es befiehlst, werde ich dir antworten.»

Fragt er sie unvermittelt: «Dann sage mir die Wahrheit, Miriam! Welchen meiner Schüler möchtest du am liebsten zum Mann?»

«Chananjo», flüstert Miriam leise – so leise, daß nur ein Vaterohr den Namen noch verstehen konnte...

Reb Chio ist erstaunt und bestürzt zugleich.

«Was gefällt dir denn so an ihm?» fragt er. «Hast du mit ihm gesprochen?»

«Gott bewahre, nein! Hätte er mir denn geantwortet?»

Lächelt Reb Chio und forscht weiter: «Was ist es also? Nun, sag schon, Kind!»

Er sieht, daß ihr die Antwort nicht leichtfällt, und wird deutlicher.

«Ich befehle es dir kraft meiner väterlichen Gewalt!»

Erzählt sie ihm, daß ihr der Jüngling vom ersten Augenblick an gefallen habe. Vor allem seine Stimme – sie fließt wie reines Öl mitten in ihr Herz hinein. Und dann sein Mut!

«Mut?» wundert sich Reb Chio.

«Braucht es etwa keinen Mut, um zwischen all den vornehm gekleideten Kameraden als einziger in einem Linnengewand herumzugehen und sich dessen nicht zu schämen?»

«Und was noch?» will Reb Chio wissen.

«Sein gutes Herz, das ihm aus den Augen spricht, sobald er sie nur auftut. Und seine Trauer – ich spüre sie ganz tief in meinem Herzen.»

«Kind, er muß Buße tun. Eine Sünde lastet auf seiner Seele.»

«Gott *muß* ihm vergeben!» ruft sie schnell und voller Zuversicht. «Manchmal gehe ich an der Laube vorbei, in der er nachmittags zu sitzen pflegt, und höre ihn beten. Ist es denn möglich,

Vater, daß so rührende Gebete *nicht* erhört werden?»

«Gott ist der Vater der Barmherzigkeit, meine Tochter.»

«Ich kenne sein Vergehen nicht, aber seine Bußfertigkeit ist groß. Auf seinem Gesicht liegt so viel Reue und Zerknirschung, aber auch so viel Schwermut – man *muß* Mitleid mit ihm haben!»

«Fühlst du nur Mitleid, Tochter?»

«Das war am Anfang... Wäre ich an deiner Stelle, Vater – so dachte ich –, würde ich unaufhörlich für ihn beten. Dann kam mir ein neuer Gedanke: Wäre ich sein Bruder, würde ich meine Seele für ihn hingeben. Doch plötzlich – du willst ja, daß ich die reine Wahrheit sage, Vater – plötzlich schoß mir ein heißer Blutstrom durchs Herz, und ich wußte auf einmal, daß nur ein Weib ihre Seele für einen Mann hingeben kann! Weil du es mir befiehlst, rede ich. Ich habe sogar davon geträumt...

Es war am Lag Beomer[1]. Du hattest mit deinen Schülern eine Bootsfahrt auf dem Meer unternommen. Auf dein Geheiß war auch Chananjo dabei, und ich sah durchs Fenster, wie er traurig das Schiff bestieg.

Ich selbst blieb als einzige zurück, fühlte mich aber doch ein bißchen bedrückt so ganz allein zu Hause. Ich ging in den Garten. Es war still dort, kein Vogel sang, kein Lebewesen zeigte sich unter den Bäumen. Mir wurde seltsam zumute, fast traurig.

---

[1] 33. Tag nach Pessach. Da an diesem Tag der Unterricht ausfällt, unternehmen die Lehrer oft Ausflüge mit ihren Schülern.

Geh' ich zu den Blumen hinüber. Sie dürsten und lassen die Köpfe hängen – es ist ein schwüler Tag. Ich lege mich neben den weißen Lilien ins Gras, die Hände hinter dem Kopf verschränkt, und blicke zum Himmel empor. Dann muß ich wohl eingeschlummert sein, denn ich hatte einen Traum:

Am Himmel fliegt eine Taube. Eine weiße, stille, traurige Taube. Und hinter ihr – die Taube kann ihn nicht sehen – schwebt ein schwarzer Vogel mit einem drohend gereckten, scharfen Schnabel und will die Taube töten. Mich packt gräßliche Angst, und ich schreie in wildem Mitleid. Doch die Taube hört mich nicht und fliegt weiter. Der schwarze Vogel erschrickt und verschwindet für eine Weile, aber bald ist er wieder da und jagt der Taube von neuem nach. In mir erwacht ein noch stärkeres, noch brennenderes Mitleid, und ich schreie noch lauter. Der schwarze Vogel erschrickt wieder und bleibt etwas zurück, doch bald holt er die Taube von neuem ein. Schrei' ich herzzerreißend ... Das wiederholt sich einige Male, bis die Taube mich endlich hört und sich zu mir herabfallen läßt.

‹Was schreist du, Kind?› fragt sie traurig.

Antworte ich: ‹Ich verscheuche den schwarzen Vogel, den du nicht siehst und der dich töten will!›

Und sie voll Schwermut: ‹Er will nicht, er *muß* mich töten. Ich bin zum Tode verurteilt. Und er wird mich töten, es sei denn, daß sich jemand für mich opfert. Das aber› – sagt sie traurig – ‹wird niemand tun.›

Ein Schrei von mir: ‹Ich! Ich werde es tun!›

‹Und du wirst es nicht bereuen?›

‹Nein! Ich schwöre es!›

Die Taube nickt mir freundlich zu, steht eine Weile still in der Luft und fliegt davon.

Ich erwachte und begriff, was es zu bedeuten hatte.

Die Taube ist *er,* Chananjo . . . und nur eine Frau kann sich wahrhaftig aufopfern . . . ich habe es geschworen . . .»

Reb Chio fragt in tiefer Trauer: «Wie aber, wenn diesem Chananjo kein langes Leben beschieden ist? Wenn zwar aus seinen Lenden ein Gaon hervorgehen soll, er selbst aber in jungen Jahren aus der Welt scheiden muß?»

«Wie viele *Jahre* ihm bestimmt sind, so viele *gute* soll er haben.»

Tränen schimmern in Reb Chios Augen.

«Wie aber», fährt er fort, «wenn ihm zwar zuteil wird, einen Gaon zu zeugen, ein Licht der Welt, ein großes, sehr großes sogar, seinem eigenen Leben aber vom Himmel nicht Jahre, sondern *Tage* zugemessen sind?»

«Mögen es nur Tage sein – *gute* soll er haben!»

«Und du wirst eine junge Witwe sein?»

«Eine von Gott gesegnete!»

Reb Chio bleibt sitzen. Er kann den Mut seines Kindes nicht begreifen.

«Es ist Sache des Himmels», denkt er.

Sie legt ihm abermals die Hand auf die Schulter, hebt ihre Augen zum göttlichen Gericht und spricht mit der Stimme einer Prophetin: «Ich hoffe aber, daß das Urteil, das über ihm schwebt, für null und nichtig erklärt wird. Ich werde mein Leben für das seine geben.»

«Auf welche Weise, Tochter?»

«Das weiß ich noch nicht. Ich muß zuerst die Art seines Vergehens kennen. Er wird es mir schon selbst sagen...»

In Reb Chios schwerem Herzen bleibt kein Zweifel mehr, daß der Ehebund von Gott gewollt ist.

«Gott prüft mich», denkt er, «aber ich werde die Probe bestehen.»

Und laut sagt er: «Meinen Glückwunsch, Tochter! Wenn Gott will, werden wir morgen den Verlobungspakt schreiben.»

Miriam beugte sich über des Vaters Hand, und als sie sich aufrichtete, erkannte Reb Chio sie kaum wieder: Sie strahlte vor Glück!

«Hast du denn gar keine Angst, Miriam?»

«Nein, ich verlasse mich ganz auf Gott.»

Und ihre Stimme klang so rein und klar wie Kristall.

Jedoch im Innern Reb Chios sah es nicht so ruhig aus. Als seine Tochter ihn allein gelassen hatte, schrieb er zwei Briefe, an den großen Rosch-Jeschiwa von Jerusalem und an den Exilfürsten von Babylon. Er goß die ganze Bitternis seines Herzens hinein.

«Morgen», schreibt er, «wird die Verlobung meiner Tochter Miriam gefeiert, möge sie leben und gesund bleiben. Zuweilen scheint mir, daß ich ihr eine Krone aufs Haupt setze, und dann wieder, daß ich mein einziges weißes Schäfchen zur Schlachtbank führe, und ich habe Mitleid mit ihm. Doch werde ich mich Gott nicht widersetzen. Die Hochzeit soll in einem Monat stattfinden. Bis dahin hoffe ich von Euch Rat zu vernehmen. Betet für mich, für meine Tochter und für den Büßer Chananjo!»

Reb Chio hielt immer sein Wort: Am nächsten Tag wurde der Verlobungspakt geschrieben. Die Leute waren perplex, und die völlig überraschten Jeschiwaschüler konnten nicht begreifen, wie der unwissende Chananjo zu dieser Ehre gekommen war, schwiegen indes respektvoll.

Der Monat ging vorbei, und es kam keine Antwort vom Jerusalemer Rosch-Jeschiwa, und auch der Fürst von Babylon ließ nichts von sich hören.

Reb Chio faßt dies als schlechtes Zeichen auf, läßt am Tag vor der Hochzeit seine Tochter kommen und eröffnet ihr: «Wisse, Miriam, daß deinem Bräutigam Chananjo bestimmt ist, diese Welt am achten Tag nach der Hochzeit zu verlassen...»

Und er erzählt ihr, was die Schlange gesagt hat, und daß die beiden großen Männer ihm nicht geantwortet haben. Noch sei es Zeit, ihre Meinung zu ändern...

Sagt Miriam: «Ich bleibe fest und ebenso mein Herz. Jetzt, wo ich den Urteilsspruch kenne, weiß ich auch, wie ich ihn umstoßen kann.»

Reb Chio traut seinen Ohren nicht.

«Du? Durch welche Verdienste, durch welche Kraft?»

Sagt Miriam ganz einfach: «Durch die Kraft meines Glaubens und durch die frommen Verdienste meiner Mutter, sie ruhe in Frieden. Mögen ihre ungelebten Jahre dir angerechnet werden, mein Vater! Und dank deiner eigenen Verdienste, Vater, deiner Thora und deiner Mildherzigkeit...»

Jetzt muß man nur noch den Traubaldachin errichten.

Der Bräutigam sitzt in seinem Büßergewand an der Hochzeitstafel und sagt kein Wort. Reb Chio hält eine Drosche[1] für ihn, und Chananjo lauscht ihm mit Freude und Trauer zugleich.

Man geleitet ihn zur Braut. Miriam hat ebenfalls ein linnenes Kleid an und ein einfaches Tuch um den Kopf geschlungen, wohl um den Bräutigam nicht zu beschämen. Jetzt wird das Tuch gelüftet: Ihr Antlitz leuchtet wie die Sonne, und ihre Augen sind tief und klar, voll Zuversicht und Glück.

Ganz Safed läuft zusammen, um diese Hochzeit zu bestaunen. Der Bräutigam steht unter dem Traubaldachin in einem Leinengewand, mit einem Hanfgürtel um die Lenden und einem Waldstecken in der Hand.

Man führt die Braut um ihn herum. Sie trägt um seinetwillen ein schlichtes Werktagskleid, und Reb Chio steht dabei und weint.

Er spricht Chananjo vor: «Harej at ...[2]»

Fragt dieser: «Was heißt das?»

Reb Chio übersetzt ihm Wort für Wort, ebenso die Segenssprüche und den Ehevertrag.

Alles ist erstaunt, doch Reb Chio muß ja wissen, was er tut.

Und man staunt noch mehr, daß der Bräutigam keine Silbe von der Thora sagt, nicht einmal bei Tisch, und daß daher auch keine Drosche-

---

[1] Rede, Predigt

[2] «Siehe du ...», Anfangsworte der Trauungsformel

geschenke[1] für ihn ausgerufen werden, auch nicht von seiten der Frau.

Die sieben Segenssprüche wurden im Garten gesagt – es war zur Sommerszeit. Entlang der breiten Hauptallee hatte man Tische aufgestellt, für Männer und Frauen gesondert.

Miriam saß wie eine Armenbraut unter den reichgekleideten Frauen, währenddem Chananjo stumm vor sich hin brütete zwischen all den Schriftkundigen und Rabbinern, die predigten und gelehrte Reden führten. Zuoberst an der Tafel thronte Reb Chio.

Doch er schien von innnerer Unruhe verzehrt und ließ seine Augen unaufhörlich über den Rasen schweifen. Reut ihn etwa die Partie? Gott bewahre! Er sucht nur die fremde Schlange und sieht, wie Echnaj, von keinem bemerkt, zwischen den Gästen herumkriecht und keinen Blick von ihrem Opfer, Chananjo, wendet.

Am Abend, nach dem letzten der sieben Segenssprüche, winkte Reb Chio seine Tochter zu sich und sprach mit seltsam erregter Stimme: «Tochter, morgen ist der Tag des Gerichts. Sei stark!»

«Ich bin stark», antwortete die junge Frau. «Gott hat mich gesegnet, und» – sie sagt es mit großer Bestimmtheit – «ich werde ihn vom Tod erlösen.»

«Möge Gott dir helfen!» murmelt Reb Chio unter Tränen.

«Aber denk daran, Vater, daß morgen zuerst das

---

[1] Geschenk als Ersatz für eine am Hochzeitstag zu haltende Rede

Wunder geschehen muß: Der Stecken muß erblühen und ebenso seine Seele. Und er muß eine Predigt halten, vor dir, Vater. Komm ganz früh am Morgen zu uns, Vater! Verschlaf dich nicht...»

«Werde ich denn schlafen können?» denkt er und verspricht es.

Als Reb Chio am Morgen zu dem jungen Paar kam, war Miriam schon angekleidet, während Chananjo noch im Bett lag.

«Verzeiht mir, Schwäher», sagt er, «aber ich fühle mich heute nicht ganz wohl.» Und er schließt die Augen.

Reb Chio wirft einen Blick auf den weißen Stecken neben Chananjos Kopfkissen und traut seinen Augen nicht: Der Zweig hat sich mit einer grünen Rinde überzogen, feine Äderchen schimmern dazwischen, Knospen sprießen hervor, er beginnt zu blühen...!

Reb Chio will das Wunder näher betrachten und bemerkt, daß auch Chananjos Antlitz sich verändert hat. Die Blässe ist verschwunden, und jetzt schlägt der Jüngling ein Paar ruhige, helle, gesegnete Augen auf und ohne das kleinste Zeichen eines Fluches in ihnen. Reb Chio schaut und schaut – hat seine Tochter es schon gesehen? Er sucht sie mit dem Blick, aber sie ist schon hinausgegangen.

Chananjo öffnet den Mund und beginnt zu reden. Reb Chio lauscht seiner Predigt und vergißt alles, das Wunder mit dem Stecken, seine Tochter, die Viper, die der Todesengel geschickt hat. Perlen schütten sich von Chananjos Lippen, die Thora und ihre Geheimnisse. Vor Reb Chios Augen wird das Tor zu einer neuen Welt aufgestoßen, zur Welt der Thora. Es ist ein herrlicher Garten, in dem neben den Bäumen der Erkenntnis und der Liebe die schönsten Früchte wachsen. Das reine Licht der sieben Schöpfungstage überstrahlt die Welt und vergoldet sie. Bäume und Sträucher blühen, Vögel zwitschern zwischen den Blättern, auf Zweigen und Früchten – alles grünt, sprießt, singt und spielt.

Chananjo redet, doch Reb Chio spürt, daß die Seele der Welt zu ihm spricht. Wacht er oder träumt er? Er öffnet Augen und Ohren und saugt die wundersamen Bilder und Stimmen gierig in sich hinein. Über Chananjos Lippen ergießt sich ein Strom von Worten und legt sich wie ein buntes Band wohlig über alle seine Glieder.

Reb Chios Entzücken läßt sich nicht beschreiben, schon gar nicht auf jüdisch-deutsch, aber die Geheimnisse der Thora, die ihm da kundgetan werden, sind in Chananjos Buch verzeichnet, das Reb Chio später mit Goldschnitt herausgab.

Doch verlassen wir die zwei Leuchten der Wissenschaft und wenden wir uns der frommen Miriam zu.

Sobald sie sicher war, daß der Stecken zu blühen begonnen hatte, ergriff sie das Linnengewand ihres Gatten und eilte hinaus. Der Teppich saugte ihre leichten Schritte auf.

Sie läuft durch alle Zimmer des Palastes bis zum Hausflur und stößt unterwegs auf keine lebende Seele, hat sie doch selbst angeordnet, daß niemand sich in diesen Gemächern zeigen darf, ehe sie es erlaubt. Vorsichtig schaut sie sich um – sie ist allein. Jetzt wirft sie schnell ihre Kleider ab...

«Gott!» flüstern ihre Lippen, «vergib mir die Sünde des Tragens von Männerkleidern! Es geht um eine menschliche Seele!»

Sie streift Chananjos Gewand über, läuft zur Tür, öffnet sie und setzt sich auf die Schwelle zum Garten. So sitzt sie eine Weile still da und folgt mit den Augen der Allee, die sich weit hinauszieht, um sich in der Ferne hinter den Oleanderbäumen zu verlieren.

Ihre Lippen flüstern Gebete zum Schöpfer der Welt, sie fleht darum, daß er ihr Opfer annehmen möge.

Jetzt sieht sie, wie Echnaj sich vom Oleanderbaum herabwindet und über den Weg kriecht. Schnell bedeckt sie ihr Gesicht mit den Händen, um nicht erkannt zu werden. So sieht sie genau wie Chananjo aus. Durch ein Spältchen zwischen den Fingern bemerkt sie, wie die Schlange immer näher kommt, langsam, aber stetig. Echnaj weiß, daß das Opfer ihr nicht entgehen wird. Sie sieht Chananjo – so glaubt sie – ruhig und mit verdecktem Gesicht auf der Schwelle sitzen und denkt sich: «Hier sitzt er ganz still. Sein Herz ahnt Schlimmes. Jetzt betet er oder spricht den Widuj[1].»

Die Viper läßt ihren Giftstachel heraus und macht sich zum Biß bereit. Miriam bemerkt es und sieht, wie Echnaj immer schneller kriecht. Die Bosheit der Schlange ist in ihr erwacht. Schon hört Miriam, wie ihr Bauch über den Sand schleift, und vernimmt ihr Zischen ...

Jetzt ist Echnaj so nah, daß Miriam die Flecken

---

[1] Sterbebekenntnis

auf ihrem Rücken unterscheiden kann. Sie schließt das Spältchen zwischen den Fingern und betet tief im Herzen, stumm, ohne zu atmen.

«Herr der Welt, nimm mein Opfer an!»

Sie beginnt den Widuj zu sprechen, stumm, ohne zu atmen, ohne mit den Lippen zu zittern.

Bevor sie ihn zu Ende sprechen kann, spürt sie den Biß. Sie sinkt auf der Schwelle um und ruft: «Allmächtiger, vergib mir wegen des Gaons, den du mir schenken wolltest! Möge Chananjo statt seiner leben...»

Sie beginnt zu röcheln, und die Seele trennt sich mit großen Schmerzen von dem jungen Leib.

Nun aber zu Gott, dem Gott des Gerichts!

Als Miriams Seele in den Himmel kam, wartete man dort schon auf sie, das heißt natürlich auf Chananjo. Gerechte liefen von überall herbei, sogar aus dem Paradies kamen sie.

Man führt Miriam vor den Gerichtshof und fragt sie, um der Vorschrift Genüge zu tun: «Warst du ehrlich im Handel?»

Antwortet Miriam: «Ich habe niemals Handel getrieben.»

«Hast du Thora gelernt?»

Lächelt sie anmutig: «Herr der Welt, hast du denn befohlen, daß jüdische Töchter deine Thora lernen sollen?»

Eine Unruhe entsteht.

«Wer bist du?»

Sagt sie: «Miriam, die Tochter Sores und Chios, Chananjos Weib.»

Man ist erschüttert. Sie hat sich für ihren Mann

geopfert! Echnaj ließ sich von ihr täuschen. Von allen Seiten schreit man die Seele an: «Schnell hinunter mit dir und zurück in deinen Leib, ehe man ihn von der Stelle bewegt!»

Miriam will aber nicht. Niemand sei verpflichtet, die Qualen des Todes zweimal zu erleiden, sagt sie. Sie stellt zur Bedingung, daß ihr Tod anstelle von Chananjos Tod angenommen wird. Er soll leben!

Die Himmlischen rufen wie aus einem Mund: «Einverstanden! Einverstanden!»

Man fürchtet, daß es schon zu spät sein könnte, und Miriams Seele kehrt augenblicklich in ihren Leib zurück.

Sie steht auf – von der Wunde ist schon nichts mehr zu sehen – und eilt zu ihren Liebsten. In unbändiger Freude erzählt sie ihnen, was ihr geschehen ist.

Im selben Augenblick kommen zwei Sendboten mit Briefen an, einer vom Rosch-Jeschiwa aus Jerusalem, der andere vom Babyloner Exilfürsten. In beiden Schreiben steht nur *ein* Wort: «Maseltow!»[1]

Über den Gaon, der dem Paar geschenkt wurde, und über die Freude, die Reb Chio an ihm erleben durfte, werden wir, so Gott will, ein andermal berichten.

Hinzuzufügen sei noch, daß Echnaj, die sich so schmählich narren ließ, in Ungnade fiel und nie mehr gesehen ward.

---

[1] Glückwunsch

JIZCHAK LEJB PEREZ

Der verrückte Batlen[1]

Er ist allein im Bethaus und läuft den ganzen Tag ruhelos auf und ab. Plötzlich bleibt er stehen.

«Herr der Welt, wer bin ich? *Wer bin ich?* Man ruft mich Berl Chantsche's, aber – bin ich denn Berl Chantsche's? Bin ich ein Name? Das Schild ist nicht der Laden. Das Haus des Rebben heißt Pod Karpis, und mich ruft man Berl Chantsche's ...

In Tschachnowka kennt man mich, man weiß, wer Berl Chantsche's ist, aber in Amerika? Wenn einer zum Beispiel ein Geschrei erhebt in Amerika: ‹Berl Chantsche's!›, weiß man dann im Bethaus, daß er mich meint?

Bin ich aber hier, dann ist das schon was anderes. Da lächelt jeder, wackelt mit dem Kopf, winkt mit der Hand: ‹Berl Chantsche's!› Eine bekannte Sache das ... Der denkt: ‹Aha, der Batlen ...› Jener: ‹Der Narr ...› Der dritte – was weiß ich? Einer entsinnt sich vielleicht, daß ich nach dem Onkel Berl heiße.

Tejbele ... sie seufzt – ja, gewiß seufzt sie, weiß sie doch, daß ich ein Waisenkind bin ... aber in

[1] Batlen – ursprünglich junger Mann, der sein Leben ausschließlich mit Talmudstudium verbringt und für jede Art praktischer Arbeit ungeeignet ist; im übertragenen Sinn gleichbedeutend mit Nichtstuer oder Tagedieb.

Amerika, wo man Chantsche, die Marktfrau, nicht kennt? Wo man nicht einmal weiß, daß es einmal auf dieser Welt einen Berl gegeben hat, einen Denker, der Mutter ein Bruder? Wo man nicht begreift, daß die Leute *mich* meinen, wenn sie jemanden einen Verrückten nennen, einen Batlen, ein Waisenkind oder gar einen Denker – sagt man doch, daß ich dem Onkel nachgeraten bin. Welchen Eindruck wird es dort machen: ‹Berl Chantsche's?›

Wieso dort? Weiß ich denn hier, wer ich bin? Ihr sagt doch selbst: ‹Ein Narr, ein Batlen.› Das muß wohl stimmen.

Bin ich etwa nicht närrisch? Welcher Mensch stellt sich hin und grübelt, wer er ist? Ein Mensch ist ein Mensch. Ich bin ein Mensch und heiße Berl Chantsche's. Wäre ich ein Haus, hieße ich vielleicht Pod Karpis, wäre ich ein Arrestant, trüge ich ein Schild mit einer Nummer auf dem Rücken. Hätte mein Vater die Familie ernährt und *nicht* die Mutter, würde ich heute nach ihm heißen: ‹Berl Schmerl's.› Berl Schmerl's – nicht leicht auszusprechen – Berl Schmerl's, man müßte sich daran gewöhnen. Vielleicht wäre ich dann weniger in aller Leute Mund, wenn mein Name nicht so glatt von der Zunge herunterkollerte.

Wichtigkeit, wie ich heiße; ein Mensch bin ich, ein Mensch. Und ein Batlen dazu ... Ein Waisenkind ist auch ein Mensch, aber muß es deswegen im Bethaus wohnen? Bin ich krank, etwas zu tun, Botengänge zu verrichten, Holz zu hacken, Diener zu sein in einer schönen Livree? Nicht rumlungern, zerlumpt und zerrissen wie ich.

Brot essen, nicht dreißig Jahre Talmud lernen und zweimal in der Woche fasten, sich umdrehen und grübeln: ‹Wer bin ich?›

Wüßte ich wenigstens, wer mein Kaftan ist – wetten, daß ich es *nicht* weiß ... ein Stück dieser, ein Stück jener, ein Fetzen Chajim[1], ein Fetzen Jojne[1] und drei Viertel Dreck. Noch ein Glück, daß Tejbele nähen kann, sonst würde ich nackt wie Adam herumlaufen.

Ist denn das allein nicht schon Wahnwitz? So ein Elend, so ein Elend!

Ob Schmerl, Chajim oder Jojne – wie viele Bethäusler habe ich hier schon überlebt! Einer macht große Geschäfte, einer ist Lastträger, einer Schankwirt, einer ist schon Witwer, und einer hat bereits die dritte Frau. Alle haben sie Kinder, Frauen, Berufe, Geschäfte – gut, schlecht – aber wenigstens zu tun. Sie essen keine Kosttage, sind keine Batlonim[2] – Menschen. Ich will auch ein Mensch sein!

Was heißt das, ein Mensch? Ich bin doch ein Jude, bin ich dann kein Mensch? Natürlich bin ich ein Jude, aber ganz Tschachnowka sind Juden und sind nicht ich ... Wenigstens bin ich ein Mannsbild – und was für eins, Gott sei's geklagt. Und dann? Alle Menschen, die nicht Weiber sind, sind Mannsbilder. Sind sie deswegen alle Berl Chantsche's?

Nein, Bruder Berl, mach dir nichts vor! Du bist ein Mannsbild, bist ein Jude – stimmt, stimmt, aber nicht *du* bist der Mann, nicht *du* bist der Jude. Du

---

[1] hebräische Vornamen
[2] Mehrzahl von Batlen

bist etwas anderes. Das alles sind nur Zutaten, Anhängsel, aber nicht du selbst.

Ich rede mir ein, daß ich ein Batlen bin, ein Narr, ein Waisenkind, ein unglücklicher Mensch – aber es gibt viele Batlonim, Narren oder Waisenkinder, vielleicht nicht alle so wie ich oder in einer anderen Stadt, in Amerika; aber sind sie alle gleich? Gott bewahre – jeder etwas anderes...

Doch wer bin ich bei all den schwarzen Jahren?

Es muß wohl ein böser Geist in mich gefahren sein. Er sitzt und grübelt in mir, und dabei denke ich, daß ich es bin, der grübelt! Hier der Beweis: Wenn ich bei Kräften bin – die ganze Woche außer Montag und Dienstag –, vermag *jener* nichts über mich. Ich grüble nicht.

Die Wahrheit ist doch, daß kein Mensch in der Welt imstande ist, sich selbst auszugrübeln und zu begreifen. Was heißt das überhaupt, sich selbst begreifen? Das heißt: Mich aus mir selbst herausreißen, ‹mich› oder ‹ihn› auf die Seite stellen, daß ‹er› auf ‹mich› schaut, oder vielmehr ‹ich›, ‹er› soll auf ‹ihn›, ‹mich› schauen...

Ha, ha, ha! Das heißt, das heißt... das muß ich noch ganz genau ausdenken. Mir wird so heiß im Kopf...»

Er läuft zum Waschbecken und gießt sich kaltes Wasser über den Kopf, dann zieht er hinter dem Ofen einen alten Lappen hervor und knüpft ihn sich fest um die Stirn.

«Jetzt wird es gehen. Noch einmal: Ich will wissen, wer ich bin!

Wo soll ich hinschauen, hinab oder hinauf? Nach rechts oder nach links? *Ich* bin doch in *mir.*

Wenn ich jetzt zum Beispiel auf den Thoraschrein klettere, bin ich ganz oben, unten werde ich gar nichts zurücklassen. Gesetzt aber, ich steige in den Keller hinab, bin ich ganz unten. Aber wie kann ich dann auf mich selbst schauen?

Was ist es, das in mir sitzt und für mich denkt? Etwas sitzt doch in mir – immerzu – oder nicht?

Ich weiß noch, damals bei der Abwartsfrau, als so viele Krapfen herumlagen, unzählige Krapfen – ich hatte drei Tage nichts gegessen –, da hatte ich solche Lust, einen Krapfen zu klauen. Doch ich sagte mir: ‹Nein! Du sollst nicht . . . ! Er gehört dir nicht.› Und schon finde ich tausend Gegengründe: ‹Hat die Frau denn nicht schon genug an mir verdient? Sie darf mir ruhig einen spendieren. Wenn ich sie darum bitte, wird sie mir den Krapfen sicher schenken. Ich werde ihn aber mit Gottes Hilfe bezahlen. Später einmal.› Und dabei sage ich: ‹Nein! Du sollst nicht . . . !› So blieb es eben beim ‹nein› . . .

Früher kam eins nach dem anderen, ich glaubte, daß ich allein fragte und allein antwortete, aber dann ist alles anders geworden, hat sich verkehrt: zusammen, gleichzeitig ‹ja› und ‹nein›, ‹nein› und ‹ja› und dann wieder ‹nein›. Ein regelrechter Krieg ist daraus geworden, doch es blieb beim ‹nein›, nicht etwa, weil ich nicht mehr wollte oder die Lust verloren hatte – nein, die Hand konnte sich nicht bewegen! Sie wußte nicht mehr, wem sie folgen sollte . . .

Hier der Beweis: Ich war nachher so zerschlagen wie nach einem richtigen, hitzigen Streit, wie nach einem heißen Disput mit Jojne Loksch, der mir immer einreden will, der Wilnaer Rabbi sitze im Garten Eden mit einem verrotzten Bart, weil er von der chassidischen Lehre nichts hält. So ein Pferd, Jojne Loksch.

Aber müde war ich nachher – ich entsinne mich genau.

Dasselbe passierte mir beim letzten Purimfest, als ich dem Rebben Naschwerk vom reichen Perez Feinholz brachte. Das Wasser lief mir im Mund zusammen, die Zunge rannte wie verrückt hin und her, so wie ich hier im Bethaus herumrenne, und die Hände fingen mir an zu zittern: ein Stück Torte, eine Makrone! Ich Nascher wollte, ich ehrlicher Mann wollte nicht...

Man sagt ‹guter Trieb› – sei's wie es sei, ich bin nur eine Wohnung, in der zwei Nachbarn leben. Einer heißt ‹guter Trieb› und der andere ‹schlechter Trieb›. Schon wieder die Geschichte mit den Namen – guter Trieb, böser Trieb... Aber wer sind sie? Und wer bin ich? Ich bin eine Wohnung. Ich bin der gute Nachbar, ich bin der schlechte Nachbar – alles ich, und dabei will ich noch wissen, wer ich bin? Ha, ha, ha!

Still! Erst gestern blieb ich auf ein und demselben Fleck fast eine Stunde lang stehen, alles lachte über mich. *Ich weiß* aber, warum ich stand! Ich konnte mich einfach nicht rühren. Man hackte eben Holz auf dem Schulhof, und ich wollte herangehen und ausprobieren, ob ich ein Scheit Holz zerhacken konnte. Kann ich überhaupt so etwas wie arbeiten?

Schon setze ich mich in Bewegung – da sehe ich zwei Bänke: Auf dieser Seite steht eine Bank, und auf jener Seite steht eine Bank. *Da* erzählt einer, daß im Bad geheizt wird. Fängt's mich an am ganzen Leib zu jucken und zu beißen. Ich will zum Badekästchen, die Rute herausnehmen und schnurstracks ins Bad eilen ... Höre ich aber, wie *dort* der Lehrer Sorach dem Jankel Ketzel erklärt, im Buch ‹Baal-Akedo›[1] stehe eine wunderbare, eine ganz einmalige Auslegung des Wochenabschnitts. Will ich natürlich wissen, was dem Lehrer so gut gefallen hat daran, ins Bethaus laufen und das Buch herausklauben. Und so blieb ich eben stehen. Die Füße wußten nicht mehr, wem zu folgen, ob dem Berl Chantsche's, der Holz hacken möchte, oder dem Berl Chantsche's, der ins Bad will, weil es ihn juckt, gar nicht zu reden von dem, der um jeden Preis wissen möchte, was dem Lehrer Sorach so gefallen hat.

So stand ich und stand, bis mir einfiel, daß ich das Nachmittagsgebet noch nicht verrichtet hatte.

Daraus folgt, daß in mir schon vier Personen wohnen: ein Holzhacker, ein Schriftausleger, ein Bademensch und der letzte, ein Nachmittagsbeter ... der hat die anderen hinter den Ofen gejagt, daß sie sich ja nicht mucksen. Nur er darf befehlen, nur ihm müssen die Füße folgen. Hier der Beweis: Ich bin wirklich zur Wand gegangen und habe gebetet.

Da steckt schon ein Stück Wahrheit drin: Warum sind die anderen nicht verlorengegangen? Sie hielten sich hinter dem Ofen versteckt, und während

---

[1] mittelalterlicher Bibelkommentar

ich betete, schauten sie hervor, blinzelten mir frech zu und störten mich. Bei den ganzen achtzehn Segenssprüchen hackte ich Holz, redete mit Leuten im Bad und suchte die Auslegung im ‹Baal-Akedo›.

Was helfen mir also alle Triebe, gute oder böse, wenn ich einmal drei bin und einmal vier?

In diesem Augenblick spüre ich, daß ‹ich›, ich selbst gar nichts bin, ich lebe überhaupt nicht – und wenn ich schon am Leben wäre, würde ich mich dann jeden Morgen von meiner Pritsche erheben? Niemals. Ich würde daliegen wie der Golem bis zum Ende der Welt. Bin ich denn etwas anderes als ein Golem ohne Seele?

Rings um mich lebt alles, alle haben Seelen, und ihre Seelen senden lange, dünne, spitzige Fäden aus wie Strahlen. Sie verfolgen mich, stechen mich, kriechen in mich hinein, drehen mich herum, stellen mich auf die Füße, heißen mich gehn, tun, laufen...

Aber ich selbst, ich allein bin gar nichts.

Wer denn grübelt immerzu in mir? Ha! Wer sitzt in mir und grübelt? Noch ein Fremder? Nicht ich?

Also gut – ein Fremder. Wer ist es? Wie kommt er zu *mir*? Bin ich ein Käfig und er – ein Vogel? König David, Friede seinem Andenken, sagt: ‹Mein Täubchen...!› Will das Täubchen Holz hacken, baden, Makronen naschen, Krapfen stehlen und gleichzeitig ‹Baal-Akedo› auslegen? Pfui, Täubchen! Nicht schön, Täubchen! Du solltest dich schämen!

Ha, ha, ha! Berl Chantsche's ist ein Täubchen, ein Vöglein, Berl Chantsche's hat ein kleines

Schnäbelein und Flügelein, Berl Chantsche's wird eines Tages davonfliegen, raus aus dem Käfig ... und dann, Berl Chantsche's – wirst du dann immer noch grübeln, wer du bist? Ein Waisenkind, ein Batlen, ein Verrückter? Gewiß! Wer denn sonst? Ist der Käfig verrückt, der Käfig ohne Vater, Mutter? *Herr der Welt, wer bin ich?*»

Wolf Sojcher tritt ins Bethaus, Berl Chantsche's erblickt ihn und verkriecht sich seitwärts. Wolf Sojcher wäscht sich die Hände und trocknet sie am Rockschoß ab, dann holt er ein Buch aus dem Schrank, setzt sich und beginnt zu studieren. Berl Chantsche's läßt kein Auge von ihm.

«Wer ist *er*?» fragt er und antwortet sich selbst: «Wolf Sojcher.» Er kneift sich fest in die Backe. «Rindvieh, Kamel! Wolf Sojcher ist doch dasselbe wie Berl Chantsche's! So heißt er, doch wer *ist* er? Ist er einer, zwei, drei? Wie viele Vöglein zwitschern in *seinem* Käfig? Verstehst du das, Dummkopf?»

Er bindet den Lappen fester um den Kopf.

«Ich muß überlegen ... jetzt ist er einer, *ein* Wolf Sojcher ... er sitzt und lernt, ist so vertieft, daß er mich nicht sieht. Sicher studiert er den Abschnitt über die Gelübde, mehr kennt er doch nicht. Jetzt aber ist er das Sprachrohr unserer Weisen, jetzt ist er selbst der Abschnitt über die Gelübde – aber nachher? Nachher geht Wolf Sojcher auf den Markt, wägt Getreide auf einer falschen Waage, beschwindelt ganz Kronpolen und läuft nach Hause, um seiner Frau zwölf Ohrfeigen und vier Püffe zu geben. Arme Tejbele, gepeinigt, geschunden!

Siehst du das Lämmchen, Berl Chantsche's? Siehst du das unschuldige Schäfchen, wie es das Stirnlein furcht? Siehst du die frommen Äugelein? Sieh nur, sieh! Und du Dummkopf, du Esel, Berl Chantsche's, willst mir einreden, daß das derselbe Gauner vom Markt, derselbe Bösewicht vom Haus ist? Nein, Berl Chantsche's, mir wirst du das nicht einreden, nein, nein! So sieht kein Gauner, so sieht kein Bösewicht aus, du Dummkopf!

Ich sage dir, Berl Chantsche's, daß es drei Wolf Sojchers gibt: Einer ist ein Lämmchen, ein frommes Lämmchen, das dasitzt und den Abschnitt über die Gelübde lernt, und er wird auch in jener Welt die Gelübde lernen, vielleicht sogar mit der Auslegung des Schöpfers selbst. Der zweite ist ein Dieb, und er wird auch dort von den Tellern stehlen, und der dritte ist ein Mörder, der seine Frau krumm und lahm schlägt.

Tejbele! Sie jammert mich, es zerreißt mir das Herz. Oft träume ich von ihr. Sie fleht mich an – nachts im Schlaf –, ich soll ihr helfen. Das heißt – nicht mit den Lippen fleht sie, Gott behüte! Eine jüdische Tochter spricht nicht mit einem Mann, aber sie schaut mich an mit einem solchen – mit einem solchen Blick!

Herr der Welt, blicken darf sie doch auf einen Mann!

Ha, ha, ha! Ich ein Mann ... Wolf Sojcher ist ein Mann, verfaulen soll er! Ich bin ihm feind fürs Leben. Zwar esse ich bei ihm, einmal in der Woche, aber ich bin ihm feind, ich hasse ihn! Ohne Grund, wie man sagt, aber ich könnte ihn umbringen! Ja! Doch nicht *den* Wolf Sojcher, der da sitzt und lernt, auch den Dieb nicht, aber den Weibsmörder! Den könnte ich umbringen. Nein, nicht ich, nicht ich selbst – ich bin ja nur ein leerer Käfig...

Ich hab' ein Messerchen, ein scharfes Messerchen, ein ganz scharfes Messerchen... Man kann damit Nägel schneiden, den Kopf rasieren. Ich hab' mir noch nie eine Laterne geschnitzt – es wäre schade, wenn das Messerchen stumpf würde.

Nein, ich kann es nicht. Es muß – es muß mir jemand befehlen, eine Stimme von oben oder sonst jemand, vielleicht Sorach der Lehrer? Er selbst soll mich darum bitten. Und wenn *sie* es mir sagte, nachts, leise im Traum? Aber sie wird es nicht sagen, eine jüdische Tochter sagt nichts, Gott behüte! Ich hätte sie nicht mehr lieb, wenn sie es sagte.

Ha, wie schön wäre das! Ich ziehe das Messer heraus, haue es über den Stiefelschaft – einmal, zweimal, dreimal – und bums! Ha, ha, ha! Die Gedärme quellen ihm heraus, die Eingeweide – ha, ha, ha! Und Blut, rotes Blut – ha, ha, ha!

Nein, Wolf Sojcher, Gelübdelerner, nicht dich meine ich. Jenen, jenen, den Bösewicht, nicht dich!

Hörst du, Berl Chantsche's, wenn du ein Mensch bist, keine Waise, kein Batlen, kein Narr, kein Denker, wäre jetzt alles gut. Tejbele würde weinen, sie wäre doch eine Witwe, aber ich sag' ihr im Traum: ‹Weine nicht, Tejbele, du hast doch genug an zwei Männern. Der eine stiehlt, der andere sitzt und lernt, was nützt dir der dritte? Willst du wirklich alle drei? Willst du, daß man dich prügelt, Tejbele, willst du weinen Tag und Nacht?›

Aber vielleicht ist er doch nur einer...?

Drei sind es! Wollen wir wetten, Berl Chantsche's?

Jetzt sitzt er hier und lernt, aber komm mit mir auf den Markt – wirst sehen, wie jener stiehlt, und dann – wie er prügelt. Komm nur, du wirst schon sehen.»

Er schleicht auf Zehenspitzen zur Tür, nimmt den Schlüssel aus dem Schloß und sperrt von draußen zu.

Bleich und wütend kommt er zurück.

«Sie sind nicht aufzufinden, die Gauner. Wo sind sie? Es muß ein Feiertag sein, Fahnen sind herausgehängt, man kann nicht stehlen heute. Tejbele ist auch nicht daheim, vielleicht mußte sie zu einer Nachbarin – die Tür ist geschlossen. Oder sie haben sich versteckt. Ich hab' durchs Fenster geguckt – unter dem Bett hat sich, glaub' ich, etwas bewegt, auf dem Fußboden zitterte ein Schatten, zappelte und warf sich herum. Eine merkwürdige Sache: *Er* sitzt da und lernt, und dabei liegen sie unter den Betten...

Und Wolf Sojcher, der Gelübdelerner, der Nichtswisser, hat überhaupt nichts gehört! Daß ich auf- und zugesperrt habe – so vertieft ist er ins Lernen...

Vielleicht lernt er gar nicht? Vielleicht sitzt hier der Gauner Wolf Sojcher und will mich an der Nase herumführen und den lieben Gott dazu?»

Plötzlich ruft er: «Wolf!»

«Was ist?»

«Nichts.»

«Batlen.»

Und eine Minute später: «Wolf!»
«Was ist?»
«Ich hab' ein Messer.»
«Wohl dir.»
«Willst sehen?»
«Nein.»
«Dann eben nicht.»
Ein paar Minuten später: «Wolf!»
«Was?»
«Lernst du oder tust du nur so?»
«Was geht's dich an?»
«Ich muß es wissen, bei meinem Leben!»
«Schweig, Narr!»
Und kurz danach: «Wolf!»
«Was ist?»
«Wie viele bist du?»

Wolf Sojcher klappt wütend das Buch zu und verläßt das Bethaus. Berl Chantsche's bleibt allein.

«Hab' ich eben mit Wolf geredet? Was hab' ich denn mit ihm geredet? Warum ist er weggelaufen? He, wie kommt das Messer in meine Hand?»

Er wundert sich noch mehr, als er bemerkt, daß er sich den Stiefelschaft durchschnitten hat. Jetzt wird er bös: «Berl Batlen! Du hast deinen eigenen Stiefel zerschnitten! Hast du vielleicht andere? Wird dir Tejbele noch einmal ein Paar Stiefel schenken? Hat sie wenig Prügel bekommen für diese da?

Siehst du jetzt, Batlen, siehst du, Verrückter, daß ein anderer in dir sitzt, ein anderer als du? Siehst du es endlich? Laß mich selbst sehen, wie du aussiehst! Laß dich besehen, du Esel, der sich die Stiefel zerschneiden läßt!»

Er läuft zum Waschbecken, reißt sich den Lappen

vom Kopf und fängt an, das Kupfer blank zu reiben.

«Ich seh' dich schon ein bißchen, Batlen. Wart' nur, ich werd' dich noch besser sehen. Deine ganze schweinische Fratze will ich sehen, deinen Eselskopf!»

Er sinkt auf die Knie und reibt mit seiner ganzen Kraft. Plötzlich hält er inne.

«Wer putzt hier das Waschbecken? Wer? Ich? Hab' ich denn die Kraft dazu? Hab' ich heute gegessen, gestern gegessen? Was ist heute? Dienstag. Montag und Dienstag muß ich doch fasten. *Wer reibt hier?*»

Er beginnt von neuem, das Metall zu bearbeiten.

«Soll reiben, wer will, ich, der Vogel, die Taube, der böse Trieb, der gute Trieb – aber deine drekkige Fratze muß ich sehen, jetzt, jetzt, sofort!»

Er schließt die Augen und reibt wild hin und her. Jetzt öffnet er sie und erblickt sich im Spiegel des Metalls.

«Ha, ha, ha! So sehe ich aus – ein Toter, ein lebender Leichnam! Auf die Totenbahre zu legen und Scherben auf die Augen ...[1]

Siehst du, Tejbele, wie ich aussehe? Siehst du? Und so sehe ich jedesmal aus, wenn du mir ein Stückchen Brot reichst ... Wie würde ich erst ohne dein Brot aussehen?»

Er betrachtet wieder sein Spiegelbild.

«Ein Toter bin ich. Ja, ja, das ist Berl Batlen, Berl Waise, Berl Narr – da, da ist er! *Doch wer bin ich noch?*»

---

[1] chassidischer Totenbrauch

Sein Blick schweift vom Waschbecken auf seine Füße.

«In der Schüssel sieht man den zerrissenen Stiefel nicht», wundert er sich und wird böse.

«Der Schlag soll dich treffen, Waschbeckenmensch!» schreit er unvermittelt. «Du sollst auch zerrissene Stiefel haben. Wenn ich habe, sollst du auch haben!»

Er legt sich rücklings auf den Boden und steckt die Füße ins Waschbecken.

«Ich kann's nicht sehen, aber du hast auch zerrissene Stiefel!»

Das Aufstehen fiel ihm schwer, ihm schien, daß der Mann im Waschbecken ihn an den Füßen festhielt. Mühsam riß er sich los und erhob sich verwirrt und erschrocken.

«Waschbeckenmensch! Batlen!» regte er sich auf, wagte aber nicht mehr, sein Spiegelbild im Waschbecken zu betrachten. Schnell lief er zum Ofen und füllte die Hände mit Asche, die er über die Kupferschüssel schmierte.

«Lieg dort in der Krätze und glotz mich nicht an!»

Plötzlich spürte er starke Kopfschmerzen und Gliederreißen. Bestürzt dachte er nach: «Laß mich einmal überlegen: Jetzt tut mir der Kopf weh... Wenn der Bösewicht Tejbele schlägt, tut mir das Herz weh... Die Füße brechen mir... Wenn ich mich in die Backe kneife, brennt sie... Also habe ich eine Backe, ich habe Hände und Füße, ich habe einen Kopf und ein Herz und vielleicht sogar eine Seele – alles habe ich, aber was bin ich selber? Nicht die Backe, nicht die Füße, nicht das Herz, nicht der Kopf, nicht die Seele. Was sonst bin ich? Gar nichts.

Wenn ich mich jetzt umbringe – und sehe, was *dann* ist, was übrigbleibt...? Wenn der Kopf wegfällt und die Hände, die Füße, die Backe, die zerrissenen Stiefel...?

Dann weiß ich vielleicht etwas.

Vielleicht sollte man es wirklich probieren?

Wenn sie es mir doch befehlen würde! Ich könnte ja die Probe bei ihm machen...»

JIZCHAK LEJB PEREZ

Der Baal Schem als Heiratsvermittler

In einer kleinen Stadt am Ufer des Bug lebte einmal ein Pärchen, das Sein Lieber Name[1] mit Kindern nicht gesegnet hatte. Trotzdem dachten die beiden Ehegatten, Schmuel und Traine Mirl, nie an Scheidung und blieben weiter beisammen unter der Sonne.

Und das Städtchen tuschelte nicht darüber, und auch das geistliche Gericht wehrte es ihnen nicht. Alle wußten, daß die zwei ein Herz und eine Seele waren. Schon das Wort «Scheidung» hätte sie wie ein Messer getroffen.

Dafür hatte Schmuel – er war ein Danziger Kaufmann – viel Glück mit seinen Geschäften, und man wußte auch, wann dieses Glück begonnen hatte, woher es kam und worauf es beruhte.

Einmal – Schmuel war damals noch nicht «in den Federn»[2], und Traine Mirl saß auch noch nicht beim Gitter des Bethauses[3] und trug noch keine Brillantohrringe – er betrieb einen kleinen Holzhandel, hängte seine zwei, drei Flöße jeweils an

[1] Umschreibung für Gott
[2] arriviert (Federn = Daunen)
[3] Vorzugsplatz in der Frauenabteilung

einen Großtransport und bewohnte ein Häuschen, das auf hölzernen Füßen stand und ein Dach aus Stroh hatte – einmal traf es sich, kurz vor Sabbat, daß der Baal Schem[1] auf seinem Heimweg durch das Städtchen fuhr, und just vor Schmuels Tür – wem das Glück beschieden ist! – brach eine Achse an seinem Wagen. Schmuel und Traine Mirl eilten auf die Straße und baten den unbekannten Fremden zu sich ins Haus. Man schickte nach einem Stellmacher, um die Achse zu reparieren, doch es war schon zu spät am Nachmittag, und der Baal Schem mußte dableiben und den Sabbat im Städtchen verbringen. Gastfreundlich war Schmuel schon immer gewesen, und auch Traine Mirl hatte ein mildes Auge und ein offenes Herz – wen wundert's, daß ihnen seit jenem Tag das Glück gnädig war?

Bald ward es dem Baal Schem zur Gewohnheit, auf der Durchfahrt bei Schmuel und Traine Mirl haltzumachen, und siehe: Das Masel[2] leuchtet ihnen heller und heller. Schmuel flößt jedes Jahr mehr Stämme nach Danzig, die Perlenkette an Traine Mirls Hals wird länger und länger, auch das Haus wächst, eine Stube nach der anderen wird dazugebaut, darunter zwei, die eigens für den großen Gast bestimmt sind. Das Stroh weicht einem Schindeldach – kurz, das Haus glänzt wie ein voller Becher...

Drinnen wimmelt es stets von Kaufleuten, bei

---

[1] hebräisch: Meister des guten Namens, gemeint ist der Begründer des Chassidismus, Israel ben Elieser (1699–1760)
[2] hebräisch: Glück

der Schneeschmelze versammelt sich leicht ein Minjan[1] Schiffer aus den umliegenden Städtchen, und von den Dörfern kommen scharenweise Flößer ins Haus. Die Vorratskammern sind brechend voll, und aus dem Hof schleppt man unaufhörlich Balken und Schwellen zum Fluß. Das Portefeuille in Schmuels Brusttasche wird dicker und dicker. Nicht einmal die Elemente haben Macht über ihn: Beim reißendsten Hochwasser gleitet sein Holz sicher dahin, kein Sturm zerschlägt seine Flöße, und selbst bei einem verfrühten Wintereinbruch finden sie wie durch ein Wunder ihren Weg durch das Eis und kommen heil an ihrem Bestimmungsort an. Schmuel kauft immer mehr Wälder, hat unbeschränkten Kredit bei den Leuten, einen festen Platz an der Ostwand des Bethauses – und Traine Mirl dicht am Gitter.

Und wenn der Baal Schem zu Besuch kommt, verbringt er ganze Stunden in Schmuels kleiner Lernstube, und die beiden unterhalten sich «von Mund zu Mund».

Die Leute fangen schon an, sich zu wundern: Worüber unterhält sich der Schmuel mit dem Baal Schem? Etwa über seine Geschäfte? Ein großer Talmudist oder Schriftgelehrter ist er ja wohl nicht gerade... Warum bittet er ihn denn nicht um Kinder? Die geringste Andeutung würde schon genügen, der Baal Schem wird es ihm sicher nicht abschlagen. Warum also nicht?

Die Leute sagen sich, daß Schmuel bis zum Hals

---

[1] hebräisch: Zahl, d. h. die Mindestzahl von zehn Gläubigen, die für eine Betgemeinde vorgeschrieben ist

in Geschäften steckt und nicht an solche Dinge denken kann, und das beginnt sie zu verdrießen. Was soll es? Er ist doch kein Jüngling mehr, und keiner weiß, wann der Ruf an ihn ergeht, gibt man ihm zu verstehen. Im Gebethaus, zwischen Minche[1] und Maariw[2], oder auf dem Markt packt ihn schon einmal ein guter Freund beim Rockzipfel: «Nun, was ist jetzt?» Schmuel bleibt jedoch stumm, wendet sich mit einem seltsam unmutigen Lächeln ab oder bringt das Gespräch auf etwas anderes. Der Freund erzählt es daheim und schüttelt den Kopf. Die Frauen finden es unerhört und machen sich an Traine Mirl heran. Man trifft sich im Bethaus, bei einem Gratulationsbesuch, an den Feiertagen, und bei den Weibern klingt es schon deutlicher: «Nun, was ist jetzt?» Ein Mann ist eben ein Mann, er vertieft sich in seine Angelegenheiten und vergißt den Rest, aber Traine Mirl! Ewig lebt man nicht, kriegt sie zu hören, und eine Frau bleibt auch nicht ewig jung und anziehend für den Mann. Je später er zur Vernunft kommt, desto schlimmer für sie. Doch Traine Mirl ist wie ihr Mann: Sie lächelt und schweigt oder spricht von etwas anderem.

Nicht umsonst schweigt und lächelt sie. Sie weiß, was sie ihrem Mann bedeutet – «ein Töpfchen mit einem Deckelchen». Doch sie ist eine Frau, und in ihrem Herzen fängt es an zu bohren: ein Kind, ein Knäbchen, ein Stammhalter... Es bohrt und bohrt im Herzen, die Sehnsucht nach

---

[1] Mittagsgebet

[2] Abendgebet

einem Kind wächst schmerzlich, und bald beginnt sie sich ebenfalls zu wundern: Wie kann ihr Schmuel so sehr an Äußerlichkeiten hängen, daß er mit dem Baal Schem immer nur von Geschäften redet und niemals von einem höheren Zweck? Gerne würde sie auf die Perlen verzichten, auf die Ohrringe, Stirntücher, den Brustumhang und auf den ganzen Schmuck, den er ihr schenkt – von Jahr zu Jahr mehr und teurer. Sie liebt ihren Schmuel wirklich, er ist ihr mehr wert als zehn Söhne, und doch ... diese Welt verlassen wie ein verblaßter Schatten will sie nicht länger, Mutter möchte sie sein ...

Sie wird bald einmal mit ihm darüber reden, im guten, ohne Aufregung ... doch es fand sich keine Gelegenheit dazu, und so ein Gespräch läßt sich nicht aus heiterem Himmel herbeiführen.

Da geschah es einmal – Schmuel war zu Schachris[1] ins Bethaus gegangen, und Traine Mirl deckte den Tisch zum Frühstück –, daß sie im Vorbeigehen einen Blick in den Spiegel warf und stutzte: Ist sie wirklich dieselbe wie gestern und vorgestern? Sie tritt dicht an den Spiegel heran und betrachtet sich genau. Es stimmt: Die Jahre stehen nicht still, das Gesicht ist nicht mehr so frisch wie früher, man sieht Runzeln unter den Augen, die ihren Glanz verloren haben. Sie seufzt, wendet den Blick vom Spiegel und setzt sich betrübt an den Tisch, wo sie in Nachdenken versinkt.

Schmuel tritt ein, das Gebetsäckchen in den Händen. Er begrüßt sie wie immer: «Guten Morgen!»

---

[1] Morgengebet

Traine Mirl, ohne ihm entgegenzugehen, antwortet mürrisch: «Guten Morgen, gut Jahr. Wasch dich.» Sie lächelt nicht, und ihre Stimme klingt fremd.

Schmuel wird unruhig: «Fehlt dir etwas, Traine Mirl?»

Sie antwortet nicht und schlägt die Augen nieder.

«Na ja», denkt er, wäscht die Hände und setzt sich zu Tisch, doch Traine Mirl bringt keinen Bissen herunter.

«Traine Mirl?»

Sie schaut ihn nicht an, unter den geschlossenen Lidern quillen Tränen hervor und rollen über ihre Wangen.

«Es ist doch nicht so einfach», denkt er, steht auf und tritt zu ihrem Stuhl. Er hebt die Hand, um ihr Haar zu streicheln, Traine Mirl dreht sich ab: «Laß mich in Frieden...»

Schnell erhebt sie sich, läuft zum Kanapee und wirft sich drauf, mit dem Gesicht gegen die Wand.

Schmuel bleibt verwirrt mitten im Zimmer stehen, er hat Angst, sich ihr zu nähern. Er ist ein solches Gebaren nicht gewohnt und weiß nicht, was es bedeuten soll.

«Traine Mirl, du bist doch nicht etwa krank? Soll ich nach dem Arzt schicken? Sag, dir fehlt doch etwas?!»

Traine Mirl wendet ihm endlich ihr Gesicht zu, und ihre Stimme klingt beinahe zornig: «Und du weißt nicht, was mir fehlt? Fehlt es dir denn nicht auch, genau wie mir?»

Und sie beginnt zu weinen: «Wie kann ein

Mensch so in seine Geschäfte vernarrt sein, so geldgierig!»

Schmuel staunt: «Ich?»

«Wer denn, ich?» Sie dreht sich wieder ab und spricht gegen die Wand: «Ein Mensch soll dem Geld so verfallen sein, dem bösen Trieb ausgeliefert... Es kommt ein Baal Schem... Man hat schon diese Gnade... Und man sitzt mit ihm stundenlang in der verschlossenen Klause... Und er läßt sich bitten, natürlich läßt er sich...! Und über das Wichtigste wird kein Wort verloren... Die Jahre stehen doch nicht still... Das Haus ist leer und stumm... Kein Hauch von einem Kind... Und er, worum bittet er? Um Geld und wieder Geld, es geht ihm nur um seine Geschäfte, sein Holz, seine Flöße.»

Schmuel schlägt sich vor die Stirn, endlich hat er begriffen. Er geht zu Traine Mirl, setzt sich neben sie und ergreift ihre Hand.

«Du mußt wissen, Traine Mirl, daß ich mit dem heiligen Baal Schem noch nie ein Wort über meine Geschäfte gesprochen habe.»

Setzt sie sich auf mit offenem Mund.

«Glaub mir, Traine Mirl! Es ist die reine Wahrheit, Ehrenwort.»

Sie glaubt ihrem Mann. Auf sein Wort kann man bauen wie auf eine Mauer.

«Wovon redet ihr denn?» fragt sie.

«Ich muß es dir wohl sagen», antwortet Schmuel: «von fremden Geschäften. Ich bitte zwar, aber nicht für mich, sondern für andere. Du weißt doch, die Stadt ist arm, der Erwerb kärglich, und es fehlt nicht an Unglück und Krankheit, Gott sei's geklagt. Einer möchte seine Tochter verheiraten, der will das, der andere jenes...»

Traine Mirls Augen leuchten vor Stolz auf ihren Schmuel.

«So einer bist du?» stammelt sie gerührt und legt ihr Köpfchen an seine Brust, zieht es aber gleich wieder zurück.

«Aber ich will trotzdem ein Kind!»

«Eine Gottessache, Traine Mirl...»

«Dafür gibt es doch einen Baal Schem...»

«Ich mag ihm nicht den Kopf vollhacken mit meinen Sorgen.»

«Du mußt!»

«Ich muß?»

«Weil ich es will. Deine Traine Mirl will es.»

Und so weiter, und so weiter... Die beiden sind so mit sich selbst beschäftigt, so vertieft in den Gegenstand ihres Gesprächs, daß sie nicht merken, wie draußen ein Wagen vorfährt und jemand in die vordere Stube tritt. Die Tür öffnet sich wie von allein: Vor ihnen steht der Baal Schem in seiner ganzen Herrlichkeit! Jetzt muß man ihm schon sagen, wovon die Rede ist...

«Du willst wirklich, Weib?» fragt er.

Schmuel starrt besorgt auf seine Frau.

«Ich will, Rabbi, ich will», sagt sie fest, «und er auch.» Sie deutet auf Schmuel, der unschlüssig dasteht.

«So... du auch, Schmuel?» lächelt der Baal Schem. «Dann komm schon mit mir in das Studierzimmer.»

Sie gehen. Schmuel folgt dem Baal Schem in die Stube und schließt die Tür hinter sich. Traine Mirls

Herz klopft heftig vor Angst und Freude. Sie stellt sich leise auf die Zehenspitzen und öffnet behutsam die Tür, nur einen Spalt weit... sie kann es nicht unterlassen. Jetzt drückt sie ihr Ohr an die Türspalte und horcht. Sie hört, wie der Baal Schem sich setzt und Schmuel gleichfalls zum Sitzen auffordert, dann spricht er zu ihm: «Du sollst wissen, Schmuel, daß ich vom Himmel nur *einen* Segen für dich erhalten habe. Mit der Macht dieses Segens habe ich dir Reichtum geschenkt. Willst du gar Kinder... und Kinder heißt: aus mit Reichtum...»

«Ich habe niemals um Reichtum gebeten, Rabbi, nehmt's mir nicht übel.»

«Mein teurer Schmuel», klopft es freudig in Traine Mirls Herz.

«Und wenn kein Reichtum, dann Armut», sagt der Baal Schem.

«Soll sein Armut», nickt Schmuel, und Traine Mirls Herz klopft stärker hinter der Tür.

«Armut heißt Betteln.»

«Heißt was, Rabbi?»

«Es kann dir, Gott behüte, am Nötigsten fehlen, und du mußt die Hand ausstrecken...»

«Auch das nehme ich gerne hin.»

Traine Mirl spürt einen Stich im Herzen. Ihr Schmuel soll, der Herr bewahre ihn davor, die Hand ausstrecken und betteln gehen bei Menschen aus Fleisch und Blut...

«Und wenn, nicht auf euch gesagt, kein Bissen Brot mehr im Haus ist für dich und dein Weib?»

Schmuel fängt an zu zittern... seine Traine Mirl...!

«Willst du?»

Traine Mirl vergißt sich und ruft dazwischen: «Er will, Rabbi, er will!»

«Ja?» Der Baal Schem wendet sich Schmuel zu: «Auch wenn du unstet und heimatlos durch die Welt ziehen mußt?»

«Wenn Traine Mirl darauf besteht...?»

«Ich bestehe, ich bestehe!»

«So wird es geschehen.» Der Baal Schem erhebt sich und tröstet sie alsbald: «Bis Gott sich euer erbarmt...»

Und so geschah es auch. Ehe ein Jahr verging, lag schon ein Kind in der Wiege, ein Knäblein. «Und es leuchtet», sagt Traine Mirl, und alle sagen es, «wie die Sonne...» Der Herr der Welt gebe, daß es vor dem bösen Blick verschont bleibe!

Und das Kind gedeiht und wächst heran. Es hat schon die Windpocken und die Masern hinter sich gebracht und wächst weiter... von der Wiege zur Kinderschule, von der Kinderschule zum Talmudlehrer, vom Talmudlehrer zum Bethaus... Ein Gelehrter wächst heran, Schmuck und Zier für die Eltern, die Gemeinde und die ganze Welt.

Man nannte das Kind Dowidl, denn sowohl Schmuels wie Traine Mirls Vater hießen Dowid[1]. Doch siehe: Je schneller Dowidl wächst, desto schlechter gehen die Geschäfte. Das Glücksrad hat sich gänzlich umgedreht.

Angefangen hat es bald nach der Beschneidung...

---

[1] David

Das Holz ist schon auf der Weichsel – das Haus voller Ehrengäste, eine Freude, ein Glück, «masel-tow![1]» Der Gevatter hat das Kind soeben der Amme übergeben, damit sie es zur Mutter ans Bett trage, da klopft es plötzlich ans Fenster. Man kommt herein – eine schlimme Nachricht vom Wasser: Ein Sturm hat die Flöße zerrissen, die Wellen haben die Stämme fortgeschwemmt, kein einziger ist übriggeblieben.

Hebt Schmuel die Augen zum Himmel: «Gott hat gegeben, Gott hat genommen.»

«Gelobt sei Sein Lieber Name!» hört man die Stimme der Wöchnerin aus dem Zimmer.

Die Gäste sind wie versteinert, Schmuel heitert sie auf: «Es gibt noch genug Holz im Wald, noch ein bißchen Geld bei Leuten... Zur Gesundheit, Juden! Trinkt!»

Doch seine Schuldner waren unfähig zu zahlen, Schmuel erhielt keinen Groschen von ihnen, ihm blieb nur das bißchen Wald.

Zur rechten Zeit hüllt Schmuel seinen Gebetmantel um Dowidl und trägt ihn erstmals zum Kleinkinderlehrer in die Schule. Traine Mirl steht am Fenster und schaut ihnen nach, ihr freudestrahlendes Antlitz dicht an die Scheibe gedrückt. Sie ist nicht mehr ganz die alte Traine Mirl, aber die Augen leuchten immer noch.

Auf dem Markt begegnet Schmuel einem Mann, den er als Waldaufseher kennt. Er begrüßt ihn mit «Schalom»[2] und will weitergehen, er hat ja

---

[1] hebräisch: gutes Glück

[2] hebräisch: Friede

Dowidl im Arm, doch der Jude hält ihn zurück: «Ach, Schmuel, schlimm ... schlecht steht es ...»

«Was ist dir?» Schmuel glaubt, der Mann fühle sich unwohl.

«Es hat geregnet und geregnet», sagt der Jude, «die Wege nur noch Löcher und Gräben ... die Chaussee überschwemmt – die Stämme liegen herum, Räder und Achsen zerbrochen ... die Bäume im Wald verfaulen ... auch deine, Schmuel ...»

Schmuel kommt bedrückt nach Hause, doch Traine Mirl läßt sich nicht unterkriegen.

«Weißt du was, Schmuel? Verkaufe meinen Schmuck und das bißchen Silber im Haus und mach einen Handel auf damit. Versuch's doch mit Getreide.»

Er folgt ihr, handelt mit etwas Weizen, etwas Korn, langsam, vorsichtig, weiß er doch jetzt, daß das Glück sich gewendet hat. Mit dem Wasser zu spielen, wagt er schon nicht mehr.

Unterdessen beginnt Dowidl Chumesch[1] zu lernen.

Alles ist vergessen, welch Glück, welche Freude! Natürlich gibt es ein Festmahl. «Kneift man sich in die Backe, kommt Farbe.» Traine deckt den Tisch reichlich, reicher, als man vermag ... Rundum sitzen die Mächtigen der Gemeinde, nur Dowidl steht vor seinem Freund, dem «Ausfrager», mitten auf dem Tisch. Der legt ihm die Hand aufs Köpfchen: «Was lernst du, Dowidl?»

Doch ehe Dowidl antworten kann, wird es plötzlich finster im Haus, schwarze Wolken bedek-

---

[1] die fünf Bücher Mosis

ken den Himmel, und ein Sturmwind bricht los, als hätte er sich von einer Kette losgerissen. Der Hagel prasselt nieder und schlägt die Fensterscheiben entzwei.

Von Schmuels Getreide, das er vom Gutsbesitzer auf eigene Rechnung gekauft hatte, blieb nichts übrig als Stroh.

Doch ist es nicht der Untergang, es gibt ja noch ein Haus, auf das der freundliche Nachbar sein Auge geworfen hat. Man verkauft das Haus, mietet sich bei ihm ein und eröffnet im Keller ein Schnittwarengeschäft. So quält man sich ein paar Jahre ab. Eine neue Freude: Dowidl legt zum ersten Mal Tfilin[1] ... Er soll eine Predigt halten ... Da steht er schon auf der Kanzel des Bethauses, die Juden rundherum können keinen Blick von ihm lassen. Traine Mirl, hinter dem Vorhang der Weiberschul verborgen, zittert vor einem bösen Blick, doch Dowidls Stimme verscheucht ihre Furcht und erfüllt sie mit Freude. Wie schön sie klingt!

Stürzt ein Mann herein: «Es brennt! Reb Schmuel, Euer Laden brennt!»

Bald läuten die Kirchenglocken, die Feuerwehr rückt aus mit Eimern und Beilen, um wenigstens das Haus zu retten, doch Schmuel bleibt ohne Wohnung und Laden zurück.

Auch das nimmt man in Ergebenheit hin – eine neue Wohnung läßt sich finden. Schmuel hat plötzlich viel Zeit zum Luftschnappen, macht hin und wieder ein kleines Maklergeschäft und manchmal gar einen Botengang. Auch Traine Mirl muß her-

---

[1] Gebetriemen

absteigen, sie kauft billig ein auf dem Markt, Eier, ein fettes Huhn, und verkauft es wieder den Nachbarinnen, ja sie besorgt die Einkäufe für andere Hausfrauen und bringt ihnen die Ware selbst ins Haus. Sie ist arm und zerlumpt, das Gesicht von Leiden gezeichnet, doch die Augen strahlen noch freudig – genau wie beim abgearbeiteten Schmuel.

Dowidl wächst, unberufen, und studiert schon im Lehrhaus. Er macht sich einen Namen, ein Weiser wird er sein, ein Gelehrter unter Gelehrten, und dazu ist er ein seidenes, ein frommes Kind... Mütter segnen ihn... Schadchonim[1] kommen, laufen den Eltern die Tür ein... Ein Schadchen vom Land schlägt eine Partie mit der Tochter des Gemeindevorstehers von Berditschew vor, und der Berditschewer Parnes[2], der ebenso gelehrt ist wie reich und vornehm, schickt sogar eigens einen Dajen[3] von der Stadt her, um den Bräutigam zu prüfen. Der Dajen ist ein alter Mann mit einer dicken Brille und einem langen, weißen Bart, ein ehrwürdiger, ein bißchen zerstreuter Jude. Es ist der Vorabend zur Neumondfeier, und der Dajen ist Ehrengast an der Tafel. Traine Mirl zaubert einen Hering und Weißbrot auf den Tisch... Die Männer – der Besuch, Schmuel und Dowidl – waschen sich die Hände und setzen sich an den Tisch. Traine Mirl steht beim Herd und wartet in gespannter Vorfreude auf die Dinge, die da kom-

---

[1] Heiratsvermittler (Mehrzahl von Schadchen)

[2] Gemeindevorsteher

[3] Richter, Beisitzer bei einem geistlichen Gericht

men sollen. Sie traut sich nicht, neben einem solchen Mann Platz zu nehmen.

Der Dajen wischt sich den Mund ab, Schmuel reicht ihm eine Gemore[1], der Dajen schlägt sie auf und schiebt sie zu Dowidl hinüber.

«Kennst du das?»

«Ich kenne es», erklingt Dowidls Stimme.

«Schau's dir noch einmal an.»

«Ich brauch' nicht...»

Schmuel wirft einen Blick auf Traine Mirl. Sie errötet und erwidert seinen Blick mit einem heimlichen Lächeln. Der Dajen nimmt die Gemore wieder an sich und stellt Dowidl eine Frage, offenbar eine sehr schwierige Frage, doch Traine Mirl hat Vertrauen zu ihrem Stammhalter. Er fährt sich mit der Hand über die glatte Stirn, sein Gesicht rötet sich leicht, die Augen beginnen zu strahlen, und ein Lächeln umspielt seine Lippen... Schon öffnet er den süßen, kleinen Mund, gleich wird das silberne Thoraglöckchen erklingen... Doch durch Dowidls Lippen dringt nur ein Lufthauch! Dowidl hat plötzlich die Sprache verloren...!

Armut ja, das war wohl vorgesehen, aber dieses Mißgeschick stand nicht im Vertrag. Da der Baal Schem lange nicht mehr erschienen ist, nimmt Schmuel sein Weib Traine Mirl und Dowidl, sein Kind, und fährt zu ihm. Er wird sich mit dem Baal Schem aussprechen. Was für eine unglückselige Zusatzklausel ist das?

Er lächelt nur, der Baal Schem.

---

[1] Teil des Talmud

«So», sagt er, «muß es sein, bis die Zeit gekommen ist.» Und er ordnet an: Traine Mirl, bei der er so oft als Gast geweilt hat, soll als Gast seiner Tochter bei ihm in der Stadt wohnen. Es wird ihr dort, Gott behüte, an nichts fehlen. Und Dowidl kann gleich beim Baal Schem bleiben und in dessen eigenem Lehrhaus weiterstudieren.

«Soll er derweil stumm lernen...»

Wie sie das Wort «derweil» hören, atmen sie auf.

«Und du», wendet der Baal Schem sich gegen Schmuel, «du mußt eine Zeitlang unstet umherirren. Du hast dein Glück auf dem Wasser verloren, also mußt du es dir vom Wasser zurückholen. Wandere dem Ufer nach, mit der Strömung des Wassers, geh von Gemeinde zu Gemeinde, und höre, Schmuel: Kommst du in eine Gemeinde, wo man mich kennt, wo man meinen Namen gehört hat und weiß, was ‹Baal Schem› bedeutet – geh weiter! Kommst du aber an einen Ort, wo man Maul und Augen aufsperrt und nicht im entferntesten ahnt, wer und was ich bin – dort, Schmuel, wirst du aufgerichtet werden.»

Und er treibt ihn zur Eile an: «Säume nicht, Schmuel! Habe ich dir nicht gesagt, daß du die Hand ausstrecken wirst? Näh dir einen Bettelsack, schnitz dir einen Stecken und geh! Zuerst dem Bug entlang und dann längs der Weichsel», fügt er hinzu und begibt sich in seine Studierstube.

Wenn der Baal Schem befiehlt, gehorcht man. Sie nehmen Abschied, Traine Mirl bleibt gleich beim Baal Schem als Gast seiner Tochter, Dowidl macht sich ans Lernen in der Betschul des Baal Schem, stumm «derweil», nur Schmuel hängt sich den Bettelsack über die Schultern und wandert dem Ufer entlang mit der Strömung des Wassers.

Er geht und geht und kommt in manche Gemeinde – überall singt man das Lob des Baal Schem... Kranke geheilt, mit Kindern gesegnet, Gefallene aufgerichtet... Alle Lippen reden von ihm, alle Zungen lobpreisen ihn ohne Unterlaß.

Er hat den Bug hinter sich gelassen und wendet sich der Weichsel zu... Wieder dasselbe... nicht leicht, einen Ort zu finden, wo man nichts weiß vom Baal Schem, nicht einmal im entlegensten Winkel... Er geht und geht, bis er zu einer Grenze kommt. Einen Paß hat er nicht, doch der Baal Schem hat ihm befohlen zu wandern – stiehlt er sich heimlich hinüber und geht weiter. Die Beine schmerzen, die Füße sind geschwollen, er fällt fast um vor Müdigkeit – es schreckt ihn nicht ab. Er muß sich sein Glück zurückholen und Dowidl die Sprache.

Eines Freitagabends kommt er in eine deutsche Stadt und findet sich mit einem Mal allein in einer engen Gasse. Die Füße tragen ihn nicht weiter, er bleibt stehen, mit dem Rücken gegen eine Mauer gelehnt, und hebt die Augen zum Himmel: «Schöpfer der Welt, wo ist hier ein Bad, wo eine heilige Stätte, und wo feiert man den Sabbat?»

In diesem Moment wird im Haus gegenüber ein Fenster aufgestoßen, und ein Deutscher steckt den Kopf heraus, ein älterer, bärtiger Mann mit einer Jarmulke[1] auf dem Kopf, aber mit den Zügen eines

[1] Samtkäppchen

richtigen Deutschen. Der Bart ist sorgsam gekämmt, und die Jarmulke hat eine andere Form, nicht rund, sondern kantig – eine deutsche Jarmulke...

Ein Zittern ergreift Schmuel: Gewiß wird man ihn beschimpfen, weil er dasteht und sich an die Mauer lehnt. Doch der Deutsche schimpft nicht, er ruft über die Gasse zu Schmuel in einem Tonfall, der wohl deutsch klingt, aber aus einem jüdischen Herzen kommt.

«Sie sind Jude?»

Schmuel nickt bejahend mit dem Kopf. «Was für eine Frage?» denkt er.

«Dann kommen Sie gütigst näher.»

Schmuel geht quer über die Gasse, die Haustür öffnet sich, ein Diener kommt heraus und sagt, der Hausherr lasse bitten. Er führt ihn über blitzblank gewichste, mit Läufern bedeckte Treppen hinauf. Schmuel geht auf Zehenspitzen, um ja keine Spuren zu hinterlassen. Im ersten Stock erwartet ihn schon der Deutsche, und hinter ihm, in der offenen Tür, steht seine Frau. Der Deutsche streckt ihm die Hand entgegen: «Scholem alechem![1]» Es hört sich fast wie deutsch an. Die Frau sagt: «Ein Gast im Haus, Gott im Haus.»

Ihre Stimmen klingen nicht fröhlich, aber es liegt echte Gastfreundschaft in ihnen. Man führt ihn in das Eßzimmer und kredenzt ihm einen leichten Imbiß. Der Diener geht hinaus und kommt alsbald mit der Meldung zurück: «Es ist gerichtet.»

---

[1] Friede mit Euch!

Es stellt sich heraus, daß ein Bad für Schmuel bereit ist; er geht hinein, wäscht sich gründlich dem Sabbat zu Ehren, trocknet sich ab und will sich anziehen – er schaut sich um: Wo sind seine Kleider? Der Diener hat sie mitgenommen, doch auf einem Stuhl liegt ein frisches Hemd, ein Talit Katan[1] und ein ganzer Anzug. Schmuel zieht das Hemd und den Talit Katan an, beim Rest zögert er – vielleicht ist es Schatnes[2]?

Der Hausherr klopft an die Tür: «Mein Herr, beeilen Sie sich gütigst, es ist Zeit für Kabalat Schabat[3].» Seine Stimme klingt noch immer belegt und unfroh.

Kabalat Schabat... Jetzt hat Schmuel keine Angst mehr vor Schatnes, zieht sich fertig an. Sie gehen zum Beten, es ist eine deutsche Synagoge, ohne Orgel, dafür mit einem Chor, aber ohne Frauen. Und man betet, nach deutscher Art zwar, aber aus hebräischen Büchern. Man kommt nach Hause: «Scholem alechem, Kiddusch![4]» Ein gedeckter Tisch, auf uns alle gesagt... Es blitzt nur so von silbernen Leuchtern, kostbarem Geschirr und Kristallgläsern. Beim Essen werden Psalmen gesungen, und beim Benschen[5] liest die Hausfrau im Gebetbuch mit. Auch das Töchterchen spricht das

---

[1] Kleidungsstück mit den traditionellen vier Schaufäden, das der fromme Jude immer auf sich trägt

[2] die nicht gestattete Mischung von Leinen und Wolle am selben Kleidungsstück

[3] «Empfang des Sabbats», feierlicher Gottesdienst am Freitagabend

[4] Segensspruch über den Wein bei Sabbatbeginn

[5] Tischsegen

Dankgebet – Schmuel bemerkt erst jetzt, daß ein etwa fünfzehnjähriges Mädchen neben ihm am Tisch sitzt. Nach der Mahlzeit wird er in das Gästezimmer geführt... gute Nachtruhe bedeutet man ihm... Schmuel hat in seinem ganzen Leben noch nie in einem solchen Bett geschlafen.

Vor dem Einschlummern überlegt er sich: «Was kann das sein? So viel Reichtum, und kein Lächeln auf den Lippen... Sabbat auf der Welt, und man seufzt – er, sie und sogar das Töchterchen...» Schließlich überkommt ihn der Schlaf.

Am Morgen geht man wieder ins Bethaus, und nach dem Essen wird Schmuel zu einem Nickerchen in sein Zimmer geführt.

«Möchten Sie vielleicht ein Buch?»

«Gerne.»

Der Hausherr überreicht ihm einen Midrasch[1]. Schmuel schlägt ihn auf, doch ihm fehlt die Sammlung, er muß immer wieder an den Deutschen denken... langsam döst er ein. Dasselbe bei der dritten Mahlzeit und auch nach Hawdole[2] – die Gesichter verfinstern sich, man sitzt schweigend herum, und wenn einmal ein Wort gesprochen wird, tönt es wie aus einem Grabe.

Fragen darf er doch nicht, ein Gast mischt sich nicht ein. Aber er denkt sich das Seinige. Nach dem Festmahl macht er dem Deutschen ein Zeichen – Frau und Tochter sind schon hinausgegangen – und stellt ihm die Frage: «Kennt Ihr nicht den Baal Schem, lieber Herr?»

---

[1] Bibel- und Talmudkommentar

[2] Segensspruch am Ausgang des Sabbats

«Wie?»

«Baal Schem!» sagt er noch deutlicher.

«Was für ein Geschäft hat er?»

Das Herz klopft Schmuel vor Freude.

«Eine unbekannte Firma», sagt der Deutsche, «noch nie gehört.»

Erregt springt Schmuel auf.

«Der Mann ist keine Firma, er macht keine Geschäfte, Gott behüte!»

Doch Schmuel sieht, daß ihm der Deutsche gar nicht mehr zuhört. Er sitzt wie abwesend in seinem Sessel und starrt ins Leere.

«Der Ärmste muß einen großen Kummer haben», denkt Schmuel und stiehlt sich auf Zehenspitzen hinaus. Im Zimmer wirft er sich aufs Bett, doch schlafen kann er nicht. Er liegt stundenlang mit offenen Augen, es muß schon sehr spät sein. Auf der Gasse ist es still geworden, längst hat man die Straßenlaternen gelöscht. Da hört er in der Dunkelheit, wie die Deutsche zu ihrem Mann kommt und ihm leise gute Nacht wünscht. Bald darauf kommt auch die Tochter.

«Vater!»

Der Deutsche rührt sich nicht, die beiden Frauen stehen oder sitzen neben ihm. Leises, kaum hörbares Geflüster und unterdrückte Seufzer dringen an Schmuels Ohr.

Plötzlich beginnt das Mädchen laut zu schluchzen und geht schnell hinaus, die Mutter folgt ihr weinend. Der Vater steht mit einem tiefen Seufzer auf.

«Ach, Gott, Gott! Ach, du lieber Gott!» Dann geht auch er.

Am Morgen, vor dem Abschiednehmen, wird er mit dem Deutschen reden, denkt Schmuel und schläft endlich ein.

Am nächsten Morgen will er sich verabschieden, doch man drängt ihn, noch zum Frühstück zu bleiben. Die Deutsche ist mit ihrer Tochter hinausgegangen, und Schmuel kann endlich reden. Aber er will nicht mit der Tür ins Haus fallen und macht einen kleinen Umweg: «Lieber Herr Deutsch, habt Ihr wirklich noch nie vom Baal Schem gehört?»

Die Antwort bleibt die gleiche: «Nie von der Firma gehört. Hier ganz unbekannt.»

«So?» Schmuel ist noch erleichterter als zuvor. «Es ist aber gar keine Firma, der Baal Schem ist ein Jude.»

«Ein Jude?» Der Deutsche zeigt erstmals ein Interesse und hebt sogar die Augen.

«Ja, ein Jude», wiederholt Schmuel, «und ein Mann der Thora, der Gottesfurcht, der Verdienste und der guten Werke, ein Mann des Himmels –»

«Was?»

«– ein göttlicher Mann!»

«So?» murmelt der Deutsche ungläubig und versinkt wieder in seine Gedanken.

«Es ist besser, ich geh' jetzt, Reb Deutsch.»

«So? Warum eilen Sie?»

«Ich will mich verabschieden.»

«So ...» Er streckt ihm die Hand entgegen. «Lassen Sie mich noch meine Frau und meine Tochter rufen.»

«Macht Euch keine Umstände», sagt Schmuel. «Um etwas möchte ich Euch noch bitten, Reb Deutsch, aber laßt's Euch nicht verdrießen.»

«Ach so... sehr gern. Verzeihen Sie, daß ich nicht daran gedacht habe, ich bin leider so –»

Er steckt die Hand in die Tasche.

«Nein, nein, Herr Deutsch, das meine ich nicht... Ich möchte Euch um etwas ganz anderes bitten. Ihr seid doch ein Jude?»

«Mit Leib und Seele.»

«Ich auch. Sagt mir, was Euch fehlt!»

Der Deutsche ist sprachlos vor Erstaunen.

Schmuel benützt die Gelegenheit: «Etwas bedrückt Euch doch in der Seele, Euch, Euer Weib, Eure Tochter... Sagt es mir, öffnet einem Juden Euer Herz! Manchmal kann ein Jude dem anderen helfen. Schaut nicht auf meine Armut...»

«Gott sei davor», seufzt der Deutsche, «aber uns kann niemand helfen.» Und er beginnt zu reden... «Wir waren schon bei den berühmtesten Ärzten, bei den größten Professoren –»

«– eine Chalat[1], Gott behüte?»

«Eine was?»

«Eine Krankheit?»

«Ja, eine Krankheit ... ein geheimes Leiden, ein Unglück –»

«– aber da gibt es doch jemand, der hilft!» unterbricht ihn Schmuel.

«Ja, der Herrgott!»

«Und in seinem Namen – der Baal Schem.»

Und der Deutsche läßt endlich mit sich reden.

Schmuel erzählt ihm vom Baal Schem, von seinen Wundertaten und Zeichen. Dem Deutschen schwillt das Herz mehr und mehr, seine Züge

---

[1] hebräisch: Krankheit, Epidemie

heitern sich langsam auf, die Augen beginnen zu leuchten, er saugt Schmuels Worte auf wie ein Schwamm, unterbricht ihn mit Fragen, wenn er etwas nicht versteht, gleich als wäre es eine frohe und tröstliche Botschaft für ihn.

«Folgt mir!» schließt Schmuel. «Ich will und darf nicht wissen, ob und wem etwas in Eurem Hause fehlt, aber hört auf mich: Laßt Euren Wagen anspannen und Euch zum Baal Schem führen!»

Der Deutsche schwankt noch ein bißchen.

«Ja, aber... Ich muß doch noch mit meiner Frau und meiner Tochter sprechen...»

Ruft Schmuel voller Freude: «Geht mit dem rechten Fuß und sprecht! Gott wird Euch helfen.»

Haben aber alle Weiber dieselbe Angewohnheit.

Die Deutsche stand längst hinter der Türe und kam im rechten Moment herein, gefolgt von dem Töchterchen... Man müsse es wenigstens probieren, meint sie, und ein paar Stunden später ist die Kutsche angespannt. Man besteigt sie, die Pferde laufen Galopp... erst an der Grenze macht man halt. Das wird schon eine Zeitlang dauern: Schmuel hat ja keinen Paß...

Doch bevor sie auf der anderen Seite sind, wollen wir einmal sehen, was sich unterdessen beim Baal Schem tut.

Er sitzt – der Baal Schem – lächelnd in seiner Studierstube und sagt zu seinem Diener: «Geh und ruf mir Joine, den Schneider.»

Der Diener holt ihn.

«Sag, Joine, kannst du jemandem mit bloßem Auge Maß nehmen, ohne daß er es merkt?»

«So tu' ich es doch bei Euch, Rabbi. Wenn Eure Tochter will, daß ich Euch einen neuen Anzug mache, komme ich und schau' Euch an.»

«Und bei Frauen auch?»

«Ein und dasselbe, Rabbi.»

«Willst du mir einen Gefallen tun?»

«Bis zur Hälfte des Königsreichs, Rabbi!»[1]

«Es ist gut. In meinem Haus lebt eine fremde Frau...»

«Aha, Traine Mirl meint der Rabbi.»

«Ja, und ihr Sohn Dowidl lernt bei mir in der Betklause. Geh und nimm beiden Maß – mit den Augen.»

«Was für Kleider, Rabbi?»

«Stell dir vor, Joine, daß Dowidl sich verloben wird. Da braucht er doch Kleider und seine Mutter auch, und zwar herrschaftliche Kleider!»

«Was für Stoff, Rabbi?»

«Nimm vom besten, und auf meine Rechnung, Joine.»

«Gut, Rabbi.»

«In einem Monat muß alles bereit sein.»

«Nicht eine Stunde länger, Rabbi.»

Genau nach einem Monat bringt der Schneider die Kleider. Es ist Abend, und der Baal Schem unterhält sich mit seiner Tochter.

«Nimm die Keider», sagt er, «und bring sie deinem Gast Traine Mirl. Sie soll sie anziehen und nicht aus dem Hause gehen. Sag ihr, ich hätte es befohlen. Sie soll in deinem Zimmer warten, bis sie gerufen wird.»

---

[1] Zitat aus dem Buch Esther

Die Tochter fragt kein Wort und geht.

«Und du», wendet sich der Baal Schem zum Diener, «nimmst Dowidls Kleider und trägst sie in die Lernstube. Sag Dowidl, ich will, daß er sich wäscht, die neuen Kleider anzieht und bei seiner Mutter wartet, bis ich ihn rufe.»

Der Diener will schon gehen.

«Und dann», fügt der Baal Schem hinzu, «sollst du mir sogleich unseren Nachbar, den Dajen, holen und auch den Schreiber. Und ruf mir einen Minjan[1] Juden zusammen, aber auf der Stelle!»

Bald kommen alle Gerufenen, der Baal Schem bittet sie, Platz zu nehmen, und schickt den Diener zu seiner Tochter: Sie soll einen Imbiß vorbereiten.

«Was für einen Imbiß, Rabbi?»

«Wie für eine Verlobung – eine standesgemäße Verlobung.»

Der Diener geht und kommt nach einer Weile zurück.

«Bereit.»

«Jetzt mach Licht, viel Licht!»

Der Diener tut, was ihm geheißen, und während er die Leuchter mit den brennenden Kerzen hereinbringt und auf den Tisch stellt, fährt vor der Tür ein Wagen vor. Heraus steigen Schmuel, der Deutsche, seine Frau und das Töchterchen.

Wie sie zur Tür hereinkommen, erhebt sich der Baal Schem: «Friede mit Euch, Awrohom[2]!»

Er gibt dem Deutschen die Hand.

---

[1] hebräisch: Zahl, d. h. die Mindestzahl männlicher Personen (zehn), die für einen gemeinsamen Gottesdienst erforderlich sind

[2] Abraham

«Willkommen, Frauen. Setzt euch!»

Verwirrt nehmen sie Platz, die Frau und das Mädchen an einem besonderen Tisch.

«Ich sehe schon Glauben in Euren Augen, Reb Deutsch», lächelt der Baal Schem, «den Glauben an mich. Erzählt uns zuerst, wie Ihr zu Eurem Reichtum gekommen seid. Und du, Schmuel, mach die Tür einen Spalt weit auf» – wieder lächelt der Baal Schem –, «dort sitzt nämlich dein Weib Traine Mirl, und sie liebt es, an Türspalten zu lauschen ...»

Schmuel gehorcht noch so gern, und Awrohom der Deutsche beginnt zu erzählen, wenn auch auf deutsch, aber man versteht ihn.

Vor Jahren war er noch ganz arm, er besaß zwar ein paar Taler, doch fürchtete er sich, irgendein Geschäft anzufangen. Einmal, in einer Sommernacht, kann er vor Sorge keinen Schlaf finden ... da klopft es plötzlich an das Fenster. Er steht leise auf, um seine Frau nicht zu wecken, und öffnet das Fenster: ein Bekannter, der hinter der Stadt, unmittelbar an der Mündung des Flusses wohnt. Er erzählt ihm von einem Hochwasser, das viel Holz angeschwemmt hat. Die Bauern haben die Stämme mit Eisenhaken herausgefischt, und man kann das Strandgut fast umsonst kaufen.

«Hörst du, Schmuel?» sagt der Baal Schem zu Schmuel, der noch immer bei der Tür steht, «dein Holz.»

«Ich höre, Rabbi, ich höre», antwortet Schmuel und bleibt unverrückt bei der Tür stehen.

Der Deutsche glaubt sich rechtfertigen zu müssen und gibt zu bedenken, daß solches Strandgut nach dem Gesetz niemandem gehört. Er erzählt, wie billig er das Holz gekauft und wieviel er daran verdient hat ... ein schönes Stück Geld.

«Und Geld», wirft der Baal Schem ein, «geht schon zu Geld. Doch bald darauf wurde dir eine Tochter geboren ... ein hübsches Kind, unberufen ... ein Mädel aus Gold, wie man bei Euch sagt ... schon eine Braut?»

«Das ist doch mein ganzes Unglück, göttlicher Mann!» stöhnt der Deutsche und ringt die Hände. «Sie kann niemals Braut werden!»

«Warum?»

Erzählt der Deutsche, daß man seiner Tochter die schönsten und besten Partien angeboten hat; ist sie aber von einer Krankheit befallen: Sobald man ihr einen Freier zeigt, wird ihr übel, und wenn man sie nicht sofort wegbringt, fällt sie in Ohnmacht.

«Seht sie Euch an, göttlicher Mann, und sagt selbst – ist sie nicht gesund und frisch? Und kaum erblickt sie einen Bewerber, wird ihr schwarz vor Augen. Ich war mit ihr bei den besten Ärzten, die größten Professoren sind zu uns gekommen –»

«So?» fällt ihm der Baal Schem lächelnd ins Wort, «ist das dein ganzes Unglück? Ich aber, Awrohom Deutsch, werde ihr einen Chosen[1] zeigen, bei dem sie nicht in Ohnmacht fallen wird, im Gegenteil: Sie wird ihm mit weit offenen Armen entgegenlaufen ... Schmuel, laß dein Weib und deinen Sohn herein!»

Traine Mirl läßt nicht lange auf sich warten und bleibt wie angeschmiedet neben ihrem Mann stehen. Jetzt kommt Dowidl herein – die Blicke des

[1] hebräisch: Bräutigam, Freier

Jünglings und des Mädchens kreuzen sich, sie erschrecken, schauen sich an, werden abwechselnd blaß und rot... unwillkürlich machen sie ein paar Schritte gegeneinander und bleiben verwirrt und scheu stehen. Kaum vermögen sie die Blicke voneinander zu reißen, doch jetzt schlagen sie die Augen nieder und senken den Kopf.

«Nun, Mädchen», fragt der Baal Schem, «wird dir nicht übel? Willst du den Freier?»

Sie erzittert und nickt «ja» mit dem Kopf.

«Und du, Dowidl, willst du die Braut?»

Und der Baal Schem befiehlt: «Antworte, Dowidl?»

«Ja, Rabbi!» erwidert Dowidl laut.

«Und du wirst sogar eine Predigt halten», sagt der Baal Schem. «Schreiber, schreib den Verlobungsbrief!»

Im Ehevertrag ließ der Baal Schem festhalten, daß Awrohom Deutsch der Tochter sein ganzes Vermögen als Mitgift vermachen werde und daß beide Elternpaare *ewige Kest*[1] bei ihren Kindern genießen sollen.

---

[1] eigentlich die freiwillige Verpflichtung der Eltern, dem Brautpaar für eine gewisse Zeit Kost und Logis zu geben, hier umgekehrt angeordnet und verstanden

SCHOLEM ALEJCHEM

Heutige Kinder

(aus «Tewje der Milchmann»)

Was redet ihr da? Heutige Kinder? – «Kinder habe ich großgezogen und erhöhet»[1] – du setzest sie in die Welt, wirst schwarz vor Sorge, opferst dich auf für sie und schuftest Tag und Nacht. Und wozu? Einer versucht es so, der andere so, je nach seinem Stand und seinem Vermögen.

Mit Brodskij[2] will ich mich natürlich nicht vergleichen, aber ich brauche mich auch nicht kleinzumachen, denn ich bin schließlich nicht irgendwer. Und wir kommen ja – wie mein Weib sagt, leben soll sie! – auch nicht von Schneidern oder Schustern her. Also, rechne ich mir aus, werde ich mit meinen Töchtern sicher auftrumpfen können. Wieso das? Erstens hat mich Gott gesegnet mit schönen Kindern, und ein schönes Gesicht ist, wie ihr selbst sagt, eine halbe Mitgift. Und zweitens bin ich doch heute mit Gottes Hilfe nicht mehr der Tewje von gestern und darf getrost nach der besten Partie greifen, sogar in Jehupez[3].

Na, was sagt ihr jetzt? Nun gibt es aber einen

---

[1] nach Jesaja
[2] jüdischer Industrieller und Millionär
[3] vom Autor erfundener Stadtname

Gott in der Welt, einen barmherzigen und gnädigen Gott, der seine großen Wunder vollbringt und mich durch Sommer und Winter geleitet, hinauf und hinunter.

«Tewje», sagt er zu mir, «red dir bloß keine Narrheiten ein und laß die Welt fahren, wie sie fährt!»

Hört nur, was sich in der großen Welt begeben kann! Und bei wem trifft sich das ganze Glück? Natürlich bei Tewje Schlemasel[1]...

Kurz – was soll ich euch lange versäumen? Ihr erinnert euch sicher noch an die Sache, die mir, nicht auf heute gedacht, mit meinem Verwandten Menachem-Mendel widerfahren ist, ausgelöscht sei sein Name und sein Gedenken! Was für schöne Geschäfte wir damals in Jehupez mit halben Imperialen[2] und Potowilower Aktien getätigt haben – so ein Jahr auf meine Feinde! Damals brach für mich die Welt zusammen – weh war mir! –, und ich dachte schon, es sei aus mit Tewje und seinem Milchhandel...

«Du Narr», sagt mir da meine Alte, «genug mit den Sorgen! Damit erreichst du gar nichts, zernagst dir nur das Herz. Stell dir einfach vor, daß Halunken uns überfallen und ausgeraubt haben. Besser», sagt sie, «du gehst nach Anatewka[3] rüber zu Lejser-Wolf, dem Fleischer, der dich dringend braucht, so sagt er.»

«Was ist los dort? Warum hat er mich so nötig?

---

1 Pechvogel

2 Zehnrubel-Goldstück

3 vom Autor erfundener Stadtname

Wenn er unsere braune Kuh meint», sag' ich, «kann er einen Stecken nehmen und sie sich aus dem Kopf herausschlagen.»

«Was ist schon dabei?» erwidert sie mir, «das bißchen Milch, das man von ihr hat, den Käse, die Butter?»

«Nein, nicht deswegen», sag' ich, «nur so: Erstens ist es wahrhaftig eine Sünde, so eine Kuh auf die Schlachtbank zu treiben, und zweitens ist es ein Verbrechen gegen ein lebendes Wesen. In unserer heiligen Thora steht geschrieben, daß –»

«Schon genug, Tewje! Die ganze Welt weiß doch», sagt sie, «daß du ein Mann der Thora bist. Folg deinem Weib und geh rüber zu Lejser-Wolf. Jeden Donnerstag», sagt sie, «wenn unsere Zeitel zu ihm in den Laden kommt, um Fleisch zu kaufen, hackt er auf sie ein: ‹Sag deinem Vater, er soll herkommen, ich muß unbedingt mit ihm reden . . .›»

Kurzum, zuweilen muß man ja auch, wie ihr sagt, seinem Weib gehorchen. Ich überlege es mir und lasse mich überreden. Ich spaziere zu Lejser-Wolf nach Anatewka hinüber, etwa drei Werst[1] von unserem Städtchen. Selbstverständlich ist er nicht zu Hause.

«Wo steckt er denn?» frage ich eine stubsnasige Frau, die im Haus herumlatscht.

«Im Fleischhaus», sagt die Stubsnasige, «man schlachtet einen Ochsen seit heute früh, aber Lejser-Wolf muß gleich kommen.»

Sie läßt mich allein; ich schlendere im Haus herum und sehe mir Lejser-Wolfs Einrichtung

---

[1] russisches Längenmaß (1,067 km)

an. Unberufen, all meiner Freunde gedacht: ein Schrank mit Kupfer, wie man es für hundertundfünfzig Rubel nicht kaufen kann, ein Samowar und noch einer, ein Messingtablett, eines aus Warschau, ein Paar silberne Leuchter, vergoldete Becher, große und kleine, eine gegossene Chanukkalampe und unzählige andere Kostbarkeiten.

«Herr der Welt!» denke ich, «werde ich jemals so viel Glück bei meinen Kindern erleben, gesund sollen sie sein? Was für ein Glückspilz dieser Fleischer ist! Nicht genug, daß er reich ist, hat er schon zwei Kinder verheiratet und ist obendrein noch Witwer...!»

Endlich, Gott hat geholfen, und die Türe öffnet sich: Herein tritt Lejser-Wolf und schimpft sogleich auf den Schächter, der ihn unglücklich gemacht hat. Er hat einen Ochsen zerteilt, groß wie eine Eiche, und – der Teufel soll ihn holen! – ihn trefe[1] gemacht. Eine Kleinigkeit, ein Kratzerchen an der Lunge, nicht größer als ein Stecknadelknopf, aber – in den Boden soll er versinken!

«Grüß Gott, Reb Tewje», wendet er sich zu mir, «warum kommt Ihr nicht, wenn man Euch herbittet? Wie geht es Euch?»

«Wie soll es mir gehen?» antworte ich. «Es geht und geht, hält an, und alles gleich wieder von vorn, wie es in der Bibel steht: ‹Weder von deinem Stachel noch von deinem Honig will ich wissen – weder von Geld noch Gesundheit, nicht Leib, nicht Leben.›»

«Ihr sündigt mit den Lippen, Reb Tewje», sagt

---

[1] unerlaubt nach dem jüdischen Speisegesetz

er zu mir, «im Vergleich mit früher, nicht auf heute gedacht, seid Ihr doch jetzt, unberufen, ein reicher Mann.»

«Was mir dazu fehlt», sag' ich, «sollen wir beide vermögen ... Doch so oder so – danken wir Gott dafür, wie es im Talmud heißt: ‹Askekurdo, demaskanto, dekarnuso, defarsamchto.›[1] Und insgeheim denke ich mir: ‹Die Nase soll dir so wachsen, Fleischerlein, wie es in der Welt eine solche Stelle gibt ...›»

«Ihr habt doch immer», sagt er zu mir, «eine Gemore[2] bereit. Wohl Euch, Reb Tewje, daß Ihr Euch so gut auskennt mit den kleinen Buchstaben[3]. Aber was nützt die ganze Weisheit? Reden wir lieber vom Geschäft. Setzt Euch, Reb Tewje!» bedeutet er mir und brüllt plötzlich: «Her mit dem Tee!»

Wie aus dem Boden gestampft, erscheint die stubsnasige Person, packt den Samowar wie der Teufel den Melamed[4], und fort in die Küche damit!

«Jetzt, da wir allein unter vier Augen sind, können wir endlich plaudern. Die Sache ist die», sagt er: «Ich wollte mit Euch schon lange reden, Reb Tewje, und habe Euch durch Eure Tochter, Gott weiß wie oft, bestellen lassen, daß Ihr Euch hierher bemüht. Ich habe nämlich, versteht Ihr mich, ein Auge geworfen ...»

«Ich weiß», sag' ich, «daß Ihr ein Auge geworfen habt, aber es ist vergebliche Mühe», sag' ich. «Es geht nicht, Reb Lejser-Wolf, es geht nicht.»

---

1 sinnlose Wortbildungen des Autors
2 Teil des Talmuds
3 charakteristische kleine Type des Talmuds
4 Elementarlehrer in einem jüdischen Märchen

«Warum nicht?» fragt er und schaut mich erschrocken an.

«Bis Sabbat halt' ich es noch aus», sag' ich. «Auch wenn's noch länger dauert. Der Fluß brennt nicht.»

«Warum zuwarten», meint er, «wenn man es gleich erledigen kann?»

«Das», sag' ich, «ist mal fürs erste. Und fürs zweite tut es mir leid um ein lebendes Wesen.»

«Da schau her, wie er sich anstellt!» sagt Lejser-Wolf mit leichtem Schmunzeln. «Man könnte schwören, daß sie Eure einzige ist. Mir scheint, Ihr habt, unberufen, genug von der Sorte, Reb Tewje.»

«Die will ich aber behalten», sag' ich, «und wer sie mir mißgönnt, soll selbst keine haben!»

«Mißgönnt? Wer spricht hier von mißgönnen? Im Gegenteil», sagt er, «gerade *weil* sie Euch so gut geraten sind, will ich auch eine haben. Versteht Ihr jetzt oder nicht? Vergeßt bloß nicht das Gute, das Euch daraus erwachsen kann, Reb Tewje!»

«Gewiß, gewiß», sag' ich, «von Eurem Guten, Reb Lejser-Wolf, kann einem der Kopf hart werden – ein Stück Eis im Winter. Das kenn' ich noch von früher her...»

«Nun ja», sagt er mit zuckersüßer Stimme, «was vergleicht Ihr früher mit heute, Reb Tewje? Früher war etwas anderes, und heute ist etwas anderes. Wir sind doch jetzt fast Verwandte, oder?»

«Was für Verwandte?» frage ich.

«Ganz gewöhnliche Verwandte», antwortet er.

«Was meint Ihr da, Reb Lejser-Wolf?» frag' ich ihn. «Wovon reden wir eigentlich?»

«Genau das frage ich *Euch,* Reb Tewje», sagt er, «wovon reden wir?»

«Was heißt?» sag' ich. «Wir reden doch von meiner braunen Kuh, die Ihr mir abkaufen wollt.»

«Ha-ha-ha!» Er schüttet sich aus vor Lachen. «Von einer Kuh reden wir, und noch dazu von einer braunen ... ha-ha-ha!»

«Was habt *Ihr* denn gemeint, Reb Lejser-Wolf? Sagt es mir, damit ich auch lachen kann.»

«Von Eurer Tochter», sagt er zu mir, «von Eurer Tochter reden wir doch die ganze Zeit! Ihr wißt, Reb Tewje, daß ich, nicht auf Euch gedacht, Witwer bin. Hab' ich mir vorgestellt: Was soll ich mein Glück in der Fremde suchen, mich mit Schadchonim[1] und allen bösen Geistern herumschlagen, wo wir doch beide im selben Ort wohnen. Ich kenne Euch, Ihr kennt mich, und das Mädel hat mir auch gefallen. Ich sehe sie ja jeden Donnerstag bei mir im Laden, hab' ein paarmal mit ihr geredet – ein stilles Ding, nicht übel. Und ich selbst bin, unberufen, kein schlechter Hauswirt: eine eigene Stube, ein paar Geschäftchen, ein ganz schöner Hausstand, wie Ihr seht. Doch ich will mich nicht versündigen. Auch einige Felle im Estrich sind da und ein bißchen Geld in der Truhe. Wozu brauchen wir all die Zigeunerkunststücke, Reb Tewje, die ganzen Drehs und Klugheiten? Schlagen wir doch einfach ein – Eure Hand und eins, zwei, drei! Versteht Ihr mich oder nicht?»

Kurzum, als er mir all das eingeredet hatte, blieb ich sprachlos sitzen, wie einer, dem man plötzlich

---

[1] Schadchen = Heiratsvermittler

eine Todesnachricht überbracht hat. Dann ging mir ein Gedanke durch den Kopf: «Lejser-Wolf... Zeitel... er hat doch selbst Kinder wie sie!» Doch ich überwand mich schnell. So ein Glück, so ein Glück! Sie wird es gut haben wie nur irgendwer in der Welt! Und wenn er vielleicht nicht sehr großzügig ist – das ist doch heutzutage ganz anders, der größte Vorzug sogar. Wie sagt man: «Der Mensch ist sich selbst am nächsten.» Wer gegen den andern gut handelt, ist schlecht sich selbst gegenüber. Nur schade, daß er so ungebildet ist. Doch was soll's, kann denn jeder ein Gelehrter sein? Gibt es nicht genug reiche und feine Menschen in Anatewka, in Masepowka[1] und sogar in Jehupez, die ein Aleph[2] nicht von einem Kreuz unterscheiden können? Und trotzdem sollen mir so viele gute Jahre beschert sein wie den Leuten Ehre und Ansehen in der Welt. Heißt es doch in den Sprüchen der Väter: «Wo kein Brot ist, gibt es auch keine Thora» – das heißt, die Thora liegt im Schrein und das Brot in der Tasche.

«Nun, Reb Tewje, was schweigt Ihr?» sagt er.

«Was soll ich schreien?» sag' ich, so als wäre ich noch unschlüssig. «Das ist doch – versteht Ihr mich, Reb Lejser-Wolf? – eine Sache, die gut überlegt sein will, von innen und von außen. Es ist doch kein Spaß», sag' ich, «das erste Kind, weh mir!»

«Gerade *weil* es Euer erstes Kind ist», sagt er, «werdet Ihr mit Gottes Hilfe auch das zweite unter die Haube bringen und mit der Zeit gar das dritte. Versteht Ihr jetzt oder nicht?»

---

[1] vom Autor erfundener Stadtname

[2] erster Buchstabe im hebräischen Alphabet

«Amen! Ich wünsche Euch dasselbe», sag' ich. «Töchter verheiraten ist keine Kunst, wenn der Herrgott ihnen den richtigen Mann schickt.»

«Das meine ich doch gar nicht, Reb Tewje», sagt er, «sondern etwas ganz anderes: Ihr braucht Eurer Ältesten keinen Groschen mitzugeben, keine Aussteuer für die Hochzeit, nichts. Alles, was ein Mädchen benötigt, nehme ich auf mich, und auch für Euch», sagt er, «wird wohl noch etwas Klingendes in den Beutel fallen ...»

«Pfui!» reg' ich mich auf, «Ihr redet wirklich, seid mir nicht böse, wie in Eurem Fleischerladen. Was heißt da ‹in den Beutel fallen›? Pfui! Meine Zeitel ist, Gott verhüte, keine Ware, die ich für Geld verkaufe. Pfui, pfui!»

«Wenn es ‹pfui!› ist, dann eben pfui!» ereifert er sich. «Ich hab' das Gegenteil gemeint, aber wenn Ihr ‹pfui!› sagt, soll es bei pfui bleiben. Was Euch lieb, soll mir recht sein, Hauptsache, es geht vorwärts», sagt er. «Ich möchte bald, wie man sagt, eine Hausfrau in die Stube. Versteht Ihr das oder nicht?»

«Von mir aus», sag' ich, «ich leg' Euch kein Hindernis in den Weg. Man muß es aber noch mit meinem Eheweib bereden», sag' ich, «in solchen Sachen hat *sie* das Sagen. Das ist doch, ach, keine Kleinigkeit, wie Raschi[1] sagt: ‹Und Rachel erbarmte sich ihrer Söhne ...› – eine Mutter ist wie ein Topfdeckel. Und sie selbst soll man doch auch fragen, ich meine Zeitel. Wie heißt es: ‹Die ganze Sippschaft hat man zur Hochzeit geschleppt und den Bräutigam zu Hause vergessen ...›»

---

[1] großer Schriftgelehrter des 11. Jahrhunderts

«Dummes Zeug», brummt er, «fragen soll man sie gar? Erzählen müßt Ihr, Reb Tewje! Ihr kommt nach Hause und berichtet das und das, dann stellt Ihr die Chupe[1].»

«Redet doch nicht so, Reb Lejser-Wolf! Ein Mädchen ist, Gott behüte, keine Witwe!»

«Einverstanden», sagt er, «ein Mädchen ist ein Mädchen und keine Witwe, und genau deswegen soll man beizeiten darüber reden: Kleider, Aussteuer, Wäsche, die Alltagssorgen, versteht Ihr? Indessen», meint er, «wollen wir ein Gläschen lechajim[2] trinken, Reb Tewje. Ja oder nein?»

«Von mir aus», stimme ich zu, «warum nicht? Was hat Eintracht mit Hader zu tun? Wie es heißt: ‹Adam war ein Mensch, und Branntwein ist Branntwein.› Es gibt eine Gemore», sag' ich und klatsche ihm eine Talmudstelle um die Ohren und noch eine zum gestrigen Tag, vom Lied der Lieder bis Chad Gadja[3]...

Kurz und gut, wir nahmen «vom bitteren Tropfen», wie Gott es befohlen. Die Stubsnäsige brachte inzwischen den Samowar herein. Wir machten uns etliche Gläser Punsch, wurden ordentlich heiter, beglückwünschten uns gegenseitig und schwatzten von der Partie, von diesem und jenem und wieder von der Partie.

«Wißt Ihr überhaupt, Reb Lejser-Wolf», frag' ich, «was für ein Edelstein sie ist?»

«Ich weiß», sagt er, «glaubt mir, ich weiß. Und

---

[1] Traubaldachin

[2] «zum Leben», hebräische Wendung für «zum Wohl», «Prosit» usw.

[3] Schlußlied des Passafestes

wüßte ich es nicht, hätte ich doch gar nichts gesagt...»

So reden wir durcheinander, bis ich schreie: «Ein Edelstein, ein Diamant! Denkt daran, Ihr sollt sie hochachten und nicht den Fleischer herauskehren!»

Und er: «Nur keine Angst, Reb Tewje. Was sie bei mir am Wochentag kriegt, hat sie bei Euch nicht einmal am Jontef[1] gegessen.»

«Wie?» frag' ich, «Essen ist bei Euch ein Geschäft? Der Reiche ißt keine Goldstücke und der Bettler keine Steine. Ihr seid ein einfacher Mensch», sag' ich, «und wißt ihre Fähigkeiten gar nicht zu schätzen – wie sie die Chale[2] bäckt, und ihr Fisch, Reb Lejser-Wolf, ihr Fisch! Dazu muß man berufen sein!»

Und er darauf: «Nehmt's mir nicht übel, Reb Tewje, aber Ihr seid schon ein bißchen angejahrt, kennt die Menschen nicht mehr. Ihr kennt *mich* nicht, Reb Tewje!»

Und ich wieder: «Gold auf *eine* Waagschale und Zeitel auf die andere, hört Ihr, Reb Lejser-Wolf? Und wenn Ihr zweimal hunderttausend vermögt, seid Ihr nicht ihre linke Ferse wert!»

Worauf er: «Glaubt mir, Reb Tewje, Ihr seid ein großer Narr, obwohl Ihr älter seid als ich!»

Kurzum, wir schrien so eine hübsche Weile herum und wurden langsam leicht beduselt. Als ich endlich nach Hause fuhr, war es schon recht spät in der Nacht, und ich schwankte ordentlich auf

---

[1] Feiertag
[2] Sabbatbrot

den Beinen... Mein Weib, sie soll gesund sein, merkte sogleich, was los war, und machte mir einen wüsten Krach, den ich auch verdient hatte.

«Still, reg dich nicht auf, Golde!» sag' ich fröhlich zu ihr und möchte am liebsten tanzen dabei. «Schrei nicht, teure Seele, uns steht ein Masel-tow[1] bevor!»

«Masel-tow? Ein finsterer Masel-tow», sagt sie. «Sicher hast du dich versündigt und Lejser-Wolf die braune Kuh verkauft.»

«Noch schlimmer», sag' ich.

«Du hast sie gegen eine andere vertauscht und Lejser-Wolf, nebbich[2], zum Narren gehalten?» fragt sie.

«Noch schlimmer», sag' ich.

«So red doch endlich ein Wort!» schreit sie. «Schaut her, wie man die Silben bei ihm kaufen muß!»

«Masel-tow dir!» sag' ich noch einmal, «und Masel-tow uns beiden: Unsere Zeitel ist Braut geworden!»

«Wenn dem so ist», sagt sie, «dann bist du wirklich beduselt und nicht nur zum Spaß. Du hast wohl einen rechten Trunk gehabt?»

«Einen Trunk», sag' ich, «und ein paar Gläser Punsch dazu mit Lejser-Wolf, aber bei Verstand bin ich immer noch. Wisse also, meine teure Golde, daß unsere Zeitel in einer guten und glücklichen Stunde seine Braut geworden ist. Lejser-Wolfs Braut!»

---

1 Glückwunsch

2 Ausdruck des Bedauerns

Und ich hab' ihr die ganze Geschichte von Anfang bis Ende erzählt, wie, was, wann – alles, worüber wir geredet haben, Lejser-Wolf und ich, und dabei kein Haar ausgelassen.

«Hör mich an, Tewje», sagt mein Weib zu mir, «möge mir Gott so helfen, wohin ich mich auch drehe und wende, wie es mein Herz gewußt hat: Lejser-Wolf wird dich nicht umsonst bestellen. Doch dann hab' ich mich kaum getraut, daran zu denken, aus lauter Angst, daß es noch schiefgehen könnte. Ich danke dir, mein Gott», schluchzt sie, «ich danke dir, du getreuer, herzliebster Vater! Möge es wahrhaftig eine gute und glückliche Stunde sein, möge sie an seiner Seite in Reichtum und Ehren alt werden. Seine verstorbene Frume-Sore – es sei zwischen ihr und mir wohl unterschieden! – hat mit ihm keine gute Zeit gehabt. Sie war aber auch – möge sie mir verzeihen! – eine störrische Frau, die mit niemandem auskam, ganz anders als unsere Zeitel, ihr zu längeren Jahren! Ich danke dir, danke dir, mein Gott! Nun, Tewje, was hab' ich dir gesagt? Narr, muß der Mensch sich Sorgen machen? Was einem beschert ist, sagt man, kommt von selbst ins Haus.»

«In jedem Fall», sag' ich; «es gibt sogar einen Bibelvers dazu.»

«Was taugt mir dein Bibelvers?» sagt sie. «Man muß doch die Hochzeit bereiten, eine Liste machen für Lejser-Wolf, was Zeitel alles braucht. Von einer Aussteuer kann man überhaupt nicht reden», meint sie, «es ist noch kein Faden vorhanden, nicht einmal ein Paar Strümpfe. Und was die Kleider betrifft, braucht sie ein seidenes für die Trauung, ein wollenes für den Sommer, eins für den Winter und sonst noch ein paar. Außerdem Unterwäsche und Mäntel – ich will, daß sie zwei hat», sagt sie, «einen warmen aus Katzenfell für die Woche und einen guten mit Bändern für den Sabbat. Hübsche Stiefelchen mit Quasten, ein Korsett, Handschuhe, Taschentücher, ein Schirmchen und all die übrigen Sachen, die ein Mädel heutzutage haben muß.»

«Wie kommt es, meine Herzensgolde», sag' ich, «daß du soviel weißt von all dem Krimskrams?»

«Wie es kommt?» fragt sie. «War ich denn nicht unter Menschen? Hab' ich bei uns in Chasrilewka[1] nicht gesehen, wie die Leute sich kleiden? Überlaß das nur mir», sagt sie, «darüber werd' ich schon selbst mit ihm reden. Lejser-Wolf ist gar nicht so übel», meint sie, «und als reicher Mann wird er es selber nicht wollen, daß die ganze Welt mit dem Finger auf ihn zeigt. Wenn man schon Schweinefleisch ißt, soll wenigstens das Schmalz über den Bart rinnen...»

Und so schwatzten wir bis zum Morgengrauen.

«Weib», sag' ich sodann, «pack mir ein bißchen Käse und Butter zusammen, ich will derweil nach Bojberik[1] fahren. Das ist zwar alles schön und gut, aber das Geschäft», sag' ich, «soll man dabei nicht versäumen. Wie es heißt: ‹Welt bleibt Welt.›»

Es war noch dunkel, als ich mein Pferd vor das Wägelchen spannte und nach Bojberik fuhr. Wie ich auf dem Markt ankomme – bleibt denn irgend

---

[1] vom Autor erfundene Stadtnamen

etwas geheim vor Juden? –, wissen es alle schon, und man überhäuft mich mit «Masel-tow!» von allen Seiten.

«Ein Masel-tow Euch, Reb Tewje! Wann ist, so Gott will, die Hochzeit?»

«Euch selbst soll das Glück beschert sein!» antworte ich. «Da haben wir's wieder einmal: Der Vater ist noch nicht geboren, wächst einem der Sohn schon übers Dach...»

«Papperlapapp», rufen sie, «das wird Euch nichts nützen, Reb Tewje. Ihr müßt schon einen ausgeben. So ein Glück, unberufen, eine wahre Schmalzgrube!»

«Das Schmalz wird ausrinnen», sag' ich, «und die Grube bleibt allein zurück. Aber man kann doch kein Schwein sein und euch den Glückstrunk abschlagen. Ich will nur noch meine Kunden in Jehupez bedienen», sag' ich, «dann gibt es ein Gläschen und etwas zum Beißen dazu. Man lebt ja nur einmal, und das heißt: Jubelt und frohlockt, ihr Bettler!»

Kurzum, als ich – hurtig wie eh und je – fertig war mit meinem Handel, trank ich unter Brüdern ein paar Gläschen lechajim. Wir beglückwünschten uns gegenseitig, wie es sich gehört, dann schwang ich mich auf mein Wägelchen und fuhr fröhlich und guter Dinge davon.

Ich fahre durch den Wald, es ist Sommer, die Sonne brennt, aber von beiden Seiten geben die Bäume Schatten, und die Kiefern duften herzerfrischend. Ich räkle mich wie ein Graf in meinem Wägelchen und überlasse die Zügel meinem Gefährten.

«Fahr schon allein», sag' ich zu ihm, «der Weg ist dir ja bekannt.»

Ich erhebe meine Stimme und singe mir ein Liedchen. Im Herzen ist mir ganz feiertäglich zumute, und ich singe Melodien aus den Gebeten und Psalmen der hohen Tage[1]. Ich blicke hinauf zum Himmel, und meine Gedanken schweifen über die Erde.

«Der Himmel ist für Gott», denke ich, «und die Erde hat *Er* den Menschenkindern überlassen, damit sie sich den Kopf an der Wand einrennen und sich, wie die Katzen, um Reichtum und Ehre, um Schischi[2] und Maftir[2] balgen und schlagen.»

«Nicht die Toten preisen Gott» – sie wissen gar nicht, wie dankbar sie *Ihm* sein sollten für all seine Wohltaten. Doch wenn uns armen Leuten auch nur *ein* guter Tag beschert wird, loben wir Gott und sagen: «Ich liebe *Ihn,* weil er meine Stimme, mein Gebet erhört und mir sein Ohr geliehen hat, als mich der Tod umfing, als Armut und Leid mich von allen Seiten erdrückten.»

Da geht mir eine Kuh ein am hellichten Tag, da schickt man mir einen Unglücksraben von einem Verwandten auf den Hals, Menachem-Mendel aus Jehupez, der mir den letzten Groschen abzwackt. In meiner Einfalt meine ich schon, daß dies mein Ende und die Welt zusammengebrochen ist...

Jeder Mensch ist ein Lügner, es gibt keine Wahrheit auf Erden. Doch was tut Gott? Er gibt Lejser-Wolf den Gedanken ein, meine Zeitel zu nehmen, wie sie steht und geht! Darum sag' ich *Dir* doppel-

---

[1] wichtige Festtage

[2] ehrenhaftes Aufgerufenwerden bei der Thoravorlesung

ten Dank. Ich will dich lobpreisen, teurer Gott, weil du dich nach Tewje umgesehen, ihm verholfen hast, sich an seinem Kind zu freuen! Und ich werde, so Gott will, bei einer richtigen Hausfrau zu Gast sein, die mit allem versorgt sein wird: die Schränke voll mit Wäsche, in der Speisekammer Schmalz und Eingemachtes für Pessach[1], Gänse und Enten im Hühnerhof...

Plötzlich fängt mein Pferdchen an, bergab zu rennen, und ehe ich den Kopf heben kann, um festzustellen, wo ich bin auf dieser Welt, liege ich schon *auf* ihr mit all meinen losen Töpfen und leeren Kannen und das Wägelchen auf *mir*! Mühsam rapple ich mich hoch, zerbrochen und zerschunden, und lasse meinen ganzen Zorn an dem Pferdchen aus: «In den Boden sollst du versinken! Wer hat dich Unglücksgaul um den Beweis gebeten, daß du bergab laufen kannst? Du hast mich ja schier ins Unglück gebracht», sag' ich, «du Asmodi[2]!»

Und ich hab' ihm so viel Hiebe zugeteilt, wie er fassen konnte. Der Bursche hatte natürlich begriffen, daß er etwas Dummes angestellt hatte: Er stand da mit gesenkter Schnauze, als ob man ihn melken wollte.

«Hol dich der Kuckuck!» sag' ich zu ihm, während ich den Wagen wieder aufstelle. Ich lese die Töpfe und Kannen zusammen und fahre weiter. «Kein gutes Zeichen», sag' ich zu mir selber, «ich habe Angst – vielleicht hat es daheim irgendein Unglück gegeben?»

---

[1] das Passa-(Überschreitungs-)Fest
[2] Dämonenfürst (bei Salomo)

Indes fahre ich noch eine Werst oder zwei. Ich bin schon fast zu Hause, da sehe ich, wie mir mitten auf der Landstraße ein weibliches Wesen entgegenkommt. Ich fahre näher heran und schaue hin: Zeitel! Ich weiß nicht warum, aber das Herz steht mir still, wie ich sie so erblicke. Ich springe vom Wagen: «Zeitel, bist du's? Was tust du hier?»

Fällt sie mir weinend um den Hals.

«Gott sei mit dir, meine Tochter», sag' ich, «was heulst du denn?»

«Ach, Vater, Vater!» schluchzt sie, in Tränen schwimmend. Mir wird finster vor Augen, mein Herz krampft sich zusammen.

«Was ist dir, Tochter? Was ist dir geschehen, sprich!»

Ich nehme sie in die Arme, streichle und küsse sie, doch sie schreit nur: «Vater, Vater! Herzliebster, teuerster Vater! Hab Erbarmen mit meinen jungen Jahren!»

Sie zerfließt wieder in Tränen und bringt kein Wort mehr heraus.

«Ach und weh ist mir», denke ich, und mir beginnt zu dämmern, was los ist... Welcher böse Geist hieß mich nach Bojberik fahren!

«Warum denn weinen?» sage ich und streichle ihr Köpfchen. «Närrchen, warum gleich weinen? Wenn's nicht sein soll...», sag' ich, «... nein ist nein. Man wird dir doch nicht mit Gewalt eine Lunge mit einer Leber an die Nase hängen. Wir haben nur dein Gutes gewollt», sag' ich, «zu deinem Besten. Aber wenn es nicht nach deinem Herzen ist – was kann man da tun? Es ist uns eben nicht beschert...»

«Ich danke dir, Vater», sagt sie, «lang sollst du leben!» Und wieder fällt sie mir um den Hals, küßt mich und bricht erneut in Tränen aus.

«Nun laß schon sein», sag' ich, «genug geheult. Alles ist eitel – auch Krapfen können einem verleidet werden. Klettre zu mir in den Wagen und laß uns nach Hause fahren. Die Mutter», sag' ich, «wird sich schon weiß was denken...!»

Kurz und gut, wir setzten uns beide in das Gefährt, und ich redete beruhigend auf sie ein.

«Die ganze Geschichte ist doch die», sag' ich, «wir hatten wirklich nicht den leisesten Gedanken von etwas Bösem. Gott sei davor, er kennt die Wahrheit. Wir wollten nur unser Kind versorgen», sag' ich, «solange es Zeit ist. Wenn das Kind aber nicht will», sag' ich, «so will Gott nicht. Es ist dir eben nicht zugedacht, Tochter mein», sag' ich, «versorgt zu sein, eine Hausfrau mit allem Drum und Dran. Und uns ist nicht vergönnt», sag' ich, «ein bißchen Freude auf unsere alten Tage zu erleben als Lohn für die ganze Plackerei: Tag und Nacht an den Karren gespannt, keine glückliche Minute, nur Armut und Not. Und dazu mißrät einem noch alles, rundherum...»

«Ach, Vater!» schreit sie und flennt wieder los, «ich will als Magd dienen, Lehm tragen, Erde schaufeln!»

«Was heulst du, dummes Mädel? Sag' ich denn etwas, Närrchen, mach' ich dir Vorwürfe? Mein Los ist bitter und finster», sag' ich, «so red' ich manchmal aus dem Herzen, plaudere mit *Ihm,* dem Herrn der Welt – wie er verfährt mit mir. Er ist doch», sag' ich, «ein barmherziger Vater und hat

Mitleid mit mir. Und trotzdem stellt er sich gegen mich – möge er mich nicht strafen für diese Worte – und rechnet mit mir ab wie ein gestrenger Vater. Und da soll man immerzu ‹Ewiger Gott!› rufen... Es muß wohl so sein hienieden: *Er* ist oben in der Höhe», sag' ich, «und wir sind auf der Erde, tief, tief unten. Und darum müssen wir sagen, daß *Er* gerecht ist, und sein Urteil gerecht. Wenn wir so unser Dasein betrachten, bin ich dann nicht ein großer Narr? Was schrei' ich? Wozu der Lärm? Was soll das», sag' ich, «daß ich kleines Würmchen, das auf der Erde herumkriecht und vom leisesten Windstoß zu Staub gemacht werden kann, wenn Gott es so will – daß ich mich hinstelle und *Ihm* mit meinem bißchen Verstand erzählen will, wie er seine Welt lenken soll? Wenn *Er* befiehlt, muß es so sein, was hilft da alles Klagen? Vierzig Tage, so steht es geschrieben in den heiligen Büchern», sag' ich, «vierzig Tage vor der Zeugung des Kindes im Leib der Mutter kommt ein Engel und verkündet: Die Tochter von diesem da ist für jenen bestimmt. Tewjes Tochter kann von mir aus Getzel, den Sohn des Sorach, nehmen, und Lejser-Wolf, der Fleischer, soll aufhören, sich eine Braut zu suchen – sie wird ihm schon nicht entgehen... Doch dir, Tochter, mag Gott den zugedachten Gemahl schicken», sag' ich, «aber etwas Rechtes und ein bißchen schnell! Amen. Gottes Wille geschehe! Wenn nur die Mutter nicht so zetert», sag' ich, «sie wird mir ordentlich die Leviten lesen!»

Kurzum, wir kommen nach Hause, ich spanne mein Pferdchen aus, setze mich ins Gras vor dem Haus und grüble an einer Geschichte für mein

Weib herum, ein Märchen aus Tausendundeiner Nacht – bloß heraus aus der Klemme!

Es wird schon Nacht, die Sonne geht unter. Sommerzeit. Die Kröten quaken von fern, das Pferdchen, an zwei Beinen gefesselt, rupft Gras, Die Kühe, eben zurück von der Weide, stehen vor den Kübeln und wollen gemelkt werden. Das Gras duftet rundherum – ein Paradies! Da sitze ich, schaue umher und überlege, wie weise der Allmächtige seine Welt eingerichtet hat: Jedes Geschöpf, vom Menschen bis hin zum Vieh – sie seien wohl unterschieden! –, muß sich sein Brot verdienen. Umsonst gibt es nichts!

«Willst du fressen, Kuh? Geh, laß dich melken, gib Milch, ernähre einen Juden mit Weib und Kind! Willst du kauen, Pferdchen? Lauf nach Bojberik mit den Milchkannen, hin und zurück, in einem fort! Und du, Mensch? Gleich wie das Vieh ... es sei zwischen euch wohl unterschieden! Du willst Brot? Geh, rackere dich ab, melk die Kühe, schlepp die Kannen, schlag Butter, mach Käse, spann das Pferd ein und troll dich jeden Morgen zu den Sommerhäusern nach Bojberik! Verbeuge dich, mach den Buckel vor den reichen Leuten aus Jehupez, lächle, schmeichle ihnen, kriech jedem von ihnen ins Innerste hinein, aber paß ja auf, daß sie mit dir zufrieden sind und du sie, Gott behüte, nicht in der Ehre verletzest!»

Doch die Frage bleibt bestehen: «Wo ist der Unterschied?»[1] Wo steht geschrieben, daß Tewje

[1] Anfang der «vier Fragen», die der jüngste Knabe beim Passafest stellen muß

sich ihretwegen abplagen soll und in aller Frühe, wenn Gott selbst noch schläft, aufstehen muß, damit sie pünktlich frischen Käse und Butter zum Kaffee haben? Wo heißt es, daß ich mich abrackern muß für eine magere Grütze und ein Schüsselchen mit Graupen, während die Jehupezer Geldsäcke sich in ihren Datschen[1] räkeln, kaum die Hand ins kalte Wasser tunken und nichts als gebratene Enten, Pasteten, Pfannkuchen und Windbeutel essen?

«Bin ich denn nicht ein Mensch wie sie? Wäre es nicht recht und billig, wenn Tewje sich einen Sommer lang in seine Datscha zurückzöge? Doch woher Käse und Butter nehmen? Wer wird die Kühe melken, etwa die Krösusse aus Jehupez?»

Ich lache mich schief bei dem verrückten Gedanken. Kennt die Welt nicht ein Sprichwort: «Wenn Gott auf alle Narren hören wollte, würde seine Welt anders aussehen ...?»

«Guten Abend, Reb Tewje!» ruft mich plötzlich jemand beim Namen. Ich drehe mich um: ein Bekannter, Motel Kamisol, ein Schneidergeselle aus Anatewka.

«Gesegnet, der da kommt», sag' ich und denke an Messias. «Setz dich auf Gottes Erde, Motel. Wie kommst du auf einmal hierher!»

«Wie ich herkomme? Mit den Beinen», sagt er, läßt sich neben mir im Gras nieder und schaut unverwandt zu meinen Mädels rüber, die mit Kannen und Krügen hantieren.

«Ich wäre schon längst zu Euch gekommen», sagt er zu mir, «aber ich fand nie Zeit dazu. Kaum

---

[1] Datscha = russisches Sommerhaus

hab' ich ein Stück Arbeit fertig, mach' ich mich schon an das nächste. Ich bin jetzt ein selbständiger Schneider, und zu tun gibt es gottlob genug. Wir Schneider sind mit Arbeit überhäuft, es ist doch ein Sommer voller Hochzeiten: Berel Fonfatsch macht Hochzeit, Jossel Schejgez macht Hochzeit, Mendel Sajika macht Hochzeit, Jankel Piskatsch macht Hochzeit, Moische Gorgel macht Hochzeit, Mejer Kropewa macht Hochzeit, Chajim Loschek macht Hochzeit, und sogar die Witwe Trigubicha macht Hochzeit!»

«Die ganze Welt», sag' ich, «macht Hochzeit, nur ich allein bin nicht dabei. Ich bin es wohl nicht wert bei Gott.»

«Nein», sagt er zu mir, während er wieder zu den Mädchen hinüberschielt, «Ihr seid im Irrtum, Reb Tewje. Wenn Ihr wollt, kann es auch bei Euch eine Hochzeit geben. Es hängt nur von Euch ab...»

«Wieso?» frag' ich, «weißt du vielleicht eine Partie für meine Zeitel?»

«Wie nach Maß...», sagt er zu mir.

«Etwas Passendes?» frag' ich und überlege, ob er vielleicht den Fleischer Lejser-Wolf meint.

«Sie sitzt wie angegossen», antwortet er mir in seiner Schneidersprache und blickt zu den Mädchen hinüber.

«Woher kommt denn, zum Beispiel, deine Partie?» frag' ich ihn. «Aus welcher Gegend? Wenn sie nach einem Fleischerladen riecht, will ich nichts sehen und nichts hören davon!» sag' ich.

«Keine Angst», sagt er, «es ist, Gott behüte, kein Fleischgeruch dran. Ihr kennt den Betreffenden gut, Reb Tewje.»

«Ist es wenigstens eine rechte Sache?» frag' ich.

«Es ist so recht», antwortet er, «daß recht plus recht zweimal recht ist. Es ist, so sagt man – ‹jubeln will ich und frohlocken!› –, wie zugeschnitten und angenäht.»

«Und wer *ist* dieser – Eidam?» frag' ich. «Laß mich hören!»

«Wer dieser Eidam ist?» wiederholt er und gafft hinüber. «Der Eidam – versteht Ihr mich, Reb Tewje? –, der Eidam bin ich selbst.»

Er hatte kaum ausgeredet, schnellte ich von der Erde empor, als ob man mich verbrüht hätte, und er desgleichen. Wie zwei Hähne standen wir uns gegenüber, einer wider den anderen.

«Bist du verrückt geworden oder ganz übergeschnappt?» schrei' ich ihn an. «Du bist zugleich der Schadchen[1], der Schwäher und der Eidam? Das nennt man eine eigene Hochzeit mit eigenen Musikanten ... Ich habe», sag' ich, «noch nie davon gehört, daß ein Bursche sein eigener Schadchen ist.»

«Wenn Ihr meint, Reb Tewje», erwidert er mir, «daß ich verrückt bin, so sollen es unsere Feinde sein! Ich bin noch, Ihr könnt es mir glauben, bei vollem Verstand. Man braucht durchaus nicht verrückt zu sein, um Eure Zeitel zu begehren», sagt er, «und der Beweis ist, daß Lejser-Wolf, der doch der reichste Mann bei uns ist, sie nehmen wollte, wie sie geht und steht. Meint Ihr vielleicht, das sei ein Geheimnis? Das weiß doch die ganze Stadt. Und was Ihr da redet von ‹sich selbst vermitteln› und

[1] Ehevermittler

‹ohne Schadchen› – ich wundere mich über Euch, Reb Tewje. Ihr seid doch selbst ein Mann, dem man keinen Finger in den Mund stecken darf», sagt er, «Ihr würdet ihn abbeißen. Doch was soll die lange Rede? Die Geschichte von der Geschichte ist doch die: Ich und Eure Tochter Zeitel haben uns schon lange – vor mehr als einem Jahr – das Wort gegeben, daß wir heiraten.»

Hätte mir jemand ein Messer ins Herz gestoßen, es wäre mir lieber gewesen als diese Worte! Erstens: Wie kommt Motel der Schneider dazu, Tewjes Eidam zu werden? Und zweitens: Was ist das für eine Redensart, «sie haben sich das Wort gegeben, daß sie heiraten»?

«Und wo bleibe *ich* dabei?» red' ich zu ihm. «Hab' ich nicht auch etwas zu sagen bei meinem Kind, oder werde ich gar nicht gefragt?»

«Gott behüte», sagt er, «darum bin ich ja zu Euch gekommen, sobald ich hörte, daß Lejser-Wolf um Eure Tochter wirbt. Ich liebe sie nämlich, und das schon mehr als ein Jahr...»

«Kein Wunder», sag' ich. «Wenn Tewje eine Tochter Zeitel hat und du der Schneider Motel Kamisol bist, warum solltest du ihr feind sein?»

«Nein», sagt er, «das meine ich nicht. Ich meine etwas ganz anderes. Ich wollte Euch nur erzählen, daß ich Eure Tochter liebhabe, daß sie mich liebhat und daß wir uns vor mehr als einem Jahr das Wort gegeben haben, uns zu heiraten. Ich hatte mehrmals die Absicht, mit Euch zu reden, schob es aber immer wieder auf, bis ich ein paar Rubel für eine Nähmaschine zusammen hatte. Erst dann wollte ich mich ausstaffieren, wie es sich gehört. Ein junger Mann, dert etwas auf sich hält, braucht doch heutzutage zwei Anzüge und etliche Westen.»

«Daß dich der und jener...!» sag' ich zu ihm. «Ihr mit eurem Kinderverstand! Und was werdet ihr tun *nach* der Hochzeit? Am Hungertuche nagen? Oder willst du dein Weib mit Westen ernähren?»

«Ich staune über Euch, Reb Tewje», sagt er zu mir. «Soviel ich weiß, besaßt Ihr noch nicht einmal eine Hauswand, als Ihr heiratetet, und doch, seht Ihr...? Was mit dem Volk Israel sein wird, wird auch mit Reb Israel sein. Ich bin doch heute ein Meister in meinem Handwerk!»

Kurzum, was soll ich euch lange erzählen? Er hat mich überredet. Wieso? Wir wollen uns doch nichts vormachen: Wie heiraten jüdische Kinder? Würde man auf solche Dinge schauen, käme unsereiner überhaupt nie zum Heiraten. Nur eines hat mich verdrossen, und ich kann es beim besten Willen nicht verstehen. Was heißt das: «Sie haben sich das Wort gegeben?» Was für eine Welt ist das? Ein Bursche trifft ein Mädel und sagt zu ihr: «Komm, geben wir uns das Wort, daß wir heiraten!» So etwas – ein Zwiebelgericht...

Doch als ich mir meinen Motel beguckte, wie er mit gesenktem Kopf dastand – ein sündiger Mensch, der es ernst meint und keinen anderen Gedanken hat –, da dachte ich bei mir: «Überleg dir die Sache noch einmal. Was reg' ich mich denn so auf und mache solche Umstände? Bin *ich* denn so vornehm? Reb Zozeles' Enkel... Und die großartige Mitgift, die fürstliche Aussteuer, die ich meiner Tochter in die Ehe gebe, Gott sei's geklagt...

Motel Kamisol ist zwar ein Schneider, aber ein feiner, arbeitsamer Junge, der sein Weib ernähren kann, und ein ehrlicher Mensch dazu. Was könnte ich gegen ihn haben?»

«Tewje», sag' ich zu mir, «mach keine faulen Geschichten und sag ‹ja›, wie es geschrieben steht: ‹Vergeben habe ich dir nach deinen Worten› – möge es ein glückliches Ende nehmen!»

Aber was tu' ich bloß mit meiner Alten? Ich werde von ihr doch Zeter und Mordio kriegen. Wie man sagt: Mit Pferden und Kamelen – auf Schüsseln und Tellern! Wie soll ich es ihr beibringen, daß sie zustimmt?

«Weißt du was, Motel?» sag' ich zu meinem Eidam. «Du gehst jetzt nach Hause, und ich werde derweil alles erledigen, was nötig ist, mit dem und jenem darüber sprechen, wie es heißt im Buche Esther: ‹Keinem ist das Trinken vorgeschrieben.› So etwas muß wohlüberlegt sein. Morgen früh, so Gott will, sehen wir uns wieder, wenn du es bis dann nicht bereust...»

«Bereust!» ereifert er sich. «Ich soll bereuen? Soll ich zu Stein erstarren und nicht lebend weggehen von hier, wenn ich –»

«Narr», sag' ich, «was nützen dir alle Schwüre, wenn ich es dir auch so glaube? Geh, bleib mir gesund», sag' ich, «hab eine gute Nacht und angenehme Träume.»

Allein geblieben, leg' ich mich zu Bett, finde jedoch keinen Schlaf. Der Kopf zerspringt mir fast in Stücke vor lauter Grübeln über den richtigen Plan. Was für ein Plan? Nun, ihr werdet gleich hören, was Tewje alles einfallen kann...!

Kurzum, gegen Mitternacht – im Haus schläft alles friedlich, einer schnarcht, der andere pfeift – schrei' ich plötzlich mit unnatürlicher Stimme: «Gewalt! Gewalt! Gewalt!» Selbstverständlich erwacht das ganze Haus und Golde zuallererst.

«Gott sei mit dir, Tewje!» ruft sie und schüttelt mich. «Wach auf! Was ist dir geschehen? Warum schreist du ‹Gewalt›?»

Ich mach' die Augen auf, blicke mich ängstlich nach allen Seiten um und murmle mit zitternder Stimme: «Wo ist sie hin?»

«Wer? Wen suchst du?»

«Frume-Sore», sag' ich, «Lejser-Wolfs Frume-Sore stand soeben hier...!»

«Du sprichst im Fieber», sagt mein Weib. «Gott sei mit dir, Tewje! Frume-Sore, Lejser-Wolfs Erste – sie sei von den Lebenden wohl unterschieden! – ist doch längst in *jener* Welt!»

«Ich weiß, daß sie gestorben ist», sag' ich, «aber sie hat soeben hier bei meinem Bett gestanden und mit mir geredet. Und dann», sag' ich, «und dann packte sie mich bei der Gurgel und wollte mich erwürgen!»

«Gott sei mit dir, Tewje, was faselst du da?» sagt zu mir mein Weib. «Du hast doch bloß geträumt. Spuck dreimal aus und erzähl mir deinen Traum, damit ich ihn dir zum Guten deuten kann.»

«Lange leben sollst du, Golde», sag' ich zu ihr, «daß du mich geweckt hast. Sonst wäre ich sicher auf der Stelle umgekommen vor Schreck. Gib mir einen Schluck Wasser», sag' ich, «so werde ich dir meinen Traum erzählen. Aber ich bitte dich, Golde, du sollst dich nicht erschrecken und dir nicht

Gott weiß was denken dabei. Bei uns in der Heiligen Schrift heißt es, daß nur drei Teile eines Traumes wahr sind, alles übrige ist Unsinn und eitel Lüge, nicht gezogen, nicht geflogen ... Vor allem träumte mir», sag' ich, «daß bei uns im Haus ein Fest war. Ich weiß nicht, war es eine Verlobung oder eine Hochzeit. Eine Menge Menschen, Männer und Weiber, der Rebbe, der Schächter und Spielleute ... Mit einem Mal öffnet sich die Tür, und herein kommt deine selige Großmutter Zeitel, sie ruhe in Frieden ...»

Kaum hört mein Weib den Namen «Großmutter Zeitel», wird sie bleich wie die Wand und fragt mich: «Wie sah sie aus – ich meine ihr Gesicht? Wie war sie gekleidet?»

«Ihr Gesicht? Auf alle unsere Feinde gesagt – es war gelb wie Wachs», so rede ich, «und gekleidet war sie natürlich in das weiße Gewand, das Totenhemd.»

«‹Auf gutes Glück!› krächzt mir Großmutter Zeitel zu. ‹Es freut mich, daß ihr eurer Zeitel, die ihren Namen nach mir trägt, einen so feinen und rechtschaffenen Chosen[1] ausgesucht habt. Er heißt Motel Kamisol, nach meinem eigenen Onkel Mordechaj. Er ist zwar ein Schneider, aber trotzdem ein ehrlicher Bursche ...›»

«Wie kommt zu uns plötzlich ein Schneider?» fragt Golde. «In unserer Familie hat es Lehrer gegeben und Vorsänger, Schuldiener, Bestattungsbeamte und andere arme Schlucker, bloß, Gott behüte, keine Schneider oder Schuster ...»

---

[1] Bräutigam

«Unterbrich mich nicht, Golde!» sag' ich zu ihr. «Deine Großmutter Zeitel wird es wohl besser wissen als du. Also: Wie ich von Großmutter Zeitel einen solchen Masel-tow[1] höre, fasse ich mir ein Herz und sage zu ihr: ‹Warum, Großmütterlein, behauptest du, Zeitels Bräutigam heiße Motel und sei ein Schneider, wo er doch in Wirklichkeit Lejser-Wolf heißt und gar ein Fleischer ist?›

‹Nein, Tewje, nein!› wiederholt Großmutter Zeitel, ‹der Verlobte deiner Zeitel heißt wirklich Motel, und er ist ein Schneider. Und an seiner Seite wird sie, so Gott will, in Reichtum und Ehre alt werden.›

‹Recht hast du, Großmütterchen›, sag' ich zu ihr, ‹aber was fange ich bloß mit Lejser-Wolf an? Ich hab' ihm doch gestern mein Jawort gegeben...›

Kaum habe ich das gesagt, schaue ich hin – Großmutter Zeitel ist verschwunden, und an ihrer Stelle steht Frume-Sore, Lejser-Wolfs verstorbene Erste, und zischt mich böse an: ‹Reb Tewje! Ich habe Euch bisher für einen anständigen Menschen gehalten, für einen Mann der Thora. Wie könnt Ihr mir so etwas antun? Wollt Ihr, daß Eure Tochter mich beerbt, in meiner Stube sitzt, meinen Schlüsselbund umhat, meinen Mantel trägt, meinen Schmuck, meine Perlen?›

‹Das ist doch nicht *meine* Schuld!› stammle ich. ‹Euer Lejser-Wolf hat es so gewollt.›

‹Lejser-Wolf...!› faucht sie. ‹Lejser-Wolf wird ein übles Ende nehmen, und Eure Zeitel – ein Jammer um sie, Reb Tewje! – keine drei Wochen

[1] Glückwunsch

wird sie mit ihm leben. Und wenn die drei Wochen vorbei sind, komme ich zu ihr, in der Nacht, und packe sie an der Gurgel – so, so!›»

«Mit diesen Worten», sag' ich, «packte sie mich bei der Gurgel und fing an, mich zu würgen, und wenn du mich nicht aufgeweckt hättest, wär' ich wohl jetzt schon auf der großen Reise...!»

«Tfu! Tfu! Tfu!» macht mein Weib und spuckt dreimal aus. «In den Teich soll es fallen, in die Erde soll es versinken, auf das Dach soll es klettern, im Wald soll es ruhen, nur uns und unsere Kinder soll es nicht schädigen! Ein böser, ein wüster, ein finsterer Traum war das. Möge er dem Fleischer auf den Kopf fallen, auf seine Hände und Füße! Soll er krepieren für Motel Kamisols kleinsten Fingernagel – obwohl er nur ein Schneider ist! Aber da er nach meinem eigenen Onkel Mordechaj benannt ist, kann er gar nicht als Schneider geboren sein, und wenn die selige Großmutter sich schon aus dem Jenseits herbemüht, um uns Masel-tow zu wünschen, können wir nur sagen: Es geschehe in einer guten und glücklichen Stunde! Amen, sela![1]»

Kurz und gut, was soll ich euch lang versäumen? Ich muß fester als Eisen gewesen sein, daß ich diese Nacht überlebte, ohne vor Lachen zu zerplatzen unter der Decke... «Gelobt sei der Ewige, daß er mich nicht als Weib erschaffen hat.» Ein Weib bleibt eben ein Weib.

Natürlich gab es am nächsten Tag das Verlobungsmahl bei uns und bald darauf die Hochzeit. Heißt es doch im Talmud: «Wie der Mann, so

---

[1] hebräisch: Schluß

seine Ware.» Und das junge Paar lebt gottlob recht zufrieden. Er ist Schneider in Bojberik, läuft von einer Datscha zur anderen und nimmt Aufträge entgegen. Sie ist Tag und Nacht im Joch, kocht, bäckt, wäscht, putzt, schleppt Wasser, und trotzdem reicht es kaum zum täglichen Brot. Wenn ich ihr nicht ab und zu irgendwelche Milchwaren oder ein paar Groschen zustecken würde, ginge es ihnen gar schlecht. Redest du aber mit ihr, sagt sie, daß sie es, unberufen, so gut habe wie «irgendeiner in der Welt». Hauptsache, ihr Motel sei gesund... Geh, sprich mit den heutigen Kindern! Es kommt eben doch auf das hinaus, was ich euch zu Beginn gesagt habe: «Kinder habe ich großgezogen und erhöhet» – du rackerst dich ab für sie, rennst die Wand ein mit dem Kopf–, «daß sie von dir abfallen.» Sie aber glauben, daß sie es besser verstehen. Nein, sagt, was ihr wollt, die Kinder von heute sind einfach zu klug!

Doch mir scheint, ich hab' euch heute den Kopf noch mehr als sonst vollgeschwatzt. Nehmt's mir nicht übel, bleibt gesund und laßt es euch auch in Zukunft gutgehen!

SCHOLEM ALEJCHEM

Eine Hochzeit ohne Musikanten

(aus «Eisenbahngeschichten»)

«Ich habe Euch doch versprochen, von einem Wunder zu erzählen, das sich wieder einmal – Ihr könnt es Euch denken – in unserem kleinen Vorortzug, genannt ‹der Müßiggänger›, ereignet hat. Wie dieser ‹Lediggeher› uns vor einem großen Unglück bewahrt hat, sollt Ihr jetzt hören, wenn Ihr wollt. Doch legt Euch zuvor auf jene Bank, und ich werde mich mit Verlaub auf dieser da niederlassen. So sind wir allein und ungestört.»

Mit diesen Worten begrüßte mich ein Kaufmann aus Heissin, mit dem ich zufällig in einem Waggon unserer Schmalspurbahn zusammengetroffen war, und da wir wie gewöhnlich die einzigen Passagiere im überheizten Abteil waren, zogen wir Rock und Weste aus und lagerten uns «wie in Vaters Weingarten», er auf einer Bank und ich auf der anderen.

Er beginnt zu erzählen, breit und umständlich, wie es seine Art ist, und ich versuche mir seine Worte zu merken, damit ich die Geschichte möglichst unverfälscht weitergeben kann.

«Es war in den Tagen der neuen Staatsverfassung, als man – nicht auf heute gedacht! – mit der ‹Rettung› der Juden begann. Wir hatten zwar in Heissin niemals Angst vor Pogromen[1], müßt Ihr wissen. Und warum hatten wir keine Angst? Was meint Ihr wohl? Ganz einfach, weil es bei uns keine solchen Schläger gibt. Natürlich, wenn man sich aufs Suchen verlegen wollte, könnte man vielleicht auch in Heissin ein paar Kerle finden, die nichts dagegen hätten, uns ein bißchen durchzubeuteln – um nicht zu sagen, uns die Knochen zu brechen ... Hier der Beweis: Als von der Umgebung die ‹guten Nachrichten› einzutreffen begannen, fühlten sich einige vornehme Antisemiten unserer Stadt bemüßigt, eine geheime Bittschrift an ein bestimmtes Amt zu richten, ‹man möge doch endlich auch in Heissin *etwas tun!* Und sintemalen es hier leider an den notwendigen Kräften mangle, solle man ihnen – um Himmels willen! – zu Hilfe kommen, das heißt so schnell als möglich ‚geeignete Leute' schicken ...›

Und denkt Euch: Es vergingen keine vierundzwanzig Stunden, als schon die geheime Botschaft kam, daß ‹geeignete Leute› unterwegs seien ... Unterwegs woher? Aus Schmerinka, aus Kasatin, aus Rasdjelnaja, aus Popjelnaja und anderen Orten, die sich schon immer durch ihre Judenfresser ausgezeichnet hatten.

Hier erhebt sich die Frage: Wie konnte ein so heiliges Geheimnis bei uns publik werden? Nun, wir haben eben eine ‹Quelle› in Heissin, und der Name dieser Quelle ist Nojach Tonkonog. Wer ist

---

[1] russisch: Krawall, Zerstörung; gewalttätige, oft blutige Ausschreitungen gegen die Juden

dieser Mann? Ihr kommt doch regelmäßig in unser Krähwinkel, also braucht Ihr eine Beschreibung von ihm, damit Ihr ihn das nächste Mal erkennen könnt.

Nojach Tonkonog ist ein Jude, der mehr in die Höhe als in die Breite gewachsen ist. Gott gab ihm ein Paar lange Beine, die er fleißig benützt. Er ist pausenlos unterwegs, nur selten trifft man ihn zu Hause. Mit tausenderlei Dingen ist er beschäftigt, und mehr mit fremden als mit eigenen. Beruflich betreibt er eine kleine Druckerei, die einzige in Heissin, was ihn automatisch mit allen Behörden der Stadt in Berührung bringt. Er kennt den Adel, die Honoratioren, die Beamten und – er erfährt ihre Geheimnisse.

Das also war die ‹Quelle›, aus der man die ‹guten Nachrichten› schöpfte. Das heißt natürlich, daß er sie ganz allein in der Stadt auspaukte. Er raunte jedem einzelnen ins Ohr: ‹Nur Euch erzähl' ich das, einem anderen würde ich es nie sagen!›

So erfährt bald die ganze Stadt, von einem Ende zum andern, daß die Krawallbrüder schon unterwegs zu uns sind und daß sie nach einem genau festgelegten Plan vorgehen werden. Jeden Juden soll es treffen! Wir wissen sogar, an welchem Tag, zu welcher Stunde der Pogrom beginnen soll und welchen Weg die Meute nehmen wird. Alles ist exakt ausgerechnet wie im Kalender.

Ihr könnt Euch die düstere Verzweiflung vorstellen, die in der Stadt herrschte. Und bei wem war sie am größten, was meint Ihr? Bei den Armen ... Es ist wirklich eine sonderbare Sache mit ihnen. Wenn ein Reicher zittert, kann man es noch verstehen: Er hat Angst, daß er, Gott behüte, von heute auf morgen zum Bettler gemacht wird. Aber ihr, die ihr es seid, die man nicht erst dazu machen muß – wovor zittert ihr? Was habt ihr denn schon zu verlieren?

Ihr hättet sehen sollen, wie sie ihre Kinder an sich rissen, ihre paar Habseligkeiten zusammenrafften und sich mit Sack und Pack versteckten!

Wo aber versteckt man sich? Einer vielleicht bei einem anständigen Goj[1] im Keller, ein anderer bei seinem Notar auf dem Dachboden, noch einer bei einem Fabrikdirektor. Jeder findet etwas. Nur ich, seht Ihr, ich allein wollte mich nicht verstecken. Nicht daß ich mich vor Euch rühmen will, aber ich möchte, daß Ihr versteht, warum ich so handeln mußte. Ihr werdet sehen, daß ich nicht ganz unrecht habe.

Erstens frage ich: Was nützt es, sich vor einem Pogrom zu fürchten? Hat man denn eine Wahl? Und zweitens – nein, das sag' ich Euch nicht. Vielleicht seid Ihr gar kein solcher Held und zieht es vor, Euch in der heißen Stunde ebenfalls zu verstecken? Bleibt aber immer noch die Frage: Wo verstecken? Woher weiß ich zum Beispiel, daß mein Goj, mein Notar, mein Fabrikdirektor nicht...? Ihr versteht doch. Und außerdem: Wie kann man eine ganze Stadt so im Stich lassen? Davonlaufen ist keine Kunst. Man sollte etwas tun. Aber was? Was können Juden tun? Die Obrigkeit...!

---

[1] hebräisch: Volk, Bezeichnung für Nichtjude

Wahrscheinlich gibt es auch in Eurer Stadt irgendeinen Wichtigtuer, der gut steht mit den Behörden? Wir haben hier einen solchen, Nachman Kossoj heißt er. Er ist Bauunternehmer, trägt einen keilförmigen Bart, samtene Westen und wohnt im eigenen Hause. Von Berufs wegen hat er mit Straßenbau zu tun und ist ein gern gesehener Gast beim Kreispolizeihauptmann. Er trinkt sogar Tee mit ihm am selben Tisch.

Und damals hatten wir einen Polizeichef – einen wirklich anständigen Menschen, einen Edelstein von einem Menschen! Zum Beispiel: Er nahm gelegentlich einen Rubel oder so, aber nur von Nachman Kossoj; das heißt, genommen hat er eigentlich von jedem. Und warum nicht? Aber bei Nachman Kossoj machte es ihm mehr Spaß. Wegen dem Bauunternehmer, versteht Ihr?

Kurz und gut, die Juden von Heissin trafen sich mit Nachman Kossoj, und man veranstaltete eine Kollekte. Daraus wurde Geld – ein hübsches Sümmchen, kann ich Euch sagen, denn in einer solchen Zeit kann man doch nicht ohne ein entsprechendes Geschenk zu einem Polizeivorstand kommen. Man muß ihm, wie man so sagt, ‹in die Hand speien, daß es ihm die Finger verbrüht!›.

Natürlich hat uns der Polizeigewaltige sogleich beruhigt: ‹Ihr könnt euch getrost schlafen legen›, meinte er, ‹es gibt kein Pogrom.›

‹Gut gesagt›, denkt man. Nun fließt doch in Heissin immer noch dieselbe ‹Quelle›, die unsere schweren Herzen erfrischt, und Nojach Tonkonog ist anderer Meinung: Er verbreitet in der ganzen

Stadt – unter dem Siegel des Geheimnisses natürlich –, von der gewalttätigen Bande sei sogar schon eine Depesche eingetroffen. Er habe sie mit eigenen Augen gesehen, schwört er bei allem, was ihm heilig ist. Und was steht in der Depesche? In der Depesche steht ein einziges Wort: ‹Unterwegs . . . !› – ein häßliches Wort.

Natürlich läuft man sofort zum Polizeivorstand: ‹Euer Ehren, es steht schlecht.›

‹Was steht schlecht?› fragt er.

‹Eine Depesche ist gekommen.›

‹Von wo?›

‹Dorther, aus jener Gegend.›

‹Und was steht in der Depesche?›

Haucht einer: ‹Unterwegs . . . !›

Fängt er an zu lachen. ‹Was seid ihr doch für Narren›, sagt er, ‹ich habe doch erst gestern eine Sotnie[1] Kosaken aus Toltschin angefordert.›

Wie wir das Wort ‹Kosaken› hören, wächst uns sozusagen eine neue Haut. Wenn ein Jude einen Kosaken sieht, wird er plötzlich tapfer und trotzt der ganzen Welt. Kein Wunder bei einem solchen Beschützer!

Die Sache hat nur einen Haken: Wer von beiden kommt zuerst, die Kosaken von Toltschin oder die Prügler aus Schmerinka? Der pure Verstand mußte einem sagen, daß die Pogromhorde schneller da ist, weil sie mit der Eisenbahn fährt und die Kosaken reiten.

Somit ruhte unsere ganze Hoffnung auf dem ‹Müßiggänger›. Wir Juden haben doch einen gro-

---

[1] russisch: Hundertschaft im Kosakenheer

ßen Gott. Vielleicht tut er ein Wunder, und der ‹Lediggeher› verspätet sich um ein paar Stunden? Eine Sache, die bei ihm schon öfters vorgekommen ist – eigentlich fast jeden Tag.

Stellt Euch aber vor, daß das Wunder gerade an diesem Tag *nicht* geschieht! Wie zum Trotz fährt der ‹Müßiggänger› von Station zu Station, pünktlich wie eine Uhr.

Ihr könnt Euch denken, wieviel Gesundheit uns das gekostet hat und was für eine Panik sich in der Stadt ausbreitete, als man von der ‹Quelle› vernahm, daß soeben eine neue Depesche eingetroffen war, diesmal von der letzten Station vor Heissin, aus Krischtopowka. ‹Unterwegs ...!› stand wieder drauf und außerdem noch das Wort ‹Hurra!›.

Selbstverständlich liefen die Juden sofort zum Polizeidirektor, warfen sich ihm vor die Füße und flehten ihn an, er solle sich nicht allein auf die Kosaken verlassen, die irgendeinmal, irgendwann von Toltschin herreiten würden. Er möge doch – wenn auch nur zum Anschein – seine Polizei zum Bahnhof beordern, damit die Burschen lernen, was dein und mein ist, und daß es noch Recht und Ordnung gibt bei uns!

Der Herr Polizeichef ließ sich diesmal nicht lange bitten. Er gab unserem Flehen nach und tat sogar ein übriges, indem er seine Gala-Uniform samt allen Orden anlegte und sich höchstpersönlich mit seiner ganzen Truppe zum Bahnhof begab, um den Zug zu empfangen.

Die vornehmen Antisemiten unserer Stadt blieben ebenfalls nicht müßig. Sie legten ihre Festtagskleider an, hefteten *ihre* Orden daran und zogen in Begleitung einiger Popen gleichfalls zum Bahnhof.

Der Hauptmann fragte sie: ‹Was tut *ihr* hier?›

Stellten sie ihm die Gegenfrage: ‹Was tust *du* hier?›

Ein Wort gab das andere, und der Hauptmann ließ sie wissen, daß ihre Mühe umsonst sei. Solange er das Kommando habe, werde es in Heissin kein Pogrom geben. Das sagte er ihnen in unmißverständlichen Worten. Sie lauschten ihm mit einem frechen Lächeln.

‹Das werden wir ja bald sehen›, war ihre Antwort. Kaum hatten sie ausgeredet, als aus der Ferne schon ein Pfiff erscholl.

Bei diesem Pfiff blieb uns allen das Herz stehen, das werdet Ihr begreifen. Wir machten uns bereits auf den zweiten Pfiff gefaßt und auf das nachfolgende ‹Hurra!›. Was *dann* geschehen würde, war uns allen klar – nach dem Beispiel der anderen Städte.

Doch was kam schließlich dabei heraus? Gepfiffen wurde zwar, aber vergeblich. Wieso vergeblich?

Das ist eben unsere Geschichte. Eine schöne Geschichte, die nur dank unserem ‹Müßiggänger› passieren konnte.

Hört sie Euch an!

Im Bahnhof von Heissin bringt der Zugführer die Lokomotive zum Halten, springt von der Maschine herunter und will sich wie gewohnt ins Büfett begeben.

Man hält ihn an: ‹Wo sind denn die Wagen, junger Mann?›

‹Was für Wagen?›

‹Siehst du denn nicht, daß du nur mit der Lokomotive und ohne einen einzigen Wagen angekommen bist?› fragt einer.

Der Maschinist schaut ihn an und kneift die Augen zusammen.

‹Ist das meine Sorge? Die Wagen sind Sache der Zugbrigade.›

‹Und wo ist diese Brigade?›

Erwidert er: ‹Was geht das mich an? Der Kondukteur gibt mir ein Zeichen mit einem Pfiff, wenn der Zug bereit ist, und ich antworte ihm ebenfalls mit einem Pfiff, daß bei mir alles klar ist. Dann fahre ich ab. Ich habe keine zwei Paar Augen am Kopf, um zu sehen, was hinten los ist›, sagt der Maschinist, und damit hat er sicher recht.

Die Rede geht hin und her, aber feststeht, daß der ‹Lediggeher› da ist, ohne Wagen und ohne Passagiere.

Eine Hochzeit ohne Musikanten.

Wie sich später herausstellte, fuhr uns eine ganz nette Gesellschaft entgegen, lauter ausgesuchte Burschen einer wie der andere, ausgerüstet mit dem nötigen Werkzeug, mit Gummiknüppeln, Schlagringen, Brecheisen und dergleichen mehr. Sie waren fröhlich und guter Dinge und tranken ununterbrochen Branntwein. In Krischtopowka, der letzten Station vor Heissin, fingen sie an, die ganze Brigade mit einer Flut von Branntwein und Wodka zu traktieren, die Schaffner, den Heizer, den Gendarmen. Man betrank sich aus Vorfreude auf das Kommende und vergaß dabei eine Kleinigkeit, nämlich die Wagen an die Lokomotive zu koppeln. Diese fuhr fahrplanmäßig nach Heissin ab, und der ganze ‹Müßiggänger› blieb mit sämtlichen Wagen und Passagieren in Krischtopowka zurück.

Und das Allerbeste: Niemand, weder die nette Gesellschaft noch die übrigen Passagiere und die Brigade, hatte bemerkt, daß man an Ort und Stelle stand.

Stellt Euch vor: Man warf so lange mit Steinen und leeren Flaschen herum, bis der Stationsvorstand von Krischtopowka endlich begriff, daß die Lokomotive längst weg war und die Wagen immer noch dastanden...

Es gab einen Riesenkrach, als die Wahrheit sich herausstellte. Die Schleusen von Himmel und Erde öffneten sich, es wurde geschimpft und geflucht – die nette Gesellschaft auf die Brigade, die Brigade auf die Gesellschaft, bis ihnen endlich dämmerte, daß da nichts anderes übrigblieb, als die Beine unter den Arm und die Augen in die Hand zu nehmen, das heißt, das letzte Stück von Krischtopowka nach Heissin zu Fuß zurückzulegen. Hat man eine andere Wahl?

So geschah es denn auch. Man faßte sich ein Herz und machte sich auf den Weg nach Heissin.

Doch laßt Euch berichten: Die nette Bande kommt dort an mit Hurra und Singen, wie Gott es befohlen hat. Doch leider ist es zu spät. In den Straßen von Heissin patrouillieren schon die lieben Kosaken von Toltschin auf ihren schmucken Rößlein, mit der Reitpeitsche in der Hand...

Wie Ihr Euch denken könnt, war in einer halben Stunde von der ganzen Gesellschaft nichts mehr zu sehen. Man flüchtete Hals über Kopf wie die Mäuse bei einer Hungersnot. Wie Schnee im Sommer schmolz der Haufen dahin.

Nun frage ich Euch: Hat unser ‹Müßiggänger› nicht verdient, daß man ihn von oben bis unten mit Gold überschüttet – oder ihn wenigstens in einer Geschichte beschreibt und verewigt?»

SCHOLEM ALEJCHEM

Ein Pessach im Dorf

Mögen Winde blasen und Stürme heulen, mag die Welt zugrunde gehen! Die alte Eiche, die seit den sechs Tagen der Schöpfung mit der Krone in die Höhe ragt und mit den Wurzeln tief im Erdreich steckt – was weiß sie vom Wind, was weiß sie vom Sturm?

Die alte Eiche ist kein Symbol: Ein lebender Mensch ist mit ihr gemeint mit dem Namen Nachman Werebjowker aus Werebjowka, ein hochgewachsener, breitbeiniger Mann, ein wahrer Riese von einem Juden. Die Dorfbewohner schauen nicht ohne Neid zu ihm auf und machen sich gleichzeitig über ihn lustig: «Scholem alechem, wie geht's, wie steht's mit der Gesundheit?»

Nachman weiß, daß man über ihn lacht und ihn wegen seiner Länge verulkt, und manchmal krümmt er sich sogar zusammen, um etwas jüdischer auszusehen; aber es hilft nicht viel, er ist einfach zu groß.

In Werebjowka ist Nachman Werebjowker ein Alteingesessener. «Unser Lachman» – so nennen ihn die Russen im Dorf, die ihn gut mögen und wegen seiner Klugheit schätzen. Man unterhält sich gerne mit ihm über allerlei praktische Dinge und holt sich gelegentlich auch einen Rat von ihm: Was soll man mit dem Korn tun? «Lachman» hat einen Kalender, und er kann voraussagen, ob das Brot heuer wohlfeil oder teuer sein wird. Aber auch über Fragen der Politik weiß er Bescheid, fährt er doch regelmäßig in die Stadt, trifft sich mit Menschen und weiß, was in der Welt geschieht.

Man kann sich Werebjowka ohne Nachman Werebjowker kaum vorstellen. Schon sein Vater, Veitel Werebjowker, war in Werebjowka geboren und gestorben, und sein Großvater Arie, er ruhe in Frieden, ein gescheiter und witziger Jude, pflegte sogar zu sagen, daß sein Dorf nur deshalb Werebjowka heiße, weil er, Arie Werebjowker, dort wohne; denn lange bevor Werebjowka diesen Namen erhalten habe, sei er schon ein Werebjowker gewesen. So jedenfalls redete der Großvater – das waren noch Juden damals...

Und meint ihr, daß Arie Werebjowker das nur so hingesagt hat? Er war kein schlichtes Gemüt, und seine spaßigen Worte hatten immer eine tiefere Bedeutung. Tatsächlich spielte er damit auf die Judenverfolgungen an, die es damals schon gab. Schon zu Aries Zeiten ging das Gerücht um, daß die Juden aus den Dörfern vertrieben werden sollten. Es blieb aber nicht beim Gerücht, sie wurden wirklich vertrieben. Nur der alte Arie Werebjowker blieb, wo er war, selbst der Gouverneur konnte nichts dagegen tun. Arie Werebjowker wies einwandfrei nach, daß man ihn von Gesetzes wegen nicht aus Werebjowka entfernen könne. Solche Juden gab es damals noch!

Wer ein derartiges Privileg hat, sozusagen ein Ahnenrecht auf Werebjowka, fühlt sich natürlich stark und lacht über die Welt. Was kümmern unseren Nachman Werebjowker alle Judengesetze, Ministerialerlasse und Rundschreiben? Was schert er sich um all die Neuigkeiten, die ihm der Judenfeind Kurotschka fast täglich von der Dorfkanzlei bringt?

Kurotschka ist ein untersetzter, vierschrötiger Bauer mit kurzen, dicken Fingern, trägt einen gestickten Kittel, hohe Stiefel und eine Uhr an einer silbernen Kette wie ein Gutsbesitzer. Er ist Schreiber in der Dorfverwaltung, daher ist er auch mit allen Sorgen und Problemen der Bewohner vertraut. Selbstverständlich liest er alle «guten» Zeitungen mit der unvermeidlichen Judenhetze. Pech und Schwefel...

Alles in allem ist Kurotschka aber gar nicht so übel. Er ist Nachmans Nachbar und fast so etwas wie ein guter Freund. Schmerzt ihn ein Zahn, gibt ihm «Lachman» ein linderndes Mittel zum Spülen, und wenn Kurotschkas Frau in die Wehen kommt, steht ihr die «Lachmanka» als Hebamme bei. Doch seit einiger Zeit, genau gesagt, seit er die bewußten Zeitungen liest, hat sich Kurotschka verändert: «Esau spricht aus ihm...»

Tag für Tag bringt er beunruhigende Nachrichten aus der Kanzlei: Ein neuer Gouverneur soll eingesetzt werden, ein neues Rundschreiben vom Minister ist unterwegs, ein neuer Judenerlaß... Dem Juden Nachman steht das Herz still dabei, aber der Goj darf nichts merken. Nachman hört ihm lächelnd zu und zeigt ihm seine unbehaarte

Handfläche, als ob er sagen wollte: «Warten wir, bis da Haare wachsen...»

Sollen Gouverneure eingesetzt werden, soll der Minister Rundschreiben erlassen – was geht das Nachman Werebjowker aus Werebjowka an?

Inzwischen lebt Nachman Werebjowker gar nicht einmal so schlecht in Werebjowka. Mit den früheren Zeiten läßt es sich natürlich nicht vergleichen. Als Großvater Arie noch lebte, war eben alles anders, ja, das waren Zeiten! Damals gehörte ihnen fast ganz Werebjowka. Man führte nicht nur eines, sondern gleich mehrere Geschäfte: eine Schenke, einen Kramladen, eine Mühle und ein Getreidelager, und entsprechend waren auch Verdienst und Einkommen, wie man sagt: «mit Tellern und Löffeln». Doch das war einmal. Heute gibt es das alles nicht mehr. Schluß mit Schenken, Kramladen und Getreidelagern. Nichts, aber auch gar nichts ist übriggeblieben. Man kann sich fragen, warum die Juden immer noch in Werebjowka sitzen? Wo denn sollen sie sitzen? Unter der Erde? Fiele es Nachman je ein, sein Häuschen zu verkaufen, wäre er doch kein Werebjowker mehr. Man würde ihn als Eindringling, als Fremden betrachten. So hat er wenigstens einen eigenen Winkel, eine eigene Stube, ein eigenes Gärtchen, das seine Frau und seine Töchter bestellen. Mit Gottes Hilfe hat man den ganzen Sommer genug Gemüse und Kartoffeln für den Winter bis nach Pessach. Doch von Kartoffeln allein kann man nicht leben. Man braucht auch Brot, und Brot hat Nachman nicht. Also nimmt er den Stecken und wandert durch das Dorf. Er ist immer auf der Suche nach irgendwelchen Dingen, mit denen man handeln kann, und wenn Nachman durch das Dorf wandert, um zu handeln, kommt er nie mit leeren Händen zurück. Er kauft, was ihm Gott beschert – ein bißchen Eisenblech, einen Topf mit Hirse, einen alten Sack, manchmal auch ein Fellchen. Das Fell wird ausgespannt, getrocknet und zum Kürschner Awrohom-Eliahu in die Stadt gebracht. Doch bei all diesen Geschäften kann man ebensogut verdienen wie verlieren; dazu ist man eben Kaufmann. «Ein Kaufmann ist wie ein Jäger», meint Nachman, der gerne russische Sprichwörter zitiert. Awrohom-Eliahu, der Kürschner, ein Mann mit blau angelaufener Nase und schwarzen, wie in Tinte getauchten Fingern, lacht über Nachman, weil er sich durch den ständigen Umgang mit den Bauern sogar deren Sprichwörter angewöhnt hat.

Nachman fühlt selbst, daß er in seiner Umgebung immer mehr verbauert. Was würde wohl der Großvater Arie sagen, wenn er noch einmal zur Welt käme und einen Blick auf seine Enkelkinder werfen könnte? Ei-ei-ei! Das war noch ein Jude! Auch er ein Riese, aber ein Mann der Thora, der die Sprüche der Väter und das ganze Gebetbuch samt den Psalmen im Kopf hatte. Solche Juden gab es damals noch. Und was kann er, Nachman? Es soll ihm nicht zur Schande gereichen, aber er konnte kaum beten. Das will noch etwas heißen, denn seine Kinder werden sogar das nicht mehr können... Wenn er sieht, wie ihm die Kinder in die Stube wachsen, groß und breit wie er, und dabei kaum lesen und schreiben können – auch wie er –, bricht ihm fast das Herz. Am meisten tut ihm sein Jüngster leid, sein Nesthäkchen. Veitel heißt er nach seinem Großvater, Nachmans Vater Veitel Werebjowker seligen Andenkens. Ein wohlgeratenes Kind, der kleine Veitel. Sogar sein Körperbau ist feiner, edler, jüdischer als bei seinen Geschwistern. Ein jüdisches Kind ... Und ein Köpfchen dazu – wie ein Minister! Einmal zeigte man ihm, rein zum Spaß, im Gebetbuch den «Aleph»[1] und den «Bejss»[1], und schon kennt er sie und wird sie nie mehr verwechseln. Er wird den «Aleph» niemals «Bejss» und den «Bejss» niemals «Aleph» nennen. Und so ein Goldstück wächst in einem Dorf auf, zwischen Bauern, Kälbern und Schweinen, spielt mit Fedjka, dem Sohn von Kurotschka, reitet mit ihm auf demselben Stecken, jagt mit ihm derselben Katze nach, gräbt im Sand mit ihm und tut überhaupt alles mit ihm, was Kinder miteinander tun. Es verdrießt Nachman, wenn er mitansehen muß, wie sein Kind mit dem Bauernjungen spielt, er vertrocknet wie ein gefällter Baum.

Aber auch Fedjka ist ein wohlgeratener Bub mit einem hübschen, frischen Gesichtchen und flachsblonden Haaren. Er ist genau gleich alt wie Veitel und hat richtig den Narren an ihm gefressen, und der hat den Christenjungen auch nicht ungern ... Den ganzen Winter über sitzen die beiden Knaben hinter dem väterlichen Ofen, denken aneinander und werfen sehnsüchtige Blicke durchs Fenster. Nur selten ist ihnen vergönnt, sich zu sehen. Doch jetzt ist der lange, böse Winter zu Ende. Die

---

[1] die zwei ersten Buchstaben des hebräischen Alphabets

schwarze Erde hat ihren kalten, weißen Schleier abgeworfen, die Sonne scheint wieder, der Wind trocknet Pfützen und Wege, da und dort wächst schon das Gras, und der Bach hinter dem Hügel fängt wieder an zu rauschen. Das Kälbchen bläst seine Nüstern auf, der Hahn macht ein Auge zu und denkt angestrengt nach. Rundherum lebt alles auf, alles grünt und freut sich: Pessach steht vor der Tür! Jetzt lassen sich Veitel und Fedjka keinen Augenblick mehr im Hause zurückhalten. Es drängt sie mit aller Macht hinaus in die Welt Gottes, die sich beiden gleichzeitig geöffnet hat. Sie geben sich die Hände und rennen wie die Füllen zum Berg, der ihnen beiden zulächelt: «Kommt her, Kinder!» Sie laufen der Sonne entgegen, die sie beide mit denselben Worten begrüßt: «Kommt her, Kinder!» Und wenn sie des Laufens müde sind, setzen sie sich gemeinsam auf Gottes Erde, die weder Juden noch Christen kennt: «Kommt zu mir, Kinder! Zu mir!»

Sie haben sich viel zu erzählen, einen ganzen Winter lang haben sie sich nicht gesehen. Veitel prahlt vor seinem Freund Fedjka, daß er schon fast das ganze hebräische Alphabet kennt, und dieser zeigt ihm seine neue Peitsche. Veitel läßt sich nicht lumpen und erzählt ihm vom Pessachfest, das heute abend beginnt. Im Hause gibt's genug Mazzot[1] für acht Tage und süßen Wein für die vier Becher[2].

---

[1] Mazza (Plural: Mazzot), ungesäuertes Osterbrot zum Gedenken an den Auszug aus Ägypten

[2] die vier Becher Wein, die beim «Seder», dem ersten Abend des Pessachfestes, vorgeschrieben sind

«Weißt du noch, die Mazza, die ich dir letztes Jahr gebracht habe, Fedjka?»

«Die Mazza?» fragt Fedjka, und ein Lächeln breitet sich über sein aufgewecktes Gesicht. Selbstverständlich erinnert er sich an den Duft der letztjährigen jüdischen Mazza!

«Hast du jetzt vielleicht Lust auf ein Stückchen Mazza, Fedjka? Ganz frische Mazza...»

Ob Fedjka Lust hat? Was für eine Frage!

«Gut, komm mit!» jauchzt Veitel und deutet auf den grünen Hügel, der ihnen zuwinkt: «Her zu mir, Kinder!»

Sie klettern hinauf und bleiben überrascht stehen. Durch die geschlossenen Finger blinzeln sie in die liebe Sonne, die sie mit ihren Strahlen liebkost. Im gleichen Augenblick lassen sie sich auf die noch feuchte, weiche Erde fallen, und Veitel holt unter seinem Arbe-Kanfes[1] eine frische, weiße, tellerförmige Mazza hervor, die auf beiden Seiten fein durchlöchert ist. Fedjka läuft das Wasser im Mund zusammen, während Veitel die Mazza in zwei gleiche Teile für sich und seinen Freund zerbricht.

«Nun, Fedjka, was sagst du zu der Mazza?»

Was soll er sagen? Gar nichts. Sein Mund ist voll Mazza, die unter seinen Zähnen kracht und knirscht und wie Schnee auf der Zunge zergeht. Im Nu ist die Mazza aufgegessen.

«Mehr hast du nicht?» fragt Fedjka, indem er seine grauen Augen auf Veitels Arbe-Kanfes rich-

---

[1] Kleidungsstück, an dessen vier Zipfeln die Schaufäden angebracht sind

tet. Er beleckt sich die Lippen mit der Zunge wie eine Katze beim Anblick von Butter.

«Möchtest du vielleicht noch mehr?» fragt Veitel treuherzig, während er den letzten Bissen im Mund zerdrückt und den Freund mit seinen schlauen, schwarzen Augen schelmisch anlächelt.

«Wart noch ein bißchen, Fedjka», spottet Veitel, «nächstes Jahr gibt's wieder eine Mazza.»

Beide lachen über den kleinen Scherz und beginnen gleichzeitig, als hätten sie es vorher verabredet, wie zwei Wollknäuel den Abhang hinabzurollen.

Auf der anderen Seite stehen sie auf und betrachten den rauschenden Bach, der hier nach links abbiegt. Die beiden Freunde schlagen den Weg nach rechts ein und gehen lange über endlose freie Felder, die noch nicht überall grün sind und auch noch nicht nach Gras duften, aber das Versprechen von Grün und Duft schwebt unmerklich in der Luft. Ohne zu reden, gehen sie weiter und weiter, als wären sie verzaubert von der weichen Frühlingserde und von den Strahlen der heiter lächelnden Sonne. Sie gehen nicht – sie schwimmen. Sie schwimmen auch nicht – sie fliegen. Sie fliegen mit den Vögeln, die vor ihren Augen in der blauen Luft schweben, dem kostbaren Geschenk Gottes an alles, was da lebt. Nun sind sie bei der alten Windmühle angelangt, die heute dem Dorfschulzen gehört. Früher gehörte sie unserem Nachman Werebjowker, aber der Dorfschulze mit Namen Opanas ist ein durchtriebener, schlauer Bauer mit einem Ohrring und einem Samowar im Wohnzimmer. Opanas gilt als reich, neben der Mühle besitzt er auch noch einen

Kramladen. Es ist derselbe Kramladen, den einst Nachman Werebjowker besaß. Opanas hat ihm mit List und Schlauheit beides abgeluchst, Mühle und Kramladen. Gewöhnlich drehen sich die Flügel der Windmühle in dieser Jahreszeit, heute aber nicht, weil Windstille herrscht. Kein Hauch ist zu spüren, für Pessach ganz ungewohnt. Ein Pessach ohne Wind? Jedenfalls steht die Mühle still. Doch unseren Freunden Veitel und Fedjka kommt dies ganz gelegen: So läßt sich die Mühle leichter erforschen, und bei einer Mühle gibt es viel zu sehen. Das beste an ihr ist der große Querbalken mit dem Zahnrad, der die ganze Mühle in die Richtung des Windes drehen kann, und auf eben diesem Balken lassen sich unsere beiden Freunde nieder. Jetzt erst entspinnt sich ein Gespräch zwischen ihnen, eines jener Gespräche, die weder einen Anfang noch ein Ende haben. Veitel erzählt von den Wundern, die er in der Stadt gesehen hat. Der Vater hat ihn neulich mitgenommen. Sie waren zusammen auf dem Markt und schauten die Geschäfte an, nicht *einen* Laden wie daheim in Werebjowka, sondern *viele* Läden. Und am Abend gingen sie ins Bethaus. Der Vater hatte Jahrzeit für seinen verstorbenen Vater.

«Das heißt für meinen Großvater, Fedjka. Verstehst du das oder nicht?»

Fedjka würde es wohl verstehen, wenn er mit seinen Gedanken dabei wäre, aber er hört gar nicht zu. Unvermittelt platzt er nun mit einer Geschichte herein, die «wie eine Erbse an der Wand klebt»: Im Vorjahr hat er ein Vogelnest auf einem Baum gefunden. Er versuchte vergeblich hinaufzuklettern, dann wollte er es mit einem Stecken herunterschlagen, was ihm ebenfalls nicht gelang, und schließlich warf er so lange mit Steinen nach dem Nest, bis zwei kleine blutige Vögelchen herunterfielen.

«Du hast sie getötet?» fragte Veitel mit allen Zeichen des Schreckens.

«Sie waren noch ganz jung», rechtfertigte sich Fedjka.

«Aber du hast sie getötet?»

«Noch ohne Federn, mit gelben Schnäbeln und dicken Bäuchlein.»

«Aber du hast sie getötet, getötet!»

Es war schon spät, als unsere Freunde Veitel und Fedjka am Stand der Sonne ersahen, daß es Zeit wurde heimzukehren. Veitel hatte schon ganz vergessen, daß am Abend Pessach begann. Jetzt fiel ihm plötzlich ein, daß die Mutter ihn noch kämmen und ihm eine neue Hose überziehen wollte. Er gab sich einen Ruck, Fedjka tat es ihm nach, und gleich rannten sie, noch immer frisch und munter, wie vom Bogen geschossen, dem Dorf entgegen. Als wahre Freunde hatten sie sich die Hände gegeben; keiner sollte dem anderen zuvorkommen. Im Dorf bot sich ihnen das folgende Bild:

Nachman Werebjowkers Haus ist dicht belagert von Bauern, Bäuerinnen, Burschen und Mädchen. Der Schreiber Kurotschka, Opanas der Dorfschulze, der Gemeindevorsteher, der Polizist, der Hauptmann – alle sind da. Alles redet und schreit wild durcheinander. Nachman und sein Weib stehen mitten unter ihnen. Sie werden von allen Seiten bedrängt und fuchteln wild mit den Händen. Nachman krümmt sich angstvoll zusammen und wischt sich den Schweiß mit beiden Händen. Neben ihm stehen seine Kinder und blicken furchtsam vor sich hin. Plötzlich verändert sich die Szene: Jemand hat unsere beiden Freunde entdeckt und deutet mit dem Finger auf sie. Der ganze Haufen mitsamt dem Schreiber, dem Gemeindevorsteher, dem Polizisten und dem Hauptmann bleibt wie gelähmt stehen. Nachman jedoch blickt triumphierend in die Runde, richtet sich zu seiner vollen Größe auf, strafft die breiten Schultern und beginnt wild zu lachen: «Nun? Ha!» Seine Frau klatscht in die Hände und fängt an zu weinen...

Der Schulze, der Polizist und der Hauptmann treten zu den Knaben: «Wo wart ihr? Wo seid ihr gewesen?»

«Wo wir waren? Bei der Windmühle sind wir gewesen.»

Unsere beiden Freunde Veitel und Fedjka erhielten alsbald ihren ehrlichen Lohn, und beide konnten nicht verstehen warum...

Nachman gab seinem Sohn vorerst eine gehörige Tracht Prügel mit der Jarmulke[1]. «Der Junge soll wissen...» Was soll der Junge wissen? Die Mutter hatte Mitleid mit ihm, entriß ihn dem Vater, verabreichte ihm zwei saftige Ohrfeigen und machte sich schließlich daran, sein schwarzes

[1] Samtkäppchen

Haar durchzukämmen und ihm die neue Feiertagshose überzuziehen als Ergänzung seiner Garderobe. Dabei stieß sie einen tiefen Seufzer aus. Warum wohl? Später hörte Veitel, wie die Mutter zum Vater sagte: «Gebe Gott, daß diese Feiertage bald vorbei sind. Wenn nur alles gutgeht...! Von mir aus könnte der Pessach zu Ende sein, noch bevor er begonnen hat.»

Veitels Köpfchen kann es nicht begreifen. Warum soll der Pessach zu Ende sein, bevor er begonnen hat? Er zermartert sich das Hirn, und trotzdem kann er weder die Prügel des Vaters noch die Ohrfeigen der Mutter verstehen. Er weiß nicht, was Erew-Pessach[1] heute in der Welt bedeutet...

Wenn schon Veitels jüdisches Köpfchen den Zusammenhang nicht begreifen kann, wie soll dann Fedjka wissen, was sich um ihn abspielt? Gewöhnlich packt ihn Vater Kurotschka am Schopf, reißt ihn an den flachsblonden Haaren, und als Zugabe gibt's noch ein paar Püffe aufs Genick, aber Fedjka nimmt das philosophisch hin, er hat sich daran gewöhnt. Doch heute hört er, wie seine Mutter mit den anderen Frauen redet, und erfährt dabei merkwürdige Dinge... Eine Geschichte von einem Kind, das Juden in der Stadt am Erew-Pessach zu sich gelockt und einen Tag und eine Nacht in einen Keller gesperrt haben sollen. Als man sich dem Kind näherte, habe dieses laut geschrien. Fremde Menschen seien herbeigelaufen und hätten es aus den jüdischen Händen gerettet, doch das Kind habe

[1] Vorabend (Rüsttag) von Pessach

schon die bestimmten Zeichen am Leib getragen – vier Stiche in Form eines Kreuzes.

Das erzählt eine geschwätzige Bäuerin mit einem breiten roten Gesicht, während sich die anderen Frauen in einem fort bekreuzigen. Sie hören zu, schütteln den Kopf, bekreuzigen sich. Fedjka versteht nicht, warum ihn die Weiber so merkwürdig ansehen und was die Sache mit ihm und Veitel zu tun hat. Warum hat ihn der Vater beim Schopf gepackt, an seinen flachsblonden Haaren gerissen und ihm dazu noch ein paar Genickstöße versetzt? Das kümmert ihn zwar nicht, der Vater hat nie damit gespart, aber warum gerade heute die Extraportion Prügel? Das möchte Fedjka wissen. Warum? Warum?

Bald nach Pessach hört Veitel, wie der Vater zur Mutter sagt: «Nun?» Sein Antlitz strahlt, als wäre ihm Gott weiß was für ein Glück widerfahren.

«Siehst du nun? Für dich ging die Welt schon unter, hast dich so geängstigt. Ein Weib bleibt eben ein Weib. *Unser* Pessach ist vorbei, *ihr* Pessach ebenfalls, und es ist nichts geschehen ...!»

«Gott sei Dank!» seufzt die Mutter, und Veitel kann nicht verstehen, warum sie sich so geängstigt hat. Was soll die Freude, daß der Pessach endlich vorbei und daß nichts geschehen ist?

Veitel trifft Fedjka vor dessen Haus und erzählt ihm vom Pessach. Die Gebete und – vor allem! – das Essen, das Essen! Er schildert ihm alle Pessachgerichte und beschreibt den Geschmack des süßen Weins, den sie getrunken haben. Fedjka hört ihm aufmerksam zu und schickt zuweilen einen forschenden Blick unter Veitels Arbe-Kanfes. Ihm träumt immer noch von der Mazza ... Plötzlich hört man eine schrille Frauenstimme durch die Gasse rufen: «Fedjka! Fedjka!» Die Mutter ruft Fedjka zum warmen Essen, doch er läßt sich Zeit. Diesmal wird ihn niemand beim Schopf packen. Erstens waren sie nicht bei der Mühle, und zweitens ist Pessach ja vorbei, und man braucht sich vor den Juden nicht mehr zu fürchten ... Also bleibt er ruhig auf dem Bauche liegen, den blonden Kopf in beide Hände gestützt. Ihm gegenüber liegt Veitel, ebenfalls auf dem Bauch, den schwarzen Kopf in die Hände gebettet. Der Himmel ist blau, die Sonne wärmt, und ein sanftes Windchen umspielt sie. Das Kälbchen steht neben ihnen, und der Hahn schäkert mit all seinen Hennen. Die beiden Köpfchen, das blonde und das schwarze, ruhen auf den Händen und plaudern, plaudern, plaudern ...

Nachman Werebjowker ist nicht zu Hause. In aller Frühe hat er seinen Stecken genommen und ist zu seinem gewohnten Weg durch das Dorf aufgebrochen. Bei jedem Haus bleibt er stehen, wünscht jedem Bauern einen guten Morgen, begrüßt ihn mit seinem Namen und redet von allem in der Welt, nur nicht von dieser Pessachgeschichte und ihren Ängsten ...

Vor dem Weitergehen fragt er so nebenbei: «Gibt's bei dir vielleicht etwas, das du nicht unbedingt brauchst?»

«Nein, nichts, Lachman.»

«Eisenblech ... ein bißchen Hirse ... etwas Gebrauchtes ... ein Fellchen?»

«Nimm's mir nicht übel, Lachman, heut' hab' ich gar nichts. Ist eine bittere Zeit.»

«Bittere Zeit? Hast wohl alles vertrunken am Feiertag?»

«Was nützt das schon, trinken? Wozu der Feiertag? Eine bittere Zeit...»

Der Bauer seufzt und Nachman ebenfalls. Er redet noch ein bißchen von nebensächlichen Dingen, damit es nicht nach Handeln aussieht. Nachman geht zum zweiten Bauern und zum dritten, bis er irgendwo irgend etwas findet, um nicht mit leeren Händen heimzukommen.

Und Nachman Werebjowker stapft mit seinen riesigen Füßen heimzu, schwer beladen und verschwitzt. Seine Gedanken kreisen nur um eines: Wird er verdienen oder draufzahlen und wieviel? Die Pessachgeschichte mit dem ganzen Hangen und Bangen hat er schon fast vergessen, und an seinen Nachbarn Kurotschka mit den neuen Gouverneuren und Rundschreiben denkt er überhaupt nicht mehr. Der kann ihm gestohlen bleiben...!

Mögen Winde blasen und Stürme heulen, mag die Welt zugrunde gehen! Die alte Eiche, die seit den sechs Tagen der Schöpfung mit der Krone in die Höhe ragt und mit den Wurzeln tief im Erdreich steckt – was weiß sie vom Wind, was weiß sie vom Sturm?

SCHOLEM ALEJCHEM

Methusalem

(Ein jüdisches Pferd)

I

«Methusalem», so nannte man ihn in Kasrilewka, denn er hatte genug Jahre auf dem Buckel und keinen einzigen Zahn im Maul außer zwei, drei Stummeln, mit denen er mühsam zu kauen pflegte, wenn es überhaupt etwas zu kauen gab.

Er war groß und mager, abgewetzt das Fell, der Rücken zerschunden, die Augen von Star und Rotlauf entzündet. Knochendürre Beine, spitzige Schulterblätter, eingefallene Flanken, die Unterlippe traurig herabhängend, der Schwanz schütter – da habt ihr sein Porträt!

In seinen alten Jahren diente er noch bei Kasril, dem Wasserträger von Kasrilewka, als Zugpferd für die Karre mit dem Trinkwasserfaß der Stadt.

Methusalem schien zwar ruhig und fleißig, doch wie abgearbeitet war er! Wenn er den ganzen Tag im lehmigen Morast von Kasrilewka umhergestapft war, um das Städtchen mit Trinkwasser zu versorgen, tat es ihm wohl, wenn Kasril ihn abends abschirrte und Kasrilicha, seine Frau, ihm ein bißchen Heu zum Knabbern vor die Hufe schüttete. Sie tat dies stets mit einer Miene, als ob sie einem lieben Gast eine Platte mit gefülltem Fisch oder eine Schüssel mit Eingemachtem vorsetze.

Diese Schütte betrachtet Methusalem als durchaus angemessen, findet er doch immer ein aufgeweichtes Stück Brot darin, ein bißchen Grütze oder sonst etwas Breiiges, das man für seinen stumpfen Kiefer aufgespart hat. Kasrilicha trägt nämlich den ganzen Tag nahrhafte Restchen für Methusalem zusammen, wie sie ihr gerade in die Hände kommen.

«Soll das Pferdchen auch etwas zum Fressen haben!» sagt sie.

Methusalem hat das Heu zerkaut und dreht sich um, den Kopf gegen das Faß und das Hinterteil – Verzeihung! – gegen Kasrilicha, wie wenn er sagen wollte: «Hab Dank für Salz und Brot!»

Dabei läßt er die Unterlippe noch mehr herabhängen, schließt sein sehendes Auge und versinkt in tiefes pferdisches Sinnen.

II

Ihr dürft aber nicht etwa glauben, daß Methusalem immer so aussah, wie er eben beschrieben wurde. In seinen jungen Jahren, als er noch ein Füllen war und, der Mutter nach, hinter dem Wagen hersprengte, versprach er zu einem ganz hübschen Rößlein heranzuwachsen. Kenner sagten ihm sogar eine große Zukunft voraus.

«Ihr werdet sehen», meinten sie, «eines Tages wird er, zusammen mit den besten und schönsten Pferden, vor eine vornehme Kutsche gespannt werden!»

Als dann das Füllen zum Rößlein herangewachsen war, legte man ihm einen Zaum über und führte es auf den Jahrmarkt, wo es sich in eine Reihe mit den anderen Pferden stellen mußte.

Gut fünfzigmal wurde es hin und her getrieben, man glotzte ihm ins Maul, prüfte sein Gebiß, hob ihm die Beine, musterte die Hufe... armer Kerl.

An diesem Tag begann für ihn ein langer Galut[1] von einem Herrn zum andern, von Besitzer zu Besitzer. Er mußte die großen, schweren Wagen ziehen und Lasten bis zu dreißig Pud[2] schleppen, mit dem Bauch im Schlamm versinkend und unter einem Hagel von Peitschenhieben und Stockschlägen – in die Seiten, auf den Kopf und andere Körperteile.

III

Eine Zeitlang war er an die Deichsel eines Postwagens geschirrt, dessen Glocke ihm unaufhörlich ins Ohr schrillte: «Kling-ling-ling! Kling-ling-ling!» Immerfort dieselbe Straße hin und zurück, es war zum Verrücktwerden!

Danach kam er zu einem Bauern, der ihn wie ein Maultier arbeiten ließ. Er mußte harken, eggen, pflügen, Mist führen, Schubkarren voll Korn schleppen, grobe Verrichtungen, an die er sich nie gewöhnen konnte – Pferd und Ochs zugleich.

Von dem Bauern geriet er in die Hände eines Zigeuners, der ihn zum Zirkuspferd abrichtete und

---

[1] Exil, die Diaspora der Juden

[2] russisches Gewicht (16,38 kg)

ihm allerlei Kunststücke beibrachte, die er zeitlebens nicht vergessen wird...

Nach einem kurzen Zwischenspiel in einer Zuchtherde verschlug es Methusalem zu einem Fuhrmann nach Masepowka, dem stolzen Besitzer eines schweren Wagens, der ganz aus Gußeisen gefertigt und über und über mit Glöckchen behängt war. Sogar das Dach war geschmiedet. «Boid» nannte man das.

Von diesem Fuhrmann bekam Methusalem unzählige Peitschenhiebe und Stockschläge, als seien der Rücken eines Pferdes aus Leder und die Flanken aus Eisen und nicht aus Fleisch und Blut.

Oft vermag Methusalem kaum mehr einen Fuß zu rühren und muß sich von seinen beiden Leidensgenossen beinahe am Zügel ziehen lassen, so, als hätte er einen schweren Klumpen im Bauch.

Doch der Fuhrmann, in seiner stumpfen Grausamkeit, fragt bloß «nun?» oder «wie?» und – ein Hieb mit Peitsche und Knüppel!

Wie gefällt euch das?

Noch ein Glück, daß es beim Fuhrmann wenigstens *einen* freien Tag in der Woche gibt. Methusalem steht in einer Ecke des Stalls und kaut. Sonst gar nichts. Und warum gar nichts? Mehr als einmal fragt er sich: «Wozu ein Tag, an dem man sich nicht vom Ort rührt?» Doch sein Pferdeverstand konnte es nicht begreifen, und Methusalem gab es schließlich auf, darüber nachzudenken. Er spitzte die Ohren, schloß ein Auge und blinzelte heimlich auf seine beiden Freunde neben ihm, die noch an die Boid angespannt waren.

IV

Vom Fuhrmann mit der Boid kam Methusalem an eine Dreschmaschine, eine Tretmühle, wo er wie ein Esel arbeitete und sich von früh bis spät wie ein Blödsinniger im Kreis herumdrehte. Zu fressen gab es Staub und Spreu, das ihm in die Nüstern, in Maul und Augen drang. Dazu gesellte sich der ohrenbetäubende Lärm des Räderwerks.

«Werde ich jemals aufhören, mich zu drehen?» fragte er sich. «Sich drehen und drehen an ein und demselben Ort – wer ist wohl auf diesen Gedanken gekommen? Wem kann so etwas einfallen?»

Er versuchte, sich für einen Augenblick hinwegzustehlen, doch hinten stand schon der mit der Peitsche und schlug unablässig auf ihn ein: «Hü-ho! Hü-ho!»

«Ein wildes Tier!» dachte Methusalem und schielte verstohlen auf den Mann mit der Peitsche. «Könnt' ich es doch erleben, daß man *dich* vor den Mühlstein spannt und verprügelt, bloß damit du dich drehst und drehst, ohne Sinn und Verstand!»

Wie nicht anders zu erwarten, verließ Methusalem nach all dem Staubtreten die Mühle als Krüppel. Ein Auge war am Star erblindet, das andere rot entzündet, die dünnen Beine lahmten – kurz, mit all diesen Gebrechen taugte er zu weniger als nichts.

Und so trieb man ihn wieder einmal auf den Pferdemarkt. Vielleicht findet sich doch noch irgendein Käufer? Methusalem wurde geschrubbt und gekämmt, man band ihm den Schwanz hoch und fettete seine Hufe ein. Aber es half alles nichts. Die Welt läßt sich nicht zum Narren halten. Man redete ihm zu, daß er sich ein bißchen zusammenreiße und aufrichte – er stand da mit demütig gesenktem Kopf und eingeknickten Beinen, die Unterlippe seitlich herunterhängend, und aus einem Auge quoll ihm eine Träne. Nein, Methusalem, so findest du keinen Käufer!

Ein paar Leute näherten sich ihm zwar, schauten ihm aber nicht einmal ins Maul. Sie winkten mit der Hand ab, spuckten aus und gingen weiter.

Endlich schien sich jemand doch noch zu interessieren, aber nicht für ihn, sondern für sein Fell. Es kam aber nicht zum Geschäft: Der Fellhändler rechnete sich aus, daß die Sache nicht lohnte, weil die Ausgaben für Abdecker und Gerber den Wert des Felles übersteigen würden.

Trotz allem war dem armen Gaul noch ein bißchen Glück auf seine alten Tage beschieden: Der Wasserträger Kasril kaufte Methusalem und führte ihn nach Kasrilewka.

V

Kasril war ein breitbeiniger Jude mit plattgedrückter Nase und einem Vollbart, der sein ganzes Gesicht bedeckte. Fuhrmann *und* Pferd war er bis jetzt gewesen, das heißt, er spannte sich selbst vor das vierrädrige Wasserfaß und zog es so durch das Städtchen.

Wieviel Not und Elend Kasril in seinem Leben auch erfahren hatte – er kannte keinen Neid. Doch wenn jemand mit einem Pferd vorbeifuhr, blieb

Kasril stehen und folgte dem Gefährt mit einem langen Blick.

Sein einziger Wunsch auf der Welt war: Gott möge ihm zu einem Pferd verhelfen! Doch bei aller Sparsamkeit gelang es ihm nicht, das Geld dafür zusammenzuklauben. Trotzdem versäumte er es nie, auf den Jahrmärkten zwischen den Pferden herumzuschlendern, nur so, um einen Blick zu tun. Wie es heißt: ein Schlag ins Wasser...

Als er nun den unglücklichen, heimatlosen, abgerackerten Gaul mitten auf dem Markt sah – er hatte keinen Zaum und war nirgends angebunden –, blieb Kasril stehen. Sein Herz sagte ihm, daß hier das Pferd war, das zu seinem Geldbeutel paßte.

Und er behielt recht. Kasril brauchte nicht lange zu feilschen. Er nahm das Pferd am Zügel und eilte fröhlichen Herzens nach Hause.

Er klopft an die Tür, Kasrilicha, seine Frau, kommt heraus und erschrickt: «Was ist denn das? Gott sei mit dir!»

«Gekauft! So wahr ich lebe – ich habe ihn gekauft!»

Doch wohin mit dem Pferd? Die beiden wußten es nicht. Am liebsten würden sie den Gaul in die gute Stube führen, hätten sie sich nicht vor den Nachbarn geschämt.

Vorerst wurde schnell etwas Heu und Stroh besorgt, dann stellten sich Kasril und seine Kasrilicha vor das Pferd und betrachteten es mit leuchtenden Augen.

Währenddessen kamen auch die Nachbarn, um Kasrils einmaligen Einkauf zu besichtigen, den er vom Jahrmarkt mitgebracht hatte. Natürlich lachten sie und machten sich lustig über das Pferd.

Allerlei Scherzworte flogen hin und her: «Das ist ja gar kein Pferd, sondern ein Maulesel», sagte einer.

Ein anderer witzelte: «Wieso ein Maulesel? Für mich ist das ein Kater.»

Und der dritte: «Es ist ein Geist, den man vor Zugluft bewahren muß – der kleinste Wind würde ihn hinwegblasen.»

«Wie alt mag der wohl sein?» fragte jemand.

«Älter als Kasril und Kasrilicha zusammen.»

«So alt wie Methusalem . . .!»

«Methusalem! Methusalem!»

Und von da an ist ihm der Name «Methusalem» bis zum heutigen Tag geblieben.

VI

Bei Kasril dem Wasserträger ging es ihm so gut wie nie zuvor, nicht einmal in seinen Jugendjahren. Die Arbeit war geradezu zum Lachen: ein Faß mit Wasser ziehen und vor jedem Haus stillstehen – auch eine Arbeit . . .

Und der Fuhrmann ist gar ein Edelstein, ein Mensch, der sich nie aufregt, niemals schreit und die Peitsche nur zur Zier schwingt.

Und das Futter? Hafer kriegt Methusalem zwar nie zu sehen, aber was soll ihm der, wenn er ihn doch nicht kauen kann? Ist da der Brei aus weichen Brotresten, den ihm Kasrilicha jeden Tag zubereitet, nicht viel besser? Und ich meine gar nicht den Brei selbst, sondern die Art und Weise, wie sie ihn

Methusalem kredenzt. Ihr solltet sehen, wie Kasrilicha dabeisteht, die Hände über der Brust gefaltet, und sich freut am guten Appetit, den Methusalem, unberufen, entwickelt. Bei Anbruch der Nacht macht man ihm in der Diele ein Bett aus Stroh, und alle Augenblicke schleichen Kasril oder Kasrilicha hinaus, um nachzusehen, ob er inzwischen nicht gestohlen worden ist.

Früh am Morgen, wenn Gott selbst noch schläft, steht Kasril schon bei seinem Pferdchen, spannt es behutsam vor die Tonne und fährt zum Fluß, um diese mit Wasser zu füllen. Dazu trällert er ein eigenes Liedchen vor sich hin: «Wohl ist dem, der nicht zu Fuß geht...» Ist das Faß voll, macht er sich auf den Rückweg, diesmal zu Fuß und ohne zu singen. Er watet neben Methusalem im Kot und droht ihm scherzhaft mit der Peitsche: «Nun, komm schon, rühr dich!»

Methusalem zieht die Hufe aus dem Morast und schüttelt den Kopf. Mit seinem einzigen Auge wirft er einen Blick auf seinen Herrn und denkt sich: «Bei so einem närrischen Menschen zu dienen ist mir in meinem ganzen Pferdeleben noch nicht vorgekommen.»

Er gibt sich einen Ruck mit den Hinterbeinen und hopst auf eine kleine Böschung im Schlamm.

«Was soll schließlich draus werden?» überlegt er.

Kasril bemerkt das Pferd am Hang, geht langsam um die Tonne herum, prüft die Räder, besieht die Achsen, das Leitseil, die Zügel...

Methusalem dreht den Kopf gegen ihn, seine Lefzen verziehen sich zu einem Grinsen: «Ein Narr, dieser Wasserträger, ein rechter Dummkopf.»

VII

Daß es einem immer nur gutgehen soll auf dieser Welt – so etwas gibt es nicht. Wie glücklich Methusalem sich auch fühlte bei den Kasrils, so viele Plagen und Quälereien hatte er von ihren Sprößlingen und von den Kindern überhaupt auszustehen.

Vom ersten Augenblick an, da man Methusalem hergebracht und die kleine Horde ihn wahrgenommen hatte, entstand ein Verhältnis besonderer Art zwischen ihnen. Nicht daß die Kleinen ihn haßten – Gott behüte! –, sie hatten ihn im Gegenteil sehr lieb, aber es wäre besser gewesen, wenn sie ihm weniger Zuneigung und dafür mehr Mitleid entgegengebracht hätten.

Zunächst machten die Kasrilbuben, die eigentlich in die Schule gehörten, ein ganz und gar unkindliches Experiment mit ihm: Sie wollten unbedingt wissen, ob er Schmerz empfinde wie ein Mensch – oder nicht? Zu diesem Zweck verabreichten sie ihm ein paar leichte Stockhiebe über das Fell – nichts. Sie kitzelten ihn an den Beinen – nichts. Ein Knuff übers Ohr – er zuckte kaum. Erst als sie ihm mit einem Strohhalm über das starbefallene Auge strichen, konnten sie sehen, daß er wie ein Mensch fühlte. Er kniff die Augen zu und schüttelte den Kopf, als wollte er sagen: «Nein, das nicht! Das gefällt mir gar nicht.»

Doch als nächstes rissen sie eine Borste aus dem Besen und stießen sie tief in eine seiner Nüstern. Methusalem machte einen Luftsprung, tanzte wie verrückt und schnaubte so laut, daß Kasril mit einem Schrei aus dem Haus stürzte.

«Ihr Lausbuben! Bösewichter! Was tut ihr da mit dem Pferd? Fort mit euch in den Cheder[1], ihr Taugenichtse!»

Und die kleine Bande nahm Reißaus und stob davon zur Talmud-Thora-Schule!

VIII

Einer der Talmud-Thora-Schüler war der kleine Ruben, ein gescheites Jüngelchen, aber – Gott soll schützen! – ein wahrer Teufel! Seine eigene Mutter sagte von ihm: «Solche Kinder sollte man dicht säen, damit sie dünn aufgehen.»

Sein Ehrgeiz war, jedem einen besonderen Streich zu spielen. Ob im Hof, auf dem Dachboden, im Keller, stets war er hinter etwas her: Hühner, Gänse, Enten scheuchen, Ziegen schrecken, Katzen quälen, Hunde prügeln, von Schweinen gar nicht zu reden – das war sein ganzes Leben. Die Maulschellen der Mutter, der Rohrstock des Lehrers und die Hiebe, die er von Wildfremden bezog, waren bei ihm verschwendet, ebenso die Flüche, die man ihm nachschickte – Erbsen an die Wand ... Eben wurde er durchgewalkt, eben weinte er bittere Tränen, und schon streckt er die Zunge heraus, stülpt die Unterlippe über das Kinn, bläst die Bakken auf. Und Backen hat er wie Pampelmusen!

Er war gesund und immer fröhlich dabei, und daß seine Mutter eine arme Witwe war, die sich abschuftete, um das bißchen Schulgeld für ihn zusammenzubringen, kümmerte ihn wenig.

---

[1] Elementarschule

Als klein Ruben von Kasrils Knaben erfuhr, daß ihr Vater ein Pferd vom Jahrmarkt heimgebracht hatte, das Methusalem hieß, sprang er auf seine Schulbank, strich sich mit beiden Händen über die Nase und rief mit lauter Stimme: «Kinder, jetzt haben wir einen Fiedelbogen!»

Man muß wissen, daß Ruben seit jeher für die Spielleute schwärmte und jeder Fiedel nachrannte. Das Herz blieb ihm stehen, wenn er jemand Geige spielen hörte. Er hatte auch eine helle, schöne Sopranstimme und kannte alle Weisen auswendig. Für ihn war es eine ausgemachte Sache, daß er später einmal mit Gottes Hilfe eine Geige kaufen und Tag und Nacht darauf spielen würde.

Vorläufig hat er sich aus einem Stück Holz eine kleine Fiedel gebastelt und sie mit Bindfäden – anstelle von Saiten – bespannt. Dafür gibt es gehörig Schelte von der Mutter: «Ein Klesmer[1] willst du werden? Nicht erleben soll ich das!»

Am Abend, als Chajim-Chune, der Melamed[2], seine Zöglinge entließ, liefen sie alle zum Wasserträger Kasril, um sein Roß zu besichtigen.

Als erster ließ sich Ruben vernehmen: Das sei ein vortreffliches Pferd, dessen Schwanz so viele Saiten hergeben würde, wie man nur irgendwie brauche, und zum Beweis könne man es ja gleich mal ausprobieren!

Gesagt, getan. Der kleine Ruben schlich hinter Methusalem und begann ihm Haare aus dem Schwanz zu rupfen. Solange es sich um einzelne

---

[1] Musikant

[2] Lehrer

Haare handelte, stand Methusalem ruhig da, als dächte er: «Ein Haar aus meinem Schwanz – was kann mir das schon schaden? Dann werde ich eben um ein Haar ärmer.»

Aber als Ruben den Schwanz packte und mit einem Ruck eine ganze Strähne ausriß, verdroß dies Methusalem. Wie einer sagt:

«Laß nur ein Schwein
ins Haus herein,
und es begibt sich
stracks auf deinen Tisch.»

Ohne lange zu zögern, gab er klein Ruben mit dem Hinterhuf eins zwischen die Zähne und schlug ihm die Lippe entzwei.

«Das geschieht dir ganz recht, weh mir! Mich trifft der Schlag. Kriech nicht herum! Mir wird übel...»

So klagte Jente, Rubens Mutter, die Leptschicha. Heulend und händeringend bereitete sie ihm kalte Umschläge für die gespaltene Lippe, lief jammernd zu Chejne, der Hebamme, und machte die ganze Welt verrückt.

IX

Zum Glück war Ruben ein Bub, bei dem alles im Handumdrehen heilte. Bevor man sich umsehen konnte, war die Lippe schon wieder zusammengewachsen, als wäre gar nichts gewesen.

Und schon hatte er wieder etwas Neues ausgeheckt: ein Spazierritt auf Methusalems Rücken, und zwar alle Chederjungen auf einmal! Aber wie und wo soll das vor sich gehen, ohne daß es jemand merkt?

Auch dafür weiß der kleine Ruben Rat: Am Sabbat, nach dem Mittagessen, wenn alle Bürger sich zu einem Nickerchen hinlegen und man ganz Kasrilewka mit Sack und Pack hinwegtragen könnte, ist die rechte Zeit dafür!

«Seit wann darf ein Jude am Sabbat reiten?» wendet einer der Jungen ein.

Und Ruben: «Dummkopf, was heißt hier ‹reiten›? So was wird ‹spielen› genannt.»

Der Sabbat kam heran, die Bürger des Städtchens speisten zu Mittag und legten sich aufs Ohr. Dasselbe taten Kasril und Kasrilicha.

Die kleine Horde schlich sich behutsam ins Haus des Wasserträgers, und Ruben fing gleich an, Methusalem nach Kräften herauszuputzen. Zunächst flocht er ihm Zöpfchen in die Mähne, die er mit Strohblumen schmückte, dann stülpte er eine Kapuze aus weißem Papier über seinen Kopf und knüpfte sie am Hals mit Bändern fest. Zu allem Überfluß hängte er ihm von hinten noch einen alten Besen an den Schwanz, damit der schöner und länger aussehe.

Jetzt kletterten sie an ihm empor und ließen sich, einer nach dem anderen, auf seinem Rücken nieder. Wer zuerst oben war, erkämpfte sich ein Plätzchen, die anderen mußten eben warten, bis sie an die Reihe kamen. Vorläufig aber liefen sie hinter Methusalem her, trieben ihn an und sangen:

«Schaut her das Pferd,
das Ruben so geehrt!»

Methusalem hatte aber gar keine Lust zum Galoppieren und trottete in gemächlichem Schritt dahin. Erstens: Hat er etwa keine Zeit? Und zweitens: Wozu die Eile? Ist denn heute nicht Ruhetag, Sabbat?

Doch Ruben hörte nicht auf, das Pferd anzustacheln, es zu knuffen und zu puffen. Dabei schrie er sein Gefolge aus Leibeskräften an: «Ein grober Klotz auf eure Vorväter! Seid ihr stumm geworden?»

Methusalem zockelte weiter, Schritt um Schritt. «Spielen wollen die Lausbuben...», dachte er, «sollen sie spielen...»

Doch als ihm die Buben mehr und mehr zusetzten, mußte er notgedrungen seinen Schritt beschleunigen. Dabei schlug ihm der Besen zwischen die Beine. Methusalem fing an zu rennen und ebenso der Besen zwischen seinen Schenkeln. Seine Peiniger jubelten vor Wonne, und Ruben schrie wie ein Wilder: «Hopp-hopp-hopp!»

Dieses Spiel dauerte so lange, bis sie am Ende, einer nach dem anderen, hinunterpurzelten wie die Heuschrecken.

Als Methusalem spürte, daß er von seinen Quälgeistern befreit war, galoppierte er erst recht los. Wie ein Verrückter jagte er zur Stadt hinaus bis zu den Feldern hinter der Mühle.

Die Hirten trauten ihren Augen nicht, als sie den sonderbar aufgeputzten Gaul mit der weißen Kapuze erblickten. Sie setzten ihm sogleich nach, bewarfen ihn mit Holzscheiten und hetzten ihre Hunde auf ihn.

Die ließen sich nicht lange bitten... Von allen

Seiten stürzten sie sich auf Methusalem und verbissen sich in seine Fesseln und seinen Hals. Ein kurzes Aufbäumen, ein letztes Stöhnen, und um Methusalem war es, wie man sagt, geschehen.

X

Tags darauf erhielt die kleine Bande ihren wohlverdienten Lohn: Ohne die beim Sturz zerschundenen Nasen oder die Beulen auf der Stirne mitzuzählen, gab es reichlich Prügel, sowohl zu Hause wie im Cheder von Chajim-Chune, dem Melamed. Die meisten Hiebe bezog wie immer der kleine Ruben. Während aber die anderen «Delinquenten» ihren Strafanteil mit Heulen quittierten, bedankte sich Ruben mit Lachen für die Schläge! Natürlich gab's gleich noch mehr von der Sorte, doch je mehr man schlug, desto lauter lachte er, und je mehr er lachte, desto dichter fielen die Streiche.

Schließlich hielt es Chajim-Chune, der Melamed, selbst nicht mehr aus: Mitten im Prügeln mußte er herausplatzen und ebenso alle, die ihm zusahen. Es entstand ein solches Gelächter, daß die Nachbarn zusammenliefen, aber auch Fremde, Männlein und Weiblein, jung und alt.

«Was ist denn los? Warum lacht ihr so?» fragten alle.

Niemand vermochte zu antworten – vor lauter Lachen. Da brachen die Neuhinzugekommenen ihrerseits in Lachen aus und steckten wiederum die anderen an und umgekehrt – kurz, die Leute hielten sich die Bäuche vor Lachen!

Nur zwei Menschen lachten nicht: Kasril, der Wasserträger, und seine Frau Kasrilicha.

Ich weiß nicht, ob man über ein Kind, das einem, Gott behüte, hinwegstirbt, mehr Tränen weinen kann, als die beiden über ihr armes Pferdchen, ihren Methusalem, vergossen haben...

SCHOLEM ALEJCHEM

Mein erster Roman

DAS ERSTE KAPITEL

Die erste Stelle und die Macht der Protektion

Wer je versucht hat, wie es schmeckt, wenn man mit leerem Magen bei einem winzigen Kerzenstümpfchen bis tief in die Nacht dasitzt und, in ein abgewetztes Pelzchen gehüllt, Grammatik büffelt: – Nominativ: bjelij swjeshij chljeb[1]; Genitiv: bjelowo swjeshewo chljeba; Dativ: bjelomu swjeshemu chljebu – und dabei, Gott behüte, Lust auf ein altbackenes Stück Schwarzbrot verspürt – und es ist keines da ... wer weiß, was es heißt, auf einer harten Bank zu schlafen, die Faust als Kissen unter dem Kopf; und das Lämpchen qualmt, das Kind weint, und die Alte brummelt vor sich hin ... wer das Gefühl kennt, wenn ein Absatz fehlt, eine Sohle sich nachschleppt und drückt, und man kann die Stiefel trotzdem nicht loswerden ... wer es schon einmal probiert hat, seine Uhr ins Pfandhaus zu bringen, und der Pfandleiher will sie nicht nehmen, weil der Deckel nicht rein Silber ist und die Innereien keinen Vierer wert seien ... wer es schon einmal erlebt hat, wenn ein guter Freund, den man um

[1] russisch: frisches Weißbrot

eine Gefälligkeit bittet, die Hand ohne Umstände in die Tasche steckt, seinen Geldbeutel herauszieht und schwört, daß er keinen Groschen hat... wer das alles kennt und selbst erlebt hat, der wird vielleicht verstehen, wie mir zumute war, als ich eine Stelle bekam – die erste Stelle in meinem Leben: zwölf Rubel im Monat, mit Kost und Logis und allem, was dazugehört!

Wie ich zu der Stelle gekommen bin, damit will ich euch nicht bemühen, und ich glaube auch gar nicht, daß ich verpflichtet bin, euch alles zu erzählen – daß ich einen Vetter habe, und der Vetter hat eine Tante, und die Tante hat einen Bekannten, und der Bekannte hat einen Verwandten, und der Verwandte hat einen Schwager, ungebildet, aber reich, der im Dorf wohnt und einen einzigen Sohn hat, und für diesen sucht er einen Lehrer für Jiddisch, Russisch, Deutsch und Buchhaltung. Er soll aus guter Familie sein und nicht viel kosten – wie zugeschnitten für mich! Ich nahm meine ganze Kraft zusammen und lief zum Vetter. Ich bat den Vetter, er solle die Tante bitten, und die Tante ihren Bekannten und der seinen Verwandten, damit dieser bei seinem reichen Schwager bewirke, daß er mich nimmt und keinen anderen, denn es gibt außer mir noch mehr solche Bürschchen in Masepowka, die Jiddisch, Russisch, Deutsch und Buchhaltung können und auch bereit sind, für ein Stückchen Brot in die Welt hinauszureisen.

Es dauerte indes noch eine Weile, bis von meinem künftigen Arbeitgeber endlich die Zusage kam, daß er mich anstellen wolle. Lange war er unentschlossen, ob er überhaupt einen Lehrer nehmen solle oder nicht, und wenn ja, ob mich oder einen anderen. Doch mit Gottes Hilfe entschloß er sich zum Lehrer, und seine Wahl fiel auf mich, weil bei ihm, wie er sagte, die Fachkenntnisse nur eine geringe Rolle spielten. Sachverständige liefen heutzutage wie rote Hunde herum, so drückte er sich aus. Das Wichtigste für ihn sei, daß der Lehrer aus einer guten Familie komme, und weil das bei mir der Fall sei, nehme er mich.

So äußerte sich mein neuer Prinzipal, aber ich fürchte, daß er sich getäuscht hat: Die übrigen Mitbewerber stammten ebenfalls aus guten Familien, nicht weniger als ich. Warum also? Die Verdienste meiner Ahnen oder Protektion?

Ja, groß und stark ist die Macht der Protektion! Wohl dem Menschen, der einen Vetter hat und der eine Tante, die einen Bekannten hat und dieser wiederum einen Verwandten mit einem reichen Schwager, der im Dorf wohnt und für seinen einzigen Sohn einen Lehrer für Jiddisch, Russisch, Deutsch und Buchhaltung sucht, der aus guter Familie stammt und nicht viel kostet...

DAS ZWEITE KAPITEL

Mein Prinzipal wiegt mich mit seinen Angebereien ein, und ich mache ein Nickerchen

Wer war mein Brotherr? Was war er? Wie sah er aus? War er groß oder klein, dünn oder dick, blond oder schwarz? Ich glaube nicht, daß ihr das unbedingt wissen müßt, und seinen Namen zu kennen ist für euch auch nicht lebenswichtig. Es kann ja sein, daß er noch am Leben ist, da paßt es mir nicht, seinen Namen zu verraten. Ich erzähle euch lieber von unserem ersten Gespräch, als er mich gleich zu Beginn in seinen Wagen nötigte, eine vornehme Equipage mit zwei schönen Pferden. Dabei beehrte er mich mit einer Zigarre, der ersten Zigarre meines Lebens und der letzten zugleich, denn sie verleidete mir das Rauchen für immer.

«Sagt, junger Mann, fahrt Ihr heute zum erstenmal aus der Stadt ins Dorf hinaus?» fragte er mich, indem er die graue Asche seiner schwarzen Zigarre betrachtete. «Sicher meint Ihr, junger Mann, daß unser Dorf Gott weiß was für ein Nest ist und daß wir Dorfjuden nicht wissen, wie man lebt? Euch wird vergönnt sein, junger Mann, das Landgut eines Dorfjuden zu besichtigen, Haus, Hof und Garten – ein Palast, ein Schloß! Gemächer und Zimmer, mindestens zwanzig, ich sag's Euch, ohne zu übertreiben, junger Mann. Was heißt da zwanzig? Mehr als dreißig! Ach, was brauche ich so viele Zimmer? Ich weiß es selbst nicht. Vielleicht für die Gäste ... zu mir kommen öfters Gäste. Was sag' ich öfters? Jede Woche, jeden Tag! Es gibt überhaupt keinen Tag, an dem *nicht* Gäste kommen, und was für Gäste! Ein Gutsbesitzer, ein Polizeihauptmann, ein Kreiskommandant, ein Friedensrichter – mit ihnen allen stehe ich sehr gut. Soll ich so viele Broches[1] haben, wie Vierspänner an meiner Freitreppe vorfahren! Wenn ich frage: ‹Wer ist gekommen?›, sagt man mir: ‹Seine Durchlaucht, der Gouverneur in Person ...› Da kann man

[1] hebräisch: «bracha» = Segen

doch nicht kleinlich sein, man muß ihn aufnehmen, wie es sich gehört, und ihm die größten Zimmer und den ganzen Garten abtreten. Und mein Garten – den *muß* man gesehen haben! Ein Wald, kein Garten! Meine Äpfel, meine Birnen, meine Pflaumen! Gibt's heuer auch Weintrauben? Alles gibt's bei mir, gelobt sei sein Name, und alles aus eigener Erde: süßen Likör aus meinen eigenen Weichselkirschen, Wein aus eigenen Trauben, eigene Rosinen und sogar Fische aus meinem eigenen Bach, und was für Fische: Karauschen, Karpfen, Schleien und Brachsen – solche Brachsen!» Dabei spreizt er die Arme weit auseinander, und ich rücke zur Seite, um ihn mit seinen «Brachsen» durchzulassen...

Er hört nicht auf zu prahlen, und ich lausche aufmerksam und verschlinge seine Worte. Die Kutsche schaukelt wie eine Wiege, die Pferde wedeln mit den Schwänzen und traben, traben ohne Unterlaß – und ich, ob vom sanften Schaukeln des weichen Wagens, ob vom Wedeln der Pferdeschwänze oder von den Prahlereien des Prinzipals – ich kann es nicht genau sagen, jedenfalls schlafe ich unmerklich ein... Es ist eine schöne, warme Sommernacht, ein sachtes Windchen stiehlt sich ins Innere der Kalesche und streichelt mein Gesicht wie mit Samthänden. Im Einschlafen höre ich noch, wie mein Nachbar genüßlich schnarcht.

Als wir an Ort und Stelle ankamen, war die Sonne schon ein gutes Stück am Himmel emporgestiegen. Rein war sie in ihrer Schönheit und leuchtete klar und lebendig, als ob sie mir freundlich zulächelte, um mir am neuen Arbeitsplatz einen schönen, breiten «guten Morgen» zu wünschen.

DAS DRITTE KAPITEL

Ein Lügenkatalog, ein kalter Blick und eine warme Empfehlung

Es gibt mancherlei Arten von Lügnern auf der Welt. Man findet Lügner, die keiner zum Lügen zwingt, niemand tritt ihnen auf die Zunge, einfach so – sie haben ein Maul, und das redet.

Bei diesen Lügnern lassen sich drei Sorten unterscheiden: die Vergangenheitslügner, die Gegenwartslügner und die Zukunftslügner. Der Vergangenheitslügner wird euch Ammenmärchen auftischen, die weder Hand noch Fuß haben, er wird euch schwören, daß er überall «selbst dabei» gewesen ist – geht, versucht das Gegenteil zu beweisen, sucht Zeugen dafür, setzt ihm zu...! Der Gegenwartslügner ist eigentlich gar kein Lügner, sondern ein Aufschneider. Er wird euch erzählen, was er alles hat, weiß und kann – geht, legt euch mit ihm an...! Der Zukunftslügner endlich – das ist ganz einfach ein guter Mensch, der euch goldene Berge verspricht: Er wird für euch laufen, reden und alles tun, und ihr müßt ihm vertrauen auf Treu und Glauben! Diese drei Arten wissen zwar, daß sie lügen, doch bilden sie sich ein, daß man ihnen glaubt.

Es gibt aber noch eine andere Klasse von Lügnern, die ihr Geflunker für wahr halten und überzeugt sind, daß auch die anderen das tun, was ihnen große Freude bereitet. Es sind Menschen, die in einer Einbildungswelt leben und tagträumen. Man kann sagen, sie sind eine Art Dichter, die sich immer neue Geschichten ausdenken und im nächsten Augenblick vergessen, was sie erzählt haben.

Ihre Einbildungskraft bringt jedesmal frische Gedanken und nagelneue Ideen hervor.

Und genau zu dieser Art von Lügnern gehörte mein Arbeitgeber. Ihr habt sicher schon begriffen, daß sich das «Schloß» als ein ganz gewöhnlicher Bauernhof herausstellte und der «Palast» als ein mittleres Haus mit viel weniger als dreißig «Gemächern und Zimmern». Der «Wald» war ein ganz normaler Garten. Anstelle von Weintrauben wuchsen grüne Stachelbeeren, statt Wein gab es den üblichen Apfelkwaß[1], und für die gewaltigen Brachsen mußten winzige Hechtchen einspringen, die nicht etwa aus dem Bach kamen, sondern vom Fischmarkt.

Eine dicke Frau kam uns mit einem Schlüsselbund entgegen und warf einen kalten Blick auf mich, der mir nicht eben angenehm war. Er bedeutete wohl: «Was für ein Tölpel ist denn das?» Mein Brotherr hatte den Blick auch bemerkt und rechtfertigte sich mit einem verlegenen Grinsen: «Ich habe da den neuen Lehrer für das Kind mitgebracht.»

«Das Kind schläft noch», entgegnete sie ihm und schenkte mir einen zweiten Blick, von einer Kälte, die einem die Gedärme einfrieren konnte. Zum Glück ließ uns der Prinzipal einen Imbiß bereitstellen und nötigte mich neben sich zu Tisch. Bis man den Samowar hereinbrachte, erzählte er mir in wenigen Minuten, was sein Sohn könne, wie gut er lerne und wie schön er schreibe.

---

[1] Kwaß, in Rußland beliebtes, leicht säuerliches Getränk

«Er ist berühmt für sein Schreiben! Die ganze Welt trägt seine Briefe herum! Er kann Deutsch wie seine Muttersprache, und auch Französisch spricht er schon!»

Die Hausherrin mit den Schlüsseln deckte den Tisch mit Käse, Butter, saurem Rahm, Milch, Honig und anderen leckeren Dingen, und es wäre gar nicht so übel gewesen, hätte sie sich nicht mir gegenüber gesetzt und mich mit ihren «süßen» Blicken durchbohrt. Meinem Vorgesetzten blieb es auch diesmal nicht verborgen, und er zählte ihr hurtig meine Vorzüge auf: wer ich sei und was ich könne. Ich spürte, wie mein Gesicht sich rötete, die Augen glühten und der Kopf samt den Haaren brannte. Wenn man der lauten Anpreisung meines Prinzipals Glauben schenken wollte, bin ich ein Urenkel des Balschem, stamme von lauter Rabbinern ab, komme aus einer vornehmen und steinreichen Familie und wisse mehr als jeder Student, Doktor oder Professor, ja mehr als drei Professoren zusammen...

Ob sie diese Lobhudeleien geglaubt hat, weiß ich nicht, aber mich dünkte, daß ihr kalter, harter Blick ein bißchen wärmer und weicher wurde.

DAS VIERTE KAPITEL

Das «Kind» frißt für drei Soldaten,
und der Lehrer stirbt vor Hunger

Das «Kind» war ein großer, dicker, gesunder, blonder, schöner, lebhafter und fröhlicher Bursche mit rosa Backen, keck aufgeworfenen Lippen, einer hohen weißen Stirne, gutmütigen grauen Augen und fleischigen, blanken Händen, die wie Pantoffeln aussahen. Drei Dinge liebte er: Essen, Schlafen und Lachen, am meisten aber das Essen, und gegessen wurde dort von früh bis spät. Außer Tee und Kaffee, Zwischengerichten, Vorspeisen, warmem Mittagessen und Nachtmahl überhäufte die Mutter das «Kind» unaufhörlich mit allerlei Schleckereien: eine Tasse Schokolade, eine Brezel, ein Krapfen, ein Lebkuchen, ein bißchen Eingemachtes, oftmals eine Hühnerleber, ein ganzer Geflügelmagen oder einfach ein Stück Weißbrot, damit ihr Liebling nicht in Ohnmacht falle. Und der Lehrer mußte das mitansehen, seinen Speichel herunterschlingen und den Hunger mit Kautabak betäuben.

Am Anfang, bevor er sich mit dem Schüler geeinigt hatte, litt der Lehrer regelrecht Hunger. Die Mutter des Schülers, die Herrin des Hauses mit dem Schlüsselbund, hätte ihm lieber Schläge als Essen gegeben. Im Haus gab's zwar genug Eßbares und Milch zum Trinken, aber alles war verschlossen. Manchmal pflegte sich der Hausherr einzumischen, man solle dem Lehrer zu essen geben, worauf sein Weib stets mit den Schlüsseln klapperte – ein Zeichen der Wut bei ihr – und sagte: «Was soll das heißen? Man gibt ihm dreimal täglich zu essen.»

Das war aber eine große Lüge! Nicht ein einziges Mal bekam ich zu essen, von dreimal ganz zu schweigen. Wie oft bemerkte ich von weitem, daß man gute Fleischstücke wegwarf und Milchkrüge ausgoß – zu einer Zeit, als ich fast verging vor Lust nach einem Bissen Brot! Die Tage, an denen der Prinzipal nicht zu Hause war, konnte ich vor Hunger kaum überleben. Glücklicherweise gelang es mir noch rechtzeitig, mich mit meinem Schüler anzufreunden.

DAS FÜNFTE KAPITEL

Lehrer und Schüler spielen Karten miteinander und machen sich einen guten Tag

«Wenn Ihr Wert darauf legt, Eure Stelle zu behalten, und wir Freunde werden wollen –», sprach eines Morgens das «Kind» zu mir, während wir allein in unserem Studierzimmer saßen, dessen Fenster in den Garten hinausgingen, «– also, wenn wir Freunde sein sollen und Ihr nicht kündigen wollt, müßt Ihr die ganzen Bücher und Schmöker unter den Tisch schmeißen, und wir werden zusammen ‹Dame› oder ‹Sechsundsechzig› spielen. Wir können uns auch aufs Bett legen, mit dem Gesicht nach oben, und zur Decke hinaufspucken.»

Und ohne viel Federlesens schleudert mein Schüler seine Bücher unter den Tisch, wirft sich aufs Bett, mit dem Gesicht nach oben, und spuckt durch die Zähne, und zwar so gekonnt und geschickt, daß er sofort die Decke trifft. Wir schütten uns aus vor Lachen.

Von da an begannen wir ein Leben zu führen «wie Gott in Odessa». Der Schüler unterrichtete den Lehrer in «Dame» und «Sechsundsechzig» – ich muß gestehen, daß ich damals keine Karte von der anderen unterscheiden konnte, doch je mehr ich mit dem Spiel vertraut wurde, desto inniger begann ich es zu lieben. Der Lehrer spielte Karten mit dem Schüler, warf die Bücher unter den Tisch, maß sich mit ihm in «Dame» und «Sechsundsechzig», spuckte, auf dem Rücken liegend, zur Decke empor oder naschte mit ihm von all den guten Sachen und fütterte sich ganz schön heraus dabei. Ein paar Monate später erhaschte er im Vorbeigehen sein Spiegelbild, sah ein Paar fette Backen und erkannte sich selbst kaum wieder...

In unser Studierzimmer kam niemand außer uns und dem Dienstmädchen, das uns zu essen brachte. Mein Prinzipal war selten zu Hause, und die Herrin mit den Schlüsseln hatte Tag und Nacht mit ihren Milchwaren und Krügen zu tun und steckte ihre Nase nie zu uns herein. Wir lebten wirklich frank und frei in den Tag hinein, unbeschwert von jeder Rücksichtnahme auf Mensch und Ding – es war das reinste Paradies!

Nur einmal wandte sich der Hausherr an mich: «Nun, wie lernt er?»

«Ausgezeichnet!» sagte ich und verzog keine Miene dabei.

«Ja? Was hab' ich Euch gesagt?» triumphierte er, und ich wunderte mich, daß ich ihm gerade in die Augen sehen konnte.

In diesem Haus, wo einer dem anderen etwas vormachte, wo jeder log und betrog, wo die Verleumdung über allem hing und die Unwahrheit in der Luft schwebte – in diesem Haus konnte man das Lügen erlernen.

DAS SECHSTE KAPITEL

Die ersten Liebesbriefe von Braut und Bräutigam, das erste Feuer entbrennt

Eine Arbeit gab es trotzdem bei uns: Post empfangen und Briefe beantworten. Und Briefe erhielten wir fast jeden Tag. Ich sage «wir», weil wir sie gemeinsam beantworten mußten. Die Briefe waren an meinen Schüler gerichtet und kamen von seiner «vielgeliebten» Braut, die er, wie er mir selbst gestand, gar nicht so gern hatte.

Anfangs kamen die Briefe nicht so häufig, ein- oder zweimal in vierzehn Tagen, doch mein Auftauchen erleichterte dem Schüler das Schreiben, und so flogen die Briefe öfters hin und her.

«Da, lest und antwortet ihr! Was zerhackt sie mir den Kopf!» regte sich mein Schüler auf und warf mir den Brief seiner vielgeliebten Braut vor die Nase.

Ich überflog ihn, und mir gefiel, was sie schrieb:

Mein lieber, teurer Bräutigam!

Wisse, daß Deine Grüße mich schon langweilen. Einer gleicht dem anderen wie Zwillinge aus einem Mutterleib oder wie zwei Wassertropfen aus ein und demselben Bach. Ich möchte etwas Neues von Dir hören, ein frisches Wort, das mir das Herz erwärmt und die Seele erhellt! Zu kalt ist das Herz, zu dunkel die Seele!

Von mir, Deiner treuen Braut...

Ich brauchte nicht lange zu überlegen und antwortete für meinen Schüler mit diesen Worten:

Meine liebe, treue Braut!

Du schreibst mir, meine Worte glichen einander wie Zwillinge aus einem Mutterleib. Wie kann es denn anders sein, da sie aus ein und demselben Gefühl geboren sind? Du sagst, sie seien wie zwei Wassertropfen aus demselben Bach. Wie könnte es anders sein, da sie doch *einer* Quelle und *einem* Herzen entspringen? Du forderst ein frisches Wort von mir – gibt es ein frischeres Wort als «Liebe»? Erhellt sich Deine Seele etwa nicht, wenn ich an Dich denke, teure Braut?

Von mir, Deinem treuen Bräutigam...

Nicht lange darauf kam folgende Antwort:

Lieber, teurer Bräutigam!

Deine süßen Worte haben mich diesmal erfrischt und erwärmt, und es wurde mir hell in allen Winkelchen. Ich möchte schwören, daß ich eine neue Art von Gesang vernommen habe, eine Paradiesmelodie von einer teuren, einer leuchtenden Seele. Es war, als ob mir eine neue Haut geschenkt würde, als ob mir Flügel wüchsen, mit denen ich in der Luft schwebe. Eine ganze Engelskapelle fliegt mir entgegen, begrüßt mich und bringt mir das Herz meines lieben, teuren, süßen Bräutigams, der so schöne Worte schreibt, daß mein Herz und meine Seele ihm völlig, völlig ergeben sind, von jetzt an in alle Ewigkeit!

Von mir, Deiner Dich liebenden
und ewiglich treuen Braut...

Meine liebe, süße, teure und getreue Seele!

Nein, du hast Dich nicht getäuscht, meine teure Braut! Das waren keine gewöhnlichen, kalten Worte, sondern Gefühle, die von einem Herzen in das andere strömen, Fäden, die eine Seele mit der anderen verbinden und auf ewig verknüpfen. Und die gleiche Engelskapelle, die Dir meinen Gruß überbracht hat, beglückte mich mit einem noch viel freundlicheren Gruß von Dir, und mit der gleichen Engelskapelle schicke ich Dir jetzt, mein teures Herz, einen heißen Kuß, einen heiligen Kuß von Deinem Freund, der Deine lichte Gestalt für immer und ewig in seinem Herzen trägt in Wirklichkeit und im Traum.

Von mir, Deinem glühend verliebten
Bräutigam ...

DAS SIEBTE KAPITEL

Material für einen neuen Briefsteller

Ein Funke verfliegt sich zufällig von Gott weiß woher und fällt auf ein Strohdach, das Feuer fängt. Der Wind bläst hinein, und ein höllischer Brand entsteht, eine Feuersbrunst!

Die ersten Briefchen waren wie der anfängliche Funke, der, angeblasen, sich erhitzte und sich zu einem Höllenfeuer entflammte. Immer heißer und heißer wurden die Briefchen, das Feuer brannte stärker und stärker. In meinem Herzen brach ein schrecklicher, verzehrender Brand aus, der meinen ganzen Körper erfaßte, meine Nerven entzündete, mein Blut zum Sieden brachte und mich krank machte. Ich war kein Mensch mehr und verlor sogar den Appetit. Ich schlief kaum mehr und lief wie abwesend umher. Meine Seele lag dort, in den Briefen, die mein einziger Trost und meine ganze Freude waren. Kam ein Brief, war für mich ein Festtag angebrochen. Ich öffnete den Brief, las ihn in einem Zug durch und beantwortete ihn sofort. Mein Schüler brauchte ihn nur noch abzuschreiben, und ich mußte ihn dazu noch antreiben...

Wieviel Herzblut hat es mich gekostet, meinen Schmerz zu verstecken und im Innersten meiner Seele zu bewahren! In meinem Kämmerlein mußte ich oft den Kopf im Kissen begraben und mich still ausweinen – dann aufstehen, ein fröhliches Gesicht machen und mich mit meinem lieben Schüler an die Arbeit setzen, das heißt «Dame» oder «Sechsundsechzig» spielen.

Es war noch ein Glück, daß niemand aus meinem Gesicht ersah, wie ich zuckte und langsam ausging wie ein flackerndes Kerzenlicht. Ein Glück auch, daß mein Schüler mich nicht so genau unter die Lupe nahm, sonst hätte er es bestimmt gemerkt. Wenn ich mir vorstelle, was für einen Eindruck es auf ihn gemacht hätte: Ich bedecke die Briefe seiner Braut mit Küssen...! Und wie sollte man solche Briefe nicht küssen? Lest selbst, was sie mir schreibt:

Mein Engel, meine Seele, mein Trost!

Ich muß Dir die Wahrheit sagen, mein Teurer, und Dir gestehen, daß ich Dich bis heute nicht gekannt habe. Ich hätte nie gedacht, daß ich in Dir einen solchen Quell von höchsten Gefühlen, erhabensten Gedanken, tiefstem Verstand und einen solchen Wissensschatz finden würde! Aus Deinen klugen Worten erkenne ich, wie belesen Du bist, wie umfassend Deine Bildung ist.

Ich wundere mich, daß ich das nicht früher bemerkt habe. Das beweist mir nur Deine Naivität und Einfachheit, was Dich in meinen Augen noch liebenswerter als bisher macht. Sollte ich mich nicht glücklich schätzen, daß meine Wahl auf einen Menschen gefallen ist, in dem die besten Vorzüge vereint sind: Schönheit, Klugheit, Bildung, Treuherzigkeit und Güte? Deine Güte zeigt sich allenthalben in Deinen ebenso weisen wie süßen Worten. Du beschenkst mich mit den lieben Briefen von Deiner gütigen Hand. Ich danke Dir tausendmal und bitte Dich, mich auch in Zukunft nie zu vergessen.

Deine treue, Dich ewig liebende Braut...

Darauf antwortete ich ein bißchen verschlüsselt:

Meine Teure, meine Liebe,
meine Kluge und meine Schöne!

Du hast mich nicht gekannt, weil Du mich nicht gesehen hast, denn der, den Du gesehen hast, war nicht ich, sondern ein Abglanz von mir. Stell Dir vor, daß wir uns noch gar nicht kennen, daß wir uns noch nie begegnet sind und soeben geboren wurden. Ach, wie glücklich sind wir, daß wir die Welt nicht kennen, die falsche, bittere Welt mit ihren falschen, bitteren Menschen.

Von mir, Deinem sterblich verliebten
Bräutigam...

Und ich erhielt von ihr folgende Antwort:

Mein Lieber, mein Teurer, mein Engel von Gott!

Der süße Brief, den ich von Dir erhalten habe, ist für mich ein Buch mit sieben Siegeln, ein Rätsel. Du schreibst so geheimnisvoll, daß ich mir lang den Kopf zerbrechen mußte, um Dich zu verstehen, doch scheint mir – ich wage es zu sagen –, daß ich Dich jetzt begriffen habe. Nach Deinen Worten sollten wir uns glücklich schätzen, daß wir die falsche, bittere Welt mit ihren falschen, bitteren Menschen noch nicht kennen – ein Zeichen dafür, daß ich wirklich unglücklich bin, denn ich kenne gerade die falsche, bittere Welt mit ihren falschen, bitteren Menschen! Wie süß ist der Gedanke für mich, daß es wenigstens *einen* anständigen, feinen, wahrhaftigen, klugen und guten Menschen gibt, und dieser eine bist Du, mein mir Zugedachter und Bescherter!

Bleib gesund, mein Teurer, schreib mir, was Du zurzeit liest und was Du mir zum Lesen empfehlen kannst. Ich drücke Dir die Hand, in großer Liebe, und bin auf ewig Deine treue, treue Braut...

Ich erwiderte ihr mit diesen Worten:

Mein Leben, meine Seele, mein Paradies!

Wenn Du Dich schon über mich wunderst, was für eine Überraschung, was für ein Rätsel mußt Du erst für mich sein? Ich konnte mir nie vorstellen, nicht einmal im Traum, daß ich solche Briefe von Dir erhalten würde. Aus den hebräischen Brocken, die Du jeweils dazwischenstreust, ersehe ich, daß Dir unsere heilige Sprache nicht fremd ist, und allein schon deshalb achte ich Dich so hoch, daß ich kaum wage, Deinen Namen auszusprechen, weil ich Deiner nicht wert bin. Mein Blick fällt auf Dein Porträt, und ich sage mir: «Das ist sie, die echte jüdische Tochter, mein Ideal, für das ich zu jeder Stunde bereit bin, mein Leben zu opfern!»

Du fragst mich, was Du lesen sollst? Ich schicke Dir hier eine ganze Liste der besten russischen und ausländischen Klassiker wie Gogol, Turgenjew, Tolstoj, Dostojewskij, Puschkin, Lermontow, Shakespeare, Goethe, Schiller, Heine, Börne. Ich bin sicher, daß Du an ihnen Freude haben wirst. Antworte mir bald, denn jeder Tag, der mir einen Brief von Dir beschert, wird für mich zum Fest.

Leb wohl, meine Teure! Dies wünscht Dir von ganzem Herzen

Dein Dich liebender und Dir ergebener
Bräutigam...

Und ihre Antwort auf diesen Brief:

Meine Krone, mein Schatz,
mein Trost, mein Herz!

Ich verstehe nicht, warum Du so staunst über die paar hebräischen Wörter, die Du in meinen Briefen gefunden hast. Hebräisch ist doch unsere Nationalsprache, und die Bibel ist unser einziges Volksgut, unser ganzes Vermögen! Hat eine jüdische Tochter etwa Anspruch auf Dank, weil sie sich um jüdische Dinge kümmert? Schämen sollte sie sich, wenn sie nicht wenigstens einige Lieder von Jehuda-Halevi[1] auswendig kann. Es ist eine Schmach und eine Schande für uns alle, wenn ein

---

1 Schöpfer hebräischer Lieder, Dichter und Religionsphilosoph (Cordova 1080–1145)

jüdisches Mädchen, das das Gymnasium absolviert hat, nicht weiß, wer Mapu, Levinson, Smolenskin, Gordon[1] und unsere eigenen Klassiker sind ...! Für Deine Liste danke ich Dir vielmals. Es tut mir leid, aber die Klassiker, die Du da aufzählst, habe ich alle längst durchgelesen, zusammen mit anderen berühmten Schriftstellern und Dichtern, wie zum Beispiel: Byron, Swift, Cervantes, Dickens, Thackeray, Shelley, Balzac, Daudet, Hugo, Sienkiewicz, die Orzeszkowa und noch viele andere. Ich wollte eigentlich etwas Neues, etwas Modernes zum Lesen, und keinen Roman, sondern ein ernstes Wort.

Bleib gesund, mein Lieber, Süßer, und überschätze mich nicht – zuviel ist zuviel. Ich bin eine ganz gewöhnliche jüdische Tochter, die Dir mit Leib und Seele ergeben ist. Deine treue Braut...

Und darauf erwiderte ich:

Aber vielleicht sind es jetzt schon genug Briefe, sowohl vom Bräutigam wie von der Braut? Ich fürchte, daß das kein Roman, sondern ein Liebesbriefsteller wird. Doch eine Sache muß ich noch sagen: Diese Briefe liegen bis zum heutigen Tage im hintersten Winkel meiner Tischschublade, kein Sterblicher hat sie je gesehen. Sie sind mir teuer wie ehrwürdige, alte Schriften, stille Zeugen meiner ersten Freuden und Leiden. Es sind die vertrockneten und verblaßten Blumen auf dem Grab meiner ersten Liebe, meines ersten Romans.

---

[1] Die vier hebräisch schreibenden Autoren des 19. Jahrhunderts vertraten einen spezifisch jüdischen Nationalismus und gelten als Pioniere der Aufklärung.

DAS ACHTE KAPITEL

Ich bade mich in Lügen und fiebere wie ein Kranker

Ist der Mensch verliebt, sieht man es ihm an Gesicht und Nase an. Man muß ihn nur aufmerksam beobachten: wie seine Augen umherschweifen, wie er seltsam lächelt, falsche Antworten gibt, sich jeden Augenblick im Spiegel betrachtet, jeden Tag seine Halsbinde wechselt; und wenn er geht, tanzt er und ist mit der ganzen Welt befreundet – schämte er sich nicht vor den Leuten, würde er den Kaminfeger abküssen...

Da war aber niemand, der mich beobachtet hätte. Mein Schüler fragte mich zwar ein paarmal beim Damespiel, warum ich so zerstreut sei und meine eigenen Steine schlüge. Ich wunderte mich und fragte: «Was für Steine?» Und der Prinzipal machte bei Tisch einmal eine Bemerkung, daß ich schlecht aussähe, worauf ihn die Hausherrin mit den Schlüsseln – mit geheucheltem Mitleid und geheimer Freude – aufklärte, daß der Lehrer schon seit einiger Zeit nichts mehr esse...

«Was ist los?» fragte mein Brotherr und antwortete gleich an meiner Stelle: «Das kommt von zuviel Arbeit, zuviel Lernen. Den ganzen Tag sperrt ihr euch ein, ihr zwei, sitzt und lernt. Geht doch einmal hinaus!»

«Wann haben wir Zeit hinauszugehen, wo es doch so viel Arbeit gibt?» mischte sich mein Schüler mit gespielter Naivität ein. Ich hatte Lust, ihm ins Gesicht zu spucken und hinauszuschreien: «Gewalt, Gewalt, jüdische Kinder! Was für Lügner ihr seid! Lügner auf Lügner, einer größer als der andere!»

Ich sagte es aber nicht. Statt der Wahrheit zog auch ich die Lüge vor: «Ich habe Heimweh...»

«Kunststück, hat er Heimweh!» untermauerte der Prinzipal meine Lüge mit der ganzen Kraft seiner reichen Phantasie.

«Er hat auch Grund dazu: Seine Familie ist die erste, die einzige, und nicht nur in seiner Stadt – man darf sagen, daß es in der ganzen Gegend keine zweite solche Familie gibt. Gehörte nicht sogar, heißt es, der Kowner Rabbi dazu?»

«Ein Onkel», sage ich schamlos.

«Und der Maggid von Porez[1] war auch, wie ich meine, ein Onkel von Euch?»

«Ein Großonkel», lüge ich.

«Und Epstein, der große Epstein – wie ist er mit Euch verwandt?»

«Im zweiten oder dritten Glied.»

«Und Reb Mojschele Halperin ist doch auch, sagt man, ein entfernter Verwandter von Euch?»

«Von Mutterseite her», lasse ich fallen.

«Na, und die Toltschiner», sagt er, «die Toltschiner Kapitalisten sind doch nahe Verwandte von Euch, hab' ich gehört?»

«Schwesternkinder», sage ich lässig, «unsere Schwesternkinder von der Mutterseite her.»

Ich bin sehr zufrieden, weniger über meine neugeborenen Verwandten als darüber, daß ich fortan ungestört allein sein kann mit meinen süßen Träumen, meinen heiligen Gefühlen und mit den lieben,

---

[1] im Mittelalter berühmter Wunderrabbi und Volksredner

holden, teuren Briefen der Braut meines Schülers, die mir mehr bedeuten als alle meine erfundenen und wirklichen Freunde samt allen nahen und entfernten Verwandten.

Lest nur, was sie mir weiter schreibt:

Mein einziger Trost, mein Engel vom Himmel! Was hat das zu bedeuten, daß Du so traurig bist? Warum waren Deine letzten Briefe so melancholisch? Wieso sprichst Du vom Tod? Was sollen die Rätsel, die Du mir aufgibst? Weshalb nennst Du Dich den Unglücklichsten aller Unglücklichen? Wie kannst Du mir so viel Leid antun? Warum willst Du mir nicht das große Geheimnis enthüllen, das Du in Dir trägst? Was für Geheimnisse kannst Du vor *mir* haben, die Dich so innig liebt, nur Dich allein, und schon, in Gedanken an unsere Zukunft, die Tage zählt bis zu unserem baldigen, glücklichen, ewigen Bund...!

Und hier die Antwort der Bräutigams:

Meine heilige Seele, mein Augapfel!
Meine Göttin!

Ich flehe Dich an: Vergib mir meine letzten Briefe, vergiß alles, was ich Dir geschrieben habe! Du hast recht, Teure, Du hast recht: Ich darf nicht klagen, mich einen Unglücklichen nennen. Unglücklich ist, wer nie geliebt hat und nie geliebt wurde. Ich kann nur sagen: Für mich sind Deine Briefe Glücks genug – genug, um einen einzigen Blick auf Dich zu werfen und zu sterben.

Nein, ich habe mir selbst geschworen, nie wieder vom Tod zu reden! Du willst mein großes Geheimnis wissen? O nein! Du wirst es erst in der glücklichen (oder unglücklichen) Stunde erfahren, wenn wir uns vor dem Traualtar sehen; dann wird Dir alles gewahr werden...

Bleib mir derweil gesund, meine Teure, meine Heilige, und schreib mir, schreib mir, schreib mir!

Dein unglücklicher Glücklicher
oder Dein glücklicher Unglücklicher,
für den es besser wäre, wenn die Zeit sich hinziehen und hinziehen würde... auf immer und ewig.

DAS NEUNTE KAPITEL

Die Hochzeitsvorbereitungen und meine närrischen Träume

Wer jemals auch nur den dritten Teil meiner Verliebtheit durchgemacht hat, wird meine Lage verstehen, als die glückliche oder unglückliche Zeit der Hochzeitsvorbereitungen für uns gekommen war. Und wer die bisherigen Kapitel mit Aufmerksamkeit gelesen hat, wird begreifen, wie mir ums Herz war, als meinem Schüler die Hochzeitskleider angemessen und angefertigt wurden, was wie üblich drei Wochen dauerte. Die Martern der Grabengel[1] sind nichts gegen die Schmerzen, die ich litt, und die Hölle ein Paradies, gemessen an meinem großen, bitteren Leid.

---

[1] Nach dem Volksglauben wird der Tote im Grab von Engeln gezüchtigt. Damit büßt er seine Sünden und erhält Zutritt zum Himmel (hebräisch: chibut-hakewer).

Ihr denkt wohl: Eifersucht, Haß? Gott bewahre! Ich wußte ja genau, daß nicht mein Schüler geliebt wurde, sondern ich, der wirkliche Verfasser dieser Briefe. Und ich wußte auch, daß ich ihr nur – unter vier Augen – mein heiliges Geheimnis enthüllen, nur ein einziges Wort sagen mußte. Sie würde mich verstehen, und alles könnte noch gut werden.

Aber wie? Wie soll ich es anstellen, daß ich wenigstens ein paar Minuten mit ihr reden kann, allein, unter vier Augen? Ich zerbrach mir den Kopf, schmiedete siebzigtausend Pläne, einer unsinniger als der andere, und erging mich in siebzigtausend Phantastereien, eine törichter als die andere. Ich bekenne freimütig, daß mir damals Ideen durch den Kopf krochen, die so häßlich waren, daß ich mich schäme, sie zu Papier zu bringen, obwohl seither ein hübsches Stück Zeit verflossen ist. Glaubt ja nicht, daß ich, Gott behüte, meinem Nebenbuhler nach dem Leben trachtete und meinen Schüler vergiften wollte! Möge Gott alle jüdischen Kinder vor so garstigen Gedanken bewahren! Ich betete nur um irgendein Gotteswunder: Mein Schüler möge, ohne fremdes Zutun, erkranken, sich hinlegen und still ins Jenseits verschwinden – wenn er mir nur das Feld räumt!

Ich bekenne ebenfalls, daß dieser Gedanke mich Tag und Nacht verfolgte. Ich wartete ständig darauf, daß mein Schüler sich erkältete, Schweißausbrüche bekam, sich im Durchzug eine Lungenentzündung holte, hustete, im Fieber dahinsiechte, auf ebenem Weg ausglitt und sich das Genick brach, aus heiterhellem Himmel von einem Stein an den Kopf getroffen oder von einem tollwütigen Hund gebissen wurde und selber den Verstand verlor. Der Sturm könnte auch einen Baum mitsamt der Wurzel ausreißen und ihn damit erschlagen, oder sonst ein Wunder – Hauptsache, er räumt mir das Feld!

Gleichzeitig wurde ich von Gewissensbissen geplagt: Der Arme ist doch ganz unschuldig, wie hat er das verdient? Warum muß er so jung aus der Welt scheiden? In meinem Herzen beweinte ich ihn schon, trauerte wirklich um ihn und schrieb meiner teuren Geliebten einen Kondolenzbrief, der mit einem sehr traurigen Lied endete. Darin beweine und beklage ich meinen jungen Schüler aufrichtig, weil er die Welt so früh verlassen mußte.

Diese Welt verglich ich mit einem Friedhof und ihn selbst mit einem jungen Baum:

«Er steht und klagt. Mit wehem Schall
singt laut die Friedhofnachtigall,
sogar die Sterne weinen Tränen...»

Wie es weiterging, habe ich vergessen. In meiner blühenden Phantasie malte ich mir aus, wie wir beide, ich und meine Geliebte, zum Jahrestag seines Todes auf den Friedhof pilgerten, um uns ein bißchen auszuweinen und ihm als Geschenk frische, duftende Blumen und ein Lied darzubringen, das so endete:

«Auf deinem Grabe blühen Blumen süß,
und deine Seele komm' ins Paradies...»

Daß Blumen auf einem Grab blühen – warum nicht? Auf jeden Fall blühte mein Schüler... er blühte wie eine Rose. Er wurde jeden Tag gesünder, sein Gesicht strahlte, sein weißer, milchiger Körper setzte Fett an, er war zufrieden, fröhlich, lebhaft und glücklich – nicht vor lauter Liebe, sondern weil er an einen neuen Ort, in eine große Stadt und zu neuen Menschen kommen würde und seine eigene Familie, die er satt hatte und die ihn tödlich langweilte, nicht mehr zu sehen bräuchte.

Dies gestand er mir selbst mehr als einmal. Ins Gesicht aber sagte er den Seinigen, daß er große Sehnsucht nach ihnen haben werde und nicht wisse, wie er das überhaupt aushalten könne.

«Aber nach mir wirst du dich doch sehnen?» fragte ich meinen Schüler.

«Gewiß! Gewiß!» versicherte er mir und umarmte mich herzlich. «Dich werde ich mitnehmen! Wir wollen uns auch dort einen guten Tag machen, ‹Dame› spielen, ins Theater gehen – ich lass' dich nicht fort, niemals!»

Ich wußte, daß das eine große Lüge war. Er, der inmitten von Lügen und Verleumdungen geboren, aufgewachsen und erzogen war, konnte auch jetzt nicht anders als lügen.

DAS ZEHNTE KAPITEL

Willkommen, Gäste!

Nie werde ich vergessen, wieviel Ehre man uns bezeigte, als wir zur Hochzeit eintrafen. Es fing damit an, daß man uns eine großartige Kutsche an die Bahn schickte und uns in ein sehr schönes Haus brachte. Jeder erhielt sein eigenes Zimmer, und man bewirtete uns mit gutem Kaffee, Buttergebäck und einem schönen Imbiß, bestehend aus frischen Krapfen und gebratener Ente.

Menschen waren dort – wie Sand am Meer! Sie empfingen uns, gaben uns den Schalom – immer neue Gesichter.

Auf mich wirkten alle diese Leute wie Ameisen, die mir vor den Augen herumkrabbelten und summten wie die Fliegen. Ich war in meine eigenen Gedanken versunken, die alles andere als fröhlich waren. «Wie in aller Welt schaffe ich es, daß ich sie allein sehe? Wer weiß, ob mir das gelingt? Und was wird sein, wenn sie das heilige Geheimnis erfährt?» Und wenn und was, Gott behüte ... ich getraue mich nicht mehr, etwas zu sagen – o Schreck, o Schreck!

Noch zu Hause hatte ich in meine Tasche – nur keine Angst! – nicht etwa einen Revolver, sondern einen Brief gesteckt, in dem ich «ihr» auf drei vollen Bogen meinen Roman von Anfang an beschrieb und auch einen kurzen Lebenslauf beifügte. Aber wie übergibt man ihr den Brief? Durch wen? Und wird sie überhaupt Zeit finden, ihn zu lesen?

Die Verwandten der Braut liefen hin und her wie vergiftete Mäuse und drängten die Kellner zur Eile mit dem Hochzeitsmahl. Die Diener wurden angehalten, die Musikanten und den Rabbi schleunigst herbeizuschaffen, weil Braut und Bräutigam doch fasteten.

Daß der Bräutigam *nicht* fastete, kann ich selbst bezeugen. Er verzehrte in unserer Studierstube und in meiner Gegenwart glatt eine halbe Ente, brüstete sich mit seinem Fasten und trug dabei eine

Miene zur Schau, als ob er sich wirklich kasteite und von tiefen, ernsten Gedanken erfüllt war.

Geboren, aufgewachsen und erzogen inmitten von Lügen und Verleumdungen, log er sogar am Hochzeitstag.

Inzwischen waren die Musikanten erschienen, und man schickte sich an, die Braut zu bedecken[1]. Der Tumult wurde immer größer, alles redete durcheinander, jeder tat so, als ob er arbeitete: «Schneller, schneller! Vorwärts! Hopp, hopp! Na, wird's endlich?»

Man packte uns an den Händen – wer, weiß ich nicht – und schleppte uns herum – wohin, weiß ich nicht. Man sprach zu uns, redete mit uns – was, weiß ich nicht. Mir drehte sich der Kopf, es schwindelte mir vor den Augen, dröhnte mir in den Ohren – und das Herz, das Herz! Tick-tack, tick-tack!

Die Musikanten spielten. Die Fiedel schluchzte, die Trompete trompetete, die Flöte flötete, die Kesselpauke machte bum-bum-bum! Aber das Herz, das Herz – tick-tack, tick-tack . . .!

DAS LETZTE KAPITEL

Der «Epilog» des Romans

Unter all den Leuten, die sich vor meinen Augen herumdrehten, fiel mir jemand auf, der sich, genau wie ich, unter den Gästen wie ein Wildfremder

---

[1] Das Gesicht der Braut wird vor ihrem Gang zur Chupa (Trauhimmel) mit einem seidenen Tuch bedeckt.

benahm, ein junger Mann mit Brille und langem Haar. Er schien nur eine Beschäftigung, eine Arbeit zu haben: alles zu beobachten und alles zu sehen, und wie sich noch herausstellen sollte, ging er dieser Arbeit mit großem Eifer nach – er beobachtete ohne Unterlaß.

Jetzt betrachtete er *mich* durch seine Brille. Ich war seltsam beunruhigt. Mir schien, als schaute er mir tief ins Herz hinein – durch und durch! Gewiß kannte er mein Geheimnis, mein heiliges Geheimnis! Ich senkte den Blick, fühlte aber noch immer seine Brille auf mich gerichtet. Ich spürte, daß er mich unablässig fixierte. Unwillkürlich hob ich die Augen und begegnete wieder seiner Brille, die mich wie ein Magnet zu ihm hinzog.

Ich weiß nicht, wie es geschah, aber plötzlich standen wir nahe beieinander, ich und der junge Mann mit der Brille. Wir redeten wie üblich von der Hochzeit, von der Zeremonie des Bedeckens und natürlich von Braut und Bräutigam.

Beide Schwiegereltern geleiteten den Bräutigam an der Hand zur Braut, die mit aufgeflochtenem Haar auf einer Bank mitten im Hause saß. Sie verbarg ihr Gesicht in beiden Händen – offenbar weinte sie.

Die Musikanten spielten. Die Fiedel schluchzte, die Trompete trompetete, die Flöte flötete, die Kesselpauke machte bum-bum-bum! – und mein Herz tick-tack, tick-tack!

«Jetzt, jetzt!» durchzuckt es mich, «noch eine Minute, eine Minute – und alles ist verloren!»

«Ein Stück Vieh!» schrie mir der junge Mann mit der Brille direkt ins Ohr hinein.

«Wieso ein Stück Vieh?» frage ich und blicke mich nach allen Seiten um.

«Da sitzt es doch!» sagt er und deutet mit der Brille auf die Braut.

Mein Gesichtsausdruck verriet ihm meine Bestürzung. Er flüsterte mir ganz leise ins Ohr: «Ein Kalb, eine reine Kuh, ein koscheres Stück Rindvieh! Keine Ahnung von Orthographie und eine Xanthippe dazu. Und bekommt so einen braven Mann. Ihr seid, glaube ich, sein Lehrer?»

Ich weiß nicht, ob er mich oder ich ihn beiseite rief, ob wir es beide gleichzeitig taten: Jedenfalls saßen wir uns nach zwei Minuten wie alte Bekannte gegenüber, und der junge Mann mit der Brille – er war der Lehrer der Braut – erzählte mir Sachen über sie, die ich lieber nicht gewußt hätte ...

«Und ihre Briefe?» schrie ich, «um Gottes willen, ihre Briefe!»

Als der junge Mann mit der Brille diese Worte hörte, griff er sich an die Brust und begann zu lachen; er krümmte sich geradezu vor Lachen.

«Ihre Briefe? Ha-ha-ha, ihre Briefe! Nein, das ist zuviel für mich – *ihre* Briefe!»

«Wessen Briefe waren es denn sonst?»

«Ihre? Ha-ha-ha! *Ihre* Briefe? Meine! Ha-ha-ha! *Meine* Briefe! Meine! Meine! Meine!!!»

Ich dachte schon, der junge Mann habe den Verstand verloren oder der Schlag werde ihn treffen. Er packte mich an beiden Händen, wirbelte mit mir durch das ganze Haus, schlug mir auf die Schultern und hörte nicht auf zu lachen: «Ihre, ha-ha-ha, *ihre* Briefe!»

Vielleicht habt ihr einmal einen süßen Traum gehabt: ein schöner Palast, gute Speisen, die besten Weine, frische Früchte direkt vom Baum, ein Duft von Balsam – ein Paradies! Und dazu eine «sie» in Gestalt einer Prinzessin mit Haaren aus Gold und Silber... Und ihr geht nicht, ihr schwebt, ihr fliegt, fliegt immer höher und höher, geradewegs in den Himmel... Plötzlich hört ihr vom Wald her ein Pfeifen: fii-juu-jit! Flügel schlagen und schwirren, und immer ein sonderbares Lachen – ha-ha-ha –, das im ganzen Wald widerhallt und mit einem langgezogenen Gähnen endet – aaa-jii! Vor euren Augen tut sich ein tiefer Abgrund auf – jetzt, jetzt fallt ihr hinein! Ihr wacht zitternd und mit Kopfweh auf, findet lange nicht zu euch selbst...

Genau diesen süßen Traum durchlebte ich, als der junge Mann mit der Brille sich über mich beugte und nicht aufhörte, über meine Briefe zu lachen, während er mir die Tugenden meiner Geliebten vorrechnete...

Er lachte, und mir triefte das Blut, Tropfen um Tropfen, in mein wundes Herz, in die vergiftete Seele.

Dort, im Saal, spielten die Musikanten. Die Fiedel schluchzte, die Trompete trompetete, die Flöte flötete, die Baßgeige brummte, die Kesselpauke machte bum-bum-bum! Und mein Herz war öd und leer, meine Seele wüst und dunkel – dunkel, dunkel bis in alle Winkel.

SCHOLEM ALEJCHEM

Das künftige Seelenheil

Wenn ihr wollt, erzähle ich euch eine schöne Geschichte, wie ich mir einmal – und aus freiem Willen! – eine schwere Bürde auflud, die mich fast ins Unglück gestürzt hätte. Wieso, wollt ihr wissen? Ganz einfach, weil ich damals noch ein junger, unerfahrener und wenig gewitzter Bursche war. Es kann natürlich sein, daß ich auch heute alles andere als ein Weiser bin; denn wäre ich gescheit, hätte ich doch Geld, meint ihr nicht auch? Und hat man Geld, ist man klug und hübsch, und singen kann man auch.

Ich war also, wie man sagt, ein junger Mann, hatte Kost und Quartier bei meinen Schwiegereltern, saß brav im Haus und lernte. Hin und wieder warf ich wohl auch einen Blick in ein anderes Buch, mußte mich aber immer vor dem Schwiegervater – und noch mehr vor der Schwiegermutter – in acht nehmen. Ihr müßt nämlich wissen, daß ich ein Mannsbild von einer Schwiegermutter habe, das heißt, sie hat die Hosen an bei uns und führt alle Geschäfte in eigener Person. Ihre Kinder hat sie selbst verheiratet und für ihre Töchter Männer gesucht und gefunden. Auch mich hat sie so auserkoren und, nachdem sie mich auf Herz und

Nieren geprüft, eigenhändig von Radomischli nach Swohil gebracht. Ich bin nämlich aus Radomischli, einer Stadt, von der ihr sicher schon gehört habt, stand sie doch kürzlich in allen Zeitungen.

So saß ich also in Swohil, aß «Kest»[1] bei den Schwiegereltern, paukte «More Newuchim»[2] und ging niemals aus dem Haus. Doch als die Zeit der Einberufung kam, mußte ich nach Radomischli fahren, um mir einen Dispens vom Militärdienst und einen ordnungsgemäßen Paß zu verschaffen. Das sollte also meine erste Reise in die weite Welt werden.

Ich ging ganz allein auf den Markt, um ein geeignetes Fuhrwerk zu mieten. Die Leute sollten sehen, daß ich erwachsen war, und Gott schickte mir einen wahren Fund: Ich stolperte zufällig über einen Arel[3] aus Radomischli, der hatte einen Schlitten – es war zur Winterszeit – mit einer breiten, bemalten Rückenlehne und Flügeln auf beiden Seiten wie ein Adler. Beim Pferd fiel mir zuerst nicht auf, daß es weiß war, bis die Schwiegermutter mir sagte, daß ein weißes Pferd Unglück bringe.

«Möge Gott mich Lügen strafen», beschwor sie mich, «aber ich fürchte, diese Reise steht unter keinem guten Stern.»

«Reiß dir die Zunge ab!» fährt es dem Schwiegervater heraus, was er sofort bereut, denn er bezieht gleich eine Portion Schelte dafür. Das hin-

---

[1] Jiddisch für «Kost»: Die Brauteltern verpflichten sich zum ein- oder mehrjährigen freien Unterhalt des Brautpaars.

[2] «Führer der Verirrten», das philosophische Hauptwerk von Mose ben Maimon, genannt Maimonides (1135–1204)

[3] Unbeschnittener, Andersgläubiger

dert ihn aber nicht, mir «Weiberklatsch» zuzuflüstern.

Ich packe meine Siebensachen für die Reise: Gebetmantel und -riemen, etwas Buttergebäck, ein paar Silberrubel für den täglichen Bedarf und drei Kissen – eins zum Draufsitzen, eins für den Rücken und eins für die Füße.

Jetzt geht es ans Abschiednehmen. Ich bin stumm. Das war schon immer so bei mir. Wenn es ans Abschiednehmen geht, ist meine Zunge wie gelähmt, es fällt mir überhaupt nichts ein. Mir kommt es so unhöflich vor, jemandem den Rücken zuzukehren und ihn einfach so stehenzulassen. Ich weiß nicht, wie ihr es haltet, aber für mich ist das Abschiednehmen jedesmal eine verhaßte Pflicht...

Doch mir scheint, ich fange schon an, mich nach Bojberik zu verkriechen[1].

Ich bringe also den Abschied recht gut hinter mich, und wir setzen uns in Bewegung Richtung Radomischli. Es war anfangs Winter, der Schnee war früh gefallen, doch der Schlitten befand sich in gutem Zustand. Das Pferd war zwar weiß, aber es flog durch die Luft wie ein Liedchen, und der Arel, den ich da erwischt hatte, war einer von den Schweigsamen, die jede Frage mit «e-he», das heißt ja, oder mit «ba-ni», das heißt nein, beantworten, alles andere scheint ihn zu ermüden. Wir sind gleich nach dem Essen abgefahren, ich bin gut gelaunt, habe ein Kissen unter meinem Allerwerte-

---

[1] Umschreibung für abschweifen (Bojberik = Phantasiename für eine Stadt)

sten, eines im Rücken und eines unter den Füßen. Das Pferd galoppiert, der Arel schnalzt mit der Zunge, der Schlitten gleitet dahin, und der Wind wirbelt die Schneeflocken herum, die sich wie Bettfedern auf die Landstraße legen. Mir ist wohl ums Herz, frei und heiter wie noch nie, fahre ich doch zum ersten Mal in Gottes weite Welt hinaus und bin mein eigener Herr und Meister. Ich räkle mich auf meinem Schlitten wie ein Edelmann.

Ist es aber Winter, und wie warm die Kleider auch sein mögen, der Frost dringt hindurch, und man verspürt Lust, irgendwo haltzumachen, sich zu laben und mit neuen Kräften weiterzufahren. Ich stelle mir eine gemütliche, warme Kneipe vor, mit einem kochenden Samowar und frischem Siedfleisch in einer heißen Suppe auf dem Tisch. Diese Vorstellung wird immer stärker, und ich spüre, daß ich unbedingt einen Bissen zu mir nehmen muß. Ich lass' mich in ein Gespräch mit einem Arel ein und frage ihn, ob es noch weit ist bis zur nächsten Schenke. Antwortet er: «Ba-ni», will heißen nein. Frag' ich ihn: «Also nah?» – «E-he», sagt er, will heißen ja. «Wie nah?» Das ist aber nicht aus ihm herauszukriegen, und wenn man sich auf den Kopf stellt! Denkt nur, wenn ein Jude an seiner Stelle säße! Der hätte mir sogleich erklärt, wo die Schenke liegt, wer sie führt, wie er heißt, wie viele Kinder er hat, wieviel Miete er zahlt und was dabei herausschaut, wie viele Jahre er sie schon hat, wer sie vor ihm hatte – ganze Bücher hätte ich zu hören bekommen. Ein merkwürdiges Volk, ich meine unsere Juden. Sie sind aus ganz anderem Stoff gemacht, so wahr ich lebe.

So träumte ich von einer warmen Gaststube und stellte mir einen heißen Samowar und all die guten Sachen vor, bis Gott ein Einsehen hatte und mein Arel mit der Zunge schnalzte: Pferd und Schlitten hielten auf einmal seitlich von einem kleinen, grauen Häuschen, das von oben bis unten mit Schnee bedeckt war. Es war eine elende Landschenke, die in der weißen Einöde wie ein vergessener Grabstein wirkte. Wir fuhren breitspurig vor, und ich schritt sogleich gegen das Häuschen, während mein Arel Pferd und Schlitten im Stall versorgte.

Ich öffne die Tür und bleibe wie vom Blitz getroffen auf der Schwelle stehen. Was ist los? Eine schöne Geschichte, kurz, aber wahr: Mitten auf dem Fußboden liegt eine Leiche in der Wirtsstube. Sie ist mit einem schwarzen Tuch verhüllt, zwei Messingleuchter mit brennenden Kerzen stehen zu ihren Häupten, und eine Schar abgerissener, zerschlissener Kinder sitzt um sie herum. Sie schlagen ihre Hände an den Kopf, klagen, weinen, jammern und schreien: «Ma-ma! Ma-ma!»

Ein langbeiniger Kerl in einem ganz und gar unzeitgemäßen Sommermantel stelzt in der Stube umher, ringt die Hände und redet mich sich selbst: «Was soll man tun? Was mach' ich bloß?»

Jetzt weiß ich natürlich, was das für eine Hochzeit ist, in die ich da geraten bin. Mein erster Gedanke ist: «Flüchte dich, Noah!» Ich wollte schleunigst Fersengeld geben und drehte mich gegen die Tür, doch sie war geschlossen. Ich stand wie angeleimt an der Schwelle und konnte mich nicht von der Stelle rühren. Jetzt nimmt mich der Lulatsch überhaupt erst wahr, kommt mit seinen langen

Beinen auf mich zu und streckt mir wie ein Ertrinkender die Hände entgegen.

«Was sagt Ihr zu meinem Unglück?» fragt er und deutet auf die plärrenden Kinder. «Die Mutter ist ihnen, nebbich, gestorben. Was soll man tun? Was soll man tun? Was soll ich bloß anfangen jetzt?»

Ich versuche es mit den üblichen Worten: «Gelobt sei der Richter der Wahrheit», doch er unterbricht mich sogleich.

«Versteht mich nicht falsch, aber mein Weib war schon seit Jahren so gut wie tot, litt sie doch an der ‹guten› Krankheit, der Schwindsucht, und wünschte sich seit langem den Tod. Aber was jetzt? Wir sind doch hier am Ende der Welt, mitten auf dem Feld. Was soll daraus werden? Selbst wenn ich im Dorf ein Fuhrwerk auftreibe und sie in die Stadt bringe – ich kann doch die Kinder nicht allein lassen! Und es wird schon dunkel. Was um Himmels willen soll man tun?»

Bei diesen Worten fing der Mann an zu weinen, ohne Tränen und mit einer seltsam hustenden Stimme. Es klang fast wie Lachen: «hu-hu-hu!» Der Kerl kostete mich wirklich ein Stück Gesundheit. Wer kann da noch an Hunger oder Kälte denken? Ich vergesse alles andere und sage zu ihm: «Ich fahre von Swohil nach Radomischli und habe einen sehr guten Schlitten. Wenn die Stadt, von der Ihr da redet, nicht weit ist, kann ich Euch das Fuhrwerk überlassen und hier auf Euch warten.»

«Lange leben sollt Ihr für diese Mizwe[1]! Ihr

---

[1] hebräisch: Mizwa. Gebot, im übertragenen Sinn gute Tat

werdet Euch damit das künftige Seelenheil erkaufen, so wahr ich ein Jude bin», ruft er aus und umarmt mich. «Das Städtchen ist gar nicht weit von hier, höchstens vier oder fünf Werst, und es kann nicht länger als eine Stunde dauern, bis Ihr Euren Schlitten wieder zurück habt. Das künftige Seelenheil ist Euer, so wahr ich ein Jude bin, das künftige Seelenheil! Kinder, steht auf und küßt diesem jungen Mann Hände und Füße! Er gibt uns seinen Schlitten, damit ich die Mutter zum heiligen Ort[1] bringen kann. Das künftige Seelenheil, so wahr ich ein Jude bin, das künftige Seelenheil für Euch!»

Das Wort «Freude» ist hier wohl fehl am Platz, denn sowie die Kinder etwas von «Mutter wegbringen» hörten, fielen sie erneut und mit noch stärkerem Geheul über die Tote her.

Trotzdem schien ihnen mein Angebot großen Eindruck zu machen, hatte sich doch wenigstens ein Mensch gefunden, der ihnen einen solchen Liebesdienst erweisen wollte. Gott selbst muß ihn hergeschickt haben. Man hielt mich für eine Art Erlöser, für den Propheten Elia in Person ... und ich will euch die reine Wahrheit sagen: In diesem Augenblick war ich auch bei mir selbst ein ganz und gar ungewöhnlicher Mensch, ich war in meinen eigenen Augen zu dem gewachsen, was man einen Helden nennt. Ich hätte Berge, ja Welten versetzen können, plötzlich gab es für mich nichts Schwieriges mehr, und unwillkürlich rutschten mir die Worte heraus: «Wißt Ihr was? Ich bringe

[1] Friedhof

Euer Weib allein ins Städtchen, mit meinem Arel natürlich. So erspare ich Euch die ganze Mühe, und Ihr braucht Euch von den Kindern nicht zu trennen.»

Doch je mehr ich redete, um so lauter heulten die Kinder. Gleichzeitig aber bestaunten sie mich wie einen Engel vom Himmel, dem ich auch, wie mir selbst schien, ein gutes Stück nähergekommen war. Ich vergaß sogar, daß ich mich bisher immer gefürchtet hatte, eine Leiche anzurühren, und half eigenhändig mit, die Tote hinauszutragen und auf den Schlitten zu betten. Meinem Kutscher versprach ich noch einen halben Silberrubel und einen gehörigen Schluck Branntwein. Zuerst kratzte er sich am Kopf und murmelte etwas Unverständliches in den Bart, doch nach dem dritten Gläschen wurde er weich, und wir machten uns zu dritt auf den Weg, will heißen ich, der Arel und Chawe Nechome, die tote Schankwirtin. Chawe Nechome, Tochter des Rafael Michael, der Name ist mir bis heute geblieben, habe ich ihn doch oft genug vor mich hin gesagt auf der Fahrt. Ihr Mann hatte ihn mir einige Male wiederholt, weil ich ihn für die Beerdigung sicher noch brauchen würde. Auf dem ganzen Weg versuchte ich, den Namen auswendig zu lernen: «Chawe Nechome, Tochter des Rafael Michael, Chawe Nechome, Tochter des Rafael Michael!» Darüber vergaß ich völlig, wie der Mann selber hieß, und wenn ihr mir den Kopf abhackt! Ich wußte es natürlich, und der Lange hatte mich oft genug ermahnt, den Leuten im Städtchen ja seinen Namen zu nennen, damit sie mir die Tote abnähmen und ich alsbald weiterziehen könne. Er ist dort, so sagte er, ein gern gesehener Gast an allen Feiertagen und gibt so viel Geld aus für Essen, Lernen und Baden, daß alle ihn kennen. Ganz besonders schärfte er mir ein, zu wem ich die Leiche bringen und was ich dem Mann sagen sollte – wenn mir wenigstens ein halbes Wort davon geblieben wäre... nichts, gar nichts! Alle meine Gedanken drehten sich nur um eines: «Ich habe eine Tote bei mir», und das war genug, um alles andere zu verdrängen. Kaum konnte ich mich an meinen eigenen Namen erinnern, so groß war meine Angst vor den Toten. Das hat mich schon als Kind unheimlich geschreckt, ich hätte unmöglich mit einer Leiche allein sein können, und wenn man mich mit Gold überschüttete. Mir wäre vorgekommen, als ob die Leiche mich mit ihren halbgeschlossenen, erstarrten Augen anglotze und mit einer seltsamen Grabesstimme anrede, deren Klang mich zu Tode ängstigen würde. Nicht umsonst erzählt man sich bei uns so viele Geschichten von Toten – wie Menschen vor Schreck ohnmächtig wurden, bewußtlos zu Boden stürzten oder gar den Geist aufgaben.

So fuhren wir also mitsamt der Leiche durch den Schnee. Ich hatte ihr eines meiner Kissen abgetreten, sie lag zu meinen Füßen, quer über den ganzen Schlitten gestreckt. Um mich ein bißchen abzulenken, schaute ich zum Himmel hinauf und murmelte ununterbrochen ihren Namen vor mich hin: «Chawe Nechome, Tochter des Rafael Michael, Chawe Nechome, Tochter des Rafael Michael!» Mit der Zeit gerieten die Namen etwas durcheinander – «Chawe Rafael, Tochter des Nechome Michael» oder «Rafael Michael, Tochter der Chawe Nechome». Dabei merkte ich gar nicht, wie es dunkler und dunkler wurde, der Wind immer heftiger blies und der Schnee immer dichter fiel. Bald war der Weg so verschneit, daß der Schlitten nur noch mit Gottvertrauen durch die weiße Welt fuhr...

Ich höre, wie mein Arel etwas vor sich hin brummt, anfangs leise, dann aber immer lauter. Ich hätte schwören können, daß er mich mit den unflätigsten Flüchen bedachte, also frag' ich ihn, was los ist. Er spuckt aus und überschüttet mich mit einem Wortschwall, wie ich ihn bei ihm noch nie gehört habe: Ich habe ihn unglücklich gemacht, ihn und sein Pferd! Durch die Leiche auf dem Schlitten sei das Pferd vom Weg abgekommen, wir irren blind herum, Gott weiß wie lange noch, und wenn die Nacht anbricht, sind wir verloren!

Die schlechte Nachricht traf mich so, daß ich am liebsten sofort umgekehrt wäre, die Leiche zurückgebracht und auf das künftige Seelenheil verzichtet hätte. Sagt mir aber mein Arel, daß es schon zu spät ist. Es gibt weder vorwärts noch rückwärts, wir drehen uns ganz einfach im Kreis herum, weiß der Himmel wo... Alles ist verschneit, und der Himmel verdunkelt sich. Bald ist es stockfinstere Nacht, und das Pferd fällt um vor Müdigkeit. Soll der Schankwirt krepieren und mit ihm alle Schankwirte der Welt! Hätte er sich doch lieber den Fuß zerschmettert, als ihn in diese vermaledeite Schenke gestellt! Er wäre besser am ersten Schluck Branntwein erstickt, als sich zu einer solchen Verrücktheit überreden lassen! Einen Leichnam auf den Schlitten laden und für einen halben Rubel sein

Leben und das seines Pferdes aufs Spiel setzen! An ihm ginge ja nicht viel verloren, aber das Pferd ... Was hat es Böses getan? Es ist doch ein unschuldiges Tier, das von nichts weiß ...

Ich könnte schwören, daß er Tränen in der Stimme hat, und versuche ihn mit einem weiteren halben Rubel und zwei Gläschen Schnaps zu versöhnen.

Gerät er in Zorn und droht, die Leiche aus dem Schlitten zu werfen, wenn ich nicht augenblicklich schweige. Denke ich mir: «Was, wenn er es wirklich tut und mich samt der Leiche hinauswirft? Keine Sache für einen Fuhrmann, wenn ihn der Zorn packt ...»

Ich muß also still in meinen Kissen sitzen und vor allen Dingen aufpassen, daß ich nicht einschlafe. Doch wie kann man einschlafen, wenn man eine Leiche vor Augen hat? Außerdem weiß ich ja, daß man in Frost und Winter nicht einschlafen darf. Kann man doch ganz gemütlich einschlafen und nie wieder erwachen ...

Doch wie zum Spott fallen mir die Lider zu, und ich verspüre einen unwiderstehlichen Drang zu einem kleinen Nickerchen. Ich versuche mit aller Gewalt, die Augen offenzuhalten, doch sie gehorchen mir nicht und fallen mir immer wieder zu. Der Schlitten gleitet über den weißen, weichen, tiefen Schnee, und ein seltsam süßes Prickeln legt sich über all meine Glieder. Mir ist so wohl, daß ich nur einen Wunsch habe: Könnte es doch so fortdauern und nie aufhören! Aber irgend etwas flüstert mir zu: «Schlaf nicht, Noah, schlaf nicht!»

Ich zwinge mich, die Augen aufzureißen. Von

dem süßen Prickeln bleibt nichts als eine bissige Kälte, die mir durch alle Glieder dringt, und von dem Wohlgefühl nur eine schwere, lähmende, dunkle Angst, vor der uns Gott bewahren möge. Mir ist, als ob die Tote sich plötzlich aufrichte und mich aus halbgeschlossenen Augen anstarre.

«Was habe ich dir getan, junger Mann», sagt sie, «daß du eine tote Frau und Mutter von Kindern um ihr jüdisches Begräbnis bringen willst?»

Der Wind pfeift und heult fast wie eine menschliche Stimme, die mir ein schreckliches Geheimnis ins Ohr raunt. Furchtbare Gedanken und Bilder kommen mir in den Sinn und bedrängen mich. Ich stelle mir vor, daß wir unter dem Schnee begraben sind, ich, der Arel, das Pferd und die Leiche... doch sie, sie allein, die Frau des Schankwirts, ist am Leben...!

Plötzlich höre ich, wie mein Fuhrmann dem Pferdchen froh mit der Zunge zuschnalzt, Gott dankt und im Finstern erleichtert aufatmet. Mir ist, als hätte er mir eine neue Seele eingepflanzt, und jetzt sehe auch ich in der Ferne ein Lichtlein blinken, verschwinden und wiederkommen. Eine menschliche Behausung, stelle ich mir vor, und danke Gott aus ganzem Herzen.

«Mir scheint, daß wir nun doch auf dem Weg sind», sage ich zum Arel. «Vielleicht sind wir bald im Städtchen?»

«E-he», antwortet er wie ehedem und ohne eine Spur von Zorn, als ob nichts geschehen wäre. Ich hätte ihn umarmen und abküssen können. Sein kurzes, leises «e-he» war mir lieber als die klügste Predigt.

«Wie heißt du eigentlich?» will ich wissen und wundere mich selbst, daß ich bisher nicht nach seinem Namen gefragt habe.

«Mikita», antwortet er, auch diesmal mit einem einzigen Wort.

«Mikita?» wiederhole ich, und der Name hat für mich einen besonderen Klang.

«E-he», nickt er, und ich habe plötzlich Lust, mehr von ihm zu hören, ein paar Worte wenigstens, denn Mikita ist mir auf einmal sehr lieb geworden und natürlich auch sein Pferdchen. Also fange ich ein Gespräch an und sage ihm, daß er ein gutes Pferd hat, ein sehr gutes sogar.

«E-he», antwortet er, mehr kann und will er nicht sagen, mein Mikita, und wenn man ihn in Stücke reißt.

«Redest du denn so ungern, Mikita, mein Herz?»

«E-he», sagt er, und ich biege mich vor Lachen. Ich fühle mich so froh und heiter, als hätte ich soeben die Festung Otschakow erobert, einen Schatz gefunden oder ein neues Land entdeckt, von dem niemand bisher gewußt hat. Mit einem Wort, ich bin glücklich, überglücklich! Und denkt euch: Ich hatte die größte Lust, meine Stimme zu erheben und zu singen, so wahr ich lebe! Das war schon immer so bei mir: Wenn mir wohl ums Herz ist, muß ich singen.

Mein Weib, leben soll sie, kennt das bereits an mir. Dann fragt sie: «Was gibt's denn nun schon wieder, Noah? Wieviel hast du heute verdient, daß es dir so ums Singen ist?»

Mit ihrem Weiberverstand glaubt sie nämlich, wie alle Frauen, daß ein Mensch nur fröhlich sein kann, wenn er Geld verdient. Sonst *kann* er gar nicht gut aufgelegt sein.

Woher kommt es nur, daß unsere Frauen so viel geldgieriger sind als wir Mannsbilder? Und dabei – wer rackert sich ab fürs Geld, wir oder sie?

Doch mich dünkt, ich schweife schon wieder ab in Richtung Bojberik.

Wir gelangten also mit Gottes Hilfe in die kleine Stadt. Es war lange vor Tagesanbruch, und der Ort lag noch in tiefem Schlaf. Nirgends war ein Licht zu sehen. Schließlich entdeckten wir ein Haus mit einem großen Tor, über dem ein Besen angenagelt war, das Kennzeichen für einen Gasthof. Wir hielten sofort, sprangen ab und machten uns daran, Mikita und ich, das Tor mit unseren Fäusten zu bearbeiten. Wir klopften wie die Verrückten, bis Gott half und ein Licht in einem der Fenster sichtbar wurde. Nach einiger Zeit vernahmen wir schlurfende Schritte im Hof, und jemand fragte hinter dem Tor: «Wer ist da?»

«Macht auf, Gevatter», sag' ich, «Ihr könnt Euch das künftige Seelenheil verdienen.»

«Das künftige Seelenheil? Wer seid Ihr?» fragt die Stimme hinter dem Tor, und ich höre, wie jemand sich anschickt, das Schloß zu öffnen.

«Macht auf», sage ich, «wir haben eine Leiche mitgebracht.»

«Eine was?»

«Eine Leiche.»

«Was heißt eine Leiche?»

«Leiche sagt man, wenn ein Mensch gestorben ist. Ich habe eine tote Frau bei mir. Sie kommt von einem Dorf, aus irgendeiner Schenke.»

Auf der anderen Seite wurde es still. Man hörte, wie das Schloß wieder versperrt wurde und die Schritte sich entfernten. Jetzt erlosch auch das Licht... Geh, schrei dir die Lunge aus dem Leib!

Ärgerlich schlug ich mit meinen Fäusten ans Fenster, und Mikita tat dasselbe auf mein Geheiß. Wir schlugen so lange und so stark, bis wieder Licht gemacht wurde und hinter dem Tor dieselbe Stimme erklang: «Was wollt Ihr von meinem Leben? Was belästigt Ihr mich?»

«Um Gottes willen», flehe ich wie bei einem Räuber, «habt Erbarmen! Ich habe doch eine Tote bei mir.»

«Was für eine Tote?»

«Die Frau des Schankwirts.»

«Was für ein Schankwirt?»

«Seinen Namen hab' ich vergessen, aber sie heißt Chawe Michael, Tochter des Chana Rafael, ich meine Chana Rafael, Tochter des Chawe Michael, Chana Chawe meine ich –»

«Wenn Ihr nicht augenblicklich verschwindet, leere ich Euch einen Zuber Wasser über den Kopf!»

Er sagt's, schlurft ins Haus zurück und bläst die Kerze aus. Was will man da machen?

Beim ersten Morgengrauen, etwa eine Stunde später, wurde das Tor endlich einen Spalt weit geöffnet. Jemand steckte einen schwarzen, mit Bettfedern gespickten Kopf heraus und fragte: «Habt Ihr so ans Fenster getrommelt?»

«Wer denn sonst?»

«Was wolltet Ihr?»

«Ich hab' eine Leiche bei mir.»

«Eine Leiche? Bringt sie zum Schammes der Chewra Kadischa[1].»

«Wo wohnt denn Euer Schammes und wie heißt er?»

«Jechiel heißt er, und wohnen tut er beim Bad.»

«Und wo ist bei Euch das Bad?»

«Ihr wißt nicht, wo das Bad ist? Dann seid Ihr wohl auch kein Hiesiger. Wo seid Ihr her, junger Mann?»

«Woher ich bin? Aus Radomischli, ich bin ein Radomischler. Aber jetzt komme ich aus Swohil, und die Tote habe ich in einer Schenke aufgelesen, nicht weit von hier. Es ist die Frau des Schankwirts, sie ist an Schwindsucht gestorben.»

«Man soll nicht daran denken, aber was hat sie mit Euch zu schaffen?»

«Mit mir? Gar nichts. Ich bin zufällig vorbeigefahren, da hat er mich gebeten, der Schankwirt natürlich, sie mitzunehmen. Er sitzt da mitten im Feld mit einem Haufen kleiner Kinder und hat mich angefleht ‹bei meinem künftigen Seelenheil›. Warum sollte ich es nicht tun?»

«Die Sache ist nicht so einfach», meint er, «Ihr werdet Euch zuerst mit den Gaboim[2] einigen müssen.»

«Gut, aber wer und wo, mit Verlaub, sind bei Euch die Gaboim?»

«Ihr kennt nicht unsere Gaboim? Reb Schepsel, der Gabaj, wohnt jenseits vom Markt, der zweite,

---

[1] Diener des Bestattungsvereins («Heilige Bruderschaft»)

[2] Gabaj, Mehrzahl Gaboim: Synagogenvorstand, Bestattungsbeamter

Reb Elieser Mosche, mitten auf dem Markt und Reb Jossi, auch ein Gabaj, neben dem alten Bethaus. Doch zuerst müßt Ihr mit Reb Schepsel reden, er ist bei uns der ganze Macher. Ein harter Mann, das sag' ich Euch gleich, Ihr werdet es bei ihm nicht leicht haben.»

«Vielen Dank», sag' ich, «hoffentlich werdet Ihr bald von besseren Dingen reden können. Und wann kann ich die Gaboim sehen?»

«Was heißt ‹wann›? Gleich nach dem Morgengebet, so Gott will.»

«Ich wünsche Euch viel Glück. Und was soll ich inzwischen tun? Laßt mich wenigstens herein, damit ich mich ein bißchen aufwärmen kann, oder ist hier Sodom?»

Er hört mich an, sperrt sorgfältig das Tor zu – und still wird es wie auf einem Friedhof. Was jetzt? Unser Schlitten steht mitten auf der Straße ... Mikita ist wütend, er brummt vor sich hin, kratzt sich am Kopf, spuckt aus und belegt den Gastwirt mit wüsten Beschimpfungen: «Krepieren soll er und alle Wirte mit ihm!» Ihm selbst ist es egal, ob der Teufel ihn holt, aber sein Pferd ...! Wie hat es verdient, vor Hunger und Kälte umzukommen? Ein unschuldiges Tier, das von nichts weiß.

Ein Gefühl der Scham überfällt mich vor dem Unbeschnittenen, und ich fange an zu grübeln: «Was mag wohl in seinem Kopf vor sich gehen, wenn er an uns Juden denkt? Wie stehen wir vor ihm da, die wir uns ‹Barmherzige, Kinder des Mitleids› nennen und seinesgleichen einen rohen Kerl? Wenn ein Jude dem anderen die Tür verschließt und ihn nicht hereinläßt, damit er sich ein bißchen wärmen kann – verdienen wir dann nicht dreifach, was man uns antut?» So rechtfertige ich alles Leid, das die Welt auf uns häuft, und mache uns selbst dafür verantwortlich, wie immer, wenn ein Jude dem anderen einen Liebesdienst verweigert. Kein Volk kann uns so schlechtmachen, wie wir es selbst tun! Tausendmal am Tag könnt ihr von einem beliebigen Juden Worte hören wie: «Mit Juden ist nicht zu spaßen.» – «Man soll nichts mit ihnen zu tun haben.» – «Mit einem Juden darf man nur Kugel[1] essen.» – «So etwas kann sich nur ein Jude erlauben.» Und noch viel mehr solche Selbstzeugnisse und Komplimente. Ich möchte nur wissen, wie die Gojim[2] es halten, wenn einer dem andern die Hilfe versagt. Ob sie die Schuld wohl auch auf das ganze Volk schieben und behaupten, es sei nicht wert, von der Erde getragen zu werden?

Doch ich befinde mich schon wieder auf dem Weg nach Bojberik...

Wir stehen mit unserem Schlitten mitten auf dem Markt und warten darauf, daß es Tag wird und die Stadt ein Lebenszeichen von sich gibt. Und sie tat es auch endlich. Irgendwo knarrte eine Tür, ein Eimer klapperte, aus zwei, drei Schornsteinen stieg Rauch auf, und die Hähne krähten öfter und lauter. Die Türen öffneten sich eine nach der anderen, und man sah die Umrisse von Gottes Geschöpfen, Kühen, Kälbern, Ziegen und, von ihnen wohl unterschieden, Menschen, Männlein, Weib-

---

[1] Sabbatspeise

[2] Goj, Mehrzahl Gojim: Nichtjude (wörtlich «Volk»)

lein und junge Mädchen, die sich in warme Tücher eingewickelt hatten und aussahen wie Schmetterlingspuppen oder gefrorene Blumen. Kurz, das Städtchen war erwacht wie ein lebendiger Mensch. Es erhob sich von seinem Lager, wusch sich die Hände, zog sich an und ging an die Arbeit, die Männer zum Gottesdienst, zum Beten, Lernen und Psalmensagen, die Frauen an die Öfen und Herde, zu den Kälbern und Ziegen, und ich selbst machte mich an das Auffinden der Gaboim ...

Wo wohnen sie, Reb Schepsel, Reb Elieser Mosche, Reb Jossi? Man unterzieht mich einem Verhör: «Welcher Schepsel, welcher Elieser Mosche, welcher Jossi?» In der Stadt gibt es viele Schepsels, Elieser Mosches und Jossis. Ich sage ihnen, daß ich zu den Gaboim der Chewra Kadischa will, da erschrecken sie und fangen an, mich auszuhorchen. Warum in aller Welt will ein junger Mann in aller Frühe zu den Gaboim der Chewra Kadischa? Ich ließ sie nicht lange zappeln, öffnete mein Herz und erzählte ihnen die ganze Geschichte von der schweren Last, die ich auf mich genommen. Ihr hättet sehen sollen, was sich da getan hat! Glaubt ihr vielleicht, die Leute hatten es eilig, mir diese Bürde abzunehmen? Weit gefehlt. Alles lief zum Schlitten, um die Leiche zu sehen und sich zu vergewissern, daß meine Darstellung stimmte und nicht einfach erfunden war. Es gab einen regelrechten Menschenauflauf mit immer mehr Neugierigen. Einigen wurde es indes zu kalt, und an ihrer Stelle kamen andere. Alle glotzten in den Schlitten, schüttelten die Köpfe, zuckten die Achseln und wollten wissen, wer die Tote ist, woher sie stamme, wer ich bin und wie ich zu der Leiche komme. Keiner gab mir auch nur die kleinste Hilfe oder zeigte mir den Weg. Mit großer Mühe erreichte ich es, daß man mir das Haus Reb Schepsels, des ersten Gabajs, wies.

Er war eben im Begriff, das Morgengebet zu verrichten. Mit dem Gesicht zur Wand, Tallit und Tfillin[1] über Kopf und Schultern, betete er inbrünstig und mit so viel Gefühl, daß sogar die Wände mitzusingen schienen. Er knackte mit den Fingern, wiegte und schaukelte sich und schnitt Grimassen. Ich muß euch sagen, daß mir das alles sehr gut gefiel. Erstens liebe ich diese Art von Beten, und zweitens konnte ich mir währenddessen die halberfrorenen Glieder aufwärmen.

Als Reb Schepsel mir endlich sein Gesicht zuwandte, standen noch Tränen in seinen Augen. Er sah aus wie ein göttlicher Mann, ein Heiliger, dessen Seele von der Erde so weit entrückt war wie sein schwerer, fetter Körper vom Himmel ... Innerlich war er noch mitten in der Andacht und wollte nicht unterbrochen werden. So unterhielt er sich mit mir in einer Art von «heiliger Sprache», die aus Handbewegungen, Augenzwinkern, Achselzucken, Kopfschütteln, Nasenrümpfen und ein paar Brocken Hebräisch bestand.

Wenn ihr wollt, kann ich euch unser Gespräch Wort für Wort wiederholen. Ihr werdet schon allein merken, was zu wem gehört.

«Scholem alechem, Reb Schepsel.»

«Alechem scholem, Reb – äh – setzt Euch.»

---

[1] Gebetmantel und Gebetriemen

«Danke, schon genug gesessen heute.»

«Nun, wie, was?»

«Ich habe eine Bitte an Euch, Reb Schepsel. Ihr könnt Euch das künftige Seelenheil erwerben.»

«Das künftige Seelenheil? Gut, aber wie, wie?»

«Ich habe Euch eine Leiche gebracht.»

«Eine Leiche? Wer ist es?»

«Unweit von hier liegt ein Gasthof, und darin wohnt ein armer Jude, dem, nicht auf Euch gedacht, das Weib weggestorben ist, an der Schwindsucht, nebbich. Kleine Kinder hat sie hinterlassen, eine ganze Menge, Gott sei's geklagt. Hätte ich mich seiner nicht erbarmt, wüßte ich nicht, was der Wirt mitten auf dem Feld mit einer Leiche angefangen hätte.»

«Gepriesen sei der Richter der Wahrheit. Nun also? Geld? Chewra Kadischa?»

«Was für Geld? Wer hat Geld? Der Schankwirt ist ein armer Mann, ein Witwer mit Kindern. Denkt an Euer künftiges Seelenheil, Reb Schepsel!»

«Das künftige Seelenheil? Gut, sehr gut. Aber wie, wie? Das hier ist ein Armenhaus, und unsere Juden sind Bettler, alle miteinander. Nun, und jetzt?»

Da ich nicht sogleich begriff, was er damit meinte, drehte er sich zornig zur Wand und nahm sein Gebet wieder auf, doch diesmal mit erheblich weniger Inbrunst. Seine Stimme klang tiefer und leiser und quietschte schon leicht, auch wiegte er sich jetzt viel schneller, als ob er es eilig hätte. Nun entledigte er sich der Gebetriemen und fiel wütend über mich her, als hätte ich ihm ein Geschäft vermasselt oder den Kaftan zerrissen.

«Das hat mir eben noch gefehlt», sagt er, «unsere Stadt hat schon genug eigene Bettler, denen man noch Totengewänder machen muß, wenn sie sterben. Und da bringt man uns fremde Leichen aus fremden Orten. Von der ganzen Welt bringt man uns Leichen, alles zu uns!»

Ich verteidigte mich, so gut ich konnte: Ich hätte die Sache vor Gott auf mich genommen als eine selbstverständliche Pflicht gegenüber einem toten Mitmenschen. Er bräuchte sich nur vorzustellen, daß man auf der Straße eine Leiche gefunden hat, der man ein jüdisches Begräbnis nicht verweigern kann.

«Ihr seid doch», sage ich ihm, «ein anständiger Mensch, ein frommer Jude, und Ihr könnt Euch damit das künftige Seelenheil verdienen.»

Fällt er noch mehr über mich her, fast kann man sagen, daß er mich hinausgeworfen hat. Nicht körperlich hinausgeworfen meine ich, aber mit Worten.

«Aha, Ihr habt das künftige Seelenheil gepachtet, junger Mann? Dann geht doch einmal durch unser Städtchen und seht zu, daß die Menschen nicht verhungern oder erfrieren. So könnt Ihr Euch selbst das künftige Seelenheil erkaufen. Ein junger Mann, der mit dem künftigen Seelenheil handelt... Geht doch mit Eurer Ware zu den Freidenkern, vielleicht habt Ihr da mehr Erfolg. Wir haben unsere eigenen Verdienste und guten Taten, und wenn uns nach dem künftigen Seelenheil gelüstet, finden wir es auch ohne Euch.»

So spricht zu mir der Gabaj Reb Schepsel. Er begleitet mich hinaus und schlägt wütend die Tür hinter mir zu.

Ich schwöre euch – wir sehen uns ja zum ersten und vielleicht auch zum letzten Mal –, daß ich seit diesem frühen Morgen einen ganz besonderen Haß auf jene ehrlichen, altfränkischen Juden habe, die laut beten und sich inbrünstig wiegen, aber auch auf die Frömmler, die mit Gott reden und alles in seinem Namen tun. Sicher werdet ihr einwenden, daß es bei den Freidenkern und Aufgeklärten von heute noch weniger Gerechte gibt als bei den altmodischen Frömmlern. Vielleicht habt ihr recht damit, aber man hat weniger Verdruß mit ihnen, weil sie nicht vorgeben, mit Gott zu sprechen. Werdet ihr fragen, warum die heutigen Freidenker unaufhörlich von der Wahrheit, von Gott und der Welt reden, als sei der Böse hinter ihnen her. Kommt es aber zur Probe, geschieht bei ihnen auch nicht mehr als bei den anderen.

Doch genug, ich bin wieder auf dem Weg nach Bojberik.

So hatte mich der erste Gabaj, Reb Schepsel, hinausgeworfen, wie man zu sagen pflegt. Was jetzt? Ich muß mich wohl zu den beiden anderen Gaboim bemühen. Es trifft sich aber ein Wunder, ein Wunder vom Himmel: Die beiden Gaboim kommen zu mir, und ich kann mir den Weg ersparen! Wir treffen uns vor Reb Schepsels Tür und stoßen fast mit den Nasen zusammen.

«Seid Ihr der junge Mann mit der Ziege?» fragt einer.

«Mit was für einer Ziege?» wundere ich mich.

«Der Bursche, der die Leiche hergebracht hat, seid Ihr das?»

«Ja, der bin ich. Was ist?»

«Kommt zurück zu Reb Schepsel, wir wollen die Angelegenheit gemeinsam besprechen.»

«Besprechen? Was gibt's da zu besprechen?» sag' ich. «Nehmt mir die Leiche ab und laßt mich ziehen. So werdet ihr des künftigen Seelenheils teilhaftig.»

«Hält Euch denn jemand zurück? Fahrt mit Eurer Leiche, wohin Ihr wollt, nach Radomischli zum Beispiel, wir wären Euch dankbar dafür.»

«Und ich bin euch dankbar für den Ratschlag», erwidere ich.

«Keine Ursache», lächeln sie, und wir gehen hinein.

Die drei Gaboim reden, streiten sich und beschimpfen einander. Man wirft Reb Schepsel vor, daß er hart ist und niemals nachgibt; dieser regt sich auf, fuchtelt mit den Händen und wirft mit Sprüchen um sich wie: «Die Stadt geht vor. Unsere eigenen Bettler sind wichtiger.»

Fallen die zwei über ihn her: «Gut, aber was ist mit ihm? Wollt Ihr etwa, daß der junge Mann mit der Leiche zurückfährt?»

«Gott behüte!» erschrecke ich. «Ich soll mit der Leiche zurückfahren? Ich bin schon auf der Hinfahrt kaum mit dem Leben davongekommen, als der Arel, lang soll er leben, mich mitten im Feld aus dem Schlitten werfen wollte. Ich flehe euch an, habt Mitleid und befreit mich endlich von dieser Leiche! Ihr erwerbt euch dafür das künftige Seelenheil.»

«Das künftige Seelenheil ist sicher eine gute Sache», antwortet Reb Elieser Mosche, ein hagerer Mann mit langen, dünnen Fingern. «Wir wollen Euch die Tote abnehmen und mit ihr verfahren, wie es recht und billig ist, aber es wird Euch schon ein paar Rubel kosten.»

«Was soll das heißen?» frag' ich. «Nicht genug damit, daß ich die fromme Pflicht auf mich genommen habe und dabei fast umgekommen bin – der Arel, lang soll er leben, wollte mich ja mitten im Feld aus dem Schlitten werfen – verlangt ihr gar Geld von mir?»

«Dafür erwerbt Ihr Euch doch das künftige Seelenheil», erklärt mir Reb Schepsel mit einem perfiden Grinsen, für das ich ihn am liebsten erwürgt hätte, aber ich hielt mich mit aller Kraft zurück, war ich doch in ihren Händen...

«Wir wollen Euch ja behilflich sein», sagt Reb Jossi, ein kleines Männchen mit einem schlecht gestutzten Bart. «Aber Ihr müßt bedenken, junger Mann, daß Euch noch eine unangenehme Sache bevorsteht: Ihr habt nämlich keine Papiere, überhaupt keine Papiere.»

«Was für Papiere?» frage ich in aller Unschuld.

«Wissen wir denn, wer die Tote ist? Vielleicht ist es gar nicht die, für welche Ihr sie ausgebt...», sagt der Lange mit den dünnen Fingern, will heißen Reb Elieser Mosche.

«Ja, ja, ja!» doppelt Reb Schepsel nach. «Vielleicht habt Ihr selbst irgendwo eine Frau umgebracht, vielleicht sogar Eure eigene, wer kann das wissen? Ihr bringt sie hierher und erzählt uns eine Geschichte von einer Landschenke, von der Wirtsfrau, Schwindsucht, kleinen Kindern und künftigem Seelenheil.»

Ich muß wohl bleich wie der Tod ausgesehen haben, denn der Kleine, den man Reb Jossi ruft, versuchte mich aufzurichten. Sie hätten gar nichts einzuwenden gegen meine Handlungsweise und auch nicht gegen mich selbst, warum sollten sie? Sie hegen, beteuert er, keinerlei Verdacht gegen mich und halten mich weder für einen Räuber noch für einen Mörder, aber ich bin ein Fremder für sie, und eine Leiche ist kein Sack Kartoffeln. Man hat es immerhin mit einem toten Menschen zu tun.

«Hier gibt es», sagt er, «einen Rabbiner und, von ihm wohl unterschieden, einen Urjadnik[1], und man muß ein Protokoll aufnehmen.»

«Ja, ja, ja! Ein Protokoll, ein Protokoll!» fällt ihm der Lange, Reb Elieser Mosche, ins Wort, deutet mit spitzen Fingern auf mich und wirft mir einen herablassenden Blick zu, der wirklich einem Verbrecher gelten könnte.

Ich habe keine Worte mehr. Kalter Schweiß bricht mir aus der Stirn, und mir wird, vergebt mir, kotzübel. Beinahe wäre ich in Ohnmacht gefallen. Jetzt begriff ich erst, in welch furchtbare Situation ich mich da gebracht hatte. Ich schämte mich, und gleichzeitig fühlte ich Ärger und Verdruß über meine Unbesonnenheit. Doch ich ließ mir nichts anmerken und holte meinen Geldbeutel hervor. Was soll ich da lange Geschichten machen?

«Hört mich an», sage ich zu den drei Gaboim der Chewra Kadischa, «die Sache ist die: Ich sehe ein, daß ich mich da in eine mißliche Lage gebracht habe. Welcher Teufel hat mich geritten, in dieser Schenke einzukehren, ausgerechnet dann, wenn es die Wirtin gelüstet, ihren Geist aufzugeben? Und

---

[1] russisch: Landpolizist

der arme Kerl mit seinen Kindern, der mich anfleht und mir das künftige Seelenheil verspricht ... Nun muß ich dafür Lehrgeld bezahlen. Hier habt ihr meinen Geldbeutel, es mögen an die siebzig Rubel drin sein. Nehmt euch, soviel ihr braucht, und laßt mir wenigstens genug für die Fahrt nach Radomischli. Nur die Leiche sollt ihr mir abnehmen und mich lebend von dannen ziehen lassen.»

Meine Worte machten Eindruck, wie es schien, denn die drei Gaboim schauten sich nur an und kümmerten sich gar nicht um meinen offenen Geldbeutel. Wir seien, Gott behüte, nicht in Sodom, meinten sie, das Städtchen sei zwar wirklich arm, und es gäbe bei ihnen viel mehr Bettler als Reiche, aber einen Fremden mit «Geld oder Blut!» überfallen – das nein, pfui! Wenn ich aus freiem Willen etwas geben wolle – gut. Die Leiche umsonst beerdigen, geht leider nicht. Man braucht Geld für den Schammes[1], für Sargträger und Sterbekleider, für Branntwein, Friedhofgebühren und anderes mehr. Geld verschwenden soll man nicht dabei, alles muß seine Grenzen haben.

Was soll ich euch lange erzählen? Mit einem Vermögen von fünfhunderttausend Rubeln hätte der Schankwirt seiner verstorbenen Frau kein schöneres Begräbnis bieten können! Das ganze Städtchen lief zusammen, jeder wollte den jungen Mann sehen, der die Leiche gebracht hatte. Man erzählte sich gegenseitig die Geschichte von dem Burschen, der seine reiche Schwiegermutter beerdigte ... Wo nahm man plötzlich die Schwieger-

[1] Synagogendiener

mutter her? Auf jeden Fall wollten alle den vornehmen jungen Mann sehen, der seine Schwäherin begrub und mit dem Geld nur so um sich warf. Man zwinkerte sich gegenseitig zu und deutete mit den Fingern auf mich. Und erst die Bettler! Wie Sand am Meer... In meinem ganzen Leben habe ich nicht so viele Bettler gesehen, seit ich auf den Füßen stehe, nicht einmal vor dem Bethaus am Vorabend des Versöhnungstages.

Man packte mich bei den Rockschößen und riß mich beinahe in Stücke. Kleinigkeit, ein junger Mann, dem sich das Geld nur so aus den Händen schüttete!

Ein Glück, daß die Gaboim sich meiner annahmen und dafür sorgten, daß ich nicht mein ganzes Geld wegschenkte. Der Lange mit den dürren Fingern, Elieser Mosche mit Namen, wich keinen Augenblick von meiner Seite und redete mir mit Mund und Händen unaufhörlich zu: «Wirf nicht mit dem Geld um dich, es muß alles seine Grenzen haben!»

Doch je mehr er mich ermahnte, desto zahlreicher wurden die Bettler um mich herum. Man bedrängte mich von allen Seiten und riß mir fast das Fleisch vom Leibe.

«Nur feste drauf!» hieß es, «wenn einer seine reiche Schwiegermutter begräbt, kann er auch ein paar Groschen für uns springen lassen. Sie hat ihm genug vermacht. Soll er sich etwa auf unsere Kosten mästen?»

«He, junger Mann», schreit einer der «Schlepper» und packt mich am Saum, «wie wäre es mit einem halben Rubel für uns zwei? Oder wenigstens ein paar Kopeken. Wir sind geborene Krüppel, einer blind, einer lahm. Gebt uns einen Gilden! Zwei Krüppel sind doch wohl einen Gilden wert?»

«Hört nicht zu, was der Euch von Krüppeln faselt!» schreit ein anderer und versetzt dem ersten einen Fußtritt. «Das nennt er Krüppel? Ein Krüppel ist mein Weib, ohne Hände, ohne Füße, ohne Leib und Leben, mit kleinen, kranken Kindern. Gebt mir einen Fünfer, so werde ich nach Eurer Schwiegermutter Kadisch[1] sagen, damit sie ein lichtes Paradies hat.»

Heute kann ich darüber lachen, aber damals war es mir gar nicht darum. Die Zahl der Bettler wuchs wie Hefeteig und überschwemmte in einer halben Stunde den ganzen Markt, so daß man mit der Bahre nicht mehr durch konnte. Die Diener der Chewra Kadischa mußten die Menge mit Stöcken auseinandertreiben, und es entstand eine Schlägerei. Jetzt kamen auch noch Gojim dazu mit Frauen, Söhnen und Töchtern, die Wogen von Menschen brandeten schon bis zu den hohen Fenstern, und schließlich zeigte *er* sich, der Urjadnik, in eigener Person. Er ritt hoch zu Roß, schwang eine Peitsche in der Hand und trieb mit *einem* Blick und ein paar guten Hieben die ganze Gesellschaft wie einen Vogelschwarm auseinander. Dann stieg er vom Pferd und begab sich zum Trauerzug, um festzustellen, was da vor sich ging und warum der Markt verstopft war. Natürlich nahm er mich als ersten ins Verhör... Er fragte mich, wer ich sei, woher ich komme, wohin ich fahre... Mir wurde angst

---

[1] Sterbegebet

und bange, und ich verlor vor Schreck die Sprache. Ich weiß nicht, was das ist, aber wenn ich einen Urjadnik nur von weitem sehe, zittern mir gleich Hände und Füße. Dabei tue ich keiner Fliege etwas zuleid und bin mir klar, daß auch ein Urjadnik nur ein Mensch und ein Wesen aus Fleisch und Blut ist. Ich kenne sogar einen Juden, der mit einem Urjadnik innig befreundet ist. Sie besuchen sich gegenseitig, der Urjadnik ißt Fisch beim Juden an den Feiertagen und bedankt sich dafür mit einem Korb voll Eiern, und der Jude hört nicht auf, sein Lob zu singen. «Was für ein guter Mensch ist der Urjadnik!» Trotzdem laufe ich davon, wenn ich einen erblicke. Ich stamme nämlich, müßt ihr wissen, aus dem Geschlecht der «Geschlagenen», den Slawitern von Wassiltschikows[1] Gnaden.

Darüber könnte ich euch lange Geschichten erzählen, doch mir scheint, daß ich mich schon wieder auf dem Weg nach Bojberik befinde.

Jetzt nimmt mich der Polizeihauptmann ins Gebet: Wer ich bin, was ich bin, woher ich komme, wohin ich gehe? Ich erzähle ihm, daß ich bei den Schwiegereltern in Swohil Kost und Quartier habe und nach Radomischli fahre, um mir einen Dispens zu holen. Lange leben sollen die Gaboim, die mir aus der Klemme halfen! Der Kleine mit dem schütteren Bärtchen, Reb Jossi, nahm den Urjadnik beiseite und tuschelte mit ihm, während der Lange mit den dünnen Fingern mir beibrachte, was ich dem gestrengen Herrn Polizeiaufseher antworten sollte.

---

[1] berüchtigter Anstifter von Pogromen

«Ihr sagt ihm, daß Ihr ein Hiesiger seid und nahe bei der Stadt wohnt, daß Eure Schwiegermutter gestorben ist und Ihr sie hier bestatten wollt. Ihr drückt ihm etwas in die Hand und stellt Euch mit dem ersten besten Namen aus der Hagada[1] vor, und was Euren Goj betrifft, werden wir ihn ins Haus nehmen und vollaufen lassen. So ist er den Leuten aus den Augen, und alles wird gutgehen.»

Der Urjadnik zog sich mit mir in ein Zimmer zurück und begann sein Protokoll aufzusetzen. Mich soll der Schlag treffen, wenn ich noch weiß, was ich da alles zusammengeplappert habe! Ich sagte einfach, was mir gerade in den Sinn kam, und er notierte sich alles.

«Wie heißt du?»

«Mosche.»

«Und dein Vater?»

«Itzko.»

«Wie alt bist du?»

«Neunzehn Jahre.»

«Verheiratet?»

«Verheiratet.»

«Hast du Kinder?»

«Ja.»

«Was für einen Beruf hast du?»

«Kaufmann.»

«Wer ist da gestorben?»

«Meine Schwiegermutter.»

«Ihr Name?»

«Jente.»

---

[1] Erzählung vom Auszug aus Ägypten, die an Pessach (Ostern) vom Hausherrn vorgelesen wird

«Wie hieß ihr Vater?»

«Gerschon.»

«Wie alt war sie?»

«Vierzig.»

«Woran starb sie?»

«An Schreck.»

«An Schreck?»

«An Schreck.»

«Was heißt da an Schreck?» fragt er, legt die Feder weg, steckt sich eine Zigarette an und mustert mich von oben bis unten. Ich spüre, wie mir die Zunge am Gaumen kleben bleibt, aber da ich schon Lügen backe, heißt es weiter backen. Ich erzähle ihm eine lange Geschichte, wie meine Schwiegermutter im Zimmer saß und Socken strickte, ohne ihren Sohn, einen ziemlich dummen Bengel von dreizehn, zu bemerken. Er vergnügte sich hinter ihrem Rücken mit Schattenspielen. Eben warf er die Umrisse einer Ziege an die Wand, packte seine Mutter unvermittelt an den Schultern und blökte laut «mäh!». Die Schwiegermutter fiel vom Stuhl und starb auf der Stelle vor Schreck.

So verwickle ich mich immer mehr in mein eigenes Lügengespinst. Der Urjadnik sieht mich an und wendet die ganze Zeit kein Auge von mir. Ich rede und rede, verhasple mich immer mehr und weiß kaum noch, was ich sage. Er hört mich bis zum Schluß an, dann spuckt er aus und streicht sich über den roten Schnurrbart. Jetzt geht er stumm aus dem Zimmer – ich hinter ihm her – und begibt sich schnurstracks zur Bahre. Er hebt das schwarze Tuch in die Höhe, schaut der Toten prüfend ins Gesicht und schüttelt den Kopf wie einer, der denkt: «Da stimmt doch etwas nicht.» Er sieht mich an und wendet sich zu den Gaboim.

«Die Leiche könnt ihr behalten, aber den Burschen da, ihren Bestatter, muß ich festnehmen. Man wird untersuchen müssen, ob es sich wirklich um seine Schwiegermutter handelt und ob der Schreck ihren Tod verursacht hat.»

Ihr könnt euch vorstellen, wie finster und bitter mir zumute war! Ich wendete mich ab und weinte – glaubt mir! – wie ein kleines Kind.

«Was weint Ihr, junger Mann?» tröstet mich der Kleine, den man Reb Jossi nennt. Er versucht mir Mut zu machen – mir werde schon nichts geschehen, da ich ja ein reines Gewissen habe, also wozu die Angst?

«Wer keinen Knoblauch ißt, riecht nicht aus dem Mund», fügt Reb Schepsel lächelnd hinzu, und ich hatte die größte Lust, ihm zwei saftige Backpfeifen auf die fetten Wangen zu versetzen.

Was hat mir die ganze Lügerei geholfen? Und die Idee mit der Schwiegermutter... Jetzt fehlt nur noch, daß man es ihr hinterbringt... Sie bei Lebzeiten sterben lassen und dazu noch vor Schreck!

«Habt keine Angst, junger Mann, Gott ist auf Eurer Seite. Der Hauptmann ist gar nicht so schlecht, wie Ihr glaubt. Drückt ihm nur etwas Gewisses in die Hand und sagt ihm, daß er das Protokoll vernichten soll. Er ist klug und ein durchtriebener Kerl, und er weiß natürlich ganz genau, daß Eure Geschichte nichts als Lug und Trug ist.»

So spricht Reb Elieser Mosche und fuchtelt mir mit seinen dünnen Fingern vor der Nase herum. Ich könnte ihn wie einen Hering in Stücke reißen, war er es doch, der mich mit der Schwiegermutter aufs Glatteis führte, ausgelöscht sei sein Name!

Mehr habe ich nicht zu erzählen. Ich kann mich nicht mehr erinnern, wie es damals weiterging. Wie nicht anders zu erwarten, nahm man mir das letzte Geld ab, warf mich ins Gefängnis und schleppte mich vor Gericht. Doch das war alles nichts gegen den Krach, den meine Schwiegereltern schlugen, als sie erfuhren, daß ihr Eidam wegen einer Leiche im Kittchen saß ...

Selbstverständlich kamen sie sofort angefahren und meldeten sich bei der Polizei als meine Schwiegereltern. Da ging der Tanz erst richtig los. Zuerst nahm man mich ins Gebet: «Sag mal, Bürschchen, wenn deine Schwiegermutter, Jente, Tochter des Gerschon, noch lebt, wer war dann die Tote?»

Aber dann machte sie sich selbst an mich heran, ich meine die Schwiegermutter, leben soll sie.

«Nur eines will ich dich fragen», sagte sie, «wie kommst du dazu, mich bei lebendigem Leib zu begraben?»

Vor Gericht zeigte sich bald, daß ich rein wie Gold war. Natürlich kostete es Geld, mußte man doch den Schankwirt samt den Kindern als Zeugen herbeischaffen.

Ich wurde aus dem Gefängnis entlassen, aber was ich damals durchgemacht habe, besonders mit der Schwiegermutter, wünsche ich meinem ärgsten Feind nicht.

Seitdem fliehe ich das künftige Seelenheil ...

Nachwort

Zwischen dieser und jener Welt hat der fromme Jude zu allen Zeiten wohl unterschieden. Diese Welt ist die vergängliche, die Welt des Scheins, der sinnlichen Täuschung, des Todes; jene ist die ewige, die einzig wahre, das Jenseits nach dem Tod, die Welt des Seins.

In der Mitte dieser beiden Welten lebt der Mensch einen kurzen Wimperschlag lang, jeden Augenblick von Zermalmung bedroht. Schein und Sein können sich nie vermählen, und es ist nur der Ausblick auf die Vollkommenheit des ewigen Lebens, der uns die sterbliche Welt erträglich macht. Dies war jahrhundertelang das Credo des messianischen Judentums.

Ganz besonders stark äußerte sich der Jenseitsglaube bei den Juden des Ostens, die in rassischer und sozialer Unterdrückung ein Leben der Not, der Armut und Entbehrung führten und trotzdem, auf den festen Pfeiler der Religion gestützt, niemals die Hoffnung auf Erlösung sinken ließen.

Die Religion war der nährende Strom, der durch das Leben des ganzen Volkes zog. Ohne ein umfassendes biblisches und talmudisches Wissen konnte man sich in der jüdischen Welt keine Achtung erwerben, man war ein «Amorez», ein Unwissender, ein Analphabet in den Augen der Menschen. (Im übrigen gab es kaum Juden, die des Lesens und Schreibens unkundig waren.) Kein größerer Stolz für jüdische Eltern als den «Kaddisch», den Stammhalter, zum Schriftgelehrten oder gar zum Rabbi heranwachsen zu sehen! Kein Opfer war der «Mischpoche», der Familie, zu groß, um dieses vornehmste aller Ziele zu erreichen. Gelehrsamkeit zählte mehr als Reichtum, man kannte sogar einen «Jiches», einen erblichen Adel, bei den Ostjuden, der herausragenden Geschlechtern mit einer ununterbrochenen Ahnenreihe von großen Talmudisten zustand. Auch der «Gewir», der Reiche, konnte sich nur durch seine jüdische Bildung Ansehen bei der «Kehile», der Gemeinde, verschaffen.

Das Leben im ostjüdischen «Schtetl» (Städtchen) vollzog sich nach einer genau festgelegten Hierarchie von Beamten und Würdenträgern. Das geistige und religiöse Haupt der Gemeinde war der Rabbi, dessen Aufgabenbereich jedoch ziemlich flexibel blieb. So durfte er zum Beispiel alltägliche kultische Handlungen an verdiente Gemeindemitglieder delegieren; unerläßlich war jedoch seine Anwesenheit und Zustimmung beim «Get» (Ehescheidung), der übrigens mit einer für die damalige Zeit erstaunlichen Liberalität praktiziert wurde. Der Rabbi galt als Autorität in allen rituellen Fragen, genoß absolutes Vertrauen im weitverästelten Kodex der Speisegesetze und amtierte als oberste Instanz bei privaten oder geschäftlichen Streitfällen, assistiert von den «Dajonim», den Gemeinderichtern.

Seine Ausbildung erhielt der künftige Rabbiner in den «Jeschiwoth», den Talmudhochschulen, die allerdings nur in größeren Städten zu finden waren. Das Städtchen mußte sich mit dem «Cheder», der Elementarschule, begnügen, in welchem der «Melamed» (Lehrer) den Kindern das Lesen und Schreiben und, frühzeitig damit verbunden, die Anfänge der Bibelkunde, den «Chumesch» (Pentateuch), beibrachte.

Den Erwachsenen bot die «Schul» (Synagoge) Gelegenheit zum täglichen Talmudstudium, denn traditionsgemäß war sie im «Schtetl» nicht nur Gotteshaus, sondern auch Versammlungslokal der Bürger, in dem eifrig gelernt und diskutiert wurde.

«Rosch-Jeschiwa» (Haupt der Jeschiwa) hieß der Leiter einer Talmudhochschule und war stets ein Gelehrter von Rang, dessen Vorlesungen von den Studenten, den «Jeschiwa-Bocherim», sehr kritisch gehört wurden, wobei abweichende Auffassungen und hitzige Disputate durchaus an der Tagesordnung waren, denn es ging ja beim Talmudstudium nicht nur um das Anhäufen von akribischem Wissen, sondern ebensosehr um Schärfung des Geistes und geschliffene Dialektik. In der Tat glänzten die Talmudschüler oftmals mit phänomenalen Gedächtnisleistungen. Sie waren imstande, Hunderte von engbedruckten Folianten auswendig zu zitieren.

Da das Studium an der «Jeschiwa» unentgeltlich war, gab es immer wieder mittellose Schüler, die auf Wohltätigkeit angewiesen waren. Sie wurden von den Bürgern der Stadt verpflegt, wobei es vorkam, daß ein «Jeschiwa-Bocher» jeden Tag zu einem anderen Gastgeber pilgern mußte... Man nannte diese weitverbreitete Sitte «Kest» (Kost) oder «Tog essn» (Tage essen). Oft waren die Studenten so arm, daß sie auf den harten Bänken des Bethauses schliefen.

Wohltätigkeit und Nächstenliebe wird zwar vom jüdischen Gesetz vorgeschrieben, andererseits war die gegenseitige Hilfsbereitschaft bei den prekären, von steter Gefahr bedrohten Lebensverhältnissen der Ostjuden eine absolute Notwendigkeit. Bedürftige konnten immer mit Unterstützung rechnen, sei es ein zinsloses Darlehen in der Not, das Gastrecht von durchreisenden Fremden, die Ausstattung von armen oder verwaisten Bräuten, die Kranken- und Hinterbliebenenfürsorge – für alles und jedes gab es im Städtchen einen Verein, der Mildtätigkeit als religiöse Pflicht erachtete.

Die Vermittlung von Ehen oblag dem «Schadchen» oder der «Schadchente». Liebesheiraten kamen nur selten vor. Oft sahen sich «Chosen und Kalle» (Braut und Bräutigam) zum ersten Mal unter der «Chupe» (Trauhimmel).

Große Bedeutung hatte die «Chewra Kadischa», der sogenannte «heilige» Verein. Er organisierte das gesamte Bestattungswesen, das nach strengen Vorschriften geregelt war.

Die Verwalter dieser Wohltätigkeitsvereine hießen «Gaboim» und genossen dank ihrer Stellung großen Einfluß im Städtchen.

Nicht unerwähnt darf hier der «Meschugener» (Verrückter) bleiben, meistens ein harmloser Narr, der sich – fast schon eine Tradition im «Schtetl» – frei herumtrieb und von den Kindern mit Vorliebe geneckt wurde.

Angesichts der Tatsache, daß Jiddisch, die Sprache der Ostjuden, im wesentlichen aus mittelhochdeutschen Dialekten hervorgegangen ist, die etwa drei Viertel des heutigen Wortbestandes geliefert haben, ist es wohl angebracht, die Geschichte der Juden in Deutschland hier kurz zu skizzieren.

Man nimmt an, daß die ersten Juden in der Spätantike (3./4. Jahrhundert) im Gefolge der Römer nach Deutschland kamen, wo sie sich an den schiffbaren Flüssen (Rhein, Main, Mosel, Donau) niederließen und hauptsächlich dem Handel nachgingen. Mit der Ausbreitung des Christentums wurde ihre Autonomie bald eingeengt, und die Spuren der deutschen Juden verloren sich im Nebel der Völkerwanderung und wurden erst wieder im frühen Mittelalter sichtbar, bezeichnenderweise in demselben geographischen Umkreis – die Juden waren schon immer ein konservatives, um nicht zu sagen hartnäckiges Volk ... Obwohl ihr Leben schon damals genau reglementiert war, genossen die deutschen Juden doch relativ viel Freiheit. Von erzwungener Isolation war wenig zu spüren – der große Trennungsstrich zwischen Juden und Christen war noch nicht gezogen. Es hatte sich auch noch keine eigene Sprache herausgebildet, Juden und Christen redeten dasselbe Deutsch. Man kennt sogar einen jüdischen Minnesänger, Süßkind von Trimberg (um 1250). Doch dieser idyllische Zustand konnte nicht lange anhalten, bald rissen neue, strengere Verordnungen die verhängnisvolle Kluft zwischen den Religionen wieder auf und drängten die Juden ins Ghetto, das sie freiwillig nicht mehr verlassen konnten. In der Abgeschlossenheit und Enge des Ghettos entstand das sogenannte «Judend(t)eutsch», ein ziemlich primitiver Jargon, der indes, wie die Ereignisse beweisen werden, als Vorläufer des Jiddischen anzusehen ist.

Auch die Ghettomauern boten keinen Schutz gegen die fanatisierten Massen, die während der Kreuzzüge Deutschland durchstreiften. Man verfolgte und massakrierte die Juden als angebliche «Mörder des Herrn», ein Großteil der jüdischen Gemeinden wurde verwüstet. Die Überlebenden flüchteten ostwärts, nach Böhmen, Polen, Litauen, in die Ukraine. Doch nicht genug damit: Als eine Pestepidemie im vierzehnten Jahrhundert die europäische Bevölkerung dezimierte, schob man den Juden als «Brunnenvergiftern» die Schuld zu. Es kam zu neuen, blutigen Ausschreitungen gegen sie, und wieder setzte eine Massenflucht in den Osten ein. Diese auf tragische Art erzwungene Völkerwanderung war wohl das auslösende Moment bei der Geburt einer neuen Sprache, des Jiddischen.

Die slawische Bevölkerung nahm die schwergeprüften Menschen nicht unfreundlich auf. Die polnischen Könige gewährten ihnen fast völlige Selbstverwaltung, und das Leben der Juden war für mehr als zweihundert Jahre durchaus erträglich, bis ihnen im siebzehnten Jahrhundert ein neuer Erzfeind erwuchs: Der Kosakenhetman Bogdan Chmjelnitzky, ein wahrer Unhold, der in der

Ukraine heute noch als Volksheld verehrt wird, rottete in wenigen Monaten mehr als zweihundertfünfzig blühende jüdische Gemeinden erbarmungslos aus und hinterließ in den Nachkommen der unglücklichen Opfer für immer die Furcht vor dem Pogrom.

1794 wurde in einem Zaren-Ukas das Gesetz der berüchtigten «Ansiedlungsrayons» erlassen, das die Bewegungsfreiheit der russischen Juden radikal einschränkte und damit, wenn auch unbeabsichtigt, viel zur Bildung und Ausformung des «Schtetl» beitrug.

Nach der Definition des Germanisten Franz Joseph Beranek, eines Nichtjuden, ist Jiddisch «die Sprache, deren sich die nichtassimilierten, aschkenasischen, das heißt mittel- und osteuropäischen Juden im Alltagsleben innerhalb der Familie und der Gemeinde bedienen – oder bedient haben», fügt er nach der Tragödie von Treblinka und Auschwitz hinzu. Die Bezeichnung «Jiddisch» gebührt jedoch – wieder nach Beranek – nur dem von den Juden im Osten entwickelten Idiom, das von ihnen selbst auch «Mameloschen» (Muttersprache) genannt wird.

Wie schon erwähnt, besteht Jiddisch zu rund 75 Prozent aus dem Mittelhochdeutsch, das die deutschen Juden auf ihrer Flucht in den Osten gebracht haben. Die nichtdeutschen Elemente im bereits voll ausgeprägten Jiddisch des 17./18. Jahrhunderts waren vor allem dem Hebräischen entnommen, das bei den Gebildeten bis zu 20 Prozent des gesamten Wortschatzes ausmachen konnte.

Jiddisch wird bis auf den heutigen Tag mit hebräischen Lettern von rechts nach links geschrieben, was anfangs keinerlei Schwierigkeiten verursachte. Das hebräische Alphabet war ja jedem Kind von der Schule her vertraut.

Natürlich steuerten auch die Gastländer viele slawische – polnische oder russische – Vokabeln bei, die hauptsächlich aus dem praktischen, täglichen Leben stammten und im Verkehr mit der nichtjüdischen Bevölkerung gute Dienste leisteten.

Jiddisch ist, im philologischen Sinn, eine Mischsprache, und der von den «Maskilim», den Aufklärern, erhobene Vorwurf, Jiddisch sei «Kauderwelsch und nicht mehr als ein Jargon», entbehrt nicht einer gewissen Grundlage. Trotzdem war der Vormarsch des Jiddischen nicht aufzuhalten. In wenigen hundert Jahren gewachsen, avancierte es schnell zur Volkssprache Nummer eins bei den Juden des Ostens. Es gab jiddische Schulen, Zeitungen und Verlagsanstalten, jiddisches Theater und Kabarett. In Wilna und Minsk wurden wissenschaftliche Institute gegründet, die sich mit der philologischen Erfassung der Sprache beschäftigten. Leider wurden sie von den vordringenden Hitlerbanden zerstört.

Auch an literarischen Bemühungen hat es im Jiddischen nie gefehlt. Das jiddische Schrifttum kennt eine reiche Geschichte, die wir hier nicht ausbreiten können.

Dauernden literarischen Ruhm erlangte Jiddisch aber erst in der zweiten Hälfte des neunzehnten Jahrhunderts durch die drei Dichter, denen das vorliegende Buch gewidmet ist: Mendele Mojcher Sforim (1836–1917), Jizchak Lejb Perez (1852 bis 1915) und Scholem Alejchem (1859–1916). Diesem klassischen Dreigestirn ist es zu verdanken, daß das jiddische Schrifttum Eingang in die Weltliteratur gefunden hat.

Vor allem galt es, Jiddisch, die überaus farbige und ausdrucksstarke, aber auch willkürliche und regellose Volkssprache, zu einem Instrument zu formen, mit dem der Schriftsteller frei und präzis arbeiten konnte, eine schwierige Aufgabe, die oft erfolglos versucht worden war. Diesen drei Männern gelang sie in zäher, aufopfernder Arbeit. Was sie einte, war die gemeinsame Liebe zum einfachen Volk, Mitleid und Verständnis für die Armen, Unglücklichen, aber auch die flammende Ablehnung von Unrecht und Unterdrückung, wie sie nicht nur bei der feindlichen Umwelt, sondern auch im zwischenmenschlichen Verkehr der Juden allzu kraß in Erscheinung traten. Das schonungslose Anprangern von Mißständen und die harte Selbstkritik ist ja ein jüdischer Charakterzug, der sich wie ein roter Faden durch das ganze hebräische Schrifttum zieht, von der Bibel bis zur Neuzeit, von den Propheten bis zu den Aufklärern. Sie kennzeichnet auch den Beginn dieser wichtigen und folgenreichen Literaturepoche.

⋆

Mendele Mojcher Sforim, der älteste der drei Autoren, gilt als der Bannerträger und eigentliche Begründer der großen jiddischen Literatur. Er wurde um 1835 unter dem bürgerlichen Namen Schalom

Jakob Abramowitsch im litauisch-weißrussischen Kopyl (Kapuli) geboren, durchlief die Talmudschulen von Minsk und Wilna und eignete sich dort mit der traditionellen religiösen Bildung auch eine gründliche Kenntnis des Hebräischen an. In dieser Sprache veröffentlichte er auch seine ersten, populärwissenschaftlichen Arbeiten, die vorwiegend der «Haskala», der Aufklärung, dienten.

Das Pseudonym «Mojcher Sforim» bedeutet «Buchhändler» und erinnert daran, daß der junge Mendele mit einem Pferdefuhrwerk jahrelang durch die russisch-jüdischen Kleinstädte zog, um ihren von der Zivilisation abgeschnittenen Bewohnern hebräische und jiddische Bücher zu bringen. Auf solchen Fahrten lernte er die einfachen Menschen des «Schtetl» aus nächster Nähe kennen, er vernahm mit wachem Ohr ihre kraftvolle, oft derbe Sprache, die aber auch äußerster Zartheit fähig war. Dieses Erlebnis wurde entscheidend für seine schriftstellerische Laufbahn, indem es ihn bewog, das Vorurteil des Intellektuellen gegen das Jiddisch als literarische Sprache endgültig zu überwinden. 1864 publizierte er, erstmals unter dem Namen Mendele Mojcher Sforim, «Dos klejn Mentschele» (Das kleine Menschlein), eine Sammlung von Geschichten über Ausbeutertum und Heuchelei, deren bis dahin unbekannter, scharfer, satirischer Ton die Leser aufhorchen ließ. In seiner Autobiographie finden wir die folgenden bezeichnenden Sätze:

«Für wen schreibe ich? Die Massen verstehen kein Hebräisch. Wäre es da nicht besser, die Herrschaft zugunsten der Dienstboten zu verlassen, weniger Ruhm zu ernten, dafür aber den Menschen zu dienen? Bei meiner Geburt wurde ich von Gott dazu bestimmt, für mein armes, unglückliches Volk zu schreiben, und damit ich mich früh mit ihm vertraut mache, sprach er zu mir: ‹Flieg, mein Vogel, flieg in die Welt, sei der Unglücklichste aller Unglücklichen, sei der jüdischste aller Juden!› Zwar gestehe ich, daß ich zuerst Haß gegen meine Mitmenschen verspürte. Ich grollte meinem Schicksal, das mich mit diesen seltsamen Geschöpfen zusammengebracht hatte. Aber als ich sie näher beobachtete, vollzog sich ein Wandel in meinem Herzen, und ich begann anders über sie zu denken. Oft wollte mir die Brust vor Mitleid zerspringen.»

Über seine Vorliebe für die Satire sagt er selbst: «Zwei Menschen wohnen in meinem Innern: Einer ist fromm und weise – der Jude aus dem Lehrhaus, der andere ist ein moderner Skeptiker. Da ich die Juden liebe und sie erziehen will, habe ich mir das literarische Mittel der Satire erwählt. Ich fürchte mich nicht, unsere eigensten, innersten Fehler aufzudecken und bloßzustellen.»

In der Tat grenzte die Furchtlosigkeit, mit der Mendele Mojcher Sforim Korruption und Nepotismus bei den Mächtigen der jüdischen Gemeinden Rußlands geißelte, fast an Tollkühnheit. Nach dem Erscheinen seines satirischen Dramas «Die Steuer oder Die Stadtwohltäter» (1869) mußte er vor der Wut der angeprangerten Gemeindebonzen Hals über Kopf die Flucht ergreifen. Doch Mendele Mojcher Sforim war zu sehr Mensch und Dichter, um nicht auch das Licht im Leben der Ärmsten zu sehen, ihren Idealismus und Mut, ihre unzerstörbare Zuversicht und Gottesgläubigkeit. Seine beiden großen Romane «Der Wunschring» und «Fischke der Krumme» sind ein unvergleichliches Kaleidoskop des ostjüdischen Lebens seiner Zeit und wurden in viele Sprachen übersetzt.

In der umfangreichen Erzählung «Die Reisen Benjamin des Dritten» plant der Held eine Weltreise, die ihn zu den sagenhaften «roten Juden» und den verschollenen zehn Stämmen Israels führen soll. In Wirklichkeit gelangt Benjamin nicht über die umliegenden Städtchen hinaus und wird zuletzt noch unter die Soldaten gepreßt, was damals in Rußland gang und gäbe war. Doch Benjamin bleibt unerschüttert, nie verliert er den Glauben an seine Mission. Sein Reich ist der Traum, in dem alle Realität von der Vorstellung übertroffen wird. Mendele Mojcher Sforim zeichnet diese fast an Cervantes erinnernde «Tragikomödie des Unerreichbaren» mit dem Silberstift. Mit den feinsten Farben, gestochen scharf im Detail, malt er das Panorama des «Schtetl», und man versteht, daß Scholem Alejchem, der Jüngste im Bund der drei Großen, ihn verehrungsvoll den «Sejde», den Großvater, der jiddischen Literatur genannt hat.

★

Das Leben von *Jizchak Lejb Perez* war arm an äußeren Ereignissen und läßt sich in wenigen Zeilen beschreiben. Er wurde 1852 im ostpolnischen Zamosc geboren, wo er die ersten fünfunddreißig Jahre seines Lebens verbrachte. Seine Schulung war umfassend: Neben der Alltagssprache Jiddisch beherrschte er Polnisch, Russisch, Deutsch und

Hebräisch, studierte Jurisprudenz und eröffnete eine gutgehende Anwaltspraxis in seiner Heimatstadt, die er 1887 aufgeben mußte, weil die Behörden ihm wegen Teilnahme an antizaristischen Kundgebungen das Patent entzogen. Er übersiedelte nach Warschau, wo er Syndikus der jüdischen Gemeinde wurde, eine Stellung, die er bis zu seinem Tode im Jahre 1915 behielt.

Als Schriftsteller begann auch Perez mit hebräisch geschriebenen Artikeln und Feuilletons, die sich nur wenig von den Erzeugnissen seiner Kollegen unterschieden. Seine Suche nach einem «jüdischen Humanismus» umschreibt er folgendermaßen: «Unser Programm heißt ‹Erziehung›. Wir wollen das Volk erziehen, das heißt aus Narren Weise, aus Fanatikern intelligente Menschen und aus Müßiggängern Arbeiter und ehrliche Leute machen. Wir Juden sind ebenso menschlich wie alle menschlichen Wesen. Wir sind weder Dämonen noch Halbgötter, nur Menschen. Deswegen sind wir verpflichtet, uns selbst zu erziehen, um mit jedem Tag weiser, besser und freier zu werden.»

Erst im Jahre 1887 gab Perez seine erste jiddische Arbeit heraus, «Monisch», ein langes episches Gedicht, das den Kampf eines jüdischen Asketen mit einer schönen Christin schildert.

Die Begegnung mit dem Chassidismus, die aus Perez den unvergleichlichen Dichter machte, als den wir ihn heute kennen, erfolgte relativ spät, etwa um die Jahrhundertwende. Die Welt des Chassidismus mit ihrer naiven Mystik und ihrem ungebrochenen Wunderglauben nahm Perez gefangen und ließ ihn bis an sein Lebensende nicht mehr los. In seinen chassidischen Legenden und Erzählungen erreichte Perez den Gipfel seiner schöpferischen Potenz und später auch seines Ruhms.

Chassidismus nennt man die jüngste und volkstümlichste Glaubensbewegung im Schoße des Judentums. Ihr Begründer war ein Mann aus dem einfachen Volke, Israel ben Elieser (1699–1760), später mit dem Beinamen «Baal Schem Tow», Meister des guten Namens, ausgezeichnet. Er wanderte durch die jüdischen Städtchen Wolhyniens und Podoliens und erregte durch seine Predigten ungeheures Aufsehen. Die Botschaft, die er verkündete, war ebenso neuartig wie revolutionär: Die göttliche Offenbarung und Gnade wird nicht nur, wie bisher, dem Gelehrten und Hochgebildeten zuteil, auch der einfache Mann aus dem Volke kann sie sich durch seine frommen Taten verdienen. Der «Chassid», der Fromme, nähert sich seinem Schöpfer in Liebe, er versucht, das Gemeine, Irdische abzustreifen und sich zum Göttlichen emporzuschwingen, das auch im geringsten Ding enthalten ist.

Auf diese kindlich-gläubige Weise will der Chassidismus die Brücke zwischen den beiden unvereinbaren Welten schlagen und den Schein mit dem Sein verbinden. «Man schaffe der Vollkommenheit der jenseitigen Welt eine irdische Stätte!» lautete die Essenz des chassidischen Postulats. An die Stelle einer vagen Hoffnung auf ein jenseitiges, glückliches Leben trat die trostreiche Wirklichkeit einer erfüllten Gegenwart. Enthaltsamkeit und

Askese gingen plötzlich Hand in Hand mit Gesang und ekstatischem Tanz. Die Chassidim stellten dem orthodoxen Talmud, der jede, auch die alltäglichste Lebensäußerung mit eisernem Buchstaben reglementiert, einen neuen, fast lyrisch zu nennenden Glauben gegenüber, eine Moral des Herzens, das in kindlich-froher Unschuld der unmittelbaren Vereinigung mit dem Göttlichen entgegenschlug. Niemals haben sich Judentum und Urchristentum so innig die Hände gereicht wie im Zeichen des Chassidismus, in der Lehre des Baal Schem.

Dem Rabbi, dem Meister, wurden Wunderdinge zugeschrieben, kraft seines Gebetes heilte er Kranke, machte kinderlose Frauen fruchtbar, erweckte Tote zum Leben.

Jizchak Lejb Perez hat diese Welt mit höchster dichterischer Kraft neu erstehen lassen. In seiner Wortmusik finden sich die zartesten und zugleich die machtvollsten Töne.

In der Novelle «Kabbalisten» ist alles zur Musik geworden, die Sprache, die Stimme des Menschen, sogar sein Körper. Hier erfüllt sich die «musica mundi», die ewige, mystische Sehnsucht nach Überwindung des Räumlich-Sinnlichen. Der Leib wird schwerelos, der Klang unhörbar, und das Wort geht bis an die äußerste Grenze des Sagbaren. Die chassidische Lehre betrachtete die Musik als den «Atem Gottes», als eine der geweihten Arten, in denen die Seele sich läutert, und eine der Sprachen, mit denen der Mensch den Schöpfer zu erreichen vermag.

In «Höre, Israel» wird Awremeles Kontrabaß

sogar selbst zum Gebet, das ihm die Himmelstür öffnet, «weil dort oben ein Baßgeiger fehlt...».

Die erschütternde Novelle «Bontsche Schweig», dessen Tod «gar keinen Eindruck auf dieser Welt machte», wird durch die Einbeziehung des himmlischen Gerichts unversehens zum transzendenten Ereignis und gipfelt in einer fast realistischen Verbindung der beiden Gegenpole.

«Das Opfer» ist die einzige Erzählung in diesem Buch, die nicht im «Schtetl», sondern im Lande Israel spielt, nämlich in Safed, einem der ältesten Zentren der Thoragelehrsamkeit, und die Thora ist auch der einzige Schauplatz der ergreifenden Handlung.

Von einer ganz anderen Seite zeigt sich Perez in «Der verrückte Batlen». Hier ist kein Platz für Poesie und mystische Verklärung. Dieser von hoffnungsloser Qual getränkte Monolog eines armen Talmudstudenten, der auf der Suche nach der eigenen Identität («Wer bin ich?») den Verstand verloren hat, ist fast eine klinische Studie von beklemmender Modernität.

«Der Baal Schem als Heiratsvermittler» ist nichts anderes als ein Märchen, in der Perez liebevoll seinen Zaubermantel um den sagenumwobenen Mann und Wohltäter legt, wobei es erstmals zu einer Begegnung zwischen Jiddisch und Juden-d(t)eutsch kommt, die des Humors nicht entbehrt.

*

In einer der vielen Geschichten, die sich um Leben und Werk von *Scholem Alejchem* ranken, wird erzählt, wie der Dichter 1906 in New York Mark

Twain begegnete und dieser sich ihm mit den Worten vorstellte: «Ich bin der amerikanische Scholem Alejchem.» Diese Huldigung des weltberühmten amerikanischen Humoristen an seinen russisch-jüdischen Kollegen darf als Gradmesser für die ungeheure Popularität gelten, die Scholem Alejchem schon bei Lebzeiten genoß.

Scholem Alejchem wurde als Scholem Rabinowitsch 1859 in Perejaslaw, einer Kleinstadt im ukrainischen Bezirk Poltawa, geboren.

«Kinder gab es bei uns in großer Zahl, über ein Dutzend in allen Größen und Farben», schreibt er in seiner Autobiographie, in der er sein eigenes Leben mit nicht weniger komischen Zügen ausstattet als das seiner Mitmenschen. Bald nach Scholems Geburt übersiedelte die Familie nach Woronko, einem noch kleineren Städtchen, das aber dem kleinen Scholem als Mittelpunkt der Welt vorkam. (Die Alejchem-Leser kennen den Ort unter dem Namen «Kasrilewka» als Schauplatz vieler seiner besten Geschichten.) Vater Nachum, ein nicht unbegüterter Kaufmann, sorgte dafür, daß sein frühreifer Sprößling neben der traditionellen jüdisch-religiösen Ausbildung auch russischen Unterricht erhielt. Scholem lernte mit Begeisterung und bekam sogar, als erster jüdischer Junge, einen Anerkennungspreis von 120 Rubeln «für glänzende scholastische Leistungen». (Trotzdem wurde ihm später der Zutritt zu einer russischen Universität verweigert.) 1872 starb Scholems Mutter an der Cholera.

Er erinnert sich: «Stolz sprachen wir sechs Buben das Kaddisch (Sterbegebet) zusammen, bis ein Verwandter, der auf Kondolenzbesuch gekommen war, sagte: ‹Wie sollte man mit solchen Kaddischbetern nicht geradewegs ins Paradies kommen?›» Vater Nachum heiratete wieder.

«Meine neue Mutter besaß ein ungestümes Temperament und eine überquellende Berditschewer Stiefmuttersprache. Wenn sie Strafen austeilte, bevorzugte sie ihre eigenen Kinder keineswegs. Mit vorbildlicher Unparteilichkeit verabreichte sie allen die gleiche Portion Prügel.»

Daß er Schriftsteller werden würde, war für den kleinen Scholem eine beschlossene Sache. Kaum hatte der Knabe die ersten russischen und hebräischen Romane verschlungen, als er sich hinsetzte, um «etwas Ähnliches» zu schreiben. Eine seiner ersten literarischen Arbeiten war ein alphabetisches Lexikon der Schimpfwörter, die er seiner Stiefmutter abgelauscht hatte. Doch das enge Familienleben war nicht nach seinem Geschmack. Mit fünfzehn Jahren machte er sich selbständig, indem er in der Umgegend von Woronko russischen und hebräischen Unterricht erteilte, bis er 1877 vom reichen jüdischen Gutsbesitzer Elimelech Lojeff als Privatlehrer für seine einzige, dreizehnjährige Tochter Olga angestellt wurde.

Scholem verlebte in dem kleinen Dorf Sofiewka «die glücklichsten Jahre seines Lebens», las mit Olga Shakespeare, Dickens, Goethe, Schiller und Gogol, trug ihr seine neuesten, selbstverfaßten Werke vor, «herzzerreißende Romane, geräuschvolle Dramen und unentwirrbare Tragödien», und verliebte sich unsterblich in das ebenso schöne wie intelligente Mädchen. Nach vielen Verwicklungen und Widerständen heiratete das junge Paar 1883. Zwei Jahre später starb «Reb Lojeff» und hinterließ seiner Tochter eine Viertelmillion Rubel. Mit Hilfe dieses Geldes ließen sich die Jungvermählten in Kiew nieder, das der Dichter später zu seinem berühmten «Jehupez» gemacht hat. In Kiew fand er zwar «viele hervorragende Romanciers und gottbegnadete Schreiber», doch die Gedanken des noch nicht Dreißigjährigen kreisten damals nicht um Literatur: Er träumte – selbst der «Luftmensch», den er in der Figur des Menachem Mendel geschaffen hat – von «immensen Gewinnen auf einen Schlag», spekulierte an der Börse und verlor in kurzer Zeit Olgas ganzes Vermögen. Damals nahm er den Künstlernamen Scholem Alejchem an, der nichts anderes als «Friede mit Euch» bedeutet, die hebräische Grußformel der Juden in aller Welt.

Nach dem finanziellen Zusammenbruch, den er als eine Art von Gottesgericht betrachtete, widmete sich Scholem Alejchem fast ausschließlich seinem Schreiben. Inspiriert und angespornt von Mendele Mojcher Sforim, den er 1891 in Odessa kennenlernte, wurde er ein überzeugter Vorkämpfer und Verfechter der jiddischen Sprache, die seiner spezifischen, humoristischen Begabung und seiner einzigartigen Fähigkeit der Menschen- und Milieuschilderung weitgehend entsprach.

Schon 1883 hatte seine erste jiddisch geschriebene Erzählung «Zwei Steine» Aufsehen erregt, jetzt erschienen in regelmäßiger Folge weitere jiddische Arbeiten Scholem Alejchems: Artikel, Feuilletons, Beiträge für Literaturzeitschriften, Erzählungen. 1894 wurde der erste Monolog des Fortsetzungsromans «Tewje der Milchiger» gedruckt, der sein berühmtestes Buch werden sollte. Die Geschichte von dem Milchmann mit den sieben heiratsfähigen Töchtern wurde in viele Sprachen übersetzt und eroberte als Musical («Fiddler on the Roof» oder «Anatewka») die Welt. Dieser Wurf allein hätte seinen Schöpfer bis an sein Lebensende ernähren können, doch weder Scholem Alejchem noch seine Frau besaßen den kommerziellen Sinn, der nötig ist, um Erfolg in Geld umzumünzen. Statt dessen schwebte der Dichter mit seiner inzwischen sehr zahlreichen Familie in dauernden finanziellen Sorgen und mußte, «um die Butter aufs Brot zu verdienen», ausgedehnte Vortragsreisen durch ganz Europa, Rußland und die Vereinigten Staaten unternehmen. Diese Tourneen, die man mit den triumphalen «Lectures» von Dickens vergleichen kann, waren zwar äußerst erfolgreich und lukrativ – Scholem Alejchem muß ein glänzender Rezitator seiner eigenen Texte gewesen sein –, aber auch aufreibend und schädlich für die bereits angeschlagene Gesundheit des Dichters, der seit Jahren an chronischer Schwindsucht litt.

Am 13. Mai 1916 starb Scholem Alejchem in New York, das ihm zur zweiten Heimat geworden war. Ein Korrespondent der «New York Sun» schrieb in seinem Nekrolog: «Wer in dem kleinen Zimmer mit den sechs brennenden Kerzen und dem aufgebahrten Leichnam Scholem Alejchems stand, mußte spüren, daß der Tod eines Spaßmachers, der die Herzen der Menschen bewegt hatte, größere Trauer verursacht als der Tod eines Königs.»

Scholem Alejchem wurde auf dem Arbeiterfriedhof in Brooklyn beigesetzt, wie er in seinem Letzten Willen verfügt hatte: «Ich wünsche nicht, unter den Reichen und Vornehmen zu ruhen, sondern inmitten der einfachen jüdischen Arbeiter und des schlichten Volkes. Der Gedenkstein, den man mir setzen wird, soll den bescheidenen Gräbern rings um ihn zur Ehre gereichen, und die Gräber sollen meinen Gedenkstein grüßen, wie das einfache, ehrliche Volk seinen Dichter bei Lebzeiten geehrt hat.»

«Heutige Kinder», das dritte Kapitel aus «Tewje der Milchmann», schildert, wie Zeitel, Tewjes älteste Tochter, die gute Partie mit dem reichen Fleischer ausschlägt, um Motel Kamisol, ihren armen Schneidergesellen, zu heiraten. Der «Rat aus dem Jenseits», den die verstorbene Großmutter Tewjes Frau in einem Traum erteilt, ist ein wahres Kabinettstück von überwältigender Komik.

Die beiden Erzählungen «Eine Hochzeit ohne Musikanten» und «Ein Pessach im Dorf» zeigen die ganze pathologische Sinnlosigkeit des Pogroms, der seit den Tagen Chmjelnitzkys wie ein Damoklesschwert über den Juden Rußlands hängt. Aus lächerlich banalen Gründen kommt es zwar nicht zum Gewaltausbruch, aber die dumpfe Angst schwelt weiter im Inneren der Menschen.

«Methusalem», die Lebensgeschichte eines jüdischen Pferdes, ist so etwas wie ein «tierisches» Gegenstück zu «Bontsche Schweig» und offenbart in rührender Weise das tiefe Mitleid des Dichters mit der stumm leidenden Kreatur.

«Mein erster Roman» beruht zweifellos auf persönlichen Erlebnissen Scholem Alejchems als junger Landlehrer. Ob er die hier beschriebene Rolle des unglücklichen «ghost writer» wirklich jemals übernommen hat, wissen wir nicht.

Die abschließende Erzählung «Das künftige Seelenheil» ist eine beißende, makabre Satire auf Bürokratismus, falsch verstandene Autorität und Aberglauben, wie sie im ostjüdischen Milieu häufig anzutreffen waren. Die brillant gebaute Novelle gilt als typisches Beispiel des «schwarzen» Humors im Schaffen Scholem Alejchems.

Leo Nadelmann